Populismus in der modernen Demokratie

Friso Wielenga und Florian Hartleb (Hrsg.)

Populismus in der modernen Demokratie

Die Niederlande und Deutschland im Vergleich

Waxmann 2011
Münster / New York / München / Berlin

Bibliografische Informationen der Deutschen Nationalbibliothek
Die Deutsche Nationalbibliothek verzeichnet diese Publikation in
der Deutschen Nationalbibliografie; detaillierte bibliografische
Daten sind im Internet über http://dnb.d-nb.de abrufbar.

Dieser Band entstand im Zusammenhang mit
dem „Landeskundlichen Schulprojekt Niederlande"
(www.niederlande-im-unterricht.de).

Das Projekt wurde unterstützt durch EUREGIO.

EUREGIO

ISBN 978-3-8309-2444-9

www.waxmann.com
info@waxmann.com

Umschlaggestaltung: Christian Averbeck, Münster
Umschlagfoto: © Evgen3d – Fotalia.com
Satz: Stoddart Satz- und Layoutservice, Münster
Druck: Buschmann, Münster

Gedruckt auf alterungsbeständigem Papier,
säurefrei gemäß ISO 9706

Inhalt

Friso Wielenga & Florian Hartleb

Einleitung

Populismus per se ist ein ungenauer, schillernder und nebulöser Begriff, bei dem jeder, Laie wie Experte[1], irgendwie zu wissen glaubt, was gemeint ist. Neue Parteien, die in Europa durch Erfolge von sich reden machen – manche sind sogar in der Regierung vertreten –, werden mit dem Etikett „populistisch" versehen. Seit den frühen 1980er Jahren können neuartige, in erster Linie rechtspopulistische Parteien mit einer Anti-Establishment-Haltung, Protestthemen und einer charismatischen Führungspersönlichkeit immer wieder Wahlerfolge auf nationaler Ebene erzielen, so in Frankreich, Österreich, Italien, den Niederlanden, Belgien, der Schweiz und Skandinavien. Nach dem Systemwechsel entfaltet der Populismus auch in Osteuropa seine Wirkung.[2]

Wer die lange Zeit stabilen Parteiensysteme in den Niederlanden und Deutschland miteinander vergleicht, sieht schon auf dem ersten Blick Gemeinsamkeiten und Unterschiede. Ebenso wie in anderen europäischen Demokratien gibt es in den Niederlanden und in Deutschland eine starke Tradition sozial- und christdemokratischer sowie liberaler Parteien, und in beiden Ländern bestimmen Koalitionsregierungen das vertraute politische Bild. Wie in den Niederlanden stehen auch in Deutschland die traditionellen Volksparteien unter Druck, und in beiden Ländern ist das Parteienspektrum vielfältiger und das Wahlverhalten volatiler geworden. Allerdings fällt auf, dass die Umbrüche im Parteiensystem in den Niederlanden nicht nur früher eingesetzt haben, sondern auch heftiger ausfallen. Bei allen Parlamentswahlen seit 1994 traten dort immer große politische Verschiebungen auf, während ein vergleichbarer Trend in Deutschland erst jüngeren Datums ist. In den Niederlanden ist es seit Jahr und Tag normal, dass ca. zehn Parteien im Parlament vertreten sind, während sich in der Bundesrepublik erst vor kurzem endgültig eine parlamentarisch-politische Landschaft mit fünf Parteien herauskristallisiert hat. Neben den politischen Traditionen – die Niederlande sind seit jeher ein Land mit vielen politischen Abspaltungen und kleinen Parteien – ist dies auch ein Resultat der unterschiedlichen Wahlsysteme. Im Gegensatz zur Bundesrepublik kennen die Niederlande keine nennenswerte Wahlhürde, und es reichen 0,67 Prozent der Stimmen aus, um im niederländischen Parlament einen Sitz zu erringen. Zu den unterschiedlichen demokratischen Traditionen gehört weiter, dass die Niederlande mit ihrer ,versäulten', d.h. nach weltanschaulichen und religiö-

---

1 Aus Gründen der besseren Lesbarkeit wurde in der Regel die männliche Schreibweise verwendet. Wir weisen an dieser Stelle ausdrücklich darauf hin, dass jeweils die Angehörigen beider Geschlechter gemeint sind.

2 Vgl. C. MUDDE, *Populist Radical Right Parties in Europe*, Cambridge 2007.

sen Trennlinien stark segmentierten Gesellschaft immer ein Land von Minderheiten waren, die in einer sogenannten Konkordanzdemokratie auf Kompromisse und damit aufeinander angewiesen waren. In Deutschland hingegen dominierte hinsichtlich des Parteienwettbewerbs lange Zeit die Konkurrenzdemokratie, in der zwei etwa gleich große Blöcke in Abgrenzung zueinander um die Mehrheit kämpften. Auch wenn die idealtypischen Begriffe Konkordanz- und Konkurrenzdemokratie mittlerweile ihre zentrale Bedeutung für die Niederlande und Deutschland verloren haben und inzwischen konvergierende Tendenzen vorliegen, sind in der politischen Kultur beider Länder sicherlich noch Spuren der jeweiligen Tradition zu erkennen.[3]

Der auffälligste Unterschied zwischen beiden Ländern ist jedoch zur Zeit der, dass seit dem kometenhaften Aufstieg der Bewegung Pim Fortuyns im Jahr 2002 (17,1 % der Stimmen bei den Parlamentswahlen) in den Niederlanden der Rechtspopulismus einen festen Platz erobert zu haben scheint. Geert Wilders, dem Islam gegenüber radikaler und aggressiver als Fortuyn, hat bei den Wahlen des Jahres 2010 seine Position drastisch gestärkt, und es ist wahrscheinlich, dass sein Einfluss in den kommenden Jahren weiter zunehmen wird. In Deutschland hingegen ist der kurzfristige Erfolg Ronald Schills in Hamburg (2001–2003) bislang die einzige ernst zu nehmende rechtspopulistische ‚Großtat'.[4] Zweifellos wirkt sich das historische Bewusstsein in Deutschland bremsend auf die Entwicklung rechtspopulistischer Bewegungen aus, wobei auch die föderale Struktur und die Größe des Landes einem so raschen Wachstum wie in den Niederlanden im Wege stehen. Hinzu kommt, dass eine charismatische Persönlichkeit, die auf Bundesebene mobilisierend auftreten kann, weit und breit nicht in Sicht ist. Das bedeutet jedoch nicht, dass Deutschland vor derartigen Bewegungen bewahrt bleiben wird. In der Aufregung über Thilo Sarrazins Buch *Deutschland schafft sich ab* zeigte sich, dass im September 2010 18 Prozent der deutschen Bevölkerung bereit wären, eine Partei zu wählen, die aus Sarrazins Standpunkten hinsichtlich der Integrationsunfähigkeit von Muslimen ein politisches Programm machen würde. Ein Wählerpotential scheint demnach vorhanden zu sein, auch wenn von dessen Mobilisierung noch keine Rede ist.

Trotz der nationalen Eigenheiten und Unterschiede kann daher festgestellt werden, dass die niederländische und die deutsche Demokratie vor vergleichbaren Herausforderungen stehen, Herausforderungen, mit denen auch andere europäische Demokratien zu kämpfen haben. Bei der Suche nach Erklärungen

---

3   Vgl. zur politischen Geschichte beider Länder: F. Wielenga, *Die Niederlande. Politik und politische Kultur im 20. Jahrhundert*, Münster 2008 oder die niederländische Fassung: *Nederland in de twintigste eeuw*, Amsterdam 2010²; E. Wolfrum, *Die geglückte Demokratie. Geschichte der Bundesrepublik Deutschland von ihren Anfängen bis zur Gegenwart*, Bonn 2007.
4   Vgl. F. Hartleb, *Partei Rechtsstaatlicher Offensive (Schill-Partei)*, in: F. Decker/ V. Neu (Hrsg.), *Handbuch der deutschen Parteien*, Wiesbaden 2007, S. 371-381.

und Antworten ist es dann auch sinnvoll, den nationalen Rahmen zu verlassen und gezielt grenzüberschreitende Vergleiche zu ziehen. Das schärft sowohl den Einblick in das eigene Land als auch in das der Nachbarn und vergrößert das Wissen über die grenzüberschreitenden Ursachen des Populismus.[5] Überdies verstärkt ein Vergleich die Erkenntnis, dass der Populismus tatsächlich eine Herausforderung für die westeuropäischen Demokratien darstellt, und er bietet die Möglichkeit, Lehren aus Diskussionen und Reaktionen im anderen Land zu ziehen.

Die Gelegenheitsstrukturen für neue politische Wettbewerber sind teilweise ähnlich gelagert. Spätestens im letzten Jahrzehnt sind die tradierten westeuropäischen Parteiensysteme ins Rotieren geraten, auch in den Niederlanden und in Deutschland.[6] Dabei ist nicht nur vom Niedergang der sozialdemokratischen Parteien die Rede, auch ihre traditionellen Gegner, die Christdemokraten, beklagen ähnliche Schwierigkeiten. Quer durch die westeuropäischen Staaten ziehen sich die Instabilität der sozialen Sicherungssysteme, das Unbehagen gegenüber der Europäischen Union und ihrer Erweiterung oder eine – vermeintliche bzw. tatsächliche – Vernachlässigung nationaler Interessen. Die Ursachen für den steilen Aufstieg der andersartigen Parteien sind komplexer Natur: Antimodernismus, das Empfinden diffuser Zukunftsangst, die Furcht vor dem Verlust der materiellen und sozialen Basis, die romantisierende Sehnsucht nach einer überschaubaren Gesellschaft, ein tiefer Vertrauensverlust in die Akteure der Politik, verstärkt durch technokratische Funktionseliten in Partei und Gesellschaft, die latente Angst vor dem ‚Fremden‘, die Absenz von Wertedebatten, die Vernachlässigung von Zukunftsthemen, die Tabuisierung gravierender Probleme, das Fehlen längerfristiger Konzepte und pointierter inhaltlicher Standpunkte bei Sozial- und Christdemokraten, wo immer sie regieren – all diese Faktoren bilden den idealen Humus für die neuen populistischen Gruppierungen.

Populismus entsteht, wie oftmals angenommen, als Folge von wie auch immer gearteten Krisenerscheinungen, Umbrüchen und neuen politischen Herausforderungen, nicht als Produkt von stabilen und geordneten Verhältnissen.[7] Die Annäherung, Populismus symbolisiert den Faktor ‚Krise‘, enthält jedoch die Gefahr des Zirkelschlusses: Führt die Krise kausal zum Populismus oder ist Populismus untrügliches Symptom und Ursache für eine entstehende

---

5   Vgl. P. LUCARDIE, *Populismus in Deutschland und den Niederlanden*, in: *Aus Politik und Zeitgeschichte* 35-36 (2007), S. 41-46.

6   Vgl. T. NIJHUIS, *Regieren und Parteienwettbewerb in einem nivellierten Vielparteiensystem. Was erwarten die deutschen Parteien? Eine Antwort aus den Niederlanden*, in: K.-R. KORTE (Hrsg.), *Die Bundestagswahl 2009. Analysen der Wahl-, Parteien-, Kommunikations- und Regierungsforschung*, Wiesbaden 2010, S. 130-148.

7   Vgl. P. TAGGART, *Populism and the Pathology of Representative Politics*, in: Y. MÉNY/ Y. SUREL (Hrsg.), *Democracies and the Populist Challenge*, Basingstoke 2002, S. 62-80, hier S. 69.

Krise? Im historischen Kontext ist allgemein von einem sogenannten ‚populistischen Moment' die Rede, der einen ausschlaggebenden *Umstand* beschreibt
und nichts mit dem Moment im Sinne von *Augenblick* zu tun hat. Der populistische Moment lässt sich gemäß der Beschreibung Helmut Dubiels dadurch
kennzeichnen, dass „den affektiven Bindungen betroffener Bevölkerungsgruppen an die überkommene soziale Ordnung abrupt der Boden entzogen wird.
Ihre herkömmlichen Orientierungen verlieren schlagartig nicht nur ihre ökonomische Basis, sondern auch ihren kulturellen Ort in der gesellschaftlichen
Rationalität."[8] Schaut man auf die Niederlande, so ist das Verloren gehen derartiger Bindungen zum ersten Mal bei den Parlamentswahlen des Jahres 2002
sichtbar geworden. Seitdem gibt es unter den Wählern ein Potential von 15–20
Prozent, die bereit sind, rechtspopulistische Parteien zu wählen.

   Das Entfachen des populistischen Feuers setzt dem politischen Gleichklang
der etablierten Parteien ein Ende: „Populisten mögen [...] nicht selten über das
Ziel hinausschießen, sie mögen auch [...] in vielen Punkten fragwürdige Positionen vertreten, dennoch kann ihnen eine kritische und aufklärende Funktion für das politische System zukommen, indem sie es zur inhaltlichen Reaktion und Auseinandersetzung, nicht selten auch zur Selbstkorrektur zwingen"[9].
Das kann dazu führen, dass sich der politische Diskurs mitsamt den tradierten Gepflogenheiten verändern kann, sei es schleichend oder abrupt. So
könnte der Populismus für die gesamte Parteiendemokratie mit ihren negativen Begleiterscheinungen wie dem Klientelismus einen gewissen ‚Reinigungs-
effekt' zur Folge haben. Damit erschüttert der Populismus nicht, wie der französische Soziologe Alain Touraine und viele andere Autoren behaupten,[10] die
Demokratie selbst, sondern balanciert auf dem Grat zwischen Erneuerung und
Gefährdung derselben. Das bedeutet, dass die Probleme, für die sie Aufmerksamkeit fordern – ob man nun konkrete politische Forderungen rechtspopulistischer Gruppierungen oder ihre Kritik an der bestehenden Parteiendemokratie
betrachtet –, ernst genommen werden müssen. Eine inhaltlich-politische Auseinandersetzung ist daher von zentraler Bedeutung.

   Dafür ist es aber wichtig, den Begriff zu klären: Populismus (von lat. *populus* = Volk), in der wissenschaftlichen Diskussion erst spät aufgenommen,[11]
scheint anders als Begriffe wie Liberalismus, Konservatismus oder Sozialismus weniger das Kind einer historischen Genealogie oder geistig-ideenge-
schichtlichen Fortentwicklung zu sein. Vielmehr wirkt er als ein Begriff, der

---

8 H. DUBIEL, *Das Gespenst des Populismus*, in: DERS. (Hrsg.), *Populismus und
   Aufklärung*, Frankfurt a. M. 1986, S. 33-50, hier S. 47.
9 H.-J. HENNECKE, *Das Salz in den Wunden der Konkordanz*, in: N. WERZ (Hrsg.),
   Populismus. Populisten in Übersee und Europa, Opladen 2003, S. 145-162, hier
   S. 161f.
10 Vgl. A. TOURAINE, *Comment sortir du libéralisme?*, Paris 1999, S. 60.
11 Vgl. G. IONESCU/E. GELLNER (Hrsg.), *Populism. Its Meanings and National
   Characteristics*, London 1969.

wissenschaftlich nicht immer hinreichend reflektiert wird. Das gilt insbesondere für Sammelbände zum Thema, wo unterschiedliche Autoren zu Wort
kommen. Besondere Relevanz erhält Populismus durch die Verwendung im
politischen und medialen Diskurs. Oftmals ist er dabei negativ konnotiert und
meint den Vorwurf, der andere rede dem Volk nach dem Munde und schüre
latent vorhandene Ängste und Vorurteile. Positiv gewendet gilt der ‚Populist‘
als jemand, der die Probleme der ‚kleinen Leute‘ versteht, sie artikuliert und
direkt mit dem ‚Volk‘ kommuniziert. Hier zeigt sich die Zwiespältigkeit des
Populismus, welche neuerdings auch in der politischen Ideengeschichte diskutiert wird.[12] Einerseits verkörpert der Begriff schon von seiner Bedeutung her
demokratische Ideale. Populismus ist nach dieser Logik ein fester Bestandteil
von Demokratie. Andererseits, gemäß dem Suffix *-mus*, intendiert Populismus
schon per se eine Übersteigerung, welche sich auch gegen Normen des modernen demokratischen Verfassungsstaats, namentlich Repräsentativkörperschaften und demokratisch-administrative Entscheidungsprozesse, richten kann.
Populismus und Demokratie stehen daher in einem Spannungsverhältnis.[13]

Einige Autoren sehen im Populismus die Kennzeichnung einer bestimmten
Politik-, Interaktions- und Kommunikationsform, das heißt die Bezeichnung
eines bestimmten Politikstils, eine stimmungsaufgeladene Mobilisierungsstrategie.[14] Andere Autoren sehen allgemein einen populistischen Zeitgeist („Ubi-
quität des Populismus"), der sich aus der Funktionslogik der Mediendemokratie und einer ständigen Kampagnenfähigkeit ergibt.[15] Wieder andere Autoren
stufen den Populismus hingegen als Ideologie ein. Nach ihnen gibt es klare
inhaltliche Kennzeichen zur Bestimmung des Phänomens, zum Beispiel zur
Bestimmung eines eigenen Parteientypus in der zeitgenössischen Parteiendemokratie in Westeuropa.[16] Neuerdings wird auch der Anwendungsfall „Osteuropa" diskutiert. Gibt man dem Populismus globalen Charakter, stößt man auf
die Weltregion Lateinamerika, wo ein mythenhaft aufbereiteter Populismus als
autoritäre Kraft Regimecharakter hatte und hat. Im Sinne von Margaret Canovan haben alle populistischen Phänomene von Vergangenheit und Gegenwart
– angefangen von den russischen Narodniki und US-amerikanischen Farmer-
bewegungen am Ende des 19. Jahrhunderts bis hin zur zeitgenössischen westeuropäischen Parteiendemokratie – zwei Merkmale gemeinsam: die Berufung

---

12 Vgl. M. CANOVAN, *Populism for political theorists?*, in: *Journal of Political Ideologies* 9/3 (2004), S. 241-252.

13 K. ABTS/S. RUMMENS, *Populism versus Democracy*, in: *Political Studies* 55/2 (2007), S. 405-424.

14 Vgl. J. JAGERS /S. WALGRAVE, *Populism as a communication style: An empiric study of political parties' discourse in Belgium*, in: *European Journal of Political Research* 46/3 (2007), S. 319-245.

15 Vgl. C. MUDDE, *The Populist Zeitgeist*, in: *Government & Opposition* 39/4 (2004), S. 543-563.

16 Vgl. F. DECKER, *Der neue Rechtspopulismus*, Opladen 2004; F. HARTLEB, *Rechts- und Linkspopulismus*, Wiesbaden 2004.

auf ein als homogen verstandenes ‚Volk' mit besonderem Blick auf den ‚kleinen Mann' sowie eine anti-elitäre Haltung.[17] Wer allerdings allein die Anrufung des ‚Volkes' zugrunde legt, definiert Populismus bloß nominalistisch. Die unterschiedlichen Bedeutungsinhalte schließen eine wissenschaftlich sinnvolle Begriffsverwendung „des" Populismus keineswegs aus. Vier Dimensionen erscheinen nach Meinung der Herausgeber jedenfalls konstitutiv, womit sich eine strukturelle und typologische Leitlinie ergibt:

- *Technische Dimension:* Populismus vereinfacht, konstruiert einen direkten Gegensatz zwischen einem als homogen konstruierten ‚Volk' und dem Establishment. Die antielitäre Haltung offenbart sich durch eine chronische, agitatorisch untermalte Beschwerdeführung im Sinne des ‚Tabubrechens'.

- *Inhaltliche Dimension:* Populismus kapriziert sich als eine Art ‚Antiismus' mit konkreten Inhalten. So macht neuerdings ein Antiislamismus innerhalb des europäischen Rechtspopulismus von sich reden. Als weitere Feindbilder firmieren ‚Globalkapitalisten', auf der anderen sozialen Skala die Figuren des ‚Sozialschmarotzers' oder eben des Immigranten.

- *Personelle Dimension:* Ein eloquenter und schillernder charismatischer Anführer macht sich häufig zum Sprecher der populistischen Bewegung, zum Anwalt des ‚Volkswillens', der in ‚Robin-Hood-Manier' gegen das Establishment kämpft.

- *Mediale Dimension:* Massenmedien, insbesondere aus dem Boulevard, gehen gerne eine symbiotische Beziehung mit dem Populismus ein, mit dem Kalkül von Schlagzeilen.

Damit liegt eine Definition des Phänomens nahe: Populismus, der in den Varianten des Rechts- und Linkspopulismus seit Ende der 1960er Jahre im westeuropäischen Kontext auftaucht, bezeichnet Parteien und Bewegungen, die polarisierend gegen „die-da-oben", insbesondere gegen die tradierten Volksparteien wettern und dabei als „Anwälte des homogen verstandenen Volkes" auftreten. Häufig bedienen sie tabubrechend Reizthemen wie Immigration, subjektiv oder objektiv wohlfahrtserhaltenden Protektionismus gegen die ökonomische Globalisierung oder im Kontext der Europäischen Union schlicht den Wunsch nach Simplifizierung im zunehmend komplexer werdenden Mehrebenensystem. Letztgenannter geht häufig einher mit dem Wunsch nach Mitbestimmung im Sinne direkter Demokratie, verstanden als allgemeines Unbehagen gegen Repräsentativkörperschaften. Als Gesicht dieser Belange fungiert häufig ein ‚Heilsbringer', wie er von seinen Anhängern im Unterschied zum klassischen ‚Berufspolitiker'[18] auch gesehen wird.

---

17 Vgl. M. Canovan, *Populism*, London 1981.
18 Vgl. zu dieser grundlegenden Problematik von Politik: M. Weber, *Politik als Beruf*, Stuttgart 1992.

Die Herausgeber haben den Autoren diese Populismusdefinition an die Hand gegeben, ohne sie jedoch als Vorgabe aufgefasst wissen zu wollen. Angesichts der unterschiedlichen Blickwinkel in der Begriffsbildung wäre das auch nicht sinnvoll gewesen. Alle Autoren sind jedoch gebeten worden, am Anfang ihres Beitrags zu verdeutlichen, für welche Definition bzw. welchen Blickwinkel sie sich in ihrem Beitrag entscheiden. Es kann nicht überraschen, dass sich in den Beiträgen der einzelnen Autoren immer Elemente aus der oben genannten Definition finden – wenn auch mit unterschiedlichen Akzentuierungen.

Die meisten Artikel dieses Bandes sind überarbeitete und aktualisierte Versionen von Vorträgen, die auf einem Symposium gehalten worden sind, das im Dezember 2009 vom Zentrum für Niederlande-Studien der Westfälischen-Wilhelms-Universität Münster in Kooperation mit der Landeszentrale für politische Bildung Nordrhein-Westfalen organisiert worden ist. Das Symposium fand im Rahmen des landeskundlichen Schulprojekts Niederlande statt, das das Zentrum für Niederlande-Studien mit Unterstützung der EUREGIO unter dem Dach des INTERREG IV A-Programms der Europäischen Union durchführt. Im Mittelpunkt des Projekts steht die Entwicklung deutschsprachigen Unterrichtsmaterials über die Niederlande, die deutsch-niederländischen Beziehungen sowie Deutschland und die Niederlande im Vergleich für die Jahrgangsstufen 9 bis 12 (bzw. 13) aller Schulformen (siehe dazu: http://www.niederlande-im-unterricht.de).[19] In Ergänzung der Vielzahl an Themen, die das Schulprojekt bereits bereitstellte – u.a. über die niederländische Kolonialzeit, Integration und Migration, Geographie, Wirtschaft, Sprache und Literatur –, wurde auf der oben genannten Konferenz Unterrichtsmaterial zum Thema Populismus in beiden Ländern präsentiert. In ihren Beiträgen zu diesem Band bauen Harald Führer und Marcel Lewandowsky darauf auf: Beide gehen auf die Relevanz dieses Themas sowohl für den Unterricht an Schulen als auch allgemein in der politischen Bildung ein. Die Zielsetzung der Herausgeber mit diesem Band geht jedoch über derartige Betrachtungen oder das Liefern von Material zum Thema Populismus für die politische Bildung hinaus.

Bei der Zusammenstellung des Bandes hatten die Herausgeber als Zielgruppe ein breit interessiertes deutsches und niederländisches Publikum vor Augen. Angestrebt wurde eine sowohl aus theoretischen Beiträgen als auch aus vergleichenden Betrachtungen bestehende umfassende Übersicht über politische Entwicklungen in beiden Ländern. Aus einer theoretischen Perspektive hat Paul Lucardie seinen Beitrag verfasst, der den Begriff Populismus aus einem historischen Ansatz heraus definiert, nach Erklärungen sucht und sich ausdrücklich von einer moralischen Annäherung distanziert. Populismus, so

---

19 Siehe für wissenschaftliche Begleittexte über die Niederlande: F. WIELENGA/F. TAUTE (Hrsg.) *Länderbericht Niederlande. Geschichte – Wirtschaft – Gesellschaft*, Bonn 2004; F. WIELENGA/M. WILP (Hrsg.) *Nachbar Niederlande. Eine landeskundliche Einführung*. Münster 2007.

14

Lucardie, deute in erster Linie auf eine Kluft zwischen ‚Volk' und ‚Elite' hin, aber er sei nicht extremistisch und nicht per definitionem eine Bedrohung für die Demokratie. Der Populismus biete jedoch auch keine Antworten auf die Fragen, die er selbst aufwerfe, und so sei Populismus vor allem eine Herausforderung bei der Suche nach der Erneuerung der Demokratie. Auch Frank Decker argumentiert in diese Richtung und erläutert nuanciert, unter welchen Umständen Populismus eine Gefahr oder aber auch ein nützliches Korrektiv für die Demokratie darstellt. Hierzu geht er auf die tiefer liegenden Fragen nach dem Gegensatz zwischen der populistischen und der verfassungsstaatlichen Demokratieauffassung ein sowie auf die Frage nach der Positionierung der politischen Parteien in einer sich wandelnden gesellschaftlichen und ideologischen Landschaft. Sein Beitrag mündet in einem Plädoyer für eine verstärkte Einführung plebiszitärer Elemente, nicht, um der populistischen Demokratieauffassung den Weg freizumachen, sondern um bestimmte Aspekte dieses Demokratieverständnisses zu integrieren und so gerade die radikal plebiszitären Demokratievorstellungen abwehren zu können, denn diese, so seine Warnung, stellten eine potentielle Bedrohung für die demokratischen Verfassungsstaaten dar.

Der Ursprung des niederländischen Rechtspopulismus ist unauflöslich mit dem Namen Pim Fortuyn verbunden, der seit Ende 2001 bis zu seinem gewaltsamen Tod im Mai 2002 die politische Landschaft der Niederlande veränderte. Gerd Reuter beschreibt in seinem Beitrag den Aufstieg Fortuyns und vergleicht diesen mit der Partei *Vlaams Belang* in Belgien. Während also ohne den Einblick in den Erfolg Fortuyns die politische Entwicklung der Niederlande im vergangenen Jahrzehnt nicht zu erklären ist, hat seit einigen Jahren Geert Wilders das Erbe Fortuyns übernommen und radikalisiert. Koen Vossen skizziert in seinem politisch-biographischen Beitrag die ideologische Entwicklung Wilders' von einem konservativen Liberalen, der für die *Volkspartij voor Vrijheid en Democratie* (VVD) in der Zweiten Kammer des niederländischen Parlaments saß, zu einem „Nationalpopulisten", wie Vossen es nennt, mit einer eigenen, einflussreichen politischen Partei.

Populismus ist kein Phänomen, das sich auf Personen wie Fortuyn, Wilders und ihre Entsprechungen in anderen europäischen Ländern beschränkt. Florian Hartleb begibt sich in seinem Beitrag auf die Suche nach populistischen Erscheinungsformen im deutschen Parteienspektrum der jüngeren Zeit und beschäftigt sich dabei mit dem Auftreten so unterschiedlicher Personen wie Gerhard Schröder, Jürgen W. Möllemann, Gregor Gysi, Oskar Lafontaine und Karl-Theodor zu Guttenberg. Obwohl es in der deutschen Politik populistische Züge gibt, erläutert Hartleb anschließend, warum der Rechtspopulismus hier schwach geblieben ist. Ob dies auch so bleibe, sei stark davon abhängig, in welchem Maße es den großen Volksparteien CDU, CSU und SPD gelinge, weiterhin ihre integrierende Rolle zu erfüllen. Wie schwer sich diese Parteien damit tun, zeigt der Beitrag von Markus Wilp, der in einer vergleichenden

Erörterung verdeutlicht, dass der Niedergang der (früheren) großen Parteien bereits viel länger im Gange ist und dass hierdurch Raum für Populismus sowohl von der linken als auch von der rechten Seite entstanden ist. Obwohl dieser Prozess in den Niederlanden schon seit längerem anhält und die Volatilität des Wählers bereits weiter fortgeschritten ist als in Deutschland, wird doch deutlich, dass die Entwicklungen bei den sozial- und christdemokratischen Parteien in beiden Ländern große Übereinstimmungen aufweisen. Auch René Cuperus widmet sich dem Niedergang der traditionellen Volksparteien und dem gleichzeitigen Aufstieg des Populismus. Ein wichtiger Erklärungsfaktor bei ihm ist, dass die Eliten dieser Parteien den Teilen der Bevölkerung, die sich in ihrer sozialen und kulturellen Existenz durch die Globalisierung bedroht fühlten, keine Sicherheit und Stabilität mehr böten. Statt Schutz zu bieten, hätten die Eliten die voranschreitende Globalisierung und Flexibilisierung vielmehr begrüßt oder zumindest deren Unvermeidlichkeit betont. Populismus sei demnach ein Aufstand gegen die Eliten, ein Aufstand auf rationaler Grundlage mit ungewissem Ausgang. Die Antwort, so Cuperus, könne nur die Bildung eines neuen Sozialpakts zwischen den privilegierten Eliten und den schwachen Bevölkerungsgruppen sein. Dass es schwer ist, eine solche Antwort zu finden, können vor allem die Sozialdemokraten bestätigen. Schließlich stehen sie unter dem ständigen Druck weiter links stehender beziehungsweise linkspopulistischer Parteien, die nicht ohne Erfolg verkünden, sie – und nicht die Sozialdemokraten – beschützten die Schwächeren in der Gesellschaft, sie machten sich für einen neuen Sozialpakt stark, den die Sozialdemokraten mit ihrer Anpassung an Globalisierung und Marktdenken gebrochen hätten. Über diese Entwicklung schreibt Gerrit Voerman und vergleicht dabei die niederländische *Socialistische Partij* (SP) und die deutsche Linke. Nuanciert analysiert er die Geschichte der SP, die bis in die 1970er Jahre zurückreicht, wobei deutlich wird, dass diese Partei ihre linkspopulistische Haltung inzwischen zu einem Großteil abgelegt hat. Dies könne man, so Voerman, nur in einem viel geringeren Maße von der Partei Die Linke behaupten, einer Partei, die angesichts ihrer DDR-Wurzeln in einen völlig anderen historischen Kontext gestellt werden müsse als die SP.

Abgerundet wird der vorliegende Band durch eine kommentierte Bibliographie. Anstelle einer ausführlichen Literaturliste zum Thema Populismus ist die Entscheidung zugunsten einer kurzen, gezielten Information über eine Reihe von Standardwerken gefallen, die keinen Anspruch auf Vollständigkeit erhebt, aber doch als Leitfaden für die Suche nach weiterführender Literatur zum Thema Populismus allgemein sowie über den Populismus in den Niederlanden und Deutschland gedacht ist.

Zum Schluss dieser Einleitung danken wir als Herausgeber der Landeszentrale für politische Bildung Nordrhein-Westfalen und der EUREGIO, ohne deren Unterstützung dieser Band nicht zustande gekommen wäre. Unser Dank gilt des Weiteren Annegret Klinzmann M.A., die den überwiegenden Teil der niederländischsprachigen Texte übersetzte, sowie Johanna Holthausen, die die Literaturhinweise vereinheitlichte und unverzichtbar bei den Korrekturarbeiten war. Herzlich danken möchten wir auch Beate Plugge und Julia Fuchs vom Waxmann Verlag für die gute Zusammenarbeit bei der Vorbereitung dieses Bandes und bei der Fertigstellung des druckfertigen Manuskripts.

Münster und Potsdam, im November 2010

Friso Wielenga & Florian Hartleb

Paul Lucardie

Populismus: begriffshistorische und theoretische Bemerkungen

Man könnte mit den Täufern anfangen, wenn man die Geschichte des Populismus erzählen möchte. Das mag angebracht sein, nicht nur, weil die Bewegung der Täufer ja genauso wie dieser Sammelband ein Beispiel deutsch-niederländischer Zusammenarbeit genannt werden dürfte, sondern weil die aufständischen Bewegungen der Täufer und der Bauern im 16. Jahrhundert manchmal als protopopulistisch betrachtet werden.[1] Hat die Täuferbewegung im 16. Jahrhundert aber so vieles gemeinsam etwa mit der Schill-Partei oder der niederländischen Partei für die Freiheit (*Partij voor de Vrijheid*) im 21. Jahrhundert, dass man beide auf den Begriff des Populismus bringen könnte? Dafür sollte man zuerst den Begriff definieren, damit er sinnvoll in vergleichender Politik- und Geschichtsforschung angewandt werden kann. Das ist die erste Hauptfrage, die in diesem Beitrag beantwortet werden soll. Die zweite Hauptfrage lautet: Wie kann man den Aufstieg und (oft ebenso raschen) Zerfall populistischer Bewegungen erklären? Die dritte Hauptfrage behandelt normative Aspekte: Wie soll man Populismus bewerten? Etwa als Gefahr für die Demokratie oder als Herausforderung oder sogar als Herstellung wahrer Demokratie?

Zum Begriff

Vor etwa hundert Jahren war die Welt noch relativ überschaubar. Populismus war einfach zu definieren, als Doktrin der amerikanischen *People's Party* (Volkspartei).[2] Diese Doktrin wurde vom ersten Historiker der Volkspartei, John Hicks, in zwei Thesen zusammengefasst: (1) Die Regierung solle verhindern, dass Plutokraten und sonstige selbstsüchtige Leute die armen und bedürftigen Massen ausnutzen; (2) das Volk solle sich wieder die Regierungsgewalt aneignen, die zu der Zeit von Plutokraten ausgeübt wurde.[3]

Allmählich wurde der Begriff auch auf Bewegungen in Russland, Süd- und Mittelamerika, Kanada, Europa und nach 1945 auch in Afrika und Asien ange-

---

1 D. MACRAE, *Populism as an Ideology*, in: G. IONESCU/E. GELLNER (Hrsg.), *Populism. Its Meanings and National Characteristics*, London 1969, S. 153-165.
2 OXFORD UNIVERSITY PRESS, *Oxford English Dictionary on Historical Principles*, Oxford 1973, S. 1630.
3 J.D. HICKS, *The Populist Revolt. A History of the Farmers' Alliance and the People's Party*, Lincoln 1961 (Wiederauflage, ursprünglich 1931), S. 406, 441.

wandt.[4] Aber so ganz ähnlich waren Bewegungen wie die russischen *Narod-niki*, der argentinische Peronismus, die französische Boulangerbewegung, die kanadische *Social Credit Party*, die chinesische Kommunistische Partei, die afrikanischen Unabhängigkeitsbewegungen in Kenia und Tansania, die Bauernbewegungen im frühmodernen Europa und die Neue Linke in den sechziger Jahren des 20. Jahrhunderts nun auch wieder nicht. Damit drohte der Begriff fast jegliche ideologische Bedeutung zu verlieren und synonym mit politischer Bewegung überhaupt zu werden. Oder er wurde als ein opportunistischer Politikstil bzw. als eine Strategie aufgefasst. Politiker wurden „populistisch" genannt, wenn sie keine wichtigen Entscheidungen treffen wollten, ohne zuerst eine Meinungsumfrage zu organisieren – „by populism is meant the importance and influence of public opinion, usually expressed through polls".[5] Auf diese Weise wird der Begriff heute noch öfter verwendet, besonders von Journalisten und Politikern: Populismus gleich Opportunismus.

Historiker und Politikwissenschaftler neigen heutzutage eher dazu, den Begriff wieder als Doktrin oder Weltanschauung zu definieren. Allerdings ist man sich darüber einig, dass Populismus keine totale Ideologie oder Weltanschauung sei wie Liberalismus oder Marxismus, sondern eine sogenannte „dünne" oder partielle, oft nicht ganz explizit gemachte Ideologie – „a thin-centred ideology", wie der englische politische Philosoph Michael Freeden ausgeführt hat.[6] Eine partielle oder dünne Ideologie wird meistens kombiniert oder verschmolzen mit Elementen aus anderen Ideologien. Wesentlich für eine politische Ideologie sei, laut Freeden, dass bestimmte Kernbegriffe (*core concepts*) „decontested", also nicht mehr umstritten sind, wenn man die Ideologie

---

4   Vgl. die Beiträge in: G. Ionescu/E. Gellner (Hrsg.), *Populism. Its Meanings and National Characteristics*, London 1969, und H.J. Puhle, *Zwischen Protest und Politikstil: Populismus, Neo-Populismus und Demokratie*, in: N. Werz (Hrsg.), *Populismus. Populisten in Übersee und Europa*, Opladen 2003, S. 15-43; dazu auch P. Taggart, *Populism*, Buckingham 2000, S. 25-88.

5   J. Clement, *Polls, Politics and Populism*, Aldershot 1983, S. 145.

6   Der Begriff „thin-centred ideology" wurde vom englischen Philosophen Michael Freeden eingeführt für Ideologien wie Feminismus und Ökologismus, vgl. M. Freeden, *Ideologies and Political Theory. A Conceptual Approach*, Oxford 1996, 485; etwas später wurde er auf Populismus bezogen, etwa von T. Akkerman, *Populism and Democracy: Challenge or Pathology?*, in: *Acta Politica* 38 (2003), S. 147-159; C. Fieschi, *Introduction*, in: *Journal of Political Ideologies* 9 (2004), S. 235-240; B. Stanley, *The thin ideology of populism*, in: *Journal of Political Ideologies* 13 (2008), S. 95-110. Der amerikanische Politikwissenschaftler Kirk Hawkins bevorzugt übrigens den Begriff „mindset" (innere Einstellung), weil seiner Meinung nach „implizite Ideologie" eine *contradictio in adiecto* und also eine Unmöglichkeit sei; er wäre aber auch bereit, den Begriff „Weltanschauung" zu verwenden (Dazu K. Hawkins, *Is Chávez Populist? Measuring Populist Discourse in Comparative Perspective*, in: *Comparative Political Studies* 42 (2008), S. 1040-1067; auch mündliche Mitteilung von Hawkins, im Arbeitskreis über Populismus in der ECPR Joint Sessions, Münster, 23.-27.3.2010.).

akzeptiert: „ideologies are *groupings* of decontested political concepts".[7] Im Populismus wären diese unumstrittenen Kernbegriffe etwa „Volk" und „Elite" (oder „politische Klasse" bzw. „Establishment") und vielleicht auch „Demokratie" bzw. „Volksherrschaft". Diese Begriffe sind in der politischen Debatte zwischen den Parteien alles andere als unumstritten. Für Populisten sollte es aber selbstverständlich sein, dass das Volk eine relativ homogene Einheit darstellt, die bestimmte Interessen gemeinsam hat; und dass diese Interessen nicht oder nicht richtig von der politischen Klasse vertreten werden.

Nicht alle Einwohner eines Landes gehören allerdings zum Volk. Jede populistische Bewegung oder Partei wird „das Volk" auf ihre Art und Weise definieren – nicht immer explizit, öfter implizit. Man mag sich ab und zu streiten, ob bestimmte Minderheiten Teile des Volkes oder doch „volksfremde Elemente" sind; aber man ist sich einig darüber, wer eindeutig zum Volk gehört – das *heartland*, nach der Terminologie des englischen Politologen Paul Taggart.[8] Für die russischen *Narodniki* war das *heartland* das Bauernland, die Dorfgemeinschaft auf dem Lande. Für die amerikanische *People's Party* waren es Bauern, Arbeiter und kleine Unternehmer. Für den niederländischen Populisten Pim Fortuyn waren es wahrscheinlich vor allem Unternehmer – einschließlich Arbeitnehmer, die seiner Meinung nach „Unternehmer ihrer eigenen Arbeit" sind.[9] Auch die Elite oder politische Klasse wird von jeder populistischen Bewegung anders und meist nur implizit definiert. Natürlich gehören die Politiker der etablierten Parteien dazu, öfter auch die Intellektuellen, die diese Parteien ideologisch unterstützen; manchmal aber auch kritische Intellektuelle, Beamte, Journalisten, Künstler, manchmal auch die großen Unternehmer der multinationalen Betrieben, Investoren, Bankdirektoren und sonstige „Plutokraten".[10]

Zwischen „Volk" und Elite klafft ein großer Spalt, eine weite Kluft; und die sollte man überbrücken oder sogar schließen. Dass man so den Kern der populistischen Ideologie oder Weltanschauung zusammenfassen könnte, darüber sind sich heutzutage sehr viele Politikwissenschaftler und Historiker einig, in Belgien, Deutschland, England, Frankreich, Italien, in den Niederlanden und in den Vereinigten Staaten.[11] Neben diesem Grundkonsens gibt

---

7 M. FREEDEN, *Ideologies and Political Theory*, S. 82.
8 P. TAGGART, *Populism*, S. 95-98.
9 Vgl. P. FORTUYN, *Uw baan staat op de tocht! De overlegeconomie voorbij*, Utrecht 1995, S. 31-36; Vgl. K. PRIESTER, *Populismus. Historische und aktuelle Erscheinungsformen*, Frankfurt a. M./New York 2007, S. 182-186.
10 Vgl. J. JAGERS *De Stem van het Volk! Populisme als concept getest bij Vlaamse politieke partijen*, Antwerpen 2006, S. 64, 221-224; P. WORSLEY, *The concept of populism*, in: IONESCU/GELLNER, *Populism*, S. 212-250.
11 Vgl. T. AKKERMAN, *Populism and Democracy*; D. ALBERTAZZI/D. McDONNELL, *Introduction: The Sceptre and the Spectre*, in: D. ALBERTAZZI/D. McDONNELL (Hrsg.), *Twenty-First Century Populism. The Spectre of Western European Democracy*, Basingstoke 2008, S. 1-14; M. CANOVAN, *Trust the People! Populism and the Two*

es aber Meinungsverschiedenheiten über die Merkmale des Populismus, wie sie auch von den Herausgebern dieses Bandes in ihrem einführenden Beitrag erwähnt wurden. Allerdings könnte man diese als Sekundärmerkmale bezeichnen, obwohl sie nicht unwichtig sind. Sie können, wie Koen Vossen anführt, den „Geschmack verstärken".[12]

Erstens wird manchmal bemerkt, dass Populismus zwar auch, aber nicht nur eine Ideologie sei. Stil spielt ja eine Rolle. Populisten unterscheiden sich von etablierten Politikern durch einen rohen, direkten, wenn nicht vulgären Stil und Wortgebrauch.[13] Tim Houwen, der eine Dissertation über Populismus an der Radboud Universität in Nimwegen vorbereitet, betrachtet Populismus nicht als Ideologie, sondern als Kombination von ideologischen Elementen – von ihm Ideologeme genannt – und Metaphern, Stilelementen sowie politischer Praxis.[14]

Zweitens wird der Begriff „Volk" in der populistischen Ideologie von Wissenschaftlern wie Cas Mudde und Jan Jagers noch weiter spezifiziert, als oben angedeutet. Das Volk sei in den Augen der Populisten nicht nur eine relative, sondern eine absolut homogene Gemeinschaft, die bestimmte Werte gemeinsam habe, kaum Interessendiversität kenne und moralisch tugendhaft und rein sei. Der gesunde Menschenverstand des Volkes, *common sense*, bilde einen besseren Maßstab für politische Entscheidungen als das technokratische Fachwissen der Elite.[15] Dagegen sei die Elite immer bösartig, korrupt, trügerisch und verschwörerisch.[16] Jan Jagers fand bei seiner Analyse von Dokumenten der flämischen Partei *Vlaams Belang* viele Beispiele für diese Gedanken.[17]

Faces of Democracy, in: *Political Studies* 47 (1999), S. 2-16; F. DECKER, *Die populistische Herausforderung. Theoretische und ländervergleichende Perspektiven*, in: DERS. (Hrsg.), *Populismus. Gefahr für die Demokratie oder nützliches Korrektiv?*, Wiesbaden 2006, S. 9-32; K. HAWKINS, *Is Chávez Populist?*; J. JAGERS, *De Stem van het Volk!*, S. 76; G. REUTER, *Rechtspopulismus in Belgien und den Niederlanden. Unterschiede im niederländischsprachigen Raum*, Osnabrück 2008, S. 19-20; B. STANLEY, *The thin ideology of populism*, S. 101-108; P. TAGGART, *Populism*, S. 91-95; M. WIEWIORKA, *La démocratie à l'épreuve. Nationalisme, populisme, ethnicité*, Paris 1993, S. 74-76.

12 K. VOSSEN, *Hoe populistisch zijn Geert Wilders en Rita Verdonk? Verschillen en overeenkomsten in optreden en discours van twee politici*, in: *Res Publica* 51 (2009), S. 437-465; vgl. auch den Beitrag von Vossen zu diesem Band.

13 H. TE VELDE, *Steeds opnieuw het wiel uitvinden. Golven van populisme in Nederland*, in: *Socialisme & Democratie* 66 (2009) 9, S. 12-18; Vgl. H.J. PUHLE, *Zwischen Protest und Politikstil*, S. 15-18.

14 T. HOUWEN, *Conceptualizing Populism*, Referat für die niederländisch-flämische Politologentagung am 28.-29. Mai 2009, Beek en Dal; Vgl. aber auch Hawkins, der statt „Ideologie" den Begriff „Diskurs" verwendet, „something that combines elements of both ideology and rhetoric", HAWKINS, *Is Chávez Populist?*, S. 1045.

15 M. CANOVAN, *Trust the People!*, S. 3.

16 C. MUDDE, *The Populist Zeitgeist*, in: *Government and Opposition* 39 (2004), S. 541-563.

17 J. JAGERS, *De Stem van het Volk!*, S. 205-253.

Allerdings dürfte dieses schwieriger zu belegen sein bei niederländischen Populisten wie Pim Fortuyn, der das Wort „Volk" überhaupt nur selten verwandte und auch nicht verneinte, dass es in den Niederlanden verschiedene soziale Schichten mit unterschiedlichen Interessen gebe.[18] Trotzdem nennt auch etwa Mudde Fortuyn einen Populisten.[19]

Drittens: Populisten brauchen – so behaupten etwa Daniele Albertazzi und Duncan McDonnell, aber auch Paul Taggart – *outgroups* (meist Immigranten), die als Sündenbock dienen und gegen die sie das Volk mobilisieren können, ohne die Elite immer direkt angreifen zu müssen.[20] Allerdings werfen sie der Elite vor, diese Minderheiten gegenüber dem eigenen Volk zu privilegieren. Das mag für viele Populisten zutreffen, aber nicht unbedingt für alle. Gerade die erste populistische Partei der Welt, die amerikanische *People's Party,* hat kaum Wähler gegen Minderheiten zu mobilisieren versucht, obwohl der Antagonismus zwischen Volk und Elite das zentrale Thema in ihren Programmen und sonstigen Äußerungen darstellte.[21] Das trifft auch für die Partei Lebenswerte Niederlande (*Leefbaar Nederland*) zu.[22]

Viertens wollen populistische Bewegungen nach Ansicht vieler Wissenschaftler die indirekte, parlamentarische Demokratie durch eine direkte oder plebiszitäre Demokratie ersetzen oder wenigstens ergänzen. Zugleich werden populistische Bewegungen meist von charismatischen Persönlichkeiten geführt, die behaupten – mit oder ohne Volksabstimmungen –, den Volkswillen zu verkörpern.[23] Die meisten populistischen Führer befürworten Volksabstimmungen, aber es gibt Ausnahmen. Fortuyn zum Beispiel, dem man Charisma doch bestimmt nicht absprechen könnte, lehnte sie ohne Weiteres ab.[24]

Fünftens ist umstritten, ob sich Populismus mit jedweder Ideologie kombinieren lässt, auch mit Liberalismus, Sozialismus, Faschismus und Anarchismus, Konservatismus und Nationalismus. „Populism is a kind of nationalism",

---

18 Z.B. P. FORTUYN, *De islamisering van onze cultuur. Nederlandse identiteit als fundament,* Uithoorn/Rotterdam 2001 (zweite Auflage), S. 27-29, 33, 91.

19 C. MUDDE, *The Populist Zeitgeist,* S. 541, 543, 549.

20 D. ALBERTAZZI/D. MCDONNELL, *Introduction: The Sceptre and the Spectre,* S. 3; P. TAGGART, *Populism,* S. 91-98.

21 Allerdings waren die amerikanischen Populisten nicht gefeit gegen Rassismus, der in dieser Zeit ja relativ weit verbreitet war, von der Partei aber nicht als Thema aufgenommen wurde; siehe J.D. HICKS, *The Populist Revolt,* S. 404-408, 441; dazu auch: L. GOODWYN, *Democratic Promise. The Populist Moment in America,* New York 1976.

22 Das wurde versucht zu belegen in P. LUCARDIE, *Tussen establishment en extremisme. Populistische partijen in Nederland en Vlaanderen,* in: *Res Publica* 52 (2010), S. 149-172; Vgl. K. VOSSEN, *Hoe populistisch zijn Geert Wilders en Rita Verdonk?,* S. 451-455.

23 P. TAGGART, *Populism,* S. 100-105.

24 Etwa W.S.P. FORTUYN, *Aan het Volk van Nederland. De contractmaatschappij, een politiek-economische zedenschets,* Amsterdam/Antwerp 1993, S. 131, 211.

wird etwas lapidar von Angus Stewart behauptet.[25] Nach Karin Priester lässt sich Populismus weder mit Sozialismus noch mit Faschismus, sondern eigentlich nur mit Konservatismus und teilweise mit Anarchismus und Liberalismus vereinbaren.[26] Die Soziologin aus Münster steht damit jedoch ziemlich alleine.

Man könnte bestimmt noch mehr Merkmale aufzählen. Friso Wielenga und Florian Hartleb erwähnen etwa noch Kriterien eines eigenen Parteientypus („Anti-Partei-Partei") und Kennzeichen eines Regierungsstils.[27] Sollte man den Begriff Populismus auf politische Bewegungen beschränken, die allen fünf (oder mehr) übrigen Kriterien genügen, die also einen populistischen Stil benutzen, die das Volk als homogen und als tugendhaft betrachten, die das Volk gegen volksfremde Minderheiten mobilisieren, die direkte Demokratie fordern und die charismatischen Führern folgen und dazu Sozialismus ablehnen? Oder sollte man alle Bewegungen, die den Antagonismus zwischen Volk und Elite als Problem betrachten, „populistisch" nennen? Die erste Definition ist vielleicht zu eng, die zweite zu breit gefasst. Bewegungen, die alle Kriterien erfüllen, dürfte es in den Niederlanden und in der Bundesrepublik noch nicht gegeben haben. Wenn man dagegen den Begriff zu breit definiert, wird man bei fast allen Parteien Merkmale des Populismus entdecken, der Begriff verlöre dann seinen Sinn.[28]

Im vorliegenden Beitrag ist die Entscheidung zugunsten einer Definition gefallen, bei der nur diejenigen Bewegungen als populistisch bezeichnet werden, die in ihren programmatischen Äußerungen den Antagonismus zwischen Volk und Elite als das politische Hauptproblem betrachten, das es vor allem zu lösen gilt. Die Lösungen gehen zumeist in Richtung von mehr Demokratie, wie Referenden und Rückruf (*recall*) von politischen Amtsträgern, manchmal jedoch auch gerade in Richtung eines autoritäreren Regimes durch einen „Mann aus dem Volk", der behauptet, den Willen des Volkes zu verkörpern. Mit dieser Definition wird der Begriff Populismus auf seinen historischen Kern zurückgeführt und der später hinzugefügten sekundären Merkmale entledigt. Für den Rest dieses Beitrags wird der Terminus Populismus in diesem Sinne verwendet.

In letzter Zeit gab es nach dieser Definition in den Niederlanden nur drei rein populistische Bewegungen: *Leefbaar Nederland*, Liste Pim Fortuyn und

---

25 A. STEWART, *The Social Roots*, in: G. IONESCU/E. GELLNER (Hrsg.), *Populism. Its Meanings and National Characteristics*, London 1969, S. 180-196.

26 K. PRIESTER, *Populismus*, S. 12-45.

27 Siehe die Einleitung zu diesem Band.

28 So geht der niederländische Historiker Henk Te Velde schon ziemlich weit, wenn er nicht nur Pim Fortuyn, sondern auch den ersten Führer der niederländischen Sozialdemokratischen Arbeiter Partei (SDAP), Pieter Jelles Troelstra, sowie den Gründer der Anti-Revolutionäre Partei (ARP), Abraham Kuyper, und sogar Adolf Hitler zu den Populisten rechnet. Er hätte auch Hans van Mierlo, den Gründer der Partei Demokraten 66, einbeziehen können. Siehe: H. TE VELDE, *Steeds opnieuw het wiel uitvinden*.

Trots op Nederland – „Stolz auf die Niederlande", die Bewegung von Rita Verdonk.[29] Es dürfte nicht ganz dem Zufall zuzuschreiben sein, dass den drei Parteien nur ein zeitlich sehr begrenztes Dasein zuteil geworden ist. Die von Geert Wilders 2006 gegründete Partei für die Freiheit (*Partij voor de Vrijheid*, PVV) ist nicht rein populistisch, auch wenn die populistischen Elemente nach ihrer Gründung allmählich stärker zu werden scheinen (hierzu weiter unten mehr).

Leefbaar Nederland (LN, Lebenswerte Niederlande) entstand 1999, als die Anführer von zwei Kommunalparteien sich zusammenschlossen. Diese lokalen Parteien hatten ihren Ursprung vor allem in der Unzufriedenheit mit groß angelegten Plänen der etablierten Gemeindeverwaltung. Ihr Ziel waren „lebenswerte Niederlande, in denen die Bürger nicht nur Verfügungsgewalt besitzen, sondern auch Verantwortung tragen können".[30] Nach Ansicht der Partei *Leefbaar Nederland* hatten die Bürger in den Niederlanden im Jahr 2000 nur noch wenig zu sagen. Wahlen seien ein politisches Pflichtritual, „um den Anschein eines demokratisch legitimierten Systems aufrecht zu erhalten", während echte Entscheidungen durch einen neuen „Regentenstand" getroffen würden, der die politischen Ämter unter sich verteile.[31] Dem hoffte *Leefbaar Nederland* durch die Einführung von Referenden und der direkten Wahl von Ministerpräsidenten und Bürgermeistern ein Ende zu bereiten. Im Jahr 2002 gewann die Partei 1,6 Prozent der Stimmen (zwei Mandate) bei Parlamentswahlen, die sie aber bei vorgezogenen Wahlen im nächsten Jahr schon wieder verlor. Vier Jahre später löste sie sich auf.

Die Liste Pim Fortuyn (*Lijst Pim* Fortuyn, LPF) könnte als Abspaltung der LN betrachtet werden. Der Soziologe, Publizist und Festredner Fortuyn war 2001 vom Parteitag der LN zum Spitzenkandidaten gewählt worden, wurde aber im Februar 2002 vom Parteivorstand ausgeschlossen, vor allem wegen seines Vorschlags, das Diskriminierungsverbot aus dem Grundgesetz zu streichen. Im selben Monat gründete er eine neue Partei, die LPF, die bei den Parlamentswahlen von Mai 2002 17,1 Prozent der Stimmen bekam und damit zweitstärkste Fraktion in der *Tweede Kamer* wurde – allerdings ohne Fortuyn, der neun Tage vor der Wahl von einem fanatischen Tierschützer erschossen wurde. Obwohl die meisten LPF-Wähler sich wahrscheinlich eher durch die Immigrationspolitik und die Islamkritik Fortuyns als durch seine staatspolitischen Ideen beeinflussen ließen, hat er selbst die Wiederherstellung einer lebendigen Demokratie in den Niederlanden klar als seinen Auftrag als Politi-

---

29 Siehe auch: P. LUCARDIE, *Tussen establishment en extremisme*; Vgl. den Beitrag von Gerd Reuter in diesem Band.

30 LEEFBAAR NEDERLAND, *Leefbaar Nederland komt er NU aan!*, in: J. VAN HOLSTEYN ET AL. (Hrsg.), *Verkiezingsprogramma's 2002 & 2003*, Amsterdam 2003, S. 311-317.

31 LEEFBAAR NEDERLAND, *Leefbaar Nederland komt er NU aan!*, S. 312.

ker definiert.[32] Vier Jahre später, im Jahr 2006, verschwand die LPF aus dem Parlament und löste sich bald danach auf.

Rita Verdonk, Ministerin für Ausländerfragen und Integration (2003–2006), hatte sich im selben Jahr vergebens um die Spitzenposition in der rechts-liberalen Volkspartei für Freiheit und Demokratie (*Volkspartij voor Vrijheid en Democratie*, VVD) beworben. Bei der Parlamentswahl bekam sie aber mehr Stimmen als der von den Parteimitgliedern gewählte Spitzenkandidat Mark Rutte. Nach mehreren Konflikten wurde sie im September 2007 gezwungen, die Fraktion und die Partei zu verlassen. Kurz darauf gründete sie die Bewegung Stolz auf die Niederlande (*Trots op Nederland*). Ihr Ziel war, „die Interessen der Niederländer über die Interessen der Parteibosse zu setzen" und „den Bürgern in den Niederlanden wieder eine Stimme zu geben, eine Möglichkeit, Einfluss auf die Regierung auszuüben".[33] Obwohl die Bewegung am Anfang laut Umfragen viele Anhänger fand, verfehlte sie bei der Wahl im Jahr 2010 knapp den Parlamentseinzug.

Erfolgreicher, aber nach der oben genannten Definition weniger eindeutig populistisch ist die PVV, die 2006 (auch) von einem aus der VVD ausgetretenen Mitglied des Parlaments, Geert Wilders, gegründet wurde. Im selben Jahr gewann sie bei den Parlamentswahlen 5,9 Prozent der Stimmen, 2010 sogar 15,5 Prozent. Hauptziele der Partei dürften die Verteidigung der nationalen Freiheit, Unabhängigkeit und die Wiederherstellung der nationalen Werte und Traditionen sein.[34] Allerdings wird die nationale Unabhängigkeit laut Wilders von den politischen Eliten durch ihre multikulturelle Gesellschaftspolitik, ihre Immigrationspolitik und europäische Integrationspolitik bedroht und unterwandert. Die populistische Elitenkritik hat sich bei Wilders allmählich mehr ausgeprägt, wie aus dem Beitrag von Koen Vossen in diesem Band hervorgeht.

Diese populistischen Parteien sind nicht zufälligerweise erst in letzter Zeit entstanden. Vorher war Populismus kaum mehr als eine Randerscheinung im politischen System der Niederlande, das bis in die 1990er Jahre von christdemokratischen, sozialdemokratischen und liberalen Volksparteien dominiert wurde.[35] Am Rande des Systems gab es immer wieder kleinere Parteien wie

---

32 P. FORTUYN, *De puinhopen van acht jaar paars. Een genadeloze analyse van de collectieve sector en aanbevelingen voor een krachtig herstelprogramma*, Rotterdam 2002, S. 186.

33 *Trots op Nederland – De nieuwe beweging van Rita Verdonk*. Online: www.stemrita.nl [21.10.2007]; *Partijprogramma Trots op Nederland: Vertrouwen en handhaven*, in: *Het Grote Partijprogramma Boek*, Amsterdam 2010, S. 620-658, hier S. 621-622. Vgl. auch den Beitrag von Gerd Reuter in diesem Band.

34 G. WILDERS, *Klare wijn*, www.geertwilders.nl [19.9.2006]; G. WILDERS, *De agenda van hoop en optimisme. Een tijd om te kiezen: PVV 2010-2015*, Den Haag, 2010, S. 7 (auch in: *Het Grote Partijprogramma Boek*, Amsterdam 2010, S. 219-244, hier S. 220-222).

35 P. LUCARDIE, *Das Parteiensystem der Niederlande*, in: O. NIEDERMAYER/R. STÖSS/M. HAAS (Hrsg.), *Die Parteiensysteme Westeuropas*, Wiesbaden 2006,

die Bauernpartei (*Boerenpartij*) in den 1960er Jahren, die Zentrumsdemokraten (*Centrumdemocraten*) in den 1980er und 1990er Jahren und die (am
Anfang) maoistische Sozialistische Partei (*Socialistische Partij*, SP), die populistische Merkmale oder Ideologeme aufwiesen. Ihr Populismus war aber
anderen Zielen – wie Gewerbefreiheit, nationaler Unabhängigkeit und Identität
oder Sozialismus – untergeordnet.[36] Die SP hat sich in den 1990er Jahren und
im ersten Jahrzehnt des 21. Jahrhunderts zu einer mittelgroßen und eher sozialdemokratischen Partei entwickelt, die nur noch wenige populistische Züge
aufweist.[37]

In der Bundesrepublik Deutschland kommt der reine Populismus noch
seltener vor. Die vom „Richter Gnadenlos" Ronald Schill 2000 in Hamburg
gegründete Partei Rechtsstaatlicher Offensive (PRO, oft aber auch „Schill-Partei" genannt) dürfte zu dieser Kategorie gehören.[38] „Wir wollen und werden
die Bürger stärker an den politischen Entscheidungsprozessen beteiligen", so
umschrieb Schill ihr Ziel.[39] Die Schill-Partei war 2001 mit 25 Mitgliedern in
die Bürgerschaft der Hansestadt eingezogen, schaffte im nächsten Jahr aber
nicht den Eintritt in den Bundestag und fiel bald darauf auseinander.[40] Populistische Elemente oder Ideologeme sah man zwar auch bei Nationaldemokraten
(NPD), Republikanern und bei der Deutschen Volksunion (DVU), sie waren
aber eindeutig dem Nationalismus untergeordnet.[41] Die Linke sollte nach dieser Definition wahrscheinlich eher eine sozialistische Partei mit populistischen

---

S. 331-350; P. LUCARDIE, *The Netherlands: Populism versus Pillarization*, in: D.
ALBERTAZZI/D. MCDONNELL (Hrsg.), *Twenty-First Century Populism. The Spectre
of Western European Democracy*, Basingstoke 2008, S. 151-165; zum historischen
Hintergrund siehe auch F. WIELENGA, *Die Niederlande. Politik und politische Kultur im 20. Jahrhundert*, Münster 2008, besonders S. 349-364.

36 Vgl. P. LUCARDIE, *Populismus im Polder. Von der Bauernpartei bis zur Liste Pim
Fortuyn,* in: N. WERZ (Hrsg.), *Populismus. Populisten in Übersee und Europa*,
Opladen 2003, S. 177-194.

37 Siehe auch den Beitrag von Gerrit Voerman in diesem Band.

38 F. DECKER, *Rechtspopulismus in der Bundesrepublik Deutschland: Die Schill-Partei*, in: N. WERZ (Hrsg.), *Populismus. Populisten in Übersee und Europa*, Opladen
2003, S. 232-241.

39 R. B. SCHILL, *Vorwort*, in: PARTEI RECHTSTAATLICHER OFFENSIVE, *Leitlinien 2002*,
Hamburg 2002.

40 F. DECKER, *Rechtspopulismus in der Bundesrepublik Deutschland*; F. HARTLEB,
Schill-Partei (Partei Rechtsstaatlicher Offensive), in: F. DECKER/V. NEU (Hrsg.),
Handbuch der deutschen Parteien, Wiesbaden 2007, S. 374-381; dazu auch: M.
CARINI und A. SPEIT, *Ronald Schill. Der Rechtssprecher*, Hamburg 2002.

41 Auch Frank Decker, der eine etwas breitere Definition bevorzugt, hegt Zweifel am
populistischen Charakter dieser Parteien: F. DECKER, *Der neue Rechtspopulismus*,
S. 147 (Note 8) und S. 152; auch nicht ganz eindeutig ist U. EITH, *Die Republikaner in Baden-Württemberg: mehr als nur populistischer Protest*, in: N. WERZ
(Hrsg.), *Populismus. Populisten in Übersee und Europa*, Opladen 2003, S. 243-
261; Vgl. P. LUCARDIE, *Populismus in Deutschland und in den Niederlanden*, in:
Aus Politik und Zeitgeschichte 35/36 (2007), S. 41-46.

Elementen als eine linkspopulistische Partei genannt werden, obwohl Sachverständige sich noch darüber streiten.[42] Sie trat zwar für mehr direkte Demokratie wie Volksinitiativen und Volksbegehren ein, als Hauptziel betrachtete sie jedoch „die Entwicklung einer solidarischen Gesellschaft (...), in der die Freiheit eines jeden Bedingung für die Freiheit aller ist" und machte sich auf, dazu „die Kräfte im Ringen um menschenwürdige Arbeit und soziale Gerechtigkeit, Frieden und Nachhaltigkeit in der Entwicklung zu stärken".[43] Außerdem redete die Partei von „Klassen" und kaum vom „Volk". Oskar Lafontaine, von 2005 bis 2010 Parteivorsitzender der Linken, verwendete den Begriff „Volk" schon mehrmals und kam also eher für die Bezeichnung „Populist" in Betracht, obwohl auch bei ihm wahrscheinlich der Sozialismus an erster Stelle stand.[44]

So betrachtet gab es bis heute keine populistischen Bewegungen in der Bundesrepublik, nur Parteien mit einigen populistischen Merkmalen. Auch diese vom Populismus angehauchten Parteien haben im ersten Jahrzehnt des 21. Jahrhunderts weniger Erfolge erzielen können als ähnliche Parteien in den Niederlanden. Das heißt jedoch nicht, dass es in der jüngeren deutschen Geschichte keinen Populismus – in der hier verwendeten Definition – gegeben hätte. Als im Herbst 1989 auf den Straßen in Leipzig und anderen Städten jede Woche größere Massen „Wir sind das Volk!" skandierten, deutete das auf eine Kluft zwischen Volk und Elite hin, die für diese kaum organisierten Massen tatsächlich das politische Hauptproblem des Tages dargestellt haben dürfte. Vor dem Hintergrund jedoch, dass die DDR eine Parteidiktatur war, kann diese Volksbewegung nicht sinnvoll mit politischen Bewegungen in der Bundesrepublik oder den Niederlanden verglichen werden.

---

42 Viola Neu meint, die PDS sei eigentlich nicht populistisch: V. NEU, *Die PDS: eine populistische Partei?*, in: N. WERZ (Hrsg.), *Populismus. Populisten in Übersee und Europa*, Opladen 2003, S. 263-277; Populismus wird kaum erwähnt in V. NEU, *Linkspartei. PDS (Die Linke)*, in: F. DECKER/V. NEU (Hrsg.), *Handbuch der deutschen Parteien*, Wiesbaden 2007, S. 314-328; anderer Meinung sind: F. DECKER/F. HARTLEB, *Populismus auf schwierigem Terrain. Die rechten und linken Herausforderparteien in der Bundesrepublik*, in: F. DECKER (Hrsg.), *Populismus. Gefahr für die Demokratie oder nützliches Korrektiv?*, Wiesbaden 2006, S. 191-215, besonders S. 206-211.

43 DIE LINKE, *Bundessatzung*, in: www.die-linke.de/dokumente/bundessatzung_ der_partei_die_linke.de [19.7.2010]; siehe auch DIE LINKE, *Wahlprogramm zu den Bundestagswahlen 2005. Für eine neue soziale Idee*, Berlin 2005, S. 5-6, 22-23.

44 Etwa: O. LAFONTAINE, *Politik für alle. Streitschrift für eine gerechte Gesellschaft*, Berlin 2005, S. 164f.

Zur Erklärung

Aufstieg und Zerfall politischer Bewegungen lassen sich nicht monokausal erklären. Es sind mindestens drei Ursachenarten zu unterscheiden: sozialstrukturelle Bedingungen, politische Faktoren bzw. politische Gelegenheitsstrukturen und der Beitrag (Ressourcen) der neuen Bewegungen selbst.

Populisten mobilisieren ein Protestpotential, das wahrscheinlich in allen modernen Staaten existiert. Modernität bedeutet ständige Veränderung – technologisch, ökonomisch und kulturell. Diese Veränderung bringt Spannungen und Frustrationen mit sich. Etwas verkürzt und vereinfacht zusammengefasst: Im Modernisierungsprozess wandeln Werte sich, meist zuerst in den gesellschaftlichen Oberschichten – der Elite – und erst später in den Mittel- und Unterschichten – also im Volk. Wenn die Oberschichten sichtbar und auf längere Zeit moderne Werte und Verhaltensmuster zur Schau tragen, während die Mittel- und Unterschichten an traditionellen Werten und Brauchtümern festhalten, entsteht ein Potential für populistische Proteste. Allerdings könnte dieses Potential genauso gut etwa von fundamentalistischen religiösen Bewegungen, *revivalist movements*, wie von Populisten ausgenutzt werden. Im 19. Jahrhundert entstanden mehrere solcher Bewegungen und Sekten, in den Vereinigten Staaten und ebenso in den Niederlanden. Modernisierungskrisen gab es schon im 19. Jahrhundert, als die Landwirtschaft kommerzialisiert und modernisiert wurde und die überflüssig gewordenen Landarbeiter sich einen Arbeitsplatz in der Großindustrie suchten und dabei oft mit Immigranten konkurrieren mussten. Aber auch in der heutigen Zeit, in der die durch Automatisierung und Verlagerung der Produktion in Länder mit niedrigen Arbeitskosten überflüssig gewordenen Industriearbeiter sich um eine Stelle im Dienstleistungssektor bewerben und dabei ebenfalls mit Immigranten konkurrieren müssen, kann von einer (sogar internationalen) Modernisierungskrise gesprochen werden. Einerseits sind die Angehörigen der gebildeten Oberschichten heutzutage fast alle individualistische und liberale Weltbürger geworden, die mehrere Fremdsprachen beherrschen und durchaus die multikulturelle Gesellschaft mit ihren offenen Grenzen und die Globalisierung bejahen. Andererseits halten die diplomlosen Unterschichten fest an nationalen Traditionen, an ihrer Muttersprache, an der einheimischen Kultur und an den alten Wohnvierteln in der Großstadt, auch wenn sich dort immer mehr Immigranten ansiedeln. Außerdem befürchten sie, dass der nationale Fürsorgestaat oder Wohlfahrtsstaat zusammenbreche, wenn den massenhaft eingewanderten Ausländern der Zugang zu seinen Leistungen nicht gesperrt werde; ihr *welfare state chauvinism* wird von populistischen und nationalistischen Parteien aufgegriffen und geschürt. Dieser Wohlfahrtsstaatschauvinismus wird manchmal als soziologische Alternative zur Modernisierungstheorie dargestellt, könnte aber durchaus mit ihr

verknüpft werden, wie Herbert Kitschelt gezeigt hat.[45] Die „Wohlfahrtsstaats-
chauvinisten" dürften Einwanderer aus Nachbarländern mit ähnlichen Werten noch akzeptieren.[46] Ihnen geht es nicht nur um ihre materielle Existenz,
sondern auch um ihre Würde und Identität. Ihre Werte sind nicht traditionell wie die der Bauern und Handwerker im 19. Jahrhundert, sondern schon
relativ modern; aber nicht post-modern wie die der Elite. Obwohl kirchlich
kaum noch gebunden, halten sie trotzdem fest an christlichen Feiertagen und
schauen lieber auf Kirchtürme als auf Minarette. Das Potential für populistische Bewegungen gibt es also in vielen, wenn nicht in allen modernen und
post-modernen Gesellschaften.

Manche Politikwissenschaftler und Soziologen schließen daraus, dass die
Anhänger und Wähler populistischer Parteien also Modernisierungsverlierer sein müssten: Arbeitslose und Arbeiter, die um ihren Arbeitsplatz bangen,
selbstständige Handwerker und Ladenbesitzer, die die Konkurrenz mit dem
Großbetrieb oder mit dem Ausland kaum durchhalten können, Rentner die
sich in einem alten Stadtviertel von Immigranten minorisiert fühlen.[47] Belege
dafür sind aber nicht immer überzeugend. Zwar hat sich herausgestellt, dass
die Wähler der LPF und der PVV in den Niederlanden etwas weniger gebildet als die Durchschnittswähler waren.[48] In vielen Ländern sind Arbeiter und
Selbstständige unter den Wählern populistischer Parteien überrepräsentiert.[49]
Aber die Wirkung dieser sozialstrukturellen oder sozioökonomischen Faktoren
scheint relativ schwach zu sein.[50]

Widerlegt ist die Modernisierungstheorie deshalb noch nicht. Es geht ihr
außerdem weniger um sozioökonomische Interessen als um kulturelle Werte.
Die Theorie besagt ja, dass die Wähler populistischer Parteien mehr traditionelle oder halbwegs moderne und weniger post-moderne Werte hegen und

---

45 H. KITSCHELT/A.J. McGANN, *The Radical Right in Western Europe. A Comparative
    Analysis*, Ann Arbor 1995, S. 1-45, 257-273.
46 Vgl. die Kritik der „Wohlfahrtschauvinismustheorie" bei F. DECKER, *Der neue
    Rechtspopulismus*, S. 202-205.
47 Vgl. H.G. BETZ, *Introduction*, in: H.G. BETZ/S. IMMERFALL (Hrsg.), *The New Po-
    litics of the Right. Neo-Populist Parties and Movements in established demo-
    cracies*, New York 1998, S. 1-10.
48 K. AARTS/H. VAN DER KOLK/M. ROSEMA (Hrsg.), *Een verdeeld electoraat. De Twee-
    de Kamerverkiezingen van 2006*, Utrecht 2007, S. 278; E. BÉLANGER/K. AARTS,
    Explaining the Rise of the LPF: Issues, Discontent, and the 2002 Dutch Election,
    in: *Acta Politica* 41 (2006), S.4-20; P. VAN PRAAG, *De LPF-kiezer: rechts, cynisch
    of modaal?*, in: *Jaarboek 2001 DNPP*, Groningen 2003, S. 96-116.
49 D. OESCH, *Explaining Workers' Support for Right-Wing Populist Parties in West-
    ern Europe: Evidence from Austria, Belgium, France, Norway, and Switzerland*,
    in: *International Political Science Review* 29 (2008), S. 349-373.
50 K. ARZHEIMER/E. CARTER, *Political opportunity structures and right-wing extremist
    party success*, in: *European Journal of Political Research* 45 (2006), S. 419-443;
    W. VAN DER BRUG, *How the LPF Fuelled Discontent: Empirical Tests of Explana-
    tions of LPF-support*, in: *Acta Politica* 38 (2003), S. 89-106.

pflegen werden als die Wähler etablierter Parteien; dass sie also der multikulturellen und globalisierten Gesellschaft kritischer gegenüberstehen. Die letzte Aussage wird hinreichend von empirischen Forschungen belegt.[51] Paul Dekker, Martijn Lampert und Frits Spangenberg zeigen außerdem, dass die LPF-Wähler im Jahre 2002 kaum post-materielle und kosmopolitische Werte, sondern vor allem modern-bürgerliche Werte hegten.[52] Das moderne Bürgertum ist nach ihrer Typologie zwar weniger christlich und familienorientiert als das traditionelle Bürgertum, pflegt aber auch traditionelle Werte wie Arbeitsethos und finanzielle Sicherheit.[53] Auch beim traditionellen Bürgertum gab es einige Sympathie für die LPF, aber die Mehrheit dieser Gruppe blieb den Christdemokraten und kleinen christlichen Parteien treu.[54] Es leuchtet ein, dass die Anhänger populistischer Parteien einer Modernisierung weder traditionell noch post-modern, sondern im Wesentlichen ambivalent gegenüberstehen. Sie sind etwa für Meinungsfreiheit, gleiche Rechte für Männer und Frauen und Trennung von Kirche und Staat, aber gegen Globalisierung, Multikulturalismus und europäische Integration.

Das Potential für populistische Parteien kann allerdings nur mobilisiert werden, wenn eine günstige politische Gelegenheitsstruktur gegeben ist (*a political opportunity structure*). Besonders das Wahlsystem, die Regierungskonstellation und das Parteiensystem, aber auch politische Wertesysteme, Traditionen und die Medienlandschaft bedingen die Chancen jeder neuen Partei, also auch die einer populistischen Bewegung.[55] Das reine Verhältniswahlrecht der Niederlande, das keine Sperrklausel kennt, außer dem Wahlquotienten von 0,67 Prozent, erleichtert den Zugang neuer Parteien, während die Fünf-Prozent-Hürde in der Bundesrepublik den Zugang natürlich erschwert. Man würde also erwarten, dass populistische Parteien bessere Chancen haben in offenen, proportionalen Wahlsystemen als in Systemen mit Sperrklauseln oder Mehrheitswahlrecht. Die Forschungsergebnisse sind hier aber nicht gerade ein-

---

51 E. IVARSFLATEN, *What Unites Right-Wing Populists in Western Europe? Re-Examining Grievance Mobilization Models in Seven Successful Cases*, in: *Comparative Political Studies* 41 (2007), S. 3-23; W. VAN DER BRUG, *How the LPF Fuelled Discontent*, S. 100; J.J.M. VAN HOLSTEYN/G.A. IRWIN/J.M. DEN RIDDER, *In the Eye of the Beholder: The Perception of the List Pim Fortuyn and the Parliamentary Election of May 2002*, in: *Acta Politica* 38 (2003), S. 69-87.

52 P. DEKKER/M. LAMPERT/F. SPANGENBERG, *De politieke onvrede van 2002*, in: F. BRONNER (Hrsg.), *Jaarboek marktonderzoek 2004*, Haarlem 2003, S. 67-83.

53 Dekker, Lampert und Spangenberg unterscheiden acht Wertorientierungen, von traditionsgebunden bis post-modern: traditionell-bürgerlich, modern-bürgerlich, bequemlich, neo-konservativ, aufwärtsstrebend, kosmopolitisch, post-materialistisch und post-modern hedonistisch.

54 P. DEKKER/M. LAMPERT/F. SPANGENBERG, *De politieke onvrede van 2002*, S. 77.

55 Vgl. F. DECKER, *Der neue Rechtspopulismus*, S. 248-264; Decker rechnet zur Gelegenheitsstruktur vor allem die Regierungskonstellation, die Strategiefähigkeit der Mainstream-Parteien und das „öffentliche Umfeld", also die Medien.

deutig positiv.[56] Wirksamer scheinen oft andere Systemmerkmale zu sein, wie
Föderalismus, Konkordanz oder *consociationalism* und die Frequenz großer
Koalitionen; Merkmale, die den Eindruck vermitteln können, dass die etablier-
ten Parteien zusammenarbeiten und dass es also eine geschlossene politische
Klasse gebe.[57]

Auch die ideologischen Positionen der etablierten Parteien und ihre Strategie der neuen Partei gegenüber können die Erfolgschancen der populistischen Partei beeinflussen. Würden viele Wähler eine große Lücke zwischen
ihren Meinungen, Problemen und Interessen einerseits und den Positionen der
etablierten Parteien andererseits perzipieren, wären sie eher bereit, eine neue
Partei zu wählen, die ihnen näher steht. Das scheint fast selbstverständlich.
Jedoch lässt sich dies nicht derart vereinfachen. Wenn etablierte Parteien sich
den Positionen der neuen Partei annähern, wirkt sich das manchmal negativ,
manchmal aber auch positiv auf die Chancen dieser Partei aus.[58] In Deutschland haben die CDU und CSU Immigration und Ausländerpolitik für sich als
Thema reklamieren können, ohne rechtspopulistischen oder national-populistischen Parteien Vorschub zu leisten. In den Niederlanden konnte die VVD das
Thema in den 1990er Jahren auch weitgehend in den Griff bekommen; seitdem musste sie es aber der LPF beziehungsweise der PVV überlassen. Die
Interaktion zwischen etablierten und neuen populistischen Parteien ist offenbar
ein komplizierter Vorgang, der auch in Zukunft Gegenstand empirischer Poli-
tikforschung sein dürfte.

Neue Parteien, die an gefestigte politische Traditionen, Wertesysteme und
Massenorganisationen anknüpfen, werden auf breitere Zustimmung bauen
können als Neulinge, die entweder aus völlig unbekannten Quellen schöpfen
oder bekannte, aber tabuisierte Wertesysteme vertreten. Nur dadurch könne
man erklären, so die belgische Soziologin Hilde Coffé, dass nationalistische
und populistische Bewegungen in Flandern mehr Erfolge zeitigen als in Wallonien, obwohl die strukturellen Bedingungen im Süden Belgiens gleich oder

---

56 W. VAN DER BRUG/M. FENNEMA/J. TILLIE, *Why Some Anti-Immigrant Parties Fail
and Others Succeed*, in: *Comparative Political Studies* 38 (2005), S. 537-573;
ebenso K. ARZHEIMER/E. CARTER, *Political opportunity structures and right-wing
extremist party success*.

57 A. HAKHVERDIAN/C. KOOP, *Consensus Democracy and Support for Populist
Parties in Western Europe*, in: *Acta Politica* 42 (2007), S. 401-420; ebenso K.
ARZHEIMER/E. CARTER, *Political opportunity structures and right-wing extremist
party success*.

58 B.M. MEGUID, *Competition Between Unequals: The Role of Mainstream Party
Strategy in Niche Party Success*, in: *American Political Science Review* 99 (2005),
S. 347-359; Vgl. W. VAN DER BRUG/M. FENNEMA/J. TILLIE, *Why Some Anti-Immi-
grant Parties Fail and Others Succeed*.

sogar günstiger seien als im Norden.[59] In der Bundesrepublik sind Nationalismus und zum Teil auch Populismus zweifelsohne tabuisiert worden, mehr noch als in Wallonien. DVU, NPD und Republikaner konnten diese Tabuisierung nicht durchbrechen.[60] Die niederländischen Zentrumsdemokraten schafften das auch nicht, aber Fortuyn schon. Allerdings war sein Nationalismus relativ liberal und gemäßigt.

Zur politischen Gelegenheitsstruktur gehört auch die Medienlandschaft. Charisma kann heutzutage fast nur durch das Fernsehen vermittelt werden. Massenzusammenkünfte auf Plätzen und Wiesen sind ja relativ selten und weniger wirksam geworden. Jan Kleinnijenhuis und seine Mitarbeiter zeigen, dass die Medien Fortuyn im Wahlkampf 2002 relativ viel Aufmerksamkeit geschenkt und damit – gewollt oder ungewollt – zu seinem Wahlerfolg beigetragen haben.[61] Laut Frank Decker haben die deutschen Medien, ob privat oder öffentlich, aufgrund der Vergangenheit besonders dem Rechtspopulismus gegenüber „Berührungsängste, die einen unbefangenen Umgang verbieten und die neuen Parteien der Gefahr aussetzen, stigmatisiert zu werden."[62] In den Niederlanden boten die Medien den Populisten Fortuyn und später Wilders eher eine Plattform für die eigene Selbstdarstellung.

Die Wahlergebnisse neuer populistischer Parteien sind also abhängig vom gesellschaftlichen Modernisierungsprozess und von der politischen Gelegenheitsstruktur (große Koalitionen, Parteiensystem, Wertesystem, Medienlandschaft). Man würde fast übersehen, dass auch eine neue Partei selbst zu ihrem Erfolg (oder Misserfolg) etwas beitragen könnte. Sie sollte Ressourcen mobilisieren, d.h. aktive Mitglieder werben, Geld einsammeln und (damit) Publizität kaufen, effektive Werbung machen, Unterstützung von beliebten Persönlichkeiten und Organisationen erwirken. Sie sollte vor allem interne Einheit und Vertrauen zeigen und ausstrahlen. Letzteres ist gar nicht einfach, gerade für eine neue Partei. Die Bewegung *Trots op Nederland* schien kurz nach ihrer Gründung sehr erfolgreich – mehr als 20 Sitze im Parlament versprachen die Umfragen ihr in den Monaten Mai und Juni 2008; aber sie versank in politischer Bedeutungslosigkeit, nachdem die Spitze der Bewegung sich untereinander zu streiten begann. Bei der Parlamentswahl 2010 bekam sie nur 0,6 Prozent der Stimmen, gerade zu wenig für ein Mandat. Auch die LPF wurde schon kurz nach ihrem großen Wahlsieg Mai 2002 durch interne Querelen auseinandergerissen. Die Geschichte der Schill-Partei ist ähnlich.[63] Die PVV

---

59 H. Coffé, *Do Individual Factors Explain the Different Success of the Two Belgian Extreme Right Parties?*, in: *Acta Politica* 40 (2005), S. 74-93; dazu auch W. van der Brug/M. Fennema/J. Tillie, *Why Some Anti-Immigrant Parties Fail and Others Succeed*, S. 566-567.

60 H. Kitschelt/A. J. McGann, *The Radical Right in Western Europe*, S. 203-239.

61 J. Kleinnijenhuis et al., *De puinhopen in het nieuws. De rol van de media bij de Tweede-Kamerverkiezingen van 2002*, Alphen aan den Rijn 2003, S. 37-47, 122.

62 F. Decker, *Der neue Rechtspopulismus*, S. 261.

63 Vgl. F. Decker, *Der neue Rechtspopulismus*, S. 154-156.

hat aber jegliche Zerreißprobe in ihrer ersten Legislaturperiode (2006–2010) überstanden.

Die wichtigste Ressource der neuen Partei dürfte aber ihre Führungsgarnitur sein. Besonders wenn es in einem Land noch keine populistische Tradition gibt und die neue Partei also nicht auf Vorfahren hinweisen kann, braucht sie einen charismatischen Führer, um eine neue Tradition zu schaffen. Ein charismatischer Führer – wie von Max Weber definiert – könnte kraft seine Gnadengabe (Charisma) Männer und Frauen ohne großes politisches Interesse aus ihrem Alltagsleben heraus zum politischen Aktivismus anstacheln und zum „Nie-Dagewesenen" verführen.[64] Ohne die gefühlsbetonte Hingabe an die Person des politischen Führers wäre es für die traditionsgebundenen Unter- und Mittelschichten schwer, wenn nicht unmöglich, sich von hergebrachten Bindungen und Gewohnheiten zu lösen. Wahrscheinlich braucht jede neue politische Bewegung einen einigermaßen charismatischen Führer, besonders aber eine populistische, die ja gerade die Gruppen zu mobilisieren versucht, die am wenigsten für neue Parteien aufgeschlossen sind und die gerade allem „Nie-Dagewesenen" skeptisch und sogar feindlich gegenüber stehen. Traditionelle und rational-bürokratische Führer – die beiden anderen Typen, die Weber unterscheidet – wären ungeeignet, diese ablehnende oder gleichgültige Haltung zu durchbrechen und eine neue Bewegung in Gang zu setzen. Nur ein charismatischer Führer könnte die Brücke zwischen Alltagsleben oder Lebenswelt und Politik schlagen. Er bringt dabei auch Anhänger, Ideen, Geld und Publizität zusammen, er mobilisiert also die Ressourcen für die Bewegung. Heutzutage wird Charisma oft mit „Beliebtheit" verwechselt, wie der niederländische Soziologe Joop Ellemers verdeutlicht.[65] Diese Verwechslung macht es scheinbar leicht, Charisma zu operationalisieren, führt letztlich aber in die Irre. Daraus ergäbe sich beispielsweise, dass Pim Fortuyn im Wahlkampf 2002 weniger Charisma besessen hätte als die politischen Führer der etablierten Parteien, wie Ad Melkert und Hans Dijkstal, weil er (im Durchschnitt) weniger beliebt war.[66] Jeder, der damals die Wahlkampfdebatten im Fernsehen beobachtet hat, müsste darüber staunen. Auch Van der Brug und Mughan geben zu, dass Fortuyn persönlich die politische Tagesordnung in den Niederlanden radikal geändert und Tabus durchbrochen hat – und das ohne Charisma? Natürlich hat er sich damit nicht bei jedem beliebt gemacht. Charismatische Füh-

---

64 D. Madsen/P.G. Snow, *The charismatic bond: political behavior in time of crisis*, Cambridge (Mass.) 1991, S. 11-35; A. Schweitzer, *The Age of Charisma*, Chicago 1984, S. 237-272; M. Weber, *Die drei reinen Typen der legitimen Herrschaft*, in: J. Winckelmann (Hrsg.), *Gesammelte Aufsätze zur Wissenschaftslehre*, Tübingen 1968, S. 475-488.

65 J.E. Ellemers, *Pim Fortuyn: een zuiver geval van charismatisch gezag*, in: *Facta* 10 (2002) 7, S. 2-5.

66 Vgl. W. van der Brug/A. Mughan, *Charisma, Leader Effects and Support for Right-Wing Populist Parties*, in: *Party Politics* 13 (2007), S. 29-51.

rer machen sich wahrscheinlich immer bei einer Gruppe beliebt und bei einer anderen verhasst.[67]

Dass populistische oder vom Populismus angehauchte Parteien in den Niederlanden besser abschneiden als in der Bundesrepublik Deutschland, kann man also nicht nur den politischen Gelegenheitsstrukturen, sondern auch den Leistungen dieser Parteien zuschreiben. Es fehlten derartigen deutschen Parteien nicht nur Publizität und die Beherrschung der Themen Immigration und Ausländerpolitik, sondern auch charismatische Führung und innere Geschlossenheit. Ob diese Unterschiede zwischen beiden Ländern bestehen bleiben, ist allerdings eine offene Frage. Nicht nur die Parteien, auch die politischen Gelegenheitsstrukturen könnten sich ändern.

Zur Bewertung

Mangelhafte Stabilität, Abhängigkeit von charismatischen Führern, Ambivalenz gegenüber Modernisierung: Populistische Parteien werden selten als Bereicherung unserer politischen Systeme gesehen. Schlimmer, sie bedrohen unsere freiheitliche Demokratie, behaupten ihre Kritiker. Unter diesen Kritikern gibt es viele Sozialwissenschaftler und Politologen, wie Koenraad Abts und Stefan Rummens, David Laycock, William Riker und Gianfranco Pasquino. Ihre Argumente lassen sich folgendermaßen zusammenfassen.

Populisten verkennen, dass es keinen unvermittelten Volkswillen geben kann.[68] Das Volk brauche immer Vertreter und Vermittler, intermediäre Organisationen wie politische Parteien und kompetente Berufspolitiker, die die Präferenzen der Wähler ordnen und in einem kohärenten politischen Programm zusammenführen. Populisten versuchen, die Parteiendemokratie durch eine plebiszitäre Demokratie zu ersetzen, die von Führern manipuliert werden und letztlich zur Diktatur führen könne – oder sogar müsse. Der charismatische Führer könne etwa behaupten, er verkörpere den Volkswillen – „er sagt, was wir denken", so meinten ja die Anhänger von Fortuyn. Aber auch Populisten, die nicht ganz so weit gehen, interpretieren Demokratie als Diktatur der Mehrheit und verkennen, dass eine Demokratie *checks and balances*, Pluralismus, Pressefreiheit und sonstige Grundrechte, kurz: einen Verfassungsstaat braucht,

---

67 Wenn man schon Beliebtheit gemessen hat, wäre vielleicht die Normalabweichung (*standard deviation*) ein besserer Indikator für Charisma als der Durchschnittswert. Tatsächlich war diese *standard deviation* im Falle Fortuyns wesentlich höher als bei seinen Konkurrenten der anderen Parteien (W. van der Brug/A. Mughan, *Charisma, Leader Effects and Support for Right-Wing Populist Parties*, S. 34).

68 K. Abts/S. Rummens, *Populism versus Democracy*, in: *Political Studies* 55 (2007), S. 405-424; D. Laycock, *The New Right and Democracy in Canada*. Oxford 2002, S. 114-129; G. Pasquino, *Populism and Democracy*, in: D. Albertazzi/D. McDonnell (Hrsg.), *Twenty-First Century Populism*, S. 15-29; W. Riker, *Liberalism Against Populism*.

um zu überleben. Allzu oft wettern Populisten gegen Richter, Journalisten und Verbände, die unabhängig von der Meinung des Volkes zu bleiben versuchen – wenigstens in den Augen der Populisten. Sogar Silvio Berlusconi, doch ein relativ liberaler Populist, akzeptiert kaum die Unabhängigkeit der richterlichen Gewalt. Die Geschichte zeigt, dass Populisten demokratiefeindlich handeln, wenn sie dazu die Macht haben: von Juan Peron in Argentinien vor etwa 50 Jahren bis Hugo Chavez in Venezuela heute.[69] Populismus kann einer Diktatur den Weg bereiten und wäre kaum von Extremismus zu unterscheiden.

Obwohl man diesen Beispielen eine gewisse Überzeugungskraft nicht absprechen kann, darf man sie doch nicht verallgemeinern. Man findet in der Geschichte auch Beispiele von Sozialdemokraten, die zusammen mit Kommunisten eine sogenannte Diktatur des Proletariats herbeigeführt haben, es gab Konservative, Katholiken und Liberale, die in Frankreich die Vichy-Diktatur unterstützten und die in Deutschland dem Ermächtigungsgesetz der National-sozialisten zustimmten. Deswegen waren ihre Ideologien aber nicht unbedingt undemokratisch. Wenn man sich die Programme der populistischen oder populistisch angehauchten Parteien in Deutschland und den Niederlanden anschaut, findet man dort keine Vorschläge, die parlamentarische Demokratie durch eine plebiszitäre Demokratie zu ersetzen und politische Parteien überflüssig zu machen oder sogar abzuschaffen. PRO, LPF, *Leefbaar Nederland,* PVV, die Republikaner und sogar die DVU möchten nur ein Referendum oder einen Volksentscheid herbeiführen, um die parlamentarische Demokratie zu ergänzen, nicht um sie zu ersetzen.[70] Das trifft auch für die flämischen Populisten im *Vlaams Belang* und die Freiheitliche Partei Österreichs (FPÖ) zu.[71] Man könnte behaupten, dass diese Programme nur dazu dienen, den Wählern Sand in die Augen zu streuen. Diese Behauptung lässt sich aber mit den heute zur Verfügung stehenden Daten nicht belegen. Weder die FPÖ noch die LPF haben übrigens die Chance genutzt, das politische System ihres Landes zu ändern, als sie an der Regierung teilnahmen – allerdings hat ihre Teilnahme nicht allzu lange gedauert. Ihr Einfluss war zudem durch Koalitionsbildung und -vertrag limitiert.

Nimmt man also die Programme der Populisten ernst, dann kann man ihnen kein Demokratiedefizit, sondern nur einen demokratischen Überschuss vorwerfen. Sie wollten ja mehr statt weniger Demokratie. Der belgische Philosoph David van Reybrouck meint, nur die Populisten seien heutzutage im

---

69 G. Pasquino, *Populism and Democracy*, S. 25-26.
70 Vgl. Deutsche Volksunion, Partei-Programm, www.dvu.de/DVU-Programm/dvu-programm.html [26.6.2007]; Die Republikaner, Bundesparteiprogramm. Die Republikaner. Sozial – patriotisch-ökologisch, 2002, www.rep.de/upload/CMS/rep.de/Daten/Partei/Parteirogramm/programm_pdf_neu.pdf [27.7.2010]; über LPF, *Leefbaar Nederland* und PVV: P. Lucardie, *Tussen establishment en extremisme*.
71 Vgl. Freiheitliche Partei Österreichs, *Das Programm der FPÖ*, online: www.fpoe.at [30.9.2008]; Vlaams Belang, *Programmaboek*, online: www.vlaams belang.org [28.1.2005].

Stande, die in den meisten westeuropäischen Parlamenten kaum noch vertretenen Unterschichten einzubeziehen. Nur in einer populistischen Partei sei die Stimme dieser ungebildeten Schichten noch zu hören.[72] Ohne einen „aufgeklärten Populismus" drohe die parlamentarische Demokratie in eine elitäre Post-Demokratie zu entarten, befürchtet Van Reybrouck, wo Entscheidungen überhaupt nicht mehr vom Volk, sondern von internationalen (finanziellen und politischen) Eliten getroffen werden.[73]

Populismus müsse man also als eine Herausforderung für die Demokratie betrachten, die man nicht bekämpfen, sondern akzeptieren und bewältigen solle. Diese Position wird ebenso von Politikwissenschaftlern wie Peter Mair, Yves Surel, Margaret Canovan und Yannis Papadopoulos sowie – mit Abstrichen – auch von Frank Decker vertreten.[74] Sie sind aber weniger positiv als Van Reybrouck und eher ambivalent in ihrem Urteil. Die parlamentarische Demokratie hat bestimmte Schwächen, auf die Populisten zu Recht hinweisen. Sie beruht auf einem Kompromiss zwischen zwei Prinzipien: Volkssouveränität und Verfassungsstaat (*constitutionalism*). Man könnte – mit dem schweizerischen Politikwissenschaftler Alois Riklin – unser System vielleicht besser als Mischverfassung, auf lateinisch: *regimen mixtum*, deuten, in dem demokratische und aristokratische Elemente sich vermischen.[75] Das Volk trifft ja nicht selbst die wichtigen Entscheidungen, wie im alten Athen oder heutzutage noch in den schweizerischen Landsgemeinden Appenzell Innerrhoden und Glarus. Das Volk wählt Vertreter, die diese Entscheidungen treffen. Aber auch ihre Entscheidungsmacht wird zunehmend durch Fraktionsdisziplin und Koalitionsabsprachen, europäische Richtlinien, Sachverständigengutachten und Druck von multinationalen Betrieben und Investoren eingeengt. Außerdem darf das Volk nicht ganz autonom seine Vertreter auswählen, sondern nur seine Stimme den Kandidaten geben, die von einer Partei gestellt worden sind. Sicherlich, wenn das Volk mit seinen Vertretern unzufrieden ist, kann es bei der nächsten Wahl anderen Kandidaten und Parteien seine Stimme geben – „throw the rascals out", schmeißt die Schurken raus, wie man in England und den Verei

---

72 D. van Reybrouck, *Pleidooi voor populisme*, Amsterdam/Antwerpen 2008, S. 54.

73 Van Reybrouck bezieht sich hier auf C. Crouch, *Post-democracy*, Oxford 2004.

74 Vgl. M. Canovan, *Taking Politics to the People: Populism as the Ideology of Democracy,* in: Y. Mèny/Y. Surel (Hrsg*.), Democracies and the Populist Challenge*, Basingstoke 2002, S. 25-44; F. Decker, *Der neue Rechtspopulismus*, S. 271-279; P. Mair, *Populist Democracy vs Party Democracy*, in: Y. Mény/Y. Surel (Hrsg.), *Democracies and the Populist Challenge*, S. 81-98; Y. Mény/Y. Surel, *The Constitutive Ambiguity of Populism*, in: Y. Mény/Y. Surel (Hrsg.), *Democracies and the Populist Challenge*, S. 1-21; Y. Papadoupoulos, *Populism, the Democratic Question, and Contemporary Governance*, in: Y. Mény/Y. Surel (Hrsg.), *Democracies and the Populist Challenge*, S. 45-61; Y. Surel, *Populisme et democratie*, in: P.-A. Taguieff (Hrsg.), *Le retour du populisme. Un défi pour les démocraties européennes*, Paris 2004, S. 95-110.

75 A. Riklin, *Machtteilung. Geschichte der Mischverfassung*, Darmstadt 2006, S. 401-426.

nigten Staaten zu sagen pflegt. Damit kann das Volk aber normalerweise keine Entscheidungen rückgängig machen. Das könnte nur durch ein Referendum geschehen. Wenn die Gesetzgeber außerdem bestimmte Probleme ignorieren, könnte man den Bürgern die Möglichkeit einer Volksinitiative bieten, damit sie zur Problemlösung selbst Gesetzentwürfe einbringen und genehmigen könnten. Damit wäre das repräsentative System aber noch nicht durch eine direkte Demokratie ersetzt worden. Das wäre nur der Fall, wenn die große Mehrzahl aller Entscheidungen auf diese Weise vom Volk getroffen würde und das Parlament nur diese Entscheidungen vorbereiten und ausführen dürfte. So eine Demokratie schwebte vielleicht den *Sansculottes* in der Ersten Republik Frankreichs und den radikalen Demokraten in Deutschland um 1848 vor, sie konnte aber auch damals von ihnen nicht verwirklicht werden.[76]

Die Schweiz kommt diesem Ideal wahrscheinlich noch relativ nahe. Über die letzten 20 Jahre konnten die Schweizer Bürger sich an durchschnittlich neun Volksabstimmungen pro Jahr beteiligen.[77] Wenn nicht als eine direkte Demokratie, so könnte die Schweiz doch als semi-direkte Demokratie betrachtet werden, in der die politische Klasse die Interessen und Präferenzen des Volkes nicht zu ignorieren vermag.[78] Deswegen würde man meinen, dass die Schweiz gegen populistische Kritik gefeit sein dürfte. Diese Meinung wäre aber falsch. Trotz ihrer relativ direkten Demokratie hat auch die Schweiz dem Populismus einen Nährboden geschaffen – auch wenn der Populismus der Schweizerischen Volkspartei (SVP) dem Nationalismus untergeordnet sein dürfte.[79] Die SVP hat immerhin bis jetzt mehr Erfolge gezeitigt als ihre niederländischen Schwesterparteien – von den deutschen Parteien ganz zu schweigen. Im Nationalrat stellte sie 2007–2011 mit 62 (von 200) Mandaten eindeutig die größte Fraktion. Daraus könnte man schließen, dass populistische Probleme nicht mit populistischen Mitteln gelöst werden können. Wenn man also in der Bundesrepublik oder in den Niederlanden nach schweizerischem Muster Referendum und Volksinitiative einführen würde, wie von Populis-

---

76 Siehe dazu etwa A. SOBOUL, *Les Sans-culottes parisiens en l'an II. Mouvement populaire et gouvernement révolutionnaire (1793-1794)*, Paris 1968; und über die radikalen Demokraten in Deutschland G. HILDEBRANDT, *Parlamentsopposition auf Linkskurs. Die kleinbürgerlich-demokratische Fraktion Donnersberg in der Frankfurter Nationalversamlung 1848/49*, Berlin 1975.

77 Information von der Schweizerischen Bundeskanzlei, http://www.admin.ch/ch/d/ pore/va/vab_2_2_4_1.html [3.8.2010].

78 Vgl. A. RIKLIN und S. MÖCKLI, *Werden und Wandel der schweizerischen Staatsidee*, in: A. RIKLIN (Hrsg.), *Handbuch Politisches System der Schweiz, I, Grundlagen*, Bern 1983, S. 9-118.

79 Über die SVP: D. ALBERTAZZI, *Switzerland: Yet Another Populist Paradise*, in: D. ALBERTAZZI/D. MCDONNELL (Hrsg.), *Twenty-First Century Populism*, S. 100-118; DECKER, *Der neue Rechtspopulismus*, S. 89-96; H.J. HENNECKE, *Das Salz in den Wunden der Konkordanz. Christoph Blocher und die Schweizer Politik*, in: N. WERZ, *Populismus*, S. 145-162; Vgl. SCHWEIZERISCHE VOLKSPARTEI, *Wahlplattform 2007 „Mein Zuhause – unsere Schweiz"*, online: www.svp.ch [9.4.2010].

ten gefordert wird, würde man ihnen damit noch nicht das Wasser abgraben – vielleicht sogar im Gegenteil! Auch in der Schweiz gab es zweifelsohne eine Modernisierungskrise und dazu eine günstige politische Gelegenheitsstruktur – Konkordanzdemokratie, Föderalismus – und einen charismatischen Führer, Christoph Blocher, alles Faktoren, die diese Erfolge der SVP erklären können.

Solange es Modernisierungskrisen gibt, werden die Populisten immer die Chance haben, die politische Klasse anzuprangern und mehr Demokratie zu fordern. Sie werden aber die von ihnen auf die politische Tagesordnung gesetzte Frage nicht lösen und die Ambivalenz der Mischverfassung der „real existierenden Demokratie" nicht aufheben, geschweige denn, die Mischverfassung selbst abschaffen können, solange sie ihr Programm ernst nehmen. Populisten sind keine Extremisten, die die Mischverfassung durch eine entweder rein aristokratische, rein monarchische oder eine rein demokratische Verfassung zu ersetzen versuchen, wie Uwe Backes überzeugend argumentiert hat.[80] Als Demokrat braucht man deshalb den Populismus weder positiv noch negativ zu bewerten. Man sollte aber ernsthaft versuchen, ihn zu verstehen.

---

80 U. BACKES, *Politische Extreme. Eine Wort- und Begriffsgeschichte von der Antike bis zur Gegenwart,* Göttingen 2006.

Frank Decker

Demokratischer Populismus und/oder populistische Demokratie?

Bemerkungen zu einem schwierigen Verhältnis

Die Beschäftigung mit dem Populismus und populistischer Politik hat Konjunktur. Sie wurde insbesondere durch die Ausbreitung eines neuartigen Parteientyps ausgelöst, der in den 1980er Jahren aufkam und bald unter dem Begriff des ‚Rechtspopulismus' firmierte. Von wenigen Ausnahmen abgesehen, sind die rechtspopulistischen Parteien heute in sämtlichen westlichen Demokratien präsent. Viele von ihnen haben sich in den Parteiensystemen dauerhaft etablieren können und liegen mit ihren Wahlergebnissen im zweistelligen Bereich. In einigen Ländern ist den Rechtspopulisten sogar der Sprung in die Regierung gelungen.

Nach einer gewissen Verzögerung begann die Politikwissenschaft in den 1990er Jahren, sich mit den rechtspopulistischen Erscheinungen intensiv zu beschäftigen. Inzwischen liegen zahlreiche international vergleichende Darstellungen vor, die das Aufkommen der neuen Parteien analysieren und dabei auch die voneinander abweichenden Ergebnisse in den verschiedenen Ländern zu erklären versuchen.[1] Übereinstimmung besteht darin, dass es sich um ein „multifaktorielles" Phänomen handelt, das nicht auf eine einzelne Ursache zurückgeführt werden kann.

Dass sich die Wahlergebnisse der rechtspopulistischen Parteien ab 1999 im Durchschnitt leicht verschlechterten, hat mehr mit deren Erfolgen als mit einer nachlassenden Empfänglichkeit der Wähler für die populistischen Botschaften zu tun. Dies zeigt sich vor allem darin, dass der Populismus auf die etablierten Parteien des politischen ‚Mainstreams' immer stärker übergegriffen hat. Diese machen sich nicht nur die Themen der rechtspopulistischen Akteure zu eigen, sondern auch deren Techniken in der Wähleransprache. Gleichzeitig können wir in Europa seit einigen Jahren einen Aufschwung linkspopulistischer Parteien und Bewegungen beobachten, die vieles von dem, was die Wähler heute umtreibt, offenbar glaubwürdiger adressieren können als ihre rechten Kontrahenten. Die etablierte Politik befindet sich also gleichsam im populistischen Zangengriff von links und rechts.

---

1 Den besten Überblick zum Forschungsstand, der auch die mittel- und osteuropäischen Länder einschließt, liefert C. MUDDE, *Populist Radical Right Parties in Europe*, Cambridge 2007. Eine deutschsprachige Gesamtdarstellung, die die Entwicklung in Westeuropa und Nordamerika bis zum Jahre 2004 berücksichtigt, hat der Verfasser vorgelegt. Vgl. F. DECKER, *Der neue Rechtspopulismus*, Opladen 2004[2].

Populismus als Begriff und Analysekonzept

Populismus ist ein schillernder Begriff, der in der Alltagssprache und im Journalismus genauso verwendet wird wie in der Wissenschaft. Die inhaltliche Bedeutung ist dabei aber nicht immer dieselbe. Alltagssprachlich wird der Populismus häufig mit einer popularitätsheischenden, den Stimmungen des Volkes nachlaufenden und nachgebenden Politik gleichgesetzt. Die Bewertung ist hier in der Regel negativ. Der Populist, so heißt es, verhält sich ,billig', streitet nicht um der Sache, sondern um der vordergründigen Gunst des Publikums willen. Den wissenschaftlichen Inhalt des Begriffs trifft das nur zum Teil. Hier wird mit Populismus in erster Linie eine Haltung umschrieben, die für das sogenannte ,einfache' Volk und gegen die herrschenden gesellschaftlichen und politischen Eliten Partei ergreift. Hauptwesensmerkmal des Populismus ist mithin seine Anti-Establishment-Orientierung. Träger einer solchen Orientierung können einzelne Personen, Bewegungen, Parteien oder auch ganze Regime sein.

Für die wissenschaftliche Analyse des Populismus bietet es sich an, drei Bedeutungsebenen voneinander zu unterscheiden. Die erste Bedeutungsebene fragt danach, wie der Populismus entsteht und welche gesellschaftlichen Ursachen ihm zugrunde liegen. Die zweite Bedeutungsebene bezieht sich auf die ideologischen Inhalte des Populismus und die dritte Bedeutungsebene auf dessen formale und stilistische Merkmale.

Gesellschaftliche Entstehungshintergründe. Populistische Parteien und Bewegungen sind ein Phänomen gesellschaftlicher Modernisierungskrisen; sie treten auf, wenn infolge zu raschen Wandels oder zu großer Verwerfungen bestimmte Bevölkerungsgruppen Wert- und Orientierungsverluste erleiden. Diese Verluste, die ökonomische Ursachen haben können, in der Regel aber kulturell vermittelt sind, gehen mit Statusangst, Zukunftsunsicherheit und politischen Entfremdungsgefühlen einher. Schon zu früheren Zeiten hat es populistische Bewegungen gegeben, die sich dies zunutze machten – man denke nur an die Ende des 19. Jahrhunderts in den USA entstandene *Populist Party* (der das Phänomen seinen Namen verdankt) oder die *Poujadisten* in der IV. Französischen Republik. Dabei handelte es sich freilich um räumlich und zeitlich versetzte Erscheinungen, während die heutigen Modernisierungsprozesse gerade dadurch charakterisiert sind, dass die Gesellschaften in ihrer ökonomischen, kulturellen und politischen Problembetroffenheit immer mehr zusammenrücken. Hier liegt der Hauptgrund für das gleichzeitige Auftreten der populistischen Herausforderer in den einzelnen Ländern und zugleich eine Erklärung für deren Dauerhaftigkeit.

Selbstverständnis und Ideologie. Charakteristisch für die politischen Inhalte des Populismus sind das Zusammentreffen von Personalismus und Gemeinschaftsdenken und sein „gespaltenes" Gleichheitsverständnis. Einerseits bringen die Populisten das Volk in Stellung gegen die herrschende Elite, die sie in verschwörungstheoretischer Manier als Verräter des eigentlichen Volkswillens brandmarken. Andererseits grenzen sie das ‚einheimische' Volk von den vermeintlich Nicht-Zugehörigen anderer Nationen oder Kulturen ab. Es ist nicht in erster Linie die Rückwärtsgewandtheit, sondern das anti-egalitäre Moment, das solche Abgrenzungen als ideologisch ‚rechts' qualifiziert. Dies schließt die Möglichkeit eines linken Populismus nicht aus. So wie die rechten pflegen auch die linken Populisten das anti-elitäre Ressentiment, die Gegnerschaft zum System und die Parteinahme für den kleinen Mann. Im Gegensatz zu diesen grenzen sie sich allerdings nicht von anderen gesellschaftlichen Gruppen – etwa den „Ausländern" – ab, sondern treten in wertebezogenen Fragen eher liberal auf. Hier bilden sie den genauen Gegenpol zur populistischen Rechten.

Auftreten und Organisation. In formaler Hinsicht treten als Hauptmerkmale rechtspopulistischer Parteien ihr Bewegungscharakter und das Prinzip der charismatischen Führerschaft hervor. Darüber hinaus kennzeichnet den Populismus eine bestimmte Art und Weise, wie er sich zu den umworbenen Wählern in Beziehung setzt. Manche Autoren behaupten, dass diese formalen Merkmale das Wesen des Populismus besser umschreiben als die ideologischen Inhalte, die flexibel gehandhabt werden könnten, wenn nicht sogar beliebig seien. Dabei wird jedoch übersehen, dass beides in engem Zusammenhang steht. So wie die Ausrichtung auf eine Führerfigur etwas über das inhaltliche Selbstverständnis der Partei aussagt, so kommt in den Techniken der Wähleransprache die Anti-Establishment-Orientierung des Populismus zum Vorschein.

Populismus basiert auf einer romantisierten Vorstellung des Volkes, das als eine mehr oder minder homogene Masse angesehen wird. Das Volk, von dem Populisten sprechen, ist nicht mit der realen Bevölkerung zu verwechseln, sondern stellt ein Idealbild dar, das Identität schaffen und Zugehörigkeit vermitteln soll. Der komplexe Aufbau moderner Gesellschaften in Form von Schichten und Milieus und die damit zusammenhängenden unterschiedlichen Interessenlagen werden geleugnet. Stattdessen schreiben Populisten dem nicht näher bestimmbaren Volk moralische Werte und Tugenden zu – so kommen die Chiffren vom „anständigen Bürger" und vom hart arbeitenden „kleinen Mann" zustande. Welche Tugenden dem kleinen Mann zugeschrieben werden, hängt dabei von der ideologischen Stoßrichtung ab. Rechtspopulistische Parteien werden eher auf die nationale Identität, etwa den „deutschen Familienvater" abstellen, während linke Populisten stärker an den sozialen Status der Arbeitnehmer und Arbeitslosen appellieren.

Wie auch immer der Volksbegriff gefüllt wird – die Identitätspolitik des Populismus schließt die Ausgrenzung anderer Gruppen mit ein. Populismus ist immer auch eine Abgrenzungsideologie. Dem „guten" Volk wird die politische Elite gegenübergestellt, die sich durch Eigeninteressen dem eigentlichen demokratischen Souverän entziehe. Die politische Klasse wird mit dem Generalverdacht belegt, sich vom Willen des Volkes entfernt zu haben. Politische Entscheidungen werden daher aus komplexen Zusammenhängen gelöst und der

Verantwortung einzelner oder dem Establishment als Ganzes zugeschrieben. Dabei werden die politischen Eliten an den moralischen Maßstäben gemessen, mit denen auch das Volk belegt wird: Dort, wo sich demokratische Prozesse als langwierig erweisen oder keine Idealergebnisse produzieren, mangelt es aus Sicht der Populisten an Arbeitswillen oder demokratischem Bewusstsein.

Populisten propagieren deshalb nicht nur den verstärkten Einsatz direktdemokratischer Elemente als unmittelbaren Ausdruck des homogenen Volkswillens. Sie setzten vor allem auf charismatische Führungspersönlichkeiten, die mittels brachialer Rhetorik als Sprachrohre des Volkes inszeniert werden. Solche Politiker stellen Identifikationsfiguren dar, die vermeintlich das ausdrücken, was der kleine Mann denkt. Der Populismus grenzt das ‚gute‘ Volk gegenüber den politischen Eliten ab, aber nicht nur: Er schließt auch diejenigen aus, die nicht in seine kulturellen Maßstäbe passen. So werden, je nach Spielart, religiöse, sexuelle oder ‚fremdländische‘ Minderheiten diskriminiert, also als nicht-zugehörig zum Volk betrachtet. Populismus hat daher immer auch eine anti-pluralistische Komponente, die sich bis zur offenen Fremdenfeindlichkeit steigern kann.

Gefahr oder nützliches Korrektiv für die Demokratie?

Unter den Beobachtern herrschte zunächst noch die Erwartung, dass der Rechtspopulismus eine kurzfristige Erscheinung sei, die früher oder später aus den Parteiensystemen wieder verschwinden würde. Dieser Optimismus hat sich längst verflüchtigt. Den rechtspopulistischen Parteien wird mittlerweile eine solide Erfolgsgrundlage attestiert, mit deren Fortbestand auch in Zukunft zu rechnen ist. Welche Folgen das hat, und wie der Populismus aus demokratischer Sicht bewertet werden muss – darüber besteht aber nach wie vor keine Einigkeit. Während die einen in ihm einen urdemokratischen Impuls sehen, der Fehlentwicklungen der politischen Systeme anprangere und korrigiere, weisen andere auf die Gefährdungen hin, die von den populistischen Erscheinungen mittelbar oder unmittelbar für die demokratische Entwicklung ausgingen. Das Problem liegt darin, dass auf dieser allgemeinen Ebene beide Seiten Recht haben. Die Ambivalenz unter Demokratiegesichtspunkten ist dem Populismus schon vom Begriff her gegeben. Einerseits steckt in ihm das Wort *populus* (= Volk), was auf eine enge Verbindung zur demokratischen Idee hindeutet. Wo Demokratie ist, ist – mit anderen Worten – immer auch Populismus.[2] Auf der anderen Seite signalisiert das Suffix -*mus* eine ideologische Übersteigerung, die dem gemäßigten Charakter der heutigen Demokratien widerstreitet. Indem er das demokratische Element hypostasiert und gegen die demokratiebegrenzenden Prinzipien der Verfassungsstaatlichkeit in Stel-

---

2 M. CANOVAN, *Trust the People! Populism and the Two Faces of Democracy*, in: *Political Studies* 47/1 (1999), S. 2-16.

lung bringt, rückt der Populismus zumindest potenziell in die Nähe der Systemfeindlichkeit.

Welche von beiden Interpretationen trifft auf den Rechtspopulismus zu? Um eine sinnvolle Antwort darauf zu geben, ist es zweckmäßig, zwischen der Aussagen- und Wirkungsebene populistischer Politik zu unterscheiden. Was für sich genommen undemokratisch sein mag – die ideologischen Inhalte des Rechtspopulismus oder seine Agitationsformen – kann in der Auseinandersetzung mit anderen Akteuren und Ideen ja durchaus demokratiefördernde oder -stabilisierende Konsequenzen entfalten. Das Auftreten populistischer Parteien und Bewegungen an sich ist also noch kein Ausweis demokratischer Instabilität; selbst bei Gruppierungen mit eindeutig feindlichen Absichten könnte es die Integrationsleistung des Systems gerade befördern, wenn vorhandene Protestgründe aufgenommen werden und auf diese Weise eine neue politische Balance entsteht. Offenbar gibt es auch in der heutigen Gesellschaft populistische Momente, „Zeiten der drohenden Verkrustung der Systeme, der Phantasielosigkeit der Etablierten, der notwendigen Erneuerung, in denen solche Bewegungen und Energien ihre positive historische Funktion haben.“[3] Der neue Rechtspopulismus bildet hiervon keine Ausnahme. Indem er dem Protest eine Stimme leiht, sorgt er einerseits dafür, dass dieser im System verbleibt und nicht in die dumpferen Kanäle der Gewalt und des Sektierertums abgedrängt wird. Zum anderen zwingt er die etablierten Kräfte, sich der Probleme anzunehmen, die zuvor offensichtlich vernachlässigt wurden und den Newcomern die Wähler überhaupt erst zugetrieben haben. Selbstbewusste Demokratien brauchen den Populismus daher nicht zu fürchten.[4]

Gegen diese optimistische Sichtweise lassen sich allerdings zwei gravierende Einwände vorbringen. Zum einen schwingt in ihr offenbar die Vorstellung mit, dass die populistischen Bewegungen – wenn sie ihre Funktion erfüllt haben – über kurz oder lang wieder verschwinden. Im Falle der neuen Rechtsparteien hat sich das bekanntlich nicht bewahrheitet, im Gegenteil: Die Populisten zeigen sich stabil und legen in der Wählergunst mancherorts sogar noch zu. Für die gemäßigte Rechte bedeutet das, dass sie die lästige Konkurrenz in ihre Bündnisüberlegungen mit einbeziehen müssen, wenn sie ihre Mehrheitsfähigkeit gegenüber der Linken nicht einbüßen wollen.[5] Die Rechtspopulisten wurden auf diese Weise zu Beginn des Jahrzehnts ,salonfähig' gemacht und konnten so in einer Reihe von Ländern direkt (Österreich, Portugal, Nieder-

---

3 H.-J. PUHLE, *Was ist Populismus*, in: H. DUBIEL (Hrsg.), *Populismus und Aufklärung*, Frankfurt a. M. 1986, S. 32.

4 So z.B. L. PROBST, *Demokratie braucht Populismus*, in: *Frankfurter Allgemeine Sonntagszeitung*, 2.12.2001, S. 13.

5 Vgl. F. DECKER, *Rechtspopulismus in Europa. Ein unaufhaltsamer Trend?*, in: *MUT. Forum für Kultur, Politik und Geschichte* 422 (2002), S. 46-52.

lande, Polen) oder indirekt (Dänemark, Norwegen, Niederlande) an der Regierung beteiligt werden bzw. diese ganz übernehmen (Italien).[6]

Wo den Parteien die Unterstützung wieder entzogen wurde, lagen dem entweder interne Querelen zugrunde, mit denen die Rechtspopulisten ihr Bild in der Öffentlichkeit ruinierten: Beispiele sind der Front National Le Pens, der 1999 die Abspaltung des Mégret-Flügels zu verkraften hatte, oder die dänische Fortschrittspartei, die sich in den 1980er Jahren den Machtansprüchen ihres einstigen Gründers Mogens Glistrup erwehren musste. Oder die Parteien wurden zum Opfer ihrer selbstauferlegten Regierungsverantwortung. Gehört die Anti-Establishment-Haltung zum Populismus wesensmäßig dazu, so drohen massive Glaubwürdigkeitsverluste bei den eigenen Anhängern, wenn die Partei selber zu einem Teil des Establishments wird. Dieses Schicksal ist der FPÖ in Österreich, der Liste Pim Fortuyn in den Niederlanden und – in kleinerem Maßstab – der Schill-Partei in Hamburg widerfahren. Allein in Italien scheint dem Dreierbündnis von Forza Italia, Alleanza Nazionale[7] und Lega Nord die Gratwanderung von anti-institutionalistischer Gesinnung und verantwortlicher Regierungspolitik gelungen zu sein. Dabei handelt es sich freilich um eine Ausnahme, die ohne den Totalumsturz des italienischen Parteiensystems in den 1990er Jahren nicht zu erklären wäre. Sieht man von den genannten Fällen einmal ab, so bleibt die Herausfordererrolle der Rechtspopulisten im Parteienwettbewerb notorisch. Durch die Regierungsprobleme in den sozioökonomisch und -kulturell immer mehr auseinanderdriftenden Gesellschaften[8] dürften sie auch in Zukunft über genügend Gelegenheiten verfügen, ihre Position zu halten bzw. weiter zu verbessern. Für die anderen Parteien mag das bedrückend sein, da die von den Populisten favorisierten „Problemlösungen" diesen Namen nur selten verdienen. Gelingt es den Herausforderern, ihre organisatorischen Probleme zu bewältigen und ideologischen Widersprüche zu unterdrücken, wäre es jedoch äußerst verwunderlich, wenn sie allein durch das Verhalten der Konkurrenz wieder zum Verschwinden gebracht würden.

Der zweite Einwand bezieht sich auf die längerfristigen institutionellen Implikationen des Rechtspopulismus, die – gelinde gesagt – problematisch sind, weil sie zu einer Aushöhlung der demokratischen Substanz des Verfassungsstaates beitragen. Die neu entstandenen Parteien sind Trendsetter einer Entwicklung, die man als „plebiszitäre Transformation" des politischen Prozesses bezeichnen könnte. Klassische Vermittlungsinstitutionen wie Parlamente und Parteien treten in der Bedeutung zurück und werden durch direkte Beziehungen zwischen Regierung und Wahlvolk ersetzt bzw. überlagert. Die populisti-

---

6   Vgl. S. Frölich-Steffen/L. Rensmann (Hrsg.), *Populisten an der Macht. Populistische Regierungsparteien in Ost- und Westeuropa*, Wien 2005.
7   Forza Italia und Alleanza Nazionale fusionierten 2009 unter der Führung Silvio Berlusconis zur Partei *Popolo della Libertà* (Volk der Freiheit).
8   Vgl. A. Schäfer, *Die Folgen sozialer Ungleichheit für die Demokratie in Westeuropa*, in: *Zeitschrift für Vergleichende Politikwissenschaft* 4/1 (2010), S. 131-156.

schen Neugründungen sind ein Symptom dieser Entwicklung, nicht ihr eigentlicher Grund. Gewiss haben sie den Wandel offensiver vorangetrieben als die etablierten Kräfte. Charakteristisch dafür ist z.B., dass manche ihrer Vertreter – etwa die Partei Silvio Berlusconis – in der Wähleransprache kaum verhüllte Parallelen zu den amerikanischen Parteien aufweisen. Darüber hinaus treten die Rechtspopulisten fast überall für die Einführung oder stärkere Inanspruchnahme direktdemokratischer Beteiligungsformen ein, um die Macht der repräsentativen Institutionen zu beschränken (s.u.). Diese Bemühungen dürfen den Blick auf die tiefer liegenden Ursachen des Wandels aber nicht verstellen, die systembedingt sind, das heißt: mit der Funktionsfähigkeit der Demokratie selbst zu tun haben.

Populistische versus verfassungsstaatliche Demokratieauffassung

So wie sie als politisches System in einem Großteil der Welt heute real existiert, bildet die Demokratie eine Synthese aus zwei normativen Prinzipien: der Volkssouveränität (die man auch als demokratisches Prinzip im engeren Sinne bezeichnen könnte) und der Verfassungsstaatlichkeit. Beide liegen in einem komplementären Spannungsverhältnis zueinander. Postuliert das Demokratieprinzip eine Regierungsform, in der Herrschaft stets unter Berufung auf den Willen des Volkes bzw. der Mehrheit des Volkes ausgeübt wird, so ist der Verfassungsstaat die Antwort auf das Paradoxon, dass sich eine solche Demokratie mit demokratischen Mitteln selbst abschaffen kann (wenn es das Volk bzw. die Mehrheit des Volkes so beschließt). Verfassungsstaatliche Strukturen laufen also auf eine Befestigung der Demokratie hinaus, indem sie deren Herrschaftsanspruch begrenzen. Sie sorgen dafür, dass die vom Volk bestellten Herrschenden in ihrer Machtausübung kontrolliert werden, und definieren einen Bereich geschützter Rechte, über die keine demokratische Mehrheit – sei sie auch noch so groß – verfügen kann. Institutionell durch verschiedene Formen der organschaftlichen Gewaltenteilung verbürgt, findet das verfassungsstaatliche Prinzip seinen sichtbarsten Ausdruck heute in der justiziellen Normenkontrolle.

Wird die Reichweite des demokratischen Herrschaftsanspruchs durch die Verfassung äußerlich begrenzt, so unterliegt das Prinzip der Volkssouveränität auf der anderen Seite auch immanenten Schranken. Allein aufgrund ihrer Größe können die demokratischen Systeme das Herrschaftsproblem nur mittels Repräsentation lösen. Volkssouveränität heißt also nicht, dass das Volk selber die Regierungsgeschäfte führt, sondern dass es bestimmte Personen oder Personengruppen beauftragt, die Regierungsgewalt stellvertretend in seinem Namen und Interesse auszuüben. Faktisch hat das zur Folge, dass neben die Herrschaft der Vielen die Herrschaft der Wenigen tritt. Realistisch betrachtet ist eine Demokratie ohne ausgewähltes Führungspersonal, das die Leitungs-

funktionen übernimmt und über entsprechende Machtprivilegien verfügt, nicht
vorstellbar. Die Frage lautet nur, ob das auch so sein sollte. „Sind Eliten und
Führungsminderheiten ein notwendiges (oder sogar unnötiges) Übel, oder sind
sie ein lebenswichtiger und nützlicher Faktor?"[9] In der normativen Demokra-
tiediskussion scheiden sich daran bis heute die Geister.

Die Grundkontroverse zwischen konstitutioneller und „populistischer" Demokratieauffassung spiegelt sich also auch in der Interpretation des Volks-
souveränitätsprinzips wider.[10] Die einen sehen die Regierungsgewalt am besten in der Hand einer qualifizierten Führungsgruppe aufgehoben, die ihre
Verantwortung für das Volk allein aus der Sache heraus wahrnimmt, ohne den
wechselnden Stimmungen und Meinungen des Publikums nachzulaufen; die
anderen halten dafür, dass dem Volk ein möglichst unmittelbarer Einfluss auf
die Politik zugestanden werden muss, weil nur so ein Höchstmaß an Übereinstimmung zwischen Regierenden und Regierten zu erreichen sei. Die repräsentative stimmt mit der konstitutionellen Demokratiekonzeption in der Betonung des deliberativen Charakters der politischen Entscheidungsprozesse
überein; sie ist deshalb ihrer Tendenz nach inklusiv, auf eine möglichst breite Interessenberücksichtigung hin angelegt. Die populistisch-plebiszitäre Demokratiekonzeption setzt demgegenüber anstelle des geduldigen Aushandelns
die Dezision. Sie möchte die vorhandene Interessenvielfalt in einer mehrheits-
demokratischen Entscheidungsbefugnis aufgehoben sehen, die auf Ausgrenzung beruht und damit polarisierend wirkt. Von daher erklärt sich auch das
Bedürfnis nach homogenen Identitätskonstruktionen, der Drang, das Volk als
vorgestellte Einheit nicht nur im Inneren gegen die herrschenden Eliten, sondern auch nach außen hin von anderen Völkern und Nationen zu unterscheiden; dies weist den Populismus als eine im Kern antipluralistische (oder anti-
liberale) Ideologie aus.[11]

Die plebiszitäre Transformation des politischen Prozesses, von der oben die
Rede war, muss vor dem Hintergrund einer Entwicklung gesehen werden, die
die Gewichte von der populistischen zur konstitutionell-repräsentativen Demokratieauffassung in der Vergangenheit immer mehr verschoben hat. Ursäch-
lich dafür ist vor allem die wachsende Komplexität des Regierungsgesche-
hens. Einerseits werden die zu lösenden Probleme aufgrund ihrer sachlichen
und räumlichen Verflochtenheit objektiv drängender, ohne dass die staatlichen
Handlungskapazitäten entsprechend Schritt halten. Andererseits steigt im Zuge

---

9 G. SARTORI, *Demokratietheorie*, Darmstadt 1992, S. 173.
10 Vgl. Y. MÉNY/Y. SUREL, *The Constitutive Ambiguity of Populism*, in: DIES. (Hrsg.),
   Democracy and the Populist Challenge, Houndmills/New York 2002, S. 1-21 und
   P. TAGGART, *Populism and the Pathology of Representative Politics*, in: EBD.,
   S. 62-80.
11 Vgl. S.K. ROSENBERGER, *Demokratie und / versus Populismus*, in: A. MARKOVITS/
   DIES. (Hrsg.), *Demokratie. Modus und Telos*, Wien 2001, S. 106f.; L. RENSMANN,
   Populismus und Ideologie, in: F. DECKER (Hrsg.), *Populismus in Europa*, Bonn 2006,
   S. 59-80.

der gesellschaftlichen Differenzierung die Zahl der Akteure und Interessen, die in den Entscheidungsprozessen berücksichtigt werden wollen. Um den Komplexitätszuwachs organisatorisch zu bewältigen, sieht sich die Politik gezwungen, einen immer größeren Teil der Regierungsgeschäfte in spezialisierte „policy-Netzwerke" zu verlagern, in denen die Experten und Interessenvertreter weitgehend unter sich bleiben. Gleichzeitig kommt es zu einer Verrechtlichung der sozialen Beziehungen, die den Einfluss von Bürokratie und Justiz verstärkt und damit ebenfalls zu einer tendenziellen Entwertung der demokratisch verfassten Regierungsorgane beiträgt.[12]

Die demokratiepolitischen Implikationen dieser Entwicklung sind prekär. In dem Maße, wie die Entscheidungsprozesse infolge der komplizierten Probleme inklusiver, konsensueller und outputlastiger werden, werden sie für das Publikum zugleich undurchschaubarer. Margaret Canovan[13] bezeichnet das als „demokratisches Paradoxon" der heutigen Politik. Der Populismus stellt eine Reaktion auf dieses Paradox dar. Mit seinem Hang zur radikalen Simplifizierung vermittelt er jenes Gefühl der Eingängigkeit und Transparenz, das in der demokratischen Wirklichkeit offenbar auf der Strecke geblieben ist. Die Gegenbewegung bleibt dabei keineswegs auf die rechtspopulistischen Herausforderer beschränkt. Unterstützt durch den Wandel des Mediensystems greift sie vielmehr auf das gesamte Spektrum der elektoralen Politik über, deren Darstellungslogik sich insofern von den realen Entscheidungsprozessen immer mehr entfernt.[14] *Die Politik wird introvertierter und gleichzeitig extrovertierter.*

Das Auseinanderfallen der beiden Sphären wirft für die Legitimation der demokratischen Systeme schwierige Fragen auf. Dass die öffentliche Darstellung der Politik zunehmend eigenen Gesetzen unterliegt und mit den Inhalten der Entscheidungen immer weniger zu tun hat, mag man als Konsequenz der vollendeten Mediendemokratie ja vielleicht noch hinnehmen. Die wirklichen Probleme beginnen dort, wo die Darstellungslogik die Oberhand gewinnt und auf die materiellen Entscheidungen zurückwirkt. Wenn die politischen Akteure, wie wir es in den Wahlkämpfen heute immer häufiger beobachten können, sich von Stimmungen nicht nur leiten lassen, sondern diese Stimmungen selbst aktiv herbeiführen und beeinflussen, dann droht die plebiszitäre Ansprache in populistische Anbiederung oder reine Symbolpolitik abzugleiten. *Das politische Handeln wird responsiver und gleichzeitig unverantwortlicher.* Der Populismus sorgt also dafür, dass die Legitimität der Demokratie auch von der Output-Seite her unter Druck gerät.

---

12 Vgl. Y. Papadopoulos, *Populism, the Democratic Question, and Contemporary Governance*, in: Y. Mény/Y. Surel, *Democracy and the Populist Challenge*, S. 45-61.

13 M. Canovan, *Taking Politics to the People. Populism and the Identity of Democracy*, in: Y. Mény/Y. Surel, *Democracy and the Populist Challenge*, S. 25ff.

14 Vgl. u.a. U. Sarcinelli, *Politische Kommunikation in Deutschland. Zur Politikvermittlung im demokratischen System*, Wiesbaden 2009[2].

Die plebiszitäre Transformation des Parteienwettbewerbs

Nirgendwo zeigt sich der Gestaltwandel der demokratischen Politik deutlicher
als in der Struktur und Funktion des Parteienwettbewerbs. Als intermediäre Institutionen par excellence stellen die Parteien das eigentliche Bindeglied zwischen der verfassungsstaatlichen und plebiszitären Demokratiekomponente dar.
Auf der einen Seite handelt es sich bei ihnen um faktische Staatsorgane, die
nahezu das gesamte politische Personal rekrutieren und sämtliche Schlüsselpo-
sitionen des Regierungssystems besetzen. Auf der anderen Seite sind die Parteien als gesellschaftliche Gruppen und Willensbildungsorgane die natürlichen
Adressaten der elektoralen Politik. In der Vergangenheit war es die Gleichzei-
tigkeit von gesellschaftlicher Segmentierung und ideologischer Polarisierung,
die die demokratische Funktionalität des Parteienwettbewerbs gewährleistete
und damit zugleich eine Schutzvorkehrung gegen den Populismus bildete. Die
aus den Massenintegrationsparteien hervorgegangenen Volksparteien waren repräsentativ, da sie eine klar umrissene politische Identität auszeichnete. Sie
standen für die Interessen und Wertvorstellungen bestimmter Bevölkerungsgruppen und waren in deren gesellschaftlichen Milieus fest verwurzelt. Für
den Parteienwettbewerb hatte das widersprüchliche Konsequenzen. Auf der einen Seite wurde die kompetitive Orientierung der Parteien begrenzt, weil sie
sich auf die Unterstützung ihrer natürlichen Anhängerschaft verlassen konnten und dadurch über gesicherte Stimmenanteile verfügten. Andererseits sorgten die weltanschaulich-programmatischen Gräben zwischen den Parteien dafür, dass das Steuerungspotenzial des Parteienwettbewerbs beträchtlich blieb.
Die Zurechnung (oder Zurechenbarkeit) politischer Verantwortung, ohne die
eine demokratische Wahl gar nicht möglich wäre, wurde gewährleistet, weil
es tatsächlich einen bedeutsamen Unterschied machte, welche Partei regierte.[15]
    Nachdem die großen ideologischen Gegensätze verblasst sind und die
einstmals identitätsstiftenden Bindungen der Parteien ihre gesellschaftliche
Basis allmählich eingebüßt haben, wurden die Vorzeichen des Parteienwettbewerbs in das genaue Gegenteil verkehrt. Heute bekämpfen die Parteien einander schärfer, weil sie um eine zunehmend wechselbereiter werdende Wählerschaft konkurrieren müssen, die sich bei der Stimmabgabe nicht mehr an
soziologische oder ideologische Gewissheiten gebunden fühlt. Parallel – und
nur im scheinbaren Widerspruch dazu – kommt dem Parteienwettbewerb seine
reale Grundlage immer mehr abhanden. Die geringer werdenden Handlungsspielräume der nationalen Politik im Zeitalter der Globalisierung und ihr eigenes Bedürfnis nach Stimmenmaximierung zwingen die politischen Akteure, im Prinzip dieselben Ziele zu verfolgen und Lösungen anzubieten. Um im
Parteienwettbewerb zu bestehen, kommen die Parteien aber nicht umhin, sich
von der Konkurrenz in irgendeiner Form zu unterscheiden. Von daher bleibt

---

15 P. MAIR, *Populist Democracy vs Party Democracy*, in: Y. MÉNY/Y. SUREL, *Demo-
    cracy and the Populist Challenge*, S. 81-98.

ihnen nur die Wahl, entweder auf die Unterschiede in den Details der Problemlösungen zu verweisen und dabei zu riskieren, dass die Wähler überfordert oder gelangweilt werden. Oder sie führen eine gezielte Depolitisierung
der Wählerschaft herbei, indem sie auf Personalisierungsstrategien und sym-
bolische Handlungen ausweichen und in ihrer Rhetorik das Volk zum zentralen Bezugspunkt machen.[16] Dass die letztgenannte Option im Zweifelsfalle die
attraktivere ist, versteht sich im Kontext unserer heutigen Mediengesellschaft
fast von selbst. Dies gilt zumal, als die Darstellungsformen und -techniken gerade des Fernsehens, das an Bedeutung alle anderen Kommunikationsmittel
übertrifft, eine natürliche Affinität zur populistischen Ansprache entwickeln.[17]
Für die politischen Akteure kann es sich also lohnen, ‚in Populismus zu machen‘, wenn sie ihre elektorale Unterstützungsbasis verbreitern wollen. Damit
gewinnen sie zugleich die Möglichkeit, sich von ‚ihren‘ Parteien zu emanzi-
pieren. Die plebiszitäre Transformation bleibt insofern nicht auf die Außensei-
te des Parteienwettbewerbs beschränkt. Sie spiegelt sich auch im Inneren der
Parteien wider, die führungslastiger werden und ihrer elektoralen Funktion alle
weiteren Ziele unterordnen.[18]

Der Gestaltwandel der Parteiendemokratie hat noch in anderer Hinsicht populistische Konsequenzen. Er sorgt dafür, dass die Parteien zur bevorzugten
Zielscheibe der öffentlichen Kritik werden. Der Anti-Parteien-Affekt kann sich
in den westlichen Demokratien einer langen intellektuellen Tradition rühmen,
die aber nur in Ausnahmesituationen zur Gründung dezidierter Anti-Parteien-
Parteien geführt hat. Mit dem neuen Rechtspopulismus ist die Ausnahme jetzt
zur Regel und die Kritik an den Parteien zu einem immer wichtigeren Mobilisierungsthema geworden. Dass das Thema in der Wählerschaft auf fruchtbaren Boden fällt, rührt aus der widersprüchlichen Rolle, die die Parteien in
der heutigen Demokratie spielen. Einerseits haben sich ihre gesellschaftlichen Bindungen abgeschwächt, sodass die Bürger im Falle von Leistungsein-
bußen anfälliger für Abwanderungs- oder Widerspruchsreaktionen werden und
ihre Partizipationsbereitschaft sinkt (rückläufige Mitgliederzahlen und Wahl-
beteiligungen). Andererseits hat die gesellschaftliche Schwächung der Partei-
en keinen gleichlautenden Machtverlust im staatlichen Bereich bewirkt, im

---

16 Beispielhaft für eine solche Strategie steht laut Mair die Wähleransprache von Tony
   Blairs New Labour in Großbritannien, die in ihrer Diktion jeglicher Parteilichkeit
   entkleidet gewesen sei. „These are non-partisan leaders with a non-partisan programme running a non-partisan government in the interests of the people as a whole.
   This is, in short, *partyless* democracy." P. Mair, *Populist Democracy*, S. 96. Zum
   populistischen Regierungsstil der Mainstream-Parteien vgl. U. Jun, *Populismus als
   Regierungsstil in westeuropäischen Parteiendemokratien: Deutschland, Frankreich
   und Großbritannien,* in: F. Decker (Hrsg.), *Populismus in Europa*, Bonn, S. 233-254.
17 Vgl. F. Decker, *Der neue Rechtspopulismus*, S. 324ff.
18 Vgl. A. Panebianco, *Political Parties. Organization and Power*, Cambridge 1988,
   S. 264f.

Gegenteil: Gerade weil ihnen die gesellschaftliche Basis weggebrochen ist, haben die Parteien alles daran gesetzt, ihre Positionen im Staat wo immer möglich zu verteidigen und auszubauen. Legitimatorisch geraten sie dadurch in ein schwieriges Dilemma, steht und fällt die Akzeptanz des parteiendemokratischen Systems damit doch ausschließlich mit den von der Politik erbrachten Leistungen. Bleiben diese hinter den Erwartungen zurück, dürfte auch die Bereitschaft der Bürger sinken, die Machtusurpation der Parteien als notwendiges Übel weiter hinzunehmen.[19]

Kennzeichnend für den Populismus als politisches Systemmerkmal ist also sein Doppelgesicht. Zum einen beschreibt er eine plebiszitäre Überformung der elektoralen Politik, die auf den Bedeutungswandel der Parteienkonkurrenz zurückzuführen ist und das gesamte politische Spektrum umgreift. Zum anderen stellt er ein Protestphänomen dar, das – in Gestalt von Anti-Parteien-Parteien – gegen die Begleiterscheinungen des vom politischen Mainstream beherrschten Parteienstaates zu Felde zieht. Beides wirft die Frage nach möglichen Gegenstrategien auf. Trifft die hier vorgelegte Diagnose zu, dann besteht das Problem vor allem darin, dass die plebiszitären und konsensuellen Legitimationsstränge des demokratischen Verfassungsstaates auseinander driften. Der Parteienwettbewerb verkommt als Entscheidungsverfahren immer mehr zur Fiktion, während seine populistischen Auswüchse die Substanz der materiellen Politik gleichzeitig in Mitleidenschaft ziehen. Das demokratische System nimmt also sowohl von der Input- als auch von der Outputseite her Schaden.

Um dem entgegenzutreten und einem weiteren Akzeptanzverlust vorzubeugen, wäre deshalb zu überlegen, ob man die plebiszitären Elemente nicht stärker von der elektoralen Sphäre in andere Bereiche des Regierungssystems verschiebt. Drei Strategien bieten sich hierfür an. *Erstens* könnte man alternative Beteiligungsformen einer assoziativen oder Netzwerkdemokratie einführen, die sachlich und/oder räumlich abgestuft sind und auf eine Stärkung des deliberativen Moments bei der Entscheidungsfindung abzielen.[20] *Zweitens* bedarf es einer Stärkung der demokratischen Basisrechte in den Parteien anstelle des heute dominierenden Delegiertensystems. Könnten die Mitglieder Führung und Spitzenkandidaten direkt wählen und auch über die inhaltliche Richtung und Strategie der Partei selbst mitentscheiden, müsste die Parteispitze sie auf ähnliche Weise ansprechen und zu überzeugen versuchen wie die Wähler. Die plebiszitären Elemente der Wettbewerbsdemokratie würden sozusagen vorgelagert und die Parteimitglieder damit im Verhältnis zu den Wählern aufgewer-

---

19 F. DECKER, *Regieren im „Parteienbundesstaat". Zur Architektur der deutschen Politik*, Wiesbaden 2011, S. 88ff.

20 Vgl. z.B. H. ABROMEIT, *Wozu braucht man Demokratie? Die postnationale Herausforderung der Demokratietheorie*, Opladen 2002, S. 100ff.

tet.[21] Und *drittens* sollten plebiszitäre Entscheidungsverfahren auch auf staatlicher Ebene Einzug halten, gilt es die Wahldemokratie also um Formen der Abstimmungsdemokratie zu ergänzen.[22]

Direktdemokratische Verfahren als populistisches Gegengift?

Die Überlegung, den Populismus mithilfe direktdemokratischer Verfahren bekämpfen zu wollen, mutet auf den ersten Blick paradox an, gehört die Forderung nach mehr direkter Demokratie doch – wie gesehen – zum Standardrepertoire der rechtspopulistischen Parteien. Parteienschelte und das Eintreten für plebiszitäre Entscheidungsrechte stellen in der populistischen Demokratieauffassung zwei Seiten derselben Medaille dar. Der Nutzen der direkten Demokratie liegt nach Ansicht der Populisten in ihrer Umgehungsfunktion. Weil Parteien und die von ihnen kontrollierten Parlamente dazu neigten, sich von den Interessen des Volkes zu entfernen, müsse dieses seine Geschicke notfalls selbst in die Hand nehmen können.[23]

Ein Zusammenhang von wirkungsmächtiger Parteienkritik und daraufhin eingeleiteter Demokratisierung lässt sich bei vielen der historischen Populismen nachweisen. Ihre stärksten Spuren hat die populistische Demokratieauffassung in den USA hinterlassen, wo der Einfluss der Parteien ab dem Beginn des 20. Jahrhunderts sukzessive zurückgedrängt wurde. Bei den heutigen Vertretern des rechten Populismus sollte man demgegenüber vorsichtig sein, die Forderung nach Einführung oder verstärkter Nutzung direktdemokratischer Beteiligungsmöglichkeiten für bare Münze zu nehmen. Wie Cas Mudde[24] zu Recht betont, verfolgen die Populisten mit der vehementen Befürwortung der Plebiszite primär den Zweck, das Volk gegen die herrschende Elite in Stellung zu bringen. Ein durchdachtes und ehrlich gemeintes institutionelles Konzept steht nicht dahinter. Tatsächlich wäre ein ausgebautes System der direkten Demokratie ‚von unten' (mit der Initiative als Herzstück) im Rahmen der populistischen Demokratieauffassung kaum vorstellbar. Indem sie dem Volk das Letztentscheidungsrecht über die Gesetze zubilligen, wären die direktdemokratischen Verfahren zwar imstande, das konstitutionelle Prinzip zurückzudrän-

---

21 Die Erfahrungen der Parteien mit Urwahlen und Mitgliederentscheiden sind – wenn man das deutsche Beispiel nimmt – gewiss nicht sonderlich ermutigend. Ein wichtiger Grund dafür liegt jedoch darin, dass die Parteien bei ihrer Einführung einen äußerst defensiven Ansatz verfolgten und die Reformen gegen den Widerstand der mittleren Funktionärsebene – wenn überhaupt – nur mühsam durchgesetzt werden konnten.

22 Zur Begrifflichkeit und Typologisierung der Direktdemokratie Vgl. F. DECKER, *Regieren im „Parteienbundesstaat"*, S. 168ff.

23 Vgl. M. CANOVAN, *Populism*, London 1981, S. 172ff.

24 C. MUDDE, *The Populist Zeitgeist*, in: *Government and Opposition* 39/4 (2004), S. 558f.

gen, im Kontext der repräsentativen Institutionen und des parlamentarischen Parteienwettbewerbs würden sie aber eher in Richtung Konsens und Interessenausgleich wirken, also das Gegenteil von dem bezwecken, was die populistische Demokratie propagiert.

Von daher drängt sich die Frage auf, ob nicht gerade die Plebiszite ein geeignetes Mittel sein könnten, um die populistischen Auswüchse des Parteienwettbewerbs zu begrenzen. In der elektoralen Sphäre können sich die plebiszitären Tendenzen heute weitgehend ungehemmt entfalten. Durch die Einführung direktdemokratischer Elemente würden sie dagegen institutionell gezähmt und in die Sphäre der eigentlichen Sachpolitik zurückverwiesen.[25] Auch wenn die Frage von der Forschung bislang kaum adressiert worden ist, lassen sich für einen solchen „Mäßigungseffekt" der Plebiszite manche Hinweise finden. *Erstens* besteht ein zentraler Unterschied zwischen Wahl- und Abstimmungsdemokratie darin, dass extremistische oder populistische Positionen, egal, ob sie aus Protest oder Überzeugung geboren sind, beim Wahlakt im Verborgenen bleiben können, während sie im Rahmen einer Sachentscheidung offen auf den Tisch gelegt werden müssen. Zum Wesen einer Abstimmungskampagne gehört mit anderen Worten, dass man in einen Dialog eintritt. Dies gilt auch für den Vertreter extremistischer oder populistischer Positionen selbst, der „erst Klarheit in seinem Kopf schaffen (muss), um seine Programmatik für andere nachvollziehbar in eine politisch folgenreiche, weil handelbare Form zu bringen."[26]

Die dialogische Qualität wird – *zweitens* – durch die Regeln des Verfahrens gestützt. Insbesondere die einzuhaltenden Fristen sorgen dafür, dass der öffentlichen Kommunikation und Beratung in den direktdemokratischen Entscheidungsprozessen eher mehr Raum gegeben wird als im normalen parlamentarischen Verfahren.[27] Der Parteienwettbewerb gibt den politischen Akteuren Gelegenheit, bestimmte Themen – je nach Stimmungslage – kurzfristig „hochzuziehen", wenn sie sich davon Gewinn versprechen. In einem plebiszitären Verfahren müssen die Parteien dagegen damit rechnen, dass sich die Stimmun-

---

25 Schwieriger ist die Frage nach der Wirkungsweise plebiszitärer Elemente in bereits bestehenden konsensdemokratischen Systemen zu beantworten. Wie die Beispiele der Schweiz, Österreichs und Italiens zeigen, waren diese nicht imstande, das Aufkommen der rechtspopulistischen Herausforderer zu verhindern. Die empirischen Belege deuten im Gegenteil darauf hin, dass die Populisten im Wählerwettbewerb von den direktdemokratischen Verfahren profitieren konnten. Dem stehen wiederum die Erfahrungen aus anderen konsensdemokratisch verfassten Staaten entgegen, wo rechtspopulistischen Parteien ihre Wahlerfolge ganz ohne Zutun der plebiszitären Demokratie erreicht haben (z.B. Niederlande oder Norwegen).

26 S. GUGGENBERGER, *Direkte Demokratie und politischer Extremismus. Das Beispiel der Schweiz*, in: E. JESSE/H.-P. NIEDERMEIER (Hrsg.), *Politischer Extremismus und Parteien*, Berlin 2007, S. 124.

27 M.-L. SCHNEIDER, *Zur Rationalität von Volksabstimmungen. Der Gentechnikkonflikt in direktdemokratischen Verfahren*, Wiesbaden 2003.

gen rasch abkühlen und ihre Anliegen am Ende nicht die erhoffte Resonanz finden. Darüber hinaus lohnt es sich für sie weniger, unhaltbare Versprechungen zu machen oder eine nicht vorhandene Handlungsmacht vorzutäuschen, wenn über die fraglichen Themen am Ende das Volk selbst entscheidet.

Drittens schließlich bieten plebiszitäre Elemente die Chance, Themen aufzugreifen, die ansonsten erst gar nicht auf die politische Tagesordnung gelangen würden. Diese Ventilfunktion dürfte vor allem in den Konsensdemokratien wichtig sein, wo die politischen Eliten zur Abgehobenheit neigen und nicht alle Interessen gleichberechtigten Zugang zum Entscheidungssystem haben. Wie die Beispiele der FPÖ und der Schweizerischen Volkspartei zeigen, können populistische oder extremistische Parteien aus der Möglichkeit des plebiszitären Agenda-settings im Wählerwettbewerb Vorteile ziehen, auch wenn die Verfahren selbst für sie in einer Niederlage enden.[28] Die Erwartung an die direkte Demokratie kann deshalb nicht lauten, dass sie Populismus und Extremismus an der Wurzel bekämpft. Ihre nützliche Funktion besteht vielmehr darin, dass sie deren Negativfolgen abmildert, indem sie den oppositionellen Protest in das System (re)integriert.

Die Einführung neuer Demokratieformen bedeutet selbstverständlich nicht, dass der Parteienwettbewerb seiner elektoralen Funktion gänzlich beraubt wird. Er behält diese Funktion schon deshalb, weil es prinzipiell möglich bleiben muss, eine unfähige oder korrupte Regierung loszuwerden („to throw the scoundrels out"). Für die inhaltliche Politikgestaltung wäre es hingegen besser, das mehrheitsdemokratische Element zurückzudrängen und den Fokus der Demokratisierung auf die konsensuellen Entscheidungsmechanismen zu richten, die für neue Mitwirkungsmöglichkeiten geöffnet und in ihrer Responsivität gestärkt werden müssten. Die veränderten Rahmenbedingungen des Regierens führen dazu, dass die demokratische Politik heute nicht weniger, sondern mehr Konsens benötigt! Von daher wächst auch der Bedarf, die Entscheidungsprozesse durch eine möglichst enge Anbindung an die Betroffenen legitimatorisch abzusichern.

Im Umkehrschluss heißt das, dass die Gefährdungen durch den Populismus dort am größten sind, wo sie die bereits vorhandenen Konsenseigenschaften des politischen Systems unterminieren. Je mehr sich die plebiszitären Tendenzen Bahn brechen, um so wichtiger werden – mit anderen Worten – die freiheitssichernden Schutzvorkehrungen des Verfassungsstaates.[29] Solange die rechtspopulistischen Kräfte in der Opposition verharren und als reine Protestparteien auftreten, dürfte von ihnen für die verfassungsmäßige Ordnung keine

---

28 Y. PAPADOPOULOS, *Analysis of Functions and Dysfunctions of Direct Democracy: Top-Down and Bottom-Up Perspectives*, in: *Politics and Society* 23 (1995), S. 421-448; W.C. MÜLLER, *Plebiscitary Agenda-Setting and Party Strategies. Theoretical Considerations and Evidence from Austria*, in: *Party Politics* 5 (1999), S. 303-315.

29 Vgl. R. DAHRENDORF, *Die Krisen der Demokratie. Ein Gespräch mit Antonio Polito*, München 2002.

unmittelbare Bedrohung ausgehen. Bedenklich wird es erst, wenn sie über Regierungsmacht verfügen und ihre plebiszitären Demokratievorstellungen aktiv betreiben können. Die Erfahrungen nach der Machtbeteiligung bzw. -übernahme rechtspopulistischer Parteien in Österreich und insbesondere Italien zeigen, dass diese Befürchtungen keineswegs aus der Luft gegriffen sind.[30] Sie können auch nicht durch die Hoffnung aufgewogen werden, dass die Rechtspopulisten an der Regierung mit hoher Wahrscheinlichkeit scheitern. Der Blick nach Lateinamerika oder Osteuropa macht deutlich, dass es von der populistischen Demokratie zum quasi-demokratischen Autoritarismus häufig nur ein kurzer Weg ist. Die entwickelten demokratischen Staaten mag das einstweilen noch nicht betreffen. Dennoch sollten sie die vom Populismus ausgehenden Gefahren ernst nehmen und einer plebiszitären Verwandlung ihrer Regierungssysteme schon heute vorsorglich entgegentreten.

---

30 Vgl. G.E. Rusconi, *Berlusconismo. Neuer Faschismus oder demokratischer Populismus?*, in: *Blätter für deutsche und internationale Politik* 47/8 (2002), S. 973-980.

Gerd Reuter

Unmut zwischen Maas und Marschen
Rechtspopulisten in Belgien und den Niederlanden

Rechtspopulistische Phänomene sind in Belgien und den Niederlanden weder kurzlebige Vorkommnisse noch gesellschaftliche Randerscheinungen. Vielmehr sind sie inzwischen längst bis in die Mitte der Gesellschaft vorgedrungen. Eine eingehende Untersuchung dieser Erscheinungen muss sich einer vielschichtigen Materie zuwenden, da ein ganzes Bündel von komplexen Ursachen und Zusammenhängen kompakt darzustellen ist. Damit können die grundlegenden Gegebenheiten, die eine Gesellschaft für Rechtspopulismus empfänglich machen, angemessen analysiert werden. Und so bildet sich diese Vielschichtigkeit auch im vorliegenden Beitrag ab, der auf einem erstmalig zu dieser Thematik durchgeführten Paarvergleich aufbaut.[1]

Nach einem kurzen Überblick über die rechtspopulistischen Spielarten in den beiden benachbarten Königreichen soll zunächst eine Annäherung an den Begriff des Rechtspopulismus erfolgen. Sodann sollen mit dem Ziel einer Ursachenermittlung Erklärungsmodelle herangezogen werden, die das Aufkommen des Rechtspopulismus im spezifischen Kontext von westlichen Demokratien beleuchten. Hier ist insbesondere an gesellschaftliche Veränderungsentwicklungen zu denken, wie sie in Gestalt der Modernisierung, des Wertewandels und der Auflösung der traditionellen Milieus in Erscheinung treten. Im Rahmen dieser Erörterungen werden zusätzlich historisch-empirische Entwicklungen und demokratietheoretische Aspekte eine Rolle spielen. Es wird auf die beide Länder kennzeichnende Versäulung bzw. Entsäulung eingegangen, wobei der Bogen dann weiter zur damit eng zusammenhängenden Verhandlungsdemokratie geschlagen wird. Hinsichtlich der Verhandlungsdemokratie wird dann unter Einschluss der bei den gesellschaftlichen Veränderungsentwicklungen herausgearbeiteten Ergebnisse der Frage nachgegangen, ob die Verhandlungsdemokratie Leistungsdefizite aufweist, und ob letztere zugleich eine Angebotslücke für politische Newcomer erkennen lassen. Nachdem die Akteure und die durch sie lancierten Inhalte einschließlich der Resonanz im Bereich der Öffentlichkeit zur Sprache gebracht worden sind, wird untersucht, ob und wie die Migrations- und Integrationspolitik des jeweili-

---

1 Ein erstmalig erfolgter und breit angelegter Vergleich der rechtspopulistischen Spielarten in Belgien und den Niederlanden ist Gegenstand der vom Autor dieses Beitrages verfassten und im VS Verlag erschienenen Dissertation: G. REUTER, *Rechtspopulismus in Belgien und den Niederlanden. Unterschiede im niederländischsprachigen Raum*, Wiesbaden 2009.

gen Landes durch die Rechtspopulisten beeinflusst worden ist. Damit eng verknüpft ist die abschließend zu klärende Frage nach der gesellschaftspolitischen
Bilanz der Rechtspopulisten. Dieser Beitrag behandelt nicht die rechtspopulistischen Gruppierungen in Wallonien, dem südlichen Landesteil Belgiens, da
sie bisher keine nennenswerten Wahlerfolge erzielen konnten. Gleichwohl finden die gesellschaftspolitischen Entwicklungen des *gesamt*belgischen Staates
in dieser Abhandlung Berücksichtigung. Angesichts des inhaltlichen Rahmens
dieses Sammelbandes, der die populistischen Spielarten in Deutschland und
den Niederlanden beleuchten will, ist der Fokus dieses Aufsatzes jedoch primär auf die Niederlande gerichtet.

Überblick

Mit dem *Vlaams Belang* (bis 2004 *Vlaams Blok*) in Belgien sowie der *Lijst
Pim Fortuyn* (LPF) und der *Partij Voor de Vrijheid* (PVV) in den Niederlanden sind in den politischen Arenen dieser beiden benachbarten Königrei-
che Parteien zu finden, die auch über die Grenzen des jeweiligen Landes hinaus Gegenstand der Berichterstattung in den Medien sind. In Belgien ist das
Vlaams Blok beziehungsweise *Vlaams Belang* (VB) seit der zweiten Hälfte
der 1970er Jahre auf der politischen Bühne vertreten. Vor allem in den 1990er
Jahren konnte es seine Position erfolgreich ausbauen und errang in der nachfolgenden Zeit annähernd 20 der insgesamt 150 Sitze im nationalen Parlament. Zum Ende der ersten Dekade des neuen Jahrtausends scheint der konti-
nuierliche Bedeutungszuwachs – zumindest vorübergehend – eingebrochen zu
sein. Ein Grund hierfür liegt im erfolgreichen Auftreten von zwei Konkurrenten: Zwischenzeitlich gelang es der *Lijst Dedecker*, welche nach außen weniger radikal in Erscheinung tritt als das *Vlaams Belang,* bei den Wählern zu
punkten. Bei der Parlamentswahl vom 13. Juni 2010 gelang es der flämisch-
national ausgerichteten *Nieuw-Vlaamse Alliantie* als stärkste Partei ins Parlament einzuziehen.[2]

In den Niederlanden waren größere Wahlerfolge von Rechtspopulisten
nicht zuletzt deshalb unbekannt, weil keine als attraktiv empfundenen rechtspopulistischen Akteure aufgetreten waren. Dies sollte sich mit der politischen
Karriere von Pim Fortuyn ändern. Innerhalb kurzer Zeit erfasste eine Popu-
laritätswelle zugunsten des Rechtspopulismus das Land, welche mit einem
Abschneiden der Rechtspopulisten als zweitstärkste Kraft bei der Parlamentswahl von 2002 endete. Kurz vor dieser Parlamentswahl wurde Fortuyn in Hil-

---

2 Sofern die Sitze der wallonischen und flämischen Sozialisten zusammengezählt
   werden, ist allerdings die sozialistische Parteienfamilie die stärkste Kraft. Vgl.
   M. STABENOW, *Brücken bauen in Belgien,* in: *Frankfurter Allgemeine Zeitung,*
   15.6.2010, S. 2; sowie J. RUBNER, *Spaltmaterial. Belgien zerbricht an einem sehr
   alten Streit um die Sprache,* in: *Süddeutsche Zeitung,* 15.5.2010, S. 13.

versum ermordet. Seine LPF wurde Mitglied der im Anschluss an die Wahl gebildeten Koalitionsregierung. Doch schon nach einem Vierteljahr zerbrach das Regierungsbündnis, was wesentlich an der politischen Unerfahrenheit der Neulinge lag. Die LPF sollte die politische Arena schließlich ganz verlassen – nicht so jedoch die rechtspopulistischen Phänomene als solche. Mit der inzwischen bedeutungslosen Politikerin Rita Verdonk und ihrer Organisation *Trots op Nederland* (zu Deutsch: Stolz auf die Niederlande) blieb vor allem die Migrations- und Integrationsproblematik ein Dauerbrenner in der politischen Diskussion, die durch äußere Ereignisse, insbesondere die Ermordung Theo van Goghs im November 2004 weiter forciert wurde. Nunmehr ist es Geert Wilders mit seiner PVV, der als Rechtspopulist in den Niederlanden erfolgreich ist. So konnte er bei der Parlamentswahl vom 9. Juni 2010 von 5,9 Prozent auf 15,5 Prozent der Stimmen zulegen und wurde damit zur dritten Kraft im Parlament.[3] Seit Herbst 2010 ist er sogar durch ein „Duldungsabkommen" an der Minderheitsregierung von VVD und CDA als Mehrheitsbeschaffer beteiligt. Wilders setzt vor allem auf islamfeindliche Themen und erhielt darauf im März 2008 mit einem islamkritischen Film zwar ein geteiltes Echo – jedoch auch enorme Publizität. Wilders steht nicht nur für Islamfeindlichkeit; neuerdings versucht er mit sozialen Versprechungen – etwa gegen die Heraufsetzung des Rentenalters – bei den Wählern zu punkten, obwohl er noch in den 1990er Jahren den Wohlfahrtsstaat zurückdrängen wollte.[4] Überdies ist Wilders gegen eine fortwährende niederländische Militärpräsenz in Afghanistan. An diesem Thema war auch im Februar 2010 Balkenendes Koalition aus Christdemokraten, Sozialdemokraten und der calvinistischen ChristenUnie zerbrochen.[5]

Der Begriff „Populismus"

Nach diesem aktuellen Überblick soll eine Annäherung an den Begriff „Rechtspopulismus" erfolgen. Erste Ansatzpunkte dafür bieten die Ausführungen von Wielenga und Hartleb in der Einführung zu diesem Sammelband. Die vom Rechtspopulismus intendierte Gegenüberstellung von Volk und Establishment (Anti-Establishment-Haltung) und seine Anpassungsfähigkeit an die politische Umgebung wurden dort bereits herausgearbeitet und spielen bei der Begriffsbestimmung ebenso eine Rolle wie die an selber Stelle genannten rapiden gesellschaftlichen Veränderungen. Auf dieser Grundlage können nun

---

3 Vgl. zu Geert Wilders den Beitrag von Koen Vossen in diesem Band.
4 Vgl. A. ROSS, *Das linke Hobby von Geert Wilders*, in: *Frankfurter Allgemeine Zeitung*, 27.2.2010, S. 6.
5 Vgl. W. PERGER, *Den Koran verbieten! Die Niederlande stehen vor einer Neuwahl*, in: *Die Zeit*, 25.2.2010, S. 9.

unter Berücksichtigung des Forschungsstandes weitere Verfeinerungen vorgenommen werden.

Die Abgrenzung von den politisch Verantwortlichen eines Landes und
der Widerstand gegen sie dienen zugleich als Identifizierungspunkt mit den
Wählern, um die geworben wird. Abstandhalten vom politischen Establishment wird als Mittel genutzt, um eine Annäherung an das Volk zu erzielen.
Der Historiker Henk te Velde gibt indes zu bedenken, dass es eigentlich nicht
zur politischen Kultur der Niederlande passt, von *dem* Volk als Einheit auszugehen; denn die Niederlande hätten stets aus verschiedenen Gruppen bestan-
den, die nebeneinander lebten.[6] Neben die Anti-Establishment-Haltung tritt
die bevorzugende Berücksichtigung des eigenen Volkes, die als Tendenz zur
Exklusivität aufgefasst werden kann: „Zusätzlich zu ‚Wir da unten – Ihr da
oben' tritt für den westeuropäischen Rechtspopulismus ‚Wir da drinnen – Ihr
da draußen'."[7] Gemeint ist ein weiteres Abstandhalten; diesmal gegenüber
Immigranten. Abgrenzung und Ausgrenzung fungieren als Handwerkzeug für
die Schaffung einer eigenen Identifikationsbasis. Betz sieht einen Zusammenhang zwischen dem Aufkommen rechtspopulistischer Parteien in Westeuropa
und der von ihnen thematisierten Migrations- und Integrationsproblematik
und schrieb bereits im Jahre 1998: „Das zeigt sich schon darin, dass fast alle
rechtspopulistischen Parteien die Einwanderungsfrage zu einem der zentralen
Themen ihrer Mobilisierungsstrategie gemacht haben."[8] Offenbar liegt in der
Dramatisierung der Migrations- und Integrationsproblematik ein spezifisches,
mobilisierendes Protestthema, das zugleich als wesentliches Erfolgsrezept von
Rechtspopulisten aufgefasst werden kann.

Bezüglich des *Vlaams Belang* wird darüber hinaus die Frage tangiert, ob
extremistische Tendenzen durch den Begriff „Populismus" abgedeckt sein können. Eine hierbei hilfreiche, terminologische Annäherung an den Populismus
bietet Florian Hartleb in seinem Vergleich des westeuropäischen Rechts- und
Linkspopulismus: „Populismus, der in den Varianten des Rechts- und Linkspopulismus seit Ende der 60er Jahre im westeuropäischen Kontext auftaucht,
bezeichnet Parteien und Bewegungen, die sich – medienkompatibel, polarisierend und (angeblich) moralisch hochstehend – mittels einer charismatischen
Führungsfigur als *die* gegen Establishment und etablierte Parteien gerichtete
Stimme des homogen verstandenen „Volkes" ausgeben und spezifische Pro-

---

6 Vgl. H. te Velde, zitiert bei: P. Giesen, *Het volk heeft een corrigerende werking*,
   in: *De Volkskrant*, 19.3.2010, S. 30. Siehe ausführlicher: H. te Velde, *Van regen-
   tenmentaliteit tot Populisme. Politieke tradities in Nederland*, Amsterdam 2010.
7 A. Pelinka, *Die FPÖ in der vergleichenden Parteienforschung. Zur typologischen
   Einordnung der Freiheitlichen Partei Österreichs*, in: *Österreichische Zeitschrift
   für Politikwissenschaft* 31 (2002), S. 281-290, hier S. 284.
8 H.-G. Betz, *Rechtspopulismus. Ein internationaler Trend?*, in: *Aus Politik und
   Zeitgeschichte* B 9-10 (1998), S. 3-12, hier S. 5.

testthemen mobilisieren."[9] Dagegen setzt Extremismus in Abgrenzung zum Populismus im Kern ein Eintreten gegen den Wertepluralismus einer liberalen Demokratie voraus.[10] Ein solches Eintreten gegen die liberale Demokratie lässt sich beim Fortuynschen Rechtspopulismus nicht ausmachen. Wohl aber bedient er sich der Migrations- und Integrationsproblematik als Mobilisierungsthema, ohne rassistische Tendenzen aufzuweisen. Darüber hinaus erfolgt über die medienkompetente Führungsperson Pim Fortuyn eine Abgrenzung vom Establishment, was den populistischen Charakter belegt. Hinsichtlich des *Vlaams Belang* ist indes zu differenzieren, da es sich im Spannungsfeld zwischen Populismus und Extremismus bewegt: „Populismus und Extremismus können, müssen aber keineswegs korrelieren. Populismus markiert per se auch keinen Graubereich zwischen Demokratie und Extremismus. Wer Populismus und Extremismus synonym gebraucht, macht bewusst oder unbewusst einen Fehler. Populismus muss keine antidemokratischen und verfassungsfeindlichen Tendenzen aufweisen."[11] Gleichwohl können auch Populisten antidemokratisches Gedankengut vertreten.[12] Kurzum: „Populismus kann sich eindeutig auf dem demokratischen Grundkonsens bewegen, aber auch extremistisch sein. Umgekehrt ist Extremismus ohne Populismus möglich."[13] Mit Frank Decker kann indes angenommen werden, dass das *Vlaams Belang* als strategisch operierende, anpassungsfähige Partei zugleich populistische und extremistische Züge aufweist.[14] Und so entspricht diese Dimorphie zugleich der inhaltlichen Flexibilität und Anpassungsfähigkeit, welche eben auch – wie oben erwähnt – ein typisches Kennzeichen des Populismus ist.

Modernisierung und Wertewandel

Bei der Suche nach den Rechtspopulismus begünstigenden Umständen soll der Blick zunächst auf die gesellschaftlichen Veränderungen gelenkt werden. Denn die negativen Auswirkungen der Modernisierung können den Rechtspopulisten zusätzliche Mobilisierungsthemen bieten, die bei den Verlierern der Modernisierungsprozesse verfangen sollen. So begegnen Rechtspopulisten verbreiteter Unzufriedenheit, Ohnmachtsgefühlen und sozialer Entfremdung, indem

---

9　F. HARTLEB, *Rechts- und Linkspopulismus im westeuropäischen Vergleich – Zur strukturellen und inhaltlichen Bestimmung eines eigenständigen Parteientypus*, in: U. BACKES/E. JESSE (Hrsg.), *Gefährdungen der Freiheit. Extremistische Ideologien im Vergleich*, Göttingen 2006, S. 105-145, hier S. 143.
10　Vgl. H.-G. JASCHKE, *Rechtsextremismus und Fremdenfeindlichkeit. Begriffe, Positionen, Praxisfelder*, Wiesbaden 2001², S. 30.
11　F. HARTLEB, *Rechts- und Linkspopulismus im westeuropäischen Vergleich*, S. 142.
12　Vgl. P. LUCARDIE, *Populismus im Parteiensystem in Deutschland und den Niederlanden*, in: *Aus Politik und Zeitgeschichte* 35-36 (2007), S. 41-46, hier S. 41f.
13　F. HARTLEB, *Rechts- und Linkspopulismus im westeuropäischen Vergleich*, S. 145.
14　Vgl. F. DECKER, *Der neue Rechtspopulismus*, Opladen 2004², S. 115.

sie sich als Anwalt des Volkes oder des „kleinen Mannes" anbieten. Diesem kleinen Mann wird das Establishment gegenübergestellt. Dieses Establishment wiederum wird als korrupt und machtorientiert charakterisiert. Das Establishment soll sich angeblich gegen das Volk verschworen haben. Die Parteinahme zugunsten des kleinen Mannes kulminiert darin, dass das Establishment für Negativfolgen der Modernisierung zur Verantwortung gezogen wird. Im Gegensatz zum Establishment geben die Rechtspopulisten vor, die Wünsche und Bedürfnisse des einfachen Volkes zu berücksichtigen. Die Zuwendung der Rechtspopulisten zum kleinen Mann wirkt sich zudem identitätsstiftend aus: Die Weckung von Zusammengehörigkeitsgefühlen und die Zuwendung zum einfachen Volk kompensieren Ohnmachtsgefühle sowie soziale Entfremdung. In der Abgrenzung zum Establishment und in der Abweisung von outgroups mit Migrationshintergrund liegt zugleich die Schaffung einer eigenen *ingroup*.[15]

Überdies ist auf subjektiv empfundene Verluste als Erklärungshintergrund hinzuweisen. So lassen sich materielle Verluste nicht immer bei den Individuen tatsächlich nachweisen; vielfach ist es ein subjektives Empfinden, welches in Gestalt einer relativen Deprivation zur Konfliktursache wird.[16] Zudem ist an eine weitere Differenzierung zu denken: Die Verlustängste sind gar nicht unbedingt an materielle Erwartungen geknüpft. Den Verlustängsten liegt ein tiefer gehendes Problem zugrunde, das als durch gesellschaftliche Individualisierungsprozesse bedingte sozialkulturelle Entwurzelung aufgefasst wird. Es ist mithin herauszustellen, dass in diesem Zusammenhang die These von den sogenannten Modernisierungsverlierern ihre Aussagekraft nicht unbedingt im Bereich der Verteilungskonflikte entfaltet. Eher kommt sie mit Blick auf die im Bereich der Wertekonflikte relevanten subjektiven Verlustängste und die soziale Isolierung zum Tragen, wobei gleichwohl eine wechselseitige Aufladung der Werte- bzw. Verteilungskonflikte unterstellt werden kann.[17] Darüber hinaus legt auch die Analyse von Umfragedaten in Verbindung mit Wirtschaftsstatistiken keinen direkten Zusammenhang zwischen den Erfolgen von Rechtspopulisten und zyklisch-ökonomischen Entwicklungen nahe. Wilders konnte bei der Parlamentswahl 2006 reüssieren, obwohl es der niederländischen Wirtschaft 2006 ausgesprochen gut erging; und auch der Aufstieg des *Vlaams Belang* vollzog sich über Jahre hinweg kontinuierlich und unabhängig von ökonomischen Zyklen.[18] Dies relativiert zugleich die Reichweite der Theorie vom Wohlfahrtschauvinismus. Im Wohlfahrtschauvinismus kommt

---

15 Vgl. T. SPIER, *Populismus und Modernisierung*, in: F. DECKER, *Populismus. Gefahr für die Demokratie oder nützliches Korrektiv?*, Wiesbaden 2006, S. 33-58, hier S. 34ff., 48ff.

16 Vgl. F. DECKER, *Parteien unter Druck. Der neue Rechtspopulismus in den westlichen Demokratien*, Wiesbaden 2000, S. 35.

17 Vgl. auch F. DECKER, *Der neue Rechtspopulismus*, S. 206, 239.

18 Näheres bei G. REUTER, *Rechtspopulismus in Belgien und den Niederlanden*, S. 127.

eine Haltung zum Ausdruck, die den eigenen Wohlstand bewahren und ihn vor angeblich ungerechtfertigter Inanspruchnahme durch Dritte schützen will. In diesem Zusammenhang sind längerfristige, sozioökonomische Entwicklungen, wie die Veränderungen bei den Standortbedingungen sowie den Produktions- und Arbeitsabläufen, trotz eines gewissen Verstärkereffekts nicht der eigentliche Auslöser für die rechtspopulistischen Erfolge, sondern fügen sich in das breitere Bild des aufgezeigten soziokulturellen Gesellschaftswandels ein, da sie ihrerseits die Modernisierungsentwicklung durch die Beanspruchung höherer Flexibilität bzw. Mobilität der Individuen intensivieren.[19]

Beim Zusammenspiel zwischen dem soziokulturellen Gesellschaftswandel und rechtspopulistischen Erfolgen ist noch ein weiterer, in der Literatur bisher wenig beachteter Aspekt einzubeziehen. Es sind vor allem moderne, kulturell-liberale Werte (Errungenschaften der westlichen Kultur, Toleranz gegenüber Homosexuellen, Gleichstellung von Mann und Frau, individuelle Selbstbestimmung und -entfaltung, freie Meinungsäußerung etc.), die mit einer kritischen Haltung zur Migrations- und Integrationsproblematik einhergehen. Mit anderen Worten: Diese genannten modernen (Emanzipations-) Werte stehen vielfach im Vordergrund bei der Beurteilung von migrationsspezifischen Problemen. Diese Werte sind nicht notwendig von früheren, nationalistischen bzw. chauvinistischen Denkbildern gekennzeichnet.[20] Offenbar lassen sich die in subjektiver Hinsicht als bedroht empfundenen kulturell-liberalen (Emanzipations-)Werte mit den Präferenzen moderner, kritischer „wählerischer" Wähler in Einklang bringen. Dies lässt sich wie folgt erklären: Ein Auslöser für den Wertewandel ist in dem allgemeinen Anstieg des Bildungsniveaus zu erblicken, der seinerseits mit einer Hinwendung zu kulturell-liberalen Werten einherging. Diese Werte werden nunmehr auf der Ebene der Migrations- bzw. Integrationsproblematik von Teilen der modernen Gesellschaft als gefährdete Errungenschaften angesehen. Auf diese Weise birgt der Wertewandel neben einem Wandel der Präferenzen auch einen Wandel der Ängste. Dies erklärt, warum gerade in einer modernen Gesellschaft der *„Rechts"*-Populismus durch Aufgreifen *„links"*-liberaler Themen reüssiert. Zwar wird die Entscheidung von Wählern, die Rechtspopulisten ihre Stimme geben, nach wie vor mit dem Verteilungscleavage in Verbindung stehen; etwa wenn sie beispielsweise in Migranten vermeintliche Konkurrenten hinsichtlich von Arbeitsplätzen oder Sozialleistungen erblicken. Aber die Heranziehung der oben beschriebenen Modernisierungsverliererthese, die die sozialkulturelle Entwurzelung einschließt, erscheint im Verein mit der Bedeutung der kulturell-liberalen Werte aussagekräftiger. Und so verfängt das taktische Lancieren der

---

19 Vgl. F. Decker, *Der neue Rechtspopulismus*, S. 202, 205.
20 D. Thränhardt, *Einwanderung und Zivilgesellschaft in Deutschland und den Niederlanden*, Beitrag im Rahmen der Ringvorlesung zum Graduiertenkolleg *Zivilgesellschaftliche Verständigungsprozesse vom 19. Jahrhundert bis zur Gegenwart. Deutschland und die Niederlande im Vergleich* am 10.4.2007 in Münster.

Migrations- bzw. Integrationsproblematik in Gestalt eines Protestthemas durch die Rechtspopulisten – wenn nicht bereits im Bereich der Verteilungskonflikte – so doch spätestens auf der soziokulturellen Ebene der Wertekonflikte.[21]

Historische Entwicklungen und demokratietheoretische Aspekte

Rechtspopulistische Erfolge sind in einem weiteren Schritt auch im historischen Kontext des jeweiligen Landes zu betrachten. Denn neben den erörterten Folgen der Modernisierung geben die historischen Entwicklungen Auskunft über die gesellschaftspolitische Situation eines Landes. So sind Unzufriedenheit und Protest in Flandern vor dem Hintergrund des flämisch-wallonischen Sprachenstreits zu sehen.[22] Nahezu jede größere Verfassungsänderung in Belgien lässt eine konstante Verquickung mit dem Sprachantagonismus erkennen.[23] Die bisher erfolgten fünf Staatsreformen haben insgesamt eine Föderalisierung des Landes bewirkt. Mehr noch: Es kam zu einer starken Einschränkung der zentralstaatlichen Kompetenzen, was naturgemäß eine Schwächung des Zentralstaates zeitigte. Immer mehr Kompetenzen wurden den Landesteilen zuerkannt. Verschärft wurde dieser Prozess noch durch den Umstand, dass es inzwischen keine gesamtbelgischen Parteien mehr gibt: Flandern und Wallonien weisen jeweils ein eigenes Parteiensystem auf. Die Persistenz des historisch gewachsenen flämisch-wallonischen Antagonismus ist wie der sprichwörtliche rote Faden mit der belgischen Gesellschaft bis auf den heutigen Tag verwoben. Von flämischer Seite wird nunmehr eine weitergehende Autonomie in Sachen Wirtschafts- und Arbeitsmarkt gefordert. Dies führte nach der Parlamentswahl vom 10. Juni 2007 zu schwierigen innenpolitischen Auseinandersetzungen, ohne dass eine Einigung erzielt werden konnte. Auch mit Blick auf Regelungen für französischsprachige Belgier, die im flämischen Umland von Brüssel besondere Rechte genießen, sind die Parteien nicht übereingekommen. Neben den aktuellen ökonomischen Herausforderungen wird die Verhandlung einer sechsten Staatsreform eine zentrale Aufgabe der im zweiten Halbjahr 2010 zu bildenden neuen Regierung sein.

Seinen Fortbestand konnte Belgien in der Vergangenheit im Wege von Elitenkooperation und Verfassungsänderungen sichern. Begünstigend war zudem der Umstand, dass der Sprachenkonflikt nicht zusätzlich noch religiös aufgeladen war. Denn trotz der regional unterschiedlich ausgeprägten Intensität in der Religionspraxis galt Belgien als ein homogen katholisches Land. Die Frage nach der Zukunft Belgiens ist nicht Gegenstand dieses Beitrages; und doch

---

21 Vgl. G. REUTER, *Rechtspopulismus in Belgien und den Niederlanden*, S. 247ff.
22 Ausführlich zum Sprachenstreit: G. REUTER, *Rechtspopulismus in Belgien und den Niederlanden*, S. 62ff.
23 Vgl. J. KOLL, *Geschichtlicher Überblick*, in: DERS. (Hrsg.), *Belgien. Geschichte, Politik, Kultur, Wirtschaft*, Münster 2007, S. 5-44, hier S. 377ff.

tangiert sie den Bereich des Rechtspopulismus, da sich die Rechtspopulisten mutatis mutandis für ein eigenständiges Flandern einsetzen. Dass Belgien als solches gänzlich von der Landkarte verschwinden wird, gilt noch als eher unwahrscheinlich. Ziemlich sicher erscheint aber, dass die Gliedstaaten noch weitere Zugeständnisse im Hinblick auf eine weitgehendere Autonomie erhalten werden. Denkbar wäre, dass aus dem jetzt bereits föderalen Land ein konföderales Konstrukt würde. Der bindende Kitt ist in Belgien immer noch die Monarchie, flankiert von einer übergreifenden belgischen Elite. Diese wird die ihr verbliebenen Möglichkeiten im politischen und wirtschaftlichen Leben für den Erhalt des Landes einbringen.[24] Dieser Kitt wird jedoch dann porös, wenn sich auch die Eliten in zunehmendem Maße nur noch als Teil der wallonischen bzw. flämischen Kultur verstehen. Eine Verständigung unter ihnen im Sinne eines „compromis à la belge" wird unter solchen Umständen stets schwieriger.

Des Weiteren ist im Bereich der historischen Entwicklungen und demokratietheoretischen Aspekte bei Belgien und besonders bei den Niederlanden auf die Versäulung und die Konkordanzdemokratie einzugehen. Innerhalb des in diesem Zusammenhang aufzuarbeitenden Themenkomplexes soll die Problemverarbeitung im politischen Raum der beiden Nachbarländer beleuchtet werden. Die dabei angewandten Konfliktlösungsmechanismen veranschaulichen die einstige gesellschaftliche Verankerung der Konkordanzdemokratie. In beiden Ländern bildeten sich in der Vergangenheit verschiedene politische Lager heraus, was mit dem Begriff der Versäulung umschrieben wird. „Hiermit soll bildhaft deutlich werden, dass in den Niederlanden religiös und ideologisch voneinander geschiedene Gruppen in „Säulen" nebeneinander existieren (Katholiken, Protestanten, Sozialisten und Liberale) [...].''[25] Um die Reichweite der Versäulung zu verdeutlichen, sei darauf hingewiesen, dass diese durch die Gründung von eigenen Parteien, Gewerkschaften, Zeitungen, Rundfunkvereinigungen, Universitäten und Schulen sowie durch den Auf- und Ausbau einer differenzierten Palette selbstverwalteter soziopolitischer und soziokultureller Dienstleistungen in den Bereichen Gesundheit, Wohnen, Sozialwesen und Freizeitgestaltung gekennzeichnet war.[26] Dieser Fragmentierung begegneten die Eliten durch ein enges kooperatives, kompromissorientiertes Verhalten. Zugleich kennzeichnete eine geringe Interaktion bzw. Kommunikation zwischen den Angehörigen der jeweiligen Subkultur das gesellschaft-

---

24 Vgl. J. BLLIET/B. MADDENS, *Belgische Gesellschaft und die ‚Gemeinschaften'*, in: J. KOLL (Hrsg.), *Belgien. Geschichte, Politik, Kultur, Wirtschaft*, Münster 2007, S. 121-147, hier S. 145.

25 N. LEPSZY, *Das politische System der Niederlande*, in: W. ISMAYR, (Hrsg.), *Die politischen Systeme Westeuropas*, Opladen 2003, S. 349-387, hier S. 362.

26 Vgl. R. KLEINFELD, *Mesokorporatismus in den Niederlanden. Entwicklung eines politikbereichs- und politikebenenspezifischen Modells zur Analyse institutionalisierter Staat-Verbände-Beziehungen und seine Anwendung auf regionale wirtschaftspolitische Beratungs- und Verhandlungsgremien in den niederländischen Provinzen*, Frankfurt a. M. 1990, S. 163.

liche System. Diese Art von Konfliktregelungsmechanismus konnte allerdings
nur so lange effizient und praktikabel sein, wie die Angehörigen der Subkultur bereit waren, die Führungsfunktion der Eliten anzuerkennen und den durch
die Eliten getroffenen Entscheidungen zu folgen.[27] Dies sollte sich mit den
Veränderungsbewegungen der 1960er Jahre wandeln: Säkularisierung, Individualisierung, Pluralisierung, Mobilitätserhöhung, Verbesserung des Ausbil-
dungsniveaus, der arrivierende Mittelstand sowie die Entstehung einer internationalen Jugend- und Protestkultur[28] stellen wesentliche Veränderungsprozesse
in der Gesellschaft dar. Das Veränderungspotential der Entsäulung ist als
soziologische Größe zu verstehen, das zugleich das politische System betraf,
indem es auf gesellschaftspolitische Neuerungen abzielte und das Institutio-
nengefüge nicht ausgespart lassen wollte. Dabei stellte sich die Frage, ob der
Wunsch nach Modernisierung der Demokratie mit der herkömmlichen Versäulung harmonieren konnte. Insbesondere in den Niederlanden hatte bereits von
der zweiten Hälfte der 1950er Jahre an die Stabilität der Säulen, die immer
auf der Prinzipienfestigkeit und dem Selbstbewusstsein ihrer Eliten gestützt
war, abgenommen. Die Eliten spürten, dass ihre moralische Führung in einer
Zeit sich anbahnender Individualisierung und Säkularisierung nicht mehr zeit-
gemäß war. So brachten diese Veränderungsprozesse keine unüberbrückbaren,
tiefen Risse und Spaltungen in der Gesellschaft hervor, was daran lag, dass die
niederländischen Eliten Veränderungen gegenüber offen waren.[29] Gleichwohl
waren die Zeiten, in denen die Parteien auf eine feste, im jeweiligen sozialen
Milieu gründende Anhängerschaft bauen konnten, passé. Das Konsens- und
Kompromissstreben der verantwortlichen Politiker sollte aber weiterhin für die
Politikgestaltung kennzeichnend bleiben.

Die demokratietheoretische Bedeutung des ehedem versäulten Systems
liegt nun darin, dass trotz Fragmentierung und Inhomogenität die Stabilität
von Staat und Gesellschaft gewährleistet war. Dieses unter Konkordanzdemokratie firmierende Phänomen wurde zum Kennzeichen des gesamten politischen Systems, in dem aus Gründen der Berücksichtigung der verschiedenen
gesellschaftlichen Gruppen konsequenterweise das Verhältniswahlrecht zur
Anwendung kommt.[30] Im Gegensatz zur sogenannten Konkurrenzdemokratie,
die Konflikte in der Regel durch das Mehrheitsprinzip entscheidet, sieht die
Konkordanzdemokratie gerade die Beteiligung von Minoritäten an den Verhandlungen vor; dies mit dem Ziel, ein gütliches Einvernehmen zu finden. In
der vergleichenden Demokratieforschung wird ein weiteres Abgrenzungsmo-

---

27 Vgl. N. LEPSZY/W. WOYKE, *Belgien, Niederlande, Luxemburg. Politik, Gesell-
    schaft, Wirtschaft,* Opladen 1985, S. 162f.
28 Vgl. die Aufzählung bei R. KLEINFELD, *Mesokorporatismus in den Niederlanden,*
    S. 177.
29 Vgl. F. WIELENGA, *Die Niederlande. Politik und politische Kultur im 20. Jahrhun-
    dert,* Münster 2008, S. 306f.
30 Vgl. N. LEPSZY/W. WOYKE, *Belgien, Niederlande, Luxemburg,* S. 109, 162.

dell durch das Begriffspaar Mehrheits- und Verhandlungsdemokratie gekennzeichnet. Ein wesentlicher Unterscheidungsfaktor ist hier die Machtverteilung. Bei der Mehrheitsdemokratie liegt der Akzent auf der Machtkonzentration, die bei der Parlamentsmehrheit und der aus ihr hervorgehenden Exekutive liegt. Im Unterschied dazu ist die Verhandlungsdemokratie durch Machtaufteilung charakterisiert, wobei auch hier Minoritäten eine größere Entscheidungsbeteiligung zugedacht wird.[31]

Zu den Vorteilen der Verhandlungs- bzw. Konkordanzdemokratie[32] gehört eben jene bereits unter dem Aspekt der Versäulung beschriebene Integrationskraft hinsichtlich der unterschiedlichen Interessengruppen und der Schaffung gesellschaftlich breit abgestimmter Lösungen. Sie wahren den Bindungswillen von Minderheiten gegenüber dem Gesellschaftssystem.[33] Aber Verhandlungsdemokratien weisen insgesamt eher ein ambivalentes Leistungsprofil auf, denn es fehlt ihnen die flexible Anpassungsfähigkeit an sich schnell verändernde Herausforderungen: Der Zeitaufwand für die erforderliche Kompromissfindung wirkt sich negativ auf eine rasche Problemlösung und die nachfolgende Umsetzung der Entscheidungen aus. Weiterhin trägt die Verhandlungsdemokratie aus sich heraus dazu bei, dass Politik beim Wähler als wenig abwechslungsreich empfunden wird. Denn sie bietet wenig Spielraum für rasche Kurswechsel in der Politik. Eng damit verknüpft ist wiederum der Umstand, dass die verhandlungsdemokratischen Arrangements medial schlecht verwertbar sind. Die Hintergründe und Auswirkungen der Fortuyn-Revolte gleichsam antizipierend beschreibt Schmidt die Konkordanzdemokratie als einen von Eliten dominierten Prozess, der medienfern hinter verschlossenen Türen abläuft.[34] Die Fortsetzung des wenig medienkompatiblen Konsens- und Kompromissstrebens der verantwortlichen Politiker bei gleichzeitigem Wegbrechen der jeweiligen Milieubasis stellt dann ein Erfolgspotential für Rechtspopulisten dar, wobei das Verhältniswahlrecht noch zusätzlich politische Newcomer, wie etwa Rechtspopulisten, begünstigt und ihnen aufgrund der für sie vorteilhaften Stimmenberücksichtigung einen raschen Einzug ins Parlament ermöglicht.[35]

Das Aufkommen von Rechtspopulismus geht häufig mit Problemsituationen im politischen Raum einher, die die Mechanismen der politischen Willensbildung auf ihr Leistungsvermögen testen. So haben die aufgezeigten Leistungsdefizite der Verhandlungsdemokratie und der populistisch einge-

---

31 Vgl. M.G. Schmidt, *Demokratietheorien*, Opladen 2000³, S. 328, 340.

32 Mehr zur Abgrenzung bei: G. Reuter, *Rechtspopulismus in Belgien und den Niederlanden*, S. 54ff.

33 Vgl. auch A. Lijphart, *Patterns of Democracy. Government Forms and Performance in Thirty-Six Countries*, New Haven 1999, S. 32f.

34 Vgl. zu den Vor- und Nachteilen: M.G. Schmidt, *Demokratietheorien*, S. 335, 349, 516.

35 Näheres hierzu bei: G. Reuter, *Rechtspopulismus in Belgien und den Niederlanden*, S. 156, mit weiteren Nachweisen.

bettete Protest eine gemeinsame Schnittstelle. Damit ist noch keine Aussage über Kausalitätsverhältnisse getroffen. Vielmehr geht es um das Aufdecken von Erfolgsumständen. Und dennoch ist ein Katalysatoreffekt, den die Mechanismen der Verhandlungsdemokratie bewirken, anzudenken. Denn die bereits dargelegte Anti-Establishment-Haltung und die Prononcierung des Gegensatzes zwischen dem einfachen Volk und den politisch Verantwortlichen knüpften gerade an die der breiten Öffentlichkeit schwer zu vermittelnden Entscheidungsstrukturen der Verhandlungsdemokratie an. Werden dann auch noch Themen, die in der Gesellschaft eine zunehmende Bedeutung erlangen, wie etwa die Migrations- und Integrationsfrage, durch die Politik nicht aufgegriffen, entsteht mit der Kluft zwischen den Individuen und den Institutionen, hier den Parteien, eine Angebotslücke für Rechtspopulisten. Damit liegt unter Einbeziehung der dargelegten Leistungsdefizite der Verhandlungsdemokratie die Vermutung nahe, dass das Aufkommen des Rechtspopulismus in diesen kein überraschendes Phänomen darstellt. So sah Thomassen bereits im Jahre 2000 – also vor der Fortuyn-Revolte – die Möglichkeit eines nationalen Durchbruchs der kommunalen Protestparteien in den Niederlanden, welche in einigen Städten bereits Erfolge verbucht hatten. Als Ursachen benennt er den Mangel an einer starken Opposition und die damit in Verbindung stehende Ausrichtung der politischen Parteien auf die Mitte.[36] Da es nur zwei Jahre später mutatis mutandis tatsächlich zum nationalen Durchbruch kam, erscheint eine Nachzeichnung des Erfolgs der genannten kommunalen Protestparteien angebracht, zumal dies zugleich den Charakter einer plötzlichen Eruption der Fortuyn-Revolte relativiert und als ein empirischer Beleg für Leistungsdefizite der Verhandlungsdemokratie gelten kann.

Newcomer

In den Niederlanden gab es bereits in den 1990er Jahren die sogenannten *Leefbaar*-Parteien in den Großstädten. *Leefbaar*-Parteien erfuhren dort eine besondere Resonanz, wo sich Bürger in kommunalpolitischen Entscheidungsprozessen nicht genügend berücksichtigt fühlten; wo sie bei konkreten Projekten durch eine in ihren Augen technokratische Verwaltung von der Beteiligung ausgeschlossen wurden. Die wichtigsten *Leefbaar*-Parteien entstanden in Hilversum, Utrecht und Rotterdam. *Leefbaar Hilversum* und *Leefbaar Utrecht* spielten eine Vorreiterrolle unter den *Leefbaar*-Parteien. Auch in kleineren Kommunen, wie etwa in Oegstgeest, gelang es *Leefbaar*-Parteien, erfolgreich Einfluss auf das kommunalpolitische Geschehen zu nehmen. Im Allge-

---

36 Vgl. J. THOMASSEN, *Politieke veranderingen en het functioneren van de parlamentaire democratie in Nederland,* in: J. THOMASSEN/K. AARTS/H. VAN DER KOLK (Hrsg.), *Politieke veranderingen in Nederland 1971–1998. Kiezers en de smalle marges van de politiek*, Enschede 2000, S. 203-217, hier S. 207-209.

meinen scheinen aber für *Leefbaar*-Parteien gerade in solchen Städten wenig Erfolgschancen zu bestehen, in denen zuvor bereits *actiegroepen*, die in etwa mit Bürgerinitiativen vergleichbar sind, politisch aktiv gewesen waren. Amsterdam etwa kann auf eine lange Geschichte von Bürgerprotest zurückblicken. Frühe *actiegroepen* wie *Lastige Amsterdamer* oder der spätere Protest gegen die Bewerbung um die Ausrichtung der Olympischen Spiele 1992, wofür vor allem der Name Saar Boerlage stand, vermochten Protestpotential zu binden. Eine *Leefbaar*-Partei konnte sich in Amsterdam aber wohl auch deshalb nicht erfolgreich etablieren, weil sich an der Partei keine attraktiven, auf nationaler Ebene bekannten, politischen Größen beteiligten. Auf diese Weise indiziert das Aufkommen dieser Protestparteien auch das Vorhandensein von Angebotslücken in der gesellschaftspolitischen Problemverarbeitung.

Die *Leefbaar*-Parteien mögen untereinander Vorbildcharakter gehabt haben; einen Zusammenschluss, eine Föderation gingen sie nicht ein. Von daher sind sie auch politisch unterschiedlich einzuordnen, ja individuell zu charakterisieren. Keinesfalls können diese Parteien in ihrer Gesamtheit als rechtspopulistisch eingestuft werden.[37] Nachdem die Neulinge der *Leefbaar*-Parteien nicht mehr ignoriert werden konnten, reagierten die etablierten Parteien zunächst arrogant und ungeschickt, was wiederum vielen Wählern Anlass für eine Option zugunsten der Neulinge gab.[38] Aus der Motivation der Wahlerfolge in den 1990er Jahren kam es 1999 zur Gründung von *Leefbaar Nederland*. Neben einer rigideren Ausländerpolitik standen auch die Abschaffung der Ersten Kammer und die Direktwahl der Bürgermeister auf dem Programm. Von Anfang an war geplant, an der Parlamentswahl von 2002 teilzunehmen.

Im Sommer 2001 wurde die Partei auf Pim Fortuyn aufmerksam, der durch seine Bücher und Kolumnen in der Zeitschrift *Elsevier* als Parteienkritiker einerseits und Islamkritiker andererseits aufgefallen war. Aufgrund seiner Thesen gab es in der Partei damals schon Vorbehalte gegen Fortuyn. Sein Einfluss auf die Programmgestaltung von *Leefbaar Nederland* wurde bereits sichtbar in dem Vorschlag, die Anzahl der jährlichen Asylverfahren auf 10.000 zu beschränken. Eine knappe Mehrheit entschied sich auf dem Parteikongress vom 25. November 2001 gegen diesen Vorschlag. Weiterer Unmut tat sich auf, als die Parteileitung Fortuyn einstimmig als Spitzenkandidaten nominierte. Letztlich sprachen sich aber auch die wahlberechtigten Teilnehmer auf dem Parteikongress mit großer Mehrheit für Fortuyn als Spitzenkandidaten aus. Die Aufstellung Fortuyns sorgte dafür, dass die Partei in der Wählergunst von ca. 2 Prozent im Sommer 2001 auf ca. 7 Prozent im November 2001 anstieg. In demselben Zeitraum wuchs die Mitgliederzahl von 800 auf 1.300. Die Popularität Fortuyns in der Öffentlichkeit muss folglich bereits groß gewesen sein,

---

37 P. LUCARDIE, Gespräch mit dem Verfasser am 18.9.2007 in Groningen.
38 Vgl. P. LUCARDIE, *Populismus im Polder: Von der Bauernpartei bis zur Liste Pim Fortuyn*, in: N. WERZ, (Hrsg.), *Populismus. Populisten in Übersee und Europa*, Opladen 2003, S. 177-194, hier S. 186.

und die Partei sah in ihm offenbar ein geeignetes Zugpferd. Dennoch war sie nicht gewillt, den inhaltlichen Vorstellungen des Spitzenkandidaten in allem zu folgen. Die in sich heterogene *Leefbaar*-Anhängerschaft blieb ihrem individuell-kritischem Ansatz treu.[39] Die Trennung zwischen *Leefbaar Nederland* und Pim Fortuyn vermag in diesem Lichte dann auch nicht zu überraschen. Anlass war ein Interview mit Fortuyn, das am 9. Februar 2002 in der *Volkskrant* erschien. Dabei spannte Fortuyn den Bogen so weit, dass eine weitere Zusammenarbeit mit der gemäßigteren Partei *Leefbaar Nederland* untragbar wurde. Im Interview bezeichnete Fortuyn den Islam als rückständige Kultur und forderte die Abschaffung von Artikel 1 der niederländischen Verfassung, welcher das Diskriminierungsverbot enthält.[40] Vorausgegangen waren Äußerungen von Vertretern des Islam, welche die Todesstrafe für Homosexuelle gefordert hatten.[41] Das hier tangierte Zusammenspiel zwischen der öffentlichen Wirkung der lancierten Protestthemen und dem persönlichen Erscheinungsbild soll nachfolgend genauer erörtert werden. Denn der Erfolg von Rechtspopulisten ist nicht nur von den gegebenen gesellschaftspolitischen Umständen abhängig. Auch das individuelle Auftreten der führenden Köpfe der Rechtspopulisten ist von Bedeutung, weil das Aufgreifen der Protestthemen seinerseits eng mit den persönlichen, individuellen Charakteristika der Führungsperson verquickt ist. Von daher ist ein Blick auf die handelnden Akteure angezeigt.

Akteure und Inhalte

Pim Fortuyn (1948–2002) wurde mit 24 Jahren nach abgeschlossenem Soziologiestudium wissenschaftlicher Mitarbeiter und dozierte einige Zeit an der Universität Groningen. Im Laufe der Jahre nahm er Beratertätigkeiten für Behörden wahr und betätigte sich als Kolumnenschreiber für politische Wochenmagazine – so wurde er etwa von der politischen Wochenzeitschrift Elsevier im Jahre 1994 mit der Abfassung der wöchentlichen Kolumne betraut. Zunehmend bekannter wurde er darüber hinaus ab 1998 als Kommentator in „Business Class", das auf RTL-5 zu sehen war. Fortuyn war mithin bereits vor dem Jahrtausendwechsel einer breiteren Öffentlichkeit bekannt. Bemerkenswert ist, dass er von 1973 bis 1989 zunächst Mitglied in der sozialdemokratischen Partei PvdA war, wo er damals noch dem linken Flügel zuzu-

---

39 Vgl. P. Lucardie/I. Noomen/G. Voerman, *Kroniek 2001. Overzicht van de partijpolitieke gebeurtenissen van het jaar 2001*, in: Documentatiecentrum Nederlandse Politieke Partijen (Hrsg.), *Jaarboek 2001*, Groningen 2002, S. 15-95, hier S. 21ff.
40 Näheres zu dem Interview in: J. Chorus/M. de Galan, *In de ban van Fortuyn. Reconstructie van een politieke aardschok*, ohne Erscheinungsort 2006, S. 143.
41 Vgl. F. Wielenga, *Die Niederlande*, S. 357.

rechnen war.[42] Zur Migrations- und Integrationspolitik äußerte sich Fortuyn bereits seit den 1990er Jahren. Dabei kritisierte er einen nach seiner Einschätzung in den Niederlanden vorhandenen Kulturrelativismus: Ohne Bezug zur eigenen Identität und Geschichte werde die Gesellschaft ein loser Verband von Individuen – kraftlos und ohne gemeinschaftliche Ideale. In der Konsequenz sah er gerade die Definition von Kernwerten der eigenen Kultur als Voraussetzung für ein tragfähiges Konzept der multikulturellen Gesellschaft an. Indes sei ein solches niederländisches Konzept für die multikulturelle Gesellschaft nicht vorhanden und werde auch nicht von der Politik vorangetrieben. Schließlich schwäche Kulturrelativismus die eigene Identität, was eine Abwehr von Auffassungen, welche die eigene Kultur absolut verstünden, ausschließe.[43]

Bei der vorliegenden Betrachtung der Persönlichkeit und öffentlichen Wirkung Fortuyns ist insbesondere das Verhältnis zwischen ihm und den Medien anzusprechen – ein Thema, das sich aufgrund der relativen Zurückhaltung belgischer Medien gegenüber den politischen Akteuren des *Vlaams Belang* so nicht stellt. Fortuyn bot einen flamboyanten Kontrast zu der herausgearbeiteten, schwierigen medialen Vermittelbarkeit der verkrusteten Verhandlungsdemokratie. Für eben dieses besondere Wirkungsverhältnis lässt sich exemplarisch die TV-Spitzenkandidatendebatte im Vorfeld der Parlamentswahl vom Mai 2002 in Erinnerung rufen, welche am Abend der für Fortuyn so erfolgreichen Kommunalwahl vom 6. März 2002 stattfand: Fortuyn siegte in Rotterdam, bekam auf Anhieb ca. 35 Prozent der Stimmen und konnte die Sozialdemokraten auf den zweiten Platz verweisen. Die beteiligten Politiker waren Ad Melkert (PvdA), Jan Peter Balkenende (CDA), Paul Rosenmöller (*GroenLinks*), Hans Dijkstal (VVD) und Thom de Graaf (D66). Die beiden Letztgenannten befanden sich mit Melkert an der einen Seite des Tisches; Fortuyn, Rosenmöller und Balkenende saßen ihnen gegenüber. Somit wurde quasi eine optische Front zwischen den Regierungsparteien einerseits und der im Parlament vertretenen Opposition sowie Fortuyn andererseits in Szene gesetzt. Die eigentliche Kluft aber tat sich zwischen den Vertretern der etablierten Parteien und dem Neuling Fortuyn auf und trat von Beginn an deutlich hervor. So gratulierte der verspätet erschienene Ad Melkert Fortuyn zu dessen Wahlsieg bei den Kommunalwahlen erst nach Aufforderung durch den Moderator Paul Witteman. Auf dessen Nachfrage, wie glaubwürdig die Gratulation sei, bekundete Melkert distanziert: „Die Glaubwürdigkeit liegt in der demokratischen Gewohnheit."[44] Fortuyn versuchte seine politische Kompetenz zu untermauern, indem er auf seine kritische Begleitung der niederländischen Politik

---

42 Vgl. A. Oosthoek, *Pim Fortuyn en Rotterdam*, Rotterdam 2005, S. 16ff.

43 Vgl. P. Fortuyn, *Tegen de islamisering van onze cultuur. Nederlandse identiteit als fundament*, Utrecht 1997, S. 10, 40ff.

44 „*De geloofwaardigheid ligt in de democratische gewoonte.*" A. Melkert, in: www.nos.nl/archief/specials/verkiezingen/paginas/nieuws/nieuwsberichten/0603_debat.html [12.4.2006].

in den vergangenen Jahren verwies. Im Übrigen sei er auch keiner einzigen Debatte aus dem Weg gegangen.[45] Die Herausstellung seiner politischen Kompetenz ließ sich Fortuyn besonders angelegen sein, was folgende Aussprüche belegen: „Ich bin mit der Kritik an der politische Elite, mit der Weise, in der Politik betrieben wird, auch bereits seit rund zehn Jahren beschäftigt."[46] „Ich komme ganz und gar nicht aus dem Nichts."[47] „Ich bin nicht gestern geboren."[48] Fortuyn wusste gezielt auf die konventionelle, medienferne Politikgestaltung abzuheben und forderte als beschlagener Redner dazu auf, nunmehr zuerst den Diskussionen Raum zu verschaffen, um auf dieser Grundlage die Wahlen abzuhalten und anschließend erst in die Beratungen einzusteigen: „Wir werden erst den Wahlkampf führen, ich werde erzählen, was ich mit diesem Land vorhabe, Herr Melkert wird erzählen, Herr Dijkstal, Herr de Graaf, Herr Rosenmöller ...".[49] Ferner sei es seltsam, dass in den Niederlanden immer im Vorhinein die Kompromisse geschlossen würden – und erst dann der Wahlkampf geführt werde. Diskussionen würden durch eine solche Polderkultur verhindert.[50] Auf die Frage, ob er denn bereit sei, mit den übrigen Herren in eine Regierung zu treten, gab Fortuyn vor dem Hintergrund seines Erfolgs in Rotterdam selbstbewusst zu verstehen: „Das wird wohl erforderlich sein."[51] In der zweiten Hälfte gewann die Debatte an zusätzlicher Lebendigkeit. Fortuyn gelang es mehr und mehr, sich in den Vordergrund zu stellen und das Gespräch an sich zu ziehen. Melkert vermochte es nicht, seine Abneigung gegenüber Fortuyn zu verbergen. Der Schlagabtausch zwischen Fortuyn und Melkert fand seinen Höhepunkt am Ende, als Melkert auf Anregung des Moderators seine Einstellung zur TV-Debatte mit Fortuyn lapidar mit den Worten kommentierte: „Das gehört dazu."[52] Fortuyn, der die mediale Schwäche Melkerts triumphierend auskostete, versetzte daraufhin hämisch: „Nun, das klingt nicht sehr begeistert ...".[53] In der Einschätzung der Auswirkung der Fernsehdebatte sollten vor allem Dijkstal und Melkert sich irren: Beide rechneten mit einer Welle der Kritik gegenüber den Verantwortlichen der NOS[54], da Fortuyn sehr viel Raum während der Debatte gelassen wurde.

45	„Nee, hoor, ik ben geen enkel debat uit de weg gegaan." P. FORTUYN, in: http://www.nos.nl/archief/specials/verkiezingen/paginas/nieuws/nieuwsberichten/0603_debat.html [12.4.2006].

46	„Ik ben met die kritiek op de politieke elite, de wijze, waarop politiek bedreven wordt, ook al een jaar of tien bezig." DERS., ebd.

47	„Ik kom helemaal niet uit het niks." DERS., ebd.

48	„Ik ben niet gisteren geboren." DERS., ebd.

49	„We gaan eerst campagne voeren, ik ga vertellen, wat ik wil met dit land, meneer Melkert gaat vertellen, meneer Dijkstal, meneer de Graaf, meneer Rosenmöller ..." DERS., ebd.

50	Vgl. DERS., ebd.

51	„Het zal wel moeten." DERS., ebd.

52	„Het hoort erbij." A. MELKERT, ebd.

53	„Nou, dat klinkt niet erg enthousiast ..." P. FORTUYN, ebd.

54	Nederlandse Omroep Stichting (zentrale niederländische Rundfunkanstalt).

Die erhoffte Medienschelte blieb jedoch aus. Und es waren trotz der späten Stunde 800.000 Niederländer, die zugeschaut hatten. Die Zahl derer, die die Debatte gesehen haben, dürfte aufgrund der ausgestrahlten Wiederholungen noch deutlich höher liegen. In der Folge fühlte sich ein Großteil der niederländischen Wahlbevölkerung darin bestätigt, dass die Politiker der etablierten Parteien taub gegenüber Kritik waren.[55] Fortuyn, der nicht zuletzt wegen seiner Eloquenz gleichsam von einer Medienwelle mitgetragen wurde, gelangte seinerseits gerade aufgrund des einsetzenden Medienechos in den Genuss einer gewissen Gratispublizität.

Das *Vlaams Belang* wird in erster Linie mit dem Namen Filip Dewinter in Verbindung gebracht, da er der Partei nachhaltig seinen Stempel aufdrückte. Gleichwohl ist zu berücksichtigen, dass die Partei nicht allein auf einen Führungskopf fixiert ist. Dewinter studierte Politik- und Sozialwissenschaften sowie später Journalistik. Früh wurde Dewinter in verschiedenen rechtsorientierten Jugendgruppen aktiv. Dies verbindet ihn mit Frank Vanhecke, dem von 1996 bis 2008 amtierenden Parteivorsitzenden des *Vlaams Blok*, beziehungsweise *Vlaams Belang*. Dewinter und Vanhecke galten früh als politische Weggefährten, wobei letzterer als Garant für die Einheit der Partei fungierte. Im Jahre 1983 wurde Dewinter Vorsitzender einer nationalistischen Studentenvereinigung in Antwerpen. Unter dem Einfluss dieser Studentenvereinigung baute er ein tieferes rechtes, ideologisches Fundament auf. Aus einem Flaminganten wurde ein rechter flämischer Nationalist. Dewinter trat 1977 der *Vlaamse Volkspartij* von Lode Claes bei, bevor diese zusammen mit der *Vlaams Nationale Partij* von Karel Dillen im *Vlaams Blok* aufging. Durch Dewinter gewann neben der Flämischen Frage, die eher von Gerolf Annemans lanciert wird, die Migrations- und Integrationspolitik deutlich an Bedeutung, ja wurde zu einem der wichtigsten programmatischen Punkte der Rechtspartei.[56]

Im Vergleich wird deutlich, dass das *Vlaams Blok* beziehungsweise *Vlaams Belang*, im Unterschied zur LPF in personeller und organisatorischer Hinsicht wesentlich breiter aufgestellt ist. Die belgische Rechtspartei vermag beispielsweise verschiedenen inhaltlichen Akzenten auch verschiedene Gesichter ihrer Akteure zuzuteilen. Dies ermöglicht ihr eine größere Flexibilität bei gleichzeitiger politisch-inhaltlicher Kontinuität. Letztlich ist hierin auch eine Ursache für die politische Langlebigkeit zu erblicken. Die rasanten, sich überstürzenden Ereignisse in der politischen Genese der LPF mitsamt dem Verlust des Führungskopfes verhinderten dagegen einen soliden Einstieg in die Politik, was eine entsprechende Kurzlebigkeit der Partei forciert hat.

---

55 Vgl. K. Munk /Th. Vaessen, *Het dodelijke debat*, in: *HP/De Tijd*, 10.3.2006, S. 32-36, hier S. 35f.
56 Vgl. R. van den Brink, *De jonge Turken van het Vlaams Blok*, Gent 1999, S. 155ff. 203ff.

Gesellschaftspolitische Bilanz

Bei der eingangs erfolgten Annäherung an den Begriff „Rechtspopulismus"
wurde die Erkenntnis gewonnen, dass die Migrations- und Integrationsproblematik zugleich als mobilisierendes Protestthema und wesentliches Erfolgsrezept der Rechtspopulisten fungiert. Dies wirft eo ipso die Frage auf, ob der
aufgekommene Rechtspopulismus einen veränderten gesellschaftspolitischen
Umgang mit dieser Problematik bewirkt hat.

Im Falle der Niederlande ist festzustellen, dass Fortuyns Aufgreifen der
Migrations- und Integrationsproblematik die öffentliche Diskussion beeinflusst
und die niederländische Gesellschaft im Hinblick auf die Problematik sensibi-
lisiert hat – auch wenn mit Thränhardt zu berücksichtigen ist, dass eine latente
Vorurteilsbereitschaft in der niederländischen Gesellschaft schon vorhanden war, so dass Fortuyns Gedanken auf einen fruchtbaren Boden fielen, was
Fortuyns Erfolg wiederum mit bedingte.[57] Dieser Einfluss auf die niederländische Gesellschaft findet zum einen seinen Niederschlag in den bereits erwähn-
ten Wahlerfolgen von Geert Wilders in den Jahren 2006 und 2010. Zum anderen spiegelt er sich gerade in der Migrations- und Integrationspolitik wider:
Die politischen Maßnahmen fordern nicht erst – aber doch besonders – seit
dem Jahre 2002 von Zuwanderern ein weitaus höheres Maß an Integrations-
breitschaft, Engagement und Eigeninitiative ein: Ein Teil der die Migrations-
und Integrationspolitik tangierenden Kompetenzen wurde inzwischen auf die
kommunale Ebene verlagert. Die niederländische Regierung kann zwar immer
noch die Rahmenbedingungen vorgeben; den Kommunen ist die Möglichkeit gegeben, vor Ort auf die Erfordernisse individuell einzuwirken. Im Jahre
2007 trat zudem ein Gesetz in Kraft, welches zusätzliche Verpflichtungen für
Neuzuwanderer vorsieht. Zugleich bestimmt es, dass auch viele der bereits in
den Niederlanden ansässigen Migranten im Wege eines Testverfahrens einen
Beleg über ihre Integration erbringen sollen. Insofern ist von einer nachholen-
den Integration die Rede, welche nunmehr das Augenmerk auch auf die bisher
nicht im Mittelpunkt des Interesses stehenden Migranten richtet. Zu ergänzen
ist allerdings auch, dass die Integration der Migranten in die niederländische
Gesellschaft nach wie vor nicht als exklusive Bringschuld der Migranten verstanden wird. So wurden auch nach der Jahrtausendwende weiterhin Programme aufgelegt, die die Chancen für Zuwanderer auf dem Arbeitsmarkt verbessern sollten.[58]

---

57 D. THRÄNHARDT, *Einwanderung und Zivilgesellschaft in Deutschland und den Nie-
    derlanden*, Beitrag im Rahmen der Ringvorlesung zum Graduiertenkolleg *Zivilge-
    sellschaftliche Verständigungsprozesse vom 19. Jahrhundert bis zur Gegenwart.
    Deutschland und die Niederlande im Vergleich* am 10.4.2007 in Münster.
58 Vgl. M. WILP, *Migration und Integration: Entwicklungen und Kontroversen*, in: F.
    WIELENGA/M. WILP (Hrsg.), *Nachbar Niederlande. Eine landeskundliche Einfüh-
    rung*, Münster 2007, S. 239-272, hier S. 267ff.

Auch in Belgien bewirkte das *Vlaams Blok* beziehungsweise *Vlaams Belang* trotz mangelnder Regierungsbeteiligung (sog. cordon sanitaire der etablierten Parteien) eine Veränderung der policy bezüglich der Migrations- und Integrationspolitik. So wurde unter dem Eindruck der Stimmengewinne des damaligen *Vlaams Blok* bei der Kommunalwahl vom Oktober 1988 das *Koninklijk Commissariaat voor het Migrantenbeleid* (zu Deutsch etwa: Königliches Kommissariat für Migrantenpolitik) eingerichtet, um eine Verbesserung der Migrations- und Integrationspolitik zu erzielen. Die dieser Einrichtung vorstehende Regierungskommissarin Paula D'Hondt stieß allerdings immer wieder auf Zurückhaltung oder gar Ablehnung seitens der Politiker. Flämische Politiker empfanden die Einschätzungen der Regierungskommissarin als moralisch abgehoben. Es waren im Übrigen wallonische Politiker, die früher und offener als ihre flämischen Kollegen für ein Ausländerwahlrecht auf kommunaler und regionaler Ebene eintraten. Mittlerweile ist das Ausländerwahlrecht allerdings auch in Flandern zur Realität geworden; die Liberalen lieferten sich jedoch diesbezüglich einen offenen, innerparteilichen Schlagabtausch zwischen Karel De Gucht und Guy Verhofstad. Stets stand bei der Abwägung der Vor- und Nachteile in dieser Frage die Angst der verantwortlichen Politiker im Hintergrund, die flämische Rechtspartei könnte bei einer positiven Entscheidung noch größeren Zuspruch erfahren. Auch die Sozialisten fürchteten angesichts der simplen Argumentationsstrategie des damaligen *Vlaams Blok*, wonach Immigranten angeblich Arbeitsplätze wegnähmen, an Zuspruch bei den Arbeitern zu verlieren. Insgesamt belegt dies, dass das *Vlaams Blok* trotz des Cordon sanitaire die Politik erheblich mitbestimmte: Im Vergleich zu Wallonien sind die Politiker in Flandern nicht zuletzt aufgrund der Erfolge des *Vlaams Blok* zurückhaltender in der Migrations- bzw. Integrationspolitik gewesen.[59] Von juristischer Seite wurde eine eindeutige Feststellung bezüglich der Fremdenfeindlichkeit des *Vlaams Blok* getroffen. Das letztinstanzliche Urteil des Hohen Gerichtshofes bescheinigte dem *Vlaams Blok* im November 2004, dass es sich schwerer Verstöße gegen die Gesetze zur Bekämpfung des Rassismus indirekt schuldig gemacht habe. Dabei musste sich die Partei Gesetzesverstöße von drei ihr nahestehenden Vereinigungen zurechnen lassen. Das Urteil bedeutete auch die Einstellung staatlich-finanzieller Zuweisungen. Ohne der eigentlichen politischen Kontinuität verlustig zu gehen, reagierte die Partei mit einer Abmilderung des Programms und der Umbenennung von *Vlaams Blok* in *Vlaams Belang*.[60]

---

59 Vgl. H. Coffé, *Extreem-Rechts in Vlaanderen en Wallonië. Het verschil*, Roeselare 2005, S. 155ff.

60 Vgl. A. Scharenberg, *Brücke zum Mainstream – Mainstream als Brücke. Europäische Rechtsparteien und ihre Politik gegen Einwanderung*, in: T. Greven/T. Grumke (Hrsg.), *Globalisierter Rechtsextremismus? Die politische Rechte in der Ära der Globalisierung*, Wiesbaden 2006, S. 70-111, hier S. 98; sowie *Frankfurter Allgemeine Zeitung*, 15.11.2004, S. 5.

Hinsichtlich der gesellschaftspolitischen Bilanz der in beiden Ländern agierenden Rechtspopulisten ist demnach das Folgende zu konstatieren: Aus dem Zuspruch der Wähler und der raschen Regierungsbeteiligung im Jahre 2002 konnte die LPF kein Kapital schlagen. Schulden, Zwistigkeiten, Abspaltungen und der Verlust des Führungskopfes machten der Partei das politische Leben schwer. Im Bereich der politics lässt sich daher kein nachhaltiger Erfolg der LPF verzeichnen. Dennoch wird deutlich, dass eine erfolgreiche Regierungsbeteiligung keine conditio sine qua non für einen nachhaltigen gesellschaftspolitischen Einfluss darstellt: Denn die LPF und ihr Führungskopf vermochten es insgesamt, eine gesellschaftspolitische Debatte dergestalt zu verstärken, dass sich die Politik einer Umgestaltung der Migrations- bzw. Integrationspolitik nicht entziehen konnte.

Auch für Belgien zeigt sich, dass eine Regierungsbeteiligung keineswegs notwendig ist, um gesellschaftspolitische Veränderungen zu bewirken. Die relativ hohen Stimmenanteile des *Vlaams Blok*, beziehungsweise *Vlaams Belang*, ließen auch die Politiker der anderen etablierten Parteien in Belgien vor einer liberaleren Migrations- bzw. Integrationspolitik zurückschrecken. Allein ihre bloße Existenz und die potentielle Gefahr weiterer Stimmengewinne ließen die Rechtspartei zu einem festen Bestandteil des politischen Kalküls der etablierten Parteien werden. Dennoch gelang es diesen nicht, dem *Vlaams Belang* gänzlich das Wasser abzugraben; und auch juristische Schritte brachten keinen nennenswerten Erfolg.[61]

Schlussbetrachtung

In der Gesamtschau ist herauszustellen, dass Rechtspopulisten auf sehr unterschiedliche Weise erfolgreich sein können: Die beiden beschriebenen Varianten des Rechtspopulismus in Belgien und den Niederlanden lassen nämlich erkennen, dass es auch bei unterschiedlichen, historisch bedingten Ausgangslagen, unterschiedlichem Auftreten der politischen Akteure, und unterschiedlicher Beteiligung im Bereich der politics zu einer Etablierung der rechtspopulistischen Phänomene und einer Beeinflussung der Migrations- und Integrationspolitik in beiden Ländern gekommen ist – wenngleich in unterschiedlicher Ausformung: So hat in Belgien das *Vlaams Belang* trotz einer der aufgekommenen Konkurrenz zuzuschreibenden Abschwächung in der Wählergunst eine andauernde Präsenz im belgischen Parteiensystem erlangt. Dagegen ist die LPF komplett von der politischen Bühne verschwunden, wobei die Erfolge von Wilders belegen, dass der Rechtspopulismus in den Niederlanden ebenfalls fortdauernd Fuß gefasst hat. Offenbar verkannten die etablierten Parteien zunächst die gewachsene Bedeutung des beschriebenen Wertekonflikts.

---

61 Vgl. G. REUTER, *Rechtspopulismus in Belgien und den Niederlanden*, S. 245f.

Zudem hemmten bereits die mit dem gesellschaftlichen Wandel einhergehenden Individualisierungsentwicklungen die Integrationskraft der etablierten Parteien. Inzwischen haben letztere auf die inhaltliche Herausforderung in Sachen Migrations- und Integrationspolitik reagiert; dennoch bleibt diese Reaktion mitsamt der aufgezeigten Veränderung der politischen Agenda nach wie vor mit einem Vermittlungsproblem in Richtung Wähler behaftet: Denn längst hat sich eine Angebot-Nachfrage-Parallele entwickelt, die besonders im Hinblick auf die Niederlande darin besteht, dass *Rechts*populisten sogar mit *links*liberalen Themen beim Wähler reüssieren. Dies macht sie im jeweiligen Land zu einem attraktiven Anbieter und zugleich zu einem beachtenswerten Faktor der nationalen Politik. Und so ist der Unmut zwischen Maas und Marschen bezüglich der etablierten Politik zu einem festen Bestandteil des politischen Lebens geworden.

Koen Vossen

Vom konservativen Liberalen zum Nationalpopulisten
Die ideologische Entwicklung des Geert Wilders

Die Behauptung, Geert Wilders beschäftige die Gemüter in den Niederlanden in den letzten Jahren, ist eine Untertreibung. „Dieser Mann hat sich zu einer nationalen Obsession ausgewachsen", behauptete der Journalist Bas Heijne im September 2009 in seiner Kolumne im *NRC Handelsblad*. Zu diesem Schluss kam Heijne, nachdem er alle niederländischen Zeitungen nach Artikeln über den Vorsitzenden der *Partij voor de Vrijheid* (PVV) durchsucht hatte. „Geert Wilders verliert in der einen Woche in den Umfragen an Popularität, in der nächsten Woche gewinnt er wieder ein paar Prozentpunkte. Einmal ähnelt er Hitler, dann plötzlich wieder überhaupt nicht. Geert Wilders hasst den Islam angeblich allein schon aufgrund seiner indonesischen Vorfahren, einen Tag später hasst er ihn, weil er irgendwann einmal drei Monate lang in Israel Apfelsinen gepflückt hat."[1]

Wer den Namen Geert Wilders in einer Zeitungsdatenbank wie Lexis Nexis eintippt, sieht Heijnes Behauptung sofort bestätigt. Man wird förmlich von Artikeln über Wilders und seine Partei überrollt. Ein Vergleich der großen landesweiten Zeitungen in den Niederlanden zeigt, dass kein einziger Politiker, mit Ausnahme von Jan Peter Balkenende und US-Präsident Barack Obama, seit 2007 so oft genannt wurde wie Geert Wilders.[2] Sogar in der Auslandsberichterstattung ist er allgegenwärtig. So taucht seit dem Bundestagswahlkampf von 2009 auch in der deutschen Politik und Öffentlichkeit immer wieder die Frage auf, ob bald ‚ein deutscher Wilders' für Furore sorgen könne.

Diese Aufmerksamkeit hing zunächst natürlich mit Wilders' eindrucksvollen Gewinnen in Wahlumfragen zusammen (ab Ende 2008 zwischen 15 und 20 Prozent). Bei den Europawahlen im Juni 2009 ließen sich diese Umfra-

---

1 B. Heijne, *Pulp,* in: *NRC Handelsblad,* 5.9.2009.
2 Eigene Erhebung der Zahl der Artikel in Lexis Nexis, in denen eine der folgenden Personen genannt wird, anhand der Tageszeitungen *NRC Handelsblad, Trouw, de Volkskrant, Telegraaf, Algemeen Dagblad, Spits, Metro, Dag.*

	2007	2008	2009
Geert Wilders	1799	2509	2362
Rita Verdonk	1152	1419	549
Wouter Bos	1754	2013	1942
Mark Rutte	845	526	584
Jan Peter Balkenende	4091	4138	4474
Nicolas Sarkozy	1701	2118	1419
Barack Obama	4500	5711	6701

gewerte in faktische Stimmengewinne ummünzen: Seine PVV erzielte fast 17 Prozent der Stimmen und avancierte damit zur zweitgrößten politischen Kraft. Im Vorfeld der Parlamentswahlen vom 9. Juni 2010 schien die PVV den Demographen zufolge ihren Zenit überschritten zu haben. Keine der Prognosen traf jedoch ein: Fast 1,5 Millionen Niederländer (oder 15,5 % der Wählerschaft) entschieden sich für die PVV, die schließlich zur drittstärksten Fraktion im Parlament wurde.

Die Aufmerksamkeit der Medien ist auch das Resultat spektakulärer Aktionen und Vorschläge, mit denen Wilders vor seinem niederländischen Publikum immer wieder aufs Neue aufwartet. Beispiele hierfür sind sein Anti-Islam-Film *Fitna*, die Rechtsstreitigkeiten in den Niederlanden und Großbritannien, das erboste Verlassen des Parlamentssaals während einer Debatte, der Vorschlag, eine Steuer auf Kopftücher einzuführen (die sogenannte *kopvoddentaks* – wörtlich übersetzt „Kopf-Lumpen-Abgabe") oder seine Forderung, die Kosten der Zuwanderung zu berechnen.

Vor allem im Spätherbst 2009 gab es überdies, wie im obigen Zitat von Heijne deutlich wird, viele Versuche, Wilders mit einem Etikett zu versehen: Ist er vielleicht rechtsextrem? Ist er ein Nationalist, ein Faschist, ein Populist vielleicht? Jede Etikettierung führte zu starken, ebenfalls in den Medien breitgetretenen Gegenreaktionen, nicht zuletzt durch Wilders selbst, der sich auf diese Art wiederum der nötigen Aufmerksamkeit durch die Medien rückversichern konnte. Ein Kommentator der Tageszeitung *NRC Handelsblad* rief deshalb in einem Leitartikel dazu auf, von allen sinnlosen Qualifizierungen abzusehen. „Eine Partei mit verwerflichen Ansichten sollte nicht mittels Etikettierungen bekämpft werden, sondern mittels Argumenten", so das *NRC Handelsblad*.[3]

Die *NRC-Handelsblad*-Redaktion verlangt damit das Unmögliche, denn jeder Versuch der Deutung birgt ein gewisses Maß an Etikettierung. Dies lässt sich auch an genanntem Kommentar illustrieren: In einem Satz wirft die Zeitung der PVV einerseits verwerfliche Ansichten vor, andererseits fordert sie, Etikettierungen zu vermeiden. Die Frage lautet vielmehr, ob die Qualifizierung fundiert und so neutral wie möglich motiviert ist, wobei der Qualifizierung eine Definition vorangeht und nicht nur nach Bestätigung, sondern auch nach Widerlegung gesucht wird. Darüber hinaus ist es für die Beurteilung von Politikern und Parteien – vor allem, wenn sie noch neu sind – wünschenswert, herauszuarbeiten, wonach sie sich richten, was ihre Grundwerte sind und welche Entwicklungen in der Zukunft von ihnen erwartet werden können. Vergleiche mit Parteien und Bewegungen der Gegenwart und der Vergangenheit können hierbei helfen. Aus wissenschaftlicher Sicht ist es darüber hinaus relevant zu untersuchen, ob der Erfolg eines Newcomers auf in anderen Ländern bereits bewährten Rezepten basiert, oder aber ob man es wirklich mit etwas

---

3 *PVV en extreem-rechts*, in: *NRC Handelsblad*, 4.11.2009.

Neuem zu tun hat, das vielleicht auch anderswo in Europa erfolgreich sein kann. Als Beispiel in der europäischen Populismusdiskussion lässt sich die Debatte um den mittlerweile verstorbenen Österreicher Jörg Haider anführen.

Forschungsstand

Im Falle Wilders' gibt es einen auffälligen Mangel an wissenschaftlichem Interesse: Beinahe fünf Jahre nach der Gründung seiner Partei im Jahre 2006 finden sich nur drei etwas ausführlichere Analysen seiner Ideen. Zum einen gibt es eine Studie der Anne-Frank-Stiftung.[4] Diese qualifizierte die PVV aufgrund der Analyse von Parteidokumenten und Interviews als eine rechtsextreme Partei, wenn auch in einer gemäßigten Form. Der vorbelastete Begriff ,rechtsextrem' rief in der niederländischen Presse dennoch viel Widerstand hervor, da er implizit auf den Zweiten Weltkrieg anspielt, beziehungsweise auf die 1970er und 1980er Jahre, während derer er etwas zu häufig benutzt wurde, unter anderem von der Anne-Frank-Stiftung. Ein gewichtigeres Argument ist jedoch, dass eine Einstufung der PVV als rechtsextrem wenig aussagekräftig ist. In der Studie der Anne-Frank-Stiftung versteht man unter dem Begriff eine Orientierung auf das Eigene und eine Abkehr vom Fremden sowie einen Hang zu autoritären Strukturen. Die PVV in diesem Sinne als eine „gemäßigte rechtsextreme Partei" einzustufen, hat, so der Politologe Paul Lucardie, auch etwas von einem Oxymoron.

Lucardie kommt in seiner Untersuchung von Wilders' Vorstellungen, für die er vor allem Parteidokumente studiert hat, zu dem Schluss, dass Wilders und seine Fraktionsgenossen am besten als „rechte halb-liberale Nationalisten und Populisten" beschrieben werden können.[5] Damit gehören sie zu der europäischen Familie der national-populistischen Parteien, ebenso wie beispielsweise die *FPÖ* aus Österreich, *Vlaams Belang* aus Belgien, *Front National* aus Frankreich und die *Dansk Folkeparti* aus Dänemark. Indem Lucardie sich vor allem auf offizielle Parteidokumente stützt, die 2005 und 2006 verfasst wurden, entgeht ihm jedoch eine auffällige Entwicklung hinsichtlich der politischen Ideen und des politischen Stils der PVV, die sich erst in den letzten Jahren vollzogen hat.

Diese Entwicklung zeigte sich in einer früheren, vom Autor dieses Artikels durchgeführten Untersuchung bezüglich des populistischen Gehalts in

---

4 M. DAVIDOVIC MARIJA/J. VAN DONSELAAR/P.R. RODRIGUES/W. WAGENAAR (Hrsg.), *‚Het extreemrechtse en discriminatoire gehalte van de PVV'*, in: *Monitor Racisme*, Anne Frank-Stichting, Amsterdam 2008.

5 A.P.M. LUCARDIE, *Rechts-extremisme, populisme of democratisch patriotisme? Opmerkingen over de politieke plaatsbepaling van de Partij voor de Vrijheid en Trots op Nederland,* in: *Jaarboek Documentatiecentrum Nederlandse Politieke Partijen (2007)*, Groningen 2007, S. 176-190.

den Diskursen von Geert Wilders (und Rita Verdonk).[6] Durch die Konstruktion eines idealtypischen Populismus sollte herausgefunden werden, inwiefern das Etikett „Populismus" auf den Diskurs und das Auftreten Wilders' passt. Der idealtypische Populismus besteht aus den Grundzutaten „Anti-Elite und Volksverherrlichung". Dazu kommt eine Reihe weiterer Charakteristika, die als ‚Geschmacksverstärker' aufgefasst werden können: eine Schwäche für Verschwörungstheorien, ein volkstümlicher Stil, ein starker Voluntarismus sowie eine Vorliebe für direkte Demokratie und charismatische Führung. Nach der Untersuchung einer Vielzahl von Quellen kam die Untersuchung zu dem Schluss, dass das Etikett ‚Populismus' nur zum Teil auf Wilders zutrifft. Hierbei spielte eine wichtige Rolle, dass es nur eine begrenzte Anzahl wirklich positiver Verweise auf das Volk gab und Wilders direkter Demokratie eine eher unschlüssige, reservierte Haltung entgegenbrachte. Allerdings nahmen Andeutungen auf ‚das Volk' im Laufe der Zeit zu, Wilders' Sprache wurde volkstümlicher und damit populärer. Überdies befürwortete er direkte Demokratie stärker.

Die folgenden Ausführungen sollen einen weiteren Beitrag zur politischen Verortung – oder, wenn man so will, Etikettierung,– Geert Wilders' und seiner Partei liefern. Angesichts der Tatsache, dass Wilders sowohl Gründer als auch einziges Mitglied der PVV ist, können beide Begriffe synonym verwendet werden. Der Fokus soll hierbei nicht auf einem einzigen Aspekt – Populismus – oder auf dem beschränkten Zeitraum seit der Gründung der PVV 2006 liegen. Vielmehr soll die Entwicklung der politischen Denkweise – die ideologische Entwicklung Geert Wilders' von seinem Eintritt in die Politik bis heute – analysiert werden. Man könnte von einer „Denkbiografie" Wilders' sprechen.

Die politisch-ideologische Biographie hat in den Niederlanden, besonders in Bezug auf zeitgenössische Politiker, eine recht bescheidene Tradition. Ausnahmen stellen hier die jüngeren Analysen der Entwicklung der politischen Ansichten Pim Fortuyns aus der Feder von Paul Lucardie und Gerrit Voerman sowie von Dick Pels dar.[7] Als Einwand gegenüber einer solchen Betrachtung wird oftmals angeführt, dass nach einer bestimmten intellektuellen Konsistenz und einem Tiefgang gesucht werde, der nicht vorhanden sei. Oder, anders ausgedrückt, ist jemand wie Wilders nicht in erster Linie ein politischer Stra-

---

6 K. Vossen, *Populism in the Netherlands after Fortuyn: Rita Verdonk and Geert Wilders compared.* in: *Perspectives on European Politics and Society* 11/1 (2010), S. 22-38; K. Vossen, *‚Hoe populistisch zijn Geert Wilders en Rita Verdonk? Verschillen en overeenkomsten in politieke stijl van twee politici'*, in: *Res Publica. Politiek wetenschappelijk tijdschrift voor de Lage Landen* 51 (2009), S. 437-466.

7 D. Pels, *De geest van Pim. Het gedachtegoed van een politieke dandy*, Amsterdam 2003; P. Lucardie/G. Voerman, *‚Liberaal patriot of nationaal populist? Het gedachtegoed van Pim Fortuyn'*, in: *Socialisme en Democratie* 59/4 (2002), S. 32-42.

tege, für den Taten wichtiger sind als Worte und dem man daher auch schwer aufs Wort glauben kann? Obwohl Wilders vor allem ein praktischer Politiker und kein Intellektueller ist, wäre es doch ein Missverständnis, zu glauben, es handele sich nicht um eine ideologische Entwicklung. Denn, wie der Ideologie-Kenner par excellence, Michael Freeden, darlegt, „we are all ideologists, in that we have understandings of the political environment of which we are part, and have views of the merits and failings of that environment."[8] Dass wir Wilders aufs Wort glauben müssen und ihm nicht verschiedene Agenden unterstellen, ist dabei vor allem eine Frage der wissenschaftlichen Lauterkeit. Wir können schlichtweg nicht unumstößlich feststellen, ob er wirklich meint, was er sagt und schreibt, ebensowenig, wie wir das von anderen Politikern mit Sicherheit wissen können. Das heißt im Übrigen nicht, dass wir keine Vermutungen über mögliche Ursachen für Verschiebungen in seinem Denken und Handeln anstellen dürfen. Das soll im vorliegenden Beitrag auf der Grundlage der verfügbaren Daten auch getan werden.

Es werden drei Phasen unterschieden, die fest mit drei politisch-ideologischen Inspirationsquellen verbunden sind. Zunächst die Phase (1990–2002), in der Wilders als Fraktionsmitarbeiter und -mitglied der *Volkspartij voor Vrijheid en Democratie* (VVD) voller Überzeugung den Ideen und dem Stil des Parteiführers Frits Bolkestein folgt und diese verkündet. Um 2002 ändert Wilders jedoch den Kurs und lässt sich zunehmend vom erstarkenden amerikanischen Neokonservativismus und dessen niederländischen Varianten inspirieren (2002–2006). Eine dritte Phase (seit 2006) ist mit dem Namen von Bat Ye'or verbunden, einem Pseudonym für Giselle Littman, eine britische Historikerin jüdisch-ägyptischer Herkunft, die in verschiedenen Büchern eine in ihren Augen unvermeidliche und verhängnisvolle Islamisierung Europas thematisiert hat. Nicht zuletzt unter dem Einfluss dieser Eurabien-Theorie nähert sich Wilders einer politischen Richtung, die als Nationalpopulismus bekannt ist. Bevor diese drei Phasen näher erläutert werden, soll zunächst kurz etwas über Wilders' frühe Jahre gesagt werden.

Frühe Jahre (1963–1990)

Geert Wilders wurde 1963 in Venlo geboren, einer mittelgroßen Stadt an der deutsch-niederländischen Grenze am Fluss Maas. Seine Familie war katholisch und gehörte zur Mittelklasse. Seine eigenen Erinnerungen, aber auch verschiedene Reportagen, die inzwischen über seine Jugend gemacht worden sind, zeichnen das Bild eines bockigen, vorlauten und temperamentvol-

---

8　M. FREEDEN, *Ideology. A very short introduction,* Oxford 2003, S. 1-2.

len Jungen, der große Zukunftspläne hat und andere für sich begeistern will.[9] Wodurch Wilders' politisches Interesse und seine Auffassungen geformt worden sind, ist inzwischen Gegenstand verschiedener Spekulationen. So hat die Kulturanthropologin Lizzy van Leeuwen die politische Präferenz Wilders' im Hinblick auf dessen Wurzeln in Niederländisch-Ostindien, dem heutigen Indonesien, und die in dieser Gruppe durch postkoloniale Traumata stark vorhandene „Identitäts-Entfremdung" erklärt.[10] Aus Scham vor seiner Herkunft habe Wilders sogar sein Haar blondiert! Die Beweislast, die sie dafür erbringt, ist allerdings außergewöhnlich mager und besteht in erster Linie aus Hinweisen auf die konservativ-nationalistischen Vorlieben vieler anderer Niederländer indonesischer Herkunft, heute und in der Vergangenheit. Es liegt näher, sich auf das zu verlassen, was Wilders selbst über die Jahre hinweg immer wieder in Interviews als die ihn prägenden Erlebnisse genannt hat, nämlich seinen Aufenthalt in Israel zwischen seinem siebzehnten und neunzehnten Lebensjahr Anfang der 1980er Jahre und seine Zeit als Mitarbeiter des Krankenversicherungsrats und des Sozialversicherungsrats zwischen 1985 und 1990.

Wie Wilders selbst immer wieder erwähnt, ist er seit seinem Aufenthalt in Israel um 1980 fasziniert, um nicht zu sagen besessen von der Beschäftigung mit dem politischen Konflikt im Nahen Osten. Er selbst schätzt, dass er „ungefähr vierzig Mal" nach Israel gereist ist, ebenso in die arabischen Nachbarstaaten.[11] Er steht bedingungslos auf der Seite Israels und glaubt, die Zukunft des Landes sei am besten durch eine harte, kompromisslose Linie gewährleistet, wie sie Likud-Politiker wie Ariel Sharon, Yithzak Shamir und später Benjamin Netanyahu fuhren, allesamt Männer, die die Konfrontation der friedlichen Koexistenz vorzogen.

Seine Zeit als Mitarbeiter im Sozialversicherungsrat und beim Krankenversicherungsrat nährten anschließend eine starke Ablehnung des schwerfälligen, bürokratischen niederländischen Wohlfahrtsstaats mit seinen zähflüssigen korporatistischen Verhandlungsstrukturen. Der aufregenden Zeit in Israel und den wichtigen Fragen, die dort die politische Tagesordnung beherrschten, stand die manchmal etwas kleinkariert anmutende, zerstückelte niederländische Verhandlungskultur gegenüber. Hier war Harmonie wichtiger, als Probleme und Missstände zu benennen (und zu bekämpfen), wie zum Beispiel der Missbrauch der Erwerbsunfähigkeitsrente und anderer Sozialversicherungen. Schockiert hatte Wilders festgestellt, dass die Sozialpartner das Gesetz zur Arbeitsunfähigkeitsversicherung auf Kosten der Allgemeinheit für sich aus-

9   Siehe hierzu: G.WILDERS, *Kies voor vrijheid. Een eerlijk antwoord*, o.O. 2005 und A. BLOK/J. VAN MELLE, *Veel gekker kan het niet worden. Het eerste boek over Geert Wilders*, Hilversum 2008, S. 44-53.

10 L. VAN LEEUWEN, *Wreker van zijn Indische grootouders. De politieke roots van Geert Wilders*, in: Groene Amsterdammer, 2.9.2009.

11 G. WILDERS, *Kies voor Vrijheid*, 2005; T. DE HOOG, *De sterke wil van Wilders*, in: *Nieuw Israelitisch Weekblad*, 3.10.2005; T. KOELÉ/M. KRUYT, *Verliefd op Israel*, in: *de Volkskrant*, 10.4.2007.

nutzten. Es bot eine einfache Möglichkeit, sich überflüssiger Arbeitnehmer zu entledigen.[12] Mitte der 1980er Jahre schloss sich Wilders der VVD an, einer liberalen Partei, die im politischen Spektrum der Niederlande oft als die am stärksten rechtsgerichtete säkulare Partei betrachtet wird. 1990 wurde er Fraktionsmitarbeiter der VVD, der Beginn einer langen Karriere im niederländischen Parlament.

Ein „Vollblut-Liberaler" Bolkestein'scher Schule (1990–2002)

Auch wenn seine Erlebnisse in Israel und in den korporatistischen Gremien als prägende Erfahrungen zu betrachten sind, erhielt Wilders seine tatsächliche politische Ausbildung in der VVD. In den 1990er Jahren war sie für Geert Wilders politisch, intellektuell, aber auch sozial sein Zuhause. Wilders stürzte sich vollständig in seine politische Arbeit, lernte Netzwerke aufzubauen und zu unterhalten sowie Reden zu schreiben. Er kannte viele der Dossiers und schrieb allein oder zusammen mit VVD-Abgeordneten Kommentare. In seinen ersten Kommentaren äußerte er sich kritisch über die Behandlung von Minderheiten in Ländern wie der Slowakei und Rumänien, wobei er insbesondere auf die ungarische Minderheit zielte.[13] Daneben opferte er einen großen Teil seiner Freizeit für verschiedene Praktika und Arbeitsbesuche bei ausländischen Einrichtungen, die sich mit dem Mittleren Osten beschäftigen. Er veröffentlichte einige tendenziöse Zeitungsbeiträge über die Menschenrechtslage in Syrien und im Iran, wurde Mitglied eines Komitees für Demokratie und Menschenrechte im Iran und dort während eines Besuchs beinahe selbst verhaftet.[14]

1998 folgte die Belohnung: Wilders wurde Mitglied der Zweiten Kammer. Er fiel dort auf mit seinem auffällig blondierten Haar, seinem zügellosen Arbeitswillen und Ehrgeiz, mit seiner Kritik an den linken Koalitionspartnern D66 und PvdA sowie mit seinen Vorschlägen, wie das Gesetz zur Erwerbs-

---

12 G. WILDERS, *Kies voor Vrijheid*, 2005; E. LAMMERS, *,Het is leuk, die heftige reacties'; Nieuw in de Kamer,* in: *Trouw,* 17.12.1999; A. BLOK/J. VAN MELLE, *Veel gekker kan het niet worden,* S. 59-60.

13 J.D. BLAAUW/G. WILDERS, *Europa sluit de ogen voor de onderdrukking van Hongaren,* in: *de Volkskrant,* 28.12.1995; F. BOLKESTEIN/G. WILDERS, *Centraal Europa nog niet rijp voor de EU,* in: *de Volkskrant,* 11.11.1996. Durch seine Ehe mit einer Ungarin fühlt sich Wilders seit den neunziger Jahren eng mit der ungarischen Politik verbunden, wobei seine Präferenz dem konservativ-liberalen Politiker Viktor Orbán (Premierminister von 1998 bis 2002 und seit 2010) gilt, der mitunter auch als Populist bezeichnet wird. A. BLOK/J. VAN MELLE, *Veel gekker kan het niet worden,* S. 69-76.

14 Siehe Kommentare von G. WILDERS; *Syrië's Assad vreest vrede met Israel,* in: *Algemeen Dagblad,* 8.9.1995; *Aantreden Khatami geen enkele reden te hopen op liberalisering Iran,* in: *Trouw,* 13.8.1997; *Europa blundert in Midden Oosten,* in: *Algemeen Dagblad,* 4.12.1997.

unfähigkeit zu reformieren sei. Politisch wird Wilders in dieser Zeit von den Medien – aber auch von sich selbst – als Vertreter des konservativen Liberalismus Frits Bolkesteins, seinem politischen Mentor, eingeordnet.

Zwischen 1990 und 1998 war Frits Bolkestein (der spätere EU-Kommissar) erfolgreicher Parteichef der VVD und galt dank seiner Neigung zu polemisieren sowie aufgrund seiner intellektuellen Ansichten als ein „un-niederländischer Politiker".[15] In politisch-ideologischer Hinsicht vertrat er neoliberale Ansichten und plädierte für einen kleinen, aber weniger schwerfälligen Staat mit weniger Korporatismus. In außenpolitischen Fragen war er skeptisch gegenüber großen Idealen und hochgesteckten Ambitionen. In Bolkesteins soziokulturellem Konservatismus zeigte sich sein Wunsch nach Wiederherstellung der alten, durch den progressiven Zeitgeist der 1960er und 1970er Jahre in Bedrängnis geratenen, gesellschaftlichen Werte. Zu diesen Werten zählen zum Beispiel ein zivilisierter Nationalismus, ein stärkeres historisches Bewusstsein, klassische Vorstellungen über hohe Kultur und simple Unterhaltung für die Masse, traditioneller Unterricht und die Betonung einer moralischen und intellektuellen Führung durch eine politische und kulturelle Elite.

Bolkestein machte sich einen Namen, indem er als einer der ersten den Multikulturalismus der niederländischen Minderheitenpolitik anprangerte. Anstatt sich von einem progressiven Kulturrelativismus leiten zu lassen, müsse die politische Elite einerseits die Überlegenheit der westlichen Werte betonen und andererseits die weit verbreiteten Gefühle der autochthonen Einwohner ernst nehmen. Sowohl in Bezug auf den Inhalt als auch in Bezug auf die Form erwies sich Bolkestein auf diesem Gebiet als Pionier: Er führte, der Analyse der Philosophin Baukje Prins zufolge, „eine neue Art des Sprechens über die multikulturelle Gesellschaft ein", die sie als den neuen Realismus charakterisiert.[16] Dieser neue Realismus kennzeichne sich durch die Selbststilisierung des Sprechers als jemand, der sich traue, schmerzhafte Tatsachen zu benennen. Dabei gehe es um Fakten, die im Volk schon lange bekannt seien, aber von der hauptsächlich linken Elite aus politischer Korrektheit unter den Teppich gekehrt würden.

In den (noch spärlichen) Interviews und Parlamentsbeiträgen mit und von Wilders aus diesen Jahren sind die Spuren von Bolkesteins Ideen und Stil

---

15 Über Bolkestein vor allem folgende Titel: M. van Weezel/L. Ornstein, *Frits Bolkestein. Portret van een liberale vrijbuiter,* Amsterdam 1999; A. Maas/G. Marlet/R. Zwart, *Het brein van Bolkestein,* Nijmegen 1997; H. te Velde, *De partij van Oud en Wiegel. Leiderschap in de VVD en het primaat van het electoraat,* in: P. van Schie/G. Voerman, (Hrsg.) *Zestig jaar VVD,* Amsterdam 2008, S. 27-51; G. Voerman/E. Dijk, *Van kiesvereniging tot moderne politieke partij. De ontwikkeling van de organisatie en cultuur van de VVD,* in: P. van Schie/G. Voerman (Hrsg.), *Zestig jaar VVD,* Amsterdam 2008, S. 93-135.

16 B. Prins, *The Nerve to Break Taboos. New Realism in the Dutch Discourse on Multiculturalism,* in: *Journal of International Migration and Integration* 3/3-4 (2002), S. 363-379.

deutlich sichtbar. In verschiedenen Gesprächen unterstrich Wilders nach dem Vorbild seines Mentors die Notwendigkeit einer engagierten Gemeinschaft sowie den Bedarf an mutigen Führungsfiguren und die unheilvollen Folgen progressiven Gedankenguts, während er gleichzeitig mit großer Freude regelmäßig die linken Koalitionspartner mit derben Sprüchen auf die Palme brachte.[17] Auch Wilders spielte die neue Tonart des neuen Realismus, allerdings bezog er sich dabei nicht auf die multikulturelle Gesellschaft, sondern auf den Wohlfahrtsstaat, seine Spezialisierung. Als sozialpolitischer Sprecher brachte er alarmierende Tatsachen über den Missbrauch des Arbeitsunfähigkeitsgesetzes aufs Tapet. In der Praxis seien diese Fakten schon lange bekannt, doch von der Elite des Landes würden sie bislang verschwiegen. Mit einem Gefühl für Pointen nannte Wilders die Niederlande „den Dorfnarren Europas", das Arbeitsunfähigkeitsgesetz „einen führerlosen Riesentanker, der unwiderruflich auf eine Sandbank zusteuert" und die Zweite Kammer des niederländischen Parlaments „auf dem Gebiet der sozialen Sicherheit ein sozialistisches Gelage".[18] In zunehmendem Maße gingen seine drastischen Reformvorschläge in Bezug auf den Wohlfahrtsstaat mit allgemeinen Attacken auf das schwerfällige niederländische Poldermodell und die Dominanz der linken Parteien und der Gewerkschaften, welche die „schmerzhaften Tatsachen" nicht eingestehen wollten, einher. „Stoppt die Macht der Gewerkschaften", so lautete die Überschrift zu einem polemisierenden Beitrag, den er im Februar 2001 in der *Volkskrant* veröffentlichte, und in dem er rundheraus behauptete, es werde „in diesem Land zu viel beratschlagt". „Das übertriebene Streben nach gesellschaftlichem Konsens nimmt den sozioökonomischen Aktivitäten die Dynamik, und das können sich die Niederlande nicht mehr erlauben."[19]

Was Wilders wohl vorschwebte, war ein abgespeckter, weniger zentralistischer Staat, der von den Bedürfnissen des einzelnen Bürgers ausgeht („Maßarbeit") und nicht von den wenig repräsentativen sozialen Organisationen. Mit solchen Vorschlägen war Wilders zunächst wenig erfolgreich: Die PvdA hatte nicht viel für eine neue Krise beim Gesetz für die Arbeitsunfähigkeitsversicherung übrig, und das Poldermodell hatte vorerst kaum ausgesprochene Gegner. Im Mai 2001 sah sich Wilders in Bezug auf das Gesetz für die Arbeitsun-

---

17 Zwischen 1994 und 2002 regierten Sozialdemokraten (PvdA) zusammen mit den Linksliberalen (D66) und den Konservativliberalen (VVD) unter dem Ministerpräsidenten Wim Kok (PvdA). E. Lammers, *„Het is leuk, die heftige reacties'; Nieuw in de Kamer,* in: *Trouw,* 17.12.1999; H. van Soest, *VVD'er Wilders schopt iedereen naar zich toe,* in: *Rotterdams Dagblad,* 21.6.2001; A. de Jong, *De blonde engel kiest de aanval,* in: *De Telegraaf,* 13.3.1999; B. Soetenhorst, *Een roepende in de woestijn op het Binnenhof,* in: *Het Parool,* 22.9.2001.

18 E. de Boer/J. Hoedeman, *Hard blaffen en niet bijten,* in: *de Volkskrant,* 22.10.1999; H. van Soest, *,VVD'er Wilders schopt iedereen naar zich toe.',* in: *Rotterdams Dagblad,* 21.6.2001; A. de Jong, *De blonde engel kiest de aanval,* in: *De Telegraaf,* 13.3.1999.

19 G. Wilders, *Stop de vakbondsmacht,* in: *de Volkskrant,* 15.2.2001.

fähigkeitsversicherung jedoch nachträglich bestätigt, als der Wissenschaftliche Beirat der Regierung (WRR) in einem Bericht ebenfalls einen Missbrauch dieses Gesetzes zur Sprache brachte und mit drastischen Reformvorschlägen aufwartete. Kaum ein Jahr später trug Pim Fortuyn das Poldermodell in seinem Bestseller *De Puinhopen van acht jaar Paars* (die Schutthaufen von acht Jahren violetter Regierung) zu Grabe, in dem er auf sozioökonomischem Gebiet nahezu gleichlautende Vorschläge machte wie Wilders.

Auf einem anderen Gebiet profilierte Wilders sich ebenfalls mit Kassandrarufen, auch wenn er zum damaligen Zeitpunkt bedeutend weniger Aufmerksamkeit hervorrief. Im Dezember 1999 legte er der Zweiten Kammer einen umfangreichen Bericht vor, in dem auf die Gefahren durch islamischen Extremismus und Massenvernichtungswaffen im Nahen und Mittleren Osten hingewiesen wurde. Der Bericht stützte sich auf ausführliche Untersuchungen aus dem In- und Ausland und auf Gespräche mit Experten wie dem Amerikaner Donald Rumsfeld und dem ehemaligen niederländischen Außenminister Max van der Stoel. Auf die Frage eines Journalisten, ob dieses Thema nicht etwas weit weg vom niederländischen Alltag sei, antwortete er: „Der Extremismus dort ist eine Gefahr für die Stabilität Europas und der Niederlande. Er wird sogar das größte Problem der kommenden zehn Jahre sein, denn durch die Zuwanderung kommt der Extremismus auch zu uns. Das passiert bereits, wird aber von allen totgeschwiegen."[20]

Nicht dank dieser frühen Warnung des sich nähernden Unheils, sondern vor allem dank seines Kampfes gegen „die verstaubten Strukturen" erfreute sich Wilders im Jahr 2000 unter konservativen Meinungsführern einiger Beliebtheit. Nic van Rossem, Kolumnist der Zeitschrift *Elsevier*, erkannte in ihm, dem „good looking fellow" und „Vollblut-Liberalen", eine Fortführung der VVD-Ahnenreihe mit Köpfen wie Pieter Oud, Gründer der Partei, und Frits Bolkestein. Wenn der junge Parlamentarier noch etwas populistischer werden würde, „wird Geert Wilders bald das Gesicht und der Stimmenfänger der VVD sein."[21]

Neokonservative Phase (2002–2006)

Doch alles sollte ganz anders kommen. Fünf Jahre nach van Rossems Prophezeiung warf man Wilders inzwischen häufig Populismus vor, allerdings nicht mehr vor dem Hintergrund eines zukünftig erfolgreichen Stimmenfängers der VVD. Stattdessen war er ein unabhängiges, aus der VVD ausgetretenes Mitglied des Parlaments, lebte untergetaucht und war damit beschäftigt, eine

---

20 E. LAMMERS, *,Het is leuk, die heftige reacties'; Nieuw in de Kamer,* in: *Trouw,* 17.12.1999.
21 N. VAN ROSSEM, *Geert Wilders,* in: *Elsevier,* 10.12.1999.

konservative Partei zu gründen. Hierzu hatte er Kontakt zu Bart Jan Spruyt geknüpft, dem Vorsitzenden der Edmund-Burke-Stiftung, einem Thinktank, der im Jahr 2000 gegründet worden war, um das konservative Gedankengut in den Niederlanden zu verbreiten. Gemeinsam mit Spruyt unternahm Wilders Anfang 2005 eine Studienreise in die Vereinigten Staaten, wo sie sich bei verschiedenen konservativen Thinktanks (*American Enterprise Institute, Heritage Foundation, Foreign Policy Research Institute*) sowie bei republikanischen Politikern wie Richard Perle, einem wichtigen Berater Ronald Reagans und George W. Bushs, sowie dem berüchtigten Senator Grover Norquist, dem Vorsitzenden einer Antisteuer-Lobby und Autor des Buches *Leave us alone: Getting the Government's Hands Off Our Money, Our Guns, Our Lives,* informierten.[22]

Kurz nach seiner Rückkehr veröffentlichte Wilders das autobiografische Werk *Kies voor Vrijheid* (Entscheide dich für die Freiheit) und eine „Unabhängigkeitserklärung", in der er mit einem Gefühl für Dramatik seine Unabhängigkeit von der niederländischen politischen Elite erklärte und die niederländischen Bürger aufrief, das gleiche zu tun und gemeinsam mit ihm „für das Fortbestehen der Niederlande als eine erkennbare Nation", zu kämpfen, „ein Land, das im Begriff ist, sich von seinen jahrhundertealten Wurzeln zu verabschieden und diese für Multikulturalismus, Kulturrelativismus und einen europäischen Superstaat einzutauschen, und dies alles unter der Führung einer selbstzufriedenen Elite, die den Weg schon lange verloren hat."[23]

Wilders' Weggang von der VVD 2004, sein Status als Untergetauchter und seine neuen Bestrebungen hingen mit einer Zahl neuer Elemente in seinem politischen Denken und Auftreten zusammen, die hier unter dem gemeinsamen Nenner des Neokonservatismus zusammengefasst werden sollen. Dieser Begriff bedarf einiger Erläuterung. Was genau Neokonservatismus ist, wer ihm zugerechnet werden kann und wo genau die Grenze zum eher klassischen Konservatismus und zum Neoliberalismus liegt, ist Gegenstand der politisch-ideologischen Diskussion. Von manchen wird der Begriff Neokonservatismus vor allem für die aggressive, unipolare Außenpolitik von George W. Bush jr. verwendet, andere sehen die Politik von Margaret Thatcher und Ronald Reagan in den 1980er Jahren als Anfangspunkt für den Neokonservatismus, während Politiktheoretiker bei diesem Begriff in erster Linie an politische Philosophen wie Leo Strauss, Irving Kristoll und Norman Podhoretz sowie eine ganze Reihe von amerikanischen Thinktanks denken werden, die ihr Gedan-

---

22 M. CHAVANNES, *Wilders snuift in de Verenigde Staten conservatieve thema's op*, in: *NRC Handelsblad,* 15.1.2005; L. WYTZES, *Een politiek roofdier,* in: *Elsevier,* 18.8.2007.

23 G. WILDERS, *Kies voor Vrijheid,* S. 106-108, 128.

kengut verbreiten (unter anderem das von Wilders besuchte *American Enterprise Institute* sowie *Project for a New American Century*).[24]

In den Niederlanden wird der Begriff „Neokonservatismus" auch benutzt, um anzudeuten, dass neue konservative Töne in der Politik und vielleicht sogar noch stärker in intellektuellen Kreisen zu hören sind.[25] Dieser niederländische Neokonservatismus wird durch eine Kritik an der Hegemonie der progressiven politischen Kräfte und am vorherrschenden progressiven Meinungsklima sowie durch einen „neuen Realismus" hinsichtlich der multikulturellen Gesellschaft und eine wachsende Besorgnis bezüglich des Wesens des Islams gekennzeichnet. Gemeinsam ist diesen Spielarten des Neokonservatismus eine Vorliebe für freie Märkte und einen schlanken Regierungsapparat, ein sozialer und kultureller Konservatismus und eine starke, sogenannte Feindmarkierung, das heißt, einen moralisch verwerflichen Feind zu bestimmen, welcher mit allen zur Verfügung stehenden Mitteln bekämpft werden muss. Für Thatcher und Reagan war dieser Feind die Sowjetunion – *the evil empire* – und etwas allgemeiner der Kommunismus und dessen Sympathisanten. Die Neokonservativen rund um Präsident Bush Junior fanden ihren Feind – vor allem nach den Anschlägen des 11. September 2001 – im Terrorismus, der ideologisch von islamistischen Extremisten und finanziell von der sogenannten „Achse des Bösen" unterstützt werde. Dieser Feind müsse mit einer aggressiven Außenpolitik und einer drastischen Erhöhung der inneren Sicherheit besiegt werden. Für die niederländischen Neokonservativen – hierzu können die Mitglieder der Edmund-Burke-Stiftung, Pim Fortuyn und seine Anhänger sowie die Meinungsmacher der Beilage *Letter&Geest* der Tageszeitung *Trouw* gerechnet werden – war der Feind zum einen der radikale Islam und zum anderen eine recht allgemein angedeutete progressive, politisch korrekte Elite und der von ihr angeblich verbreitete „Kulturrelativismus".

Bei Wilders konnte man schon vor 2001 neokonservative Elemente finden, wie zum Beispiel seine Forderungen nach mehr Markt und weniger Staat sowie sein sozial-kultureller Konservatismus verdeutlichten. Er folgte stilistisch und inhaltlich der Spur Bolkesteins, was zeigt, dass die Grenze zwischen dessen konservativem Liberalismus und dem Neoliberalismus keine feste Trennlinie ist. Dennoch sind in Wilders' Vorstellungen und seinem Auftreten einige neue Elemente sichtbar, die den Schluss zulassen, dass diese Grenze tatsächlich existiert und er sie in dieser Phase langsam, aber sicher überschreitet. Es handelt sich um die folgenden Elemente:

---

24 Siehe allgemein zum (amerikanischen) Neokonservatismus J. HEILBRUNN/T. KNEW, *They Were Right. The Rise of the Neocons,* New York 2009; A. HEYWOOD, *Political ideologies. An introduction,* New York 2007, S. 88-95.
25 Siehe zum niederländischen Neokonservatismus: H. PELLIKAAN/S. VAN DER LUBBEN, *Ruimte op rechts. Conservatieve onderstroom in de Lage Landen,* Utrecht 2006.

1. Wilders verteidigt fanatisch den amerikanischen *War on Terror* und alle Maßnahmen, die dieser mit sich bringt. Ebenso verteidigt er die Versuche, den Mittleren Osten zu demokratisieren. Zusammen mit der VVD-Fraktionskollegin Ayaan Hirsi Ali, die als somalischer Flüchtling mit ihrer Islam-Kritik viel Beachtung findet, schreibt er zwischen 2003 und 2004 verschiedene Kommentare, in denen sie zu einer aktiven Rolle Europas bei der Demokratisierung des Mittleren Ostens aufrufen.[26] Wilders geht auch einen Schritt weiter als die vom Kabinett und der VVD verfolgte Linie (wohl „politische Unterstützung, aber keine militärische Unterstützung" der amerikanischen Invasion im Irak), die er ab 2004 immer häufiger feige und schwankend nennt. In ideologischem Sinne bricht Wilders damit mit der eher skeptischen Realpolitik seines Mentors Bolkestein, der die Invasion im Irak und die neokonservativen Versuche, den Mittleren Osten zu demokratisieren, als töricht und übermütig qualifiziert hat.

2. Er plädiert in zunehmendem Maße für ein hartes Vorgehen gegenüber Personen, welche die niederländische Sicherheit bedrohen. Juristische oder konstitutionelle Grundsätze dürfen nach Meinung Wilders' kein Hindernis im Kampf gegen den Terrorismus darstellen: Das Ausrufen des Notstands, Vorbeugehaft und Verwaltungshaft nach israelischem Vorbild sowie Ausweisung und Ausbürgerung hält er für legitime und notwendige Mittel. Primär beziehen sich seine Vorschläge auf potentielle Terroristen, in einem zweiten Schritt, im Zuge des „liberalen Dschihad", auch auf radikale Imame. Ab 2004 weitet Wilders seine Vorschläge auf Ausländer aus, die mehrmals straffällig geworden oder schlecht integriert sind. Auch wenn Wilders sein Bestes tut, um seine Maßnahmen als notwendige Maßnahmen zum Schutz des Rechtsstaats zu präsentieren, entfernt er sich damit faktisch immer weiter vom konstitutionellen Liberalismus, was in der VVD auch so wahrgenommen wird.[27]

3. Obwohl Wilders schon früher harsche Kritik an der Dominanz der progressiven Kräfte im Lande sowie an der allgemeinen politischen Kultur von Konsens und Konzilianz geübt hatte, äußert er sie nun noch schärfer und grundsätzlicher. Außerdem unterstellt er immer häufiger einen kausalen Zusammenhang zwischen beiden Aspekten. Die politische Elite wird als homogener, progressiver Block dargestellt. Man spiele einander die

---

26 Texte von A. HIRSI ALI und G. WILDERS, *Democratiseer het Midden Oosten*, in: *Trouw*, 27.4.2004; *Steniging laat moslims koud*, in: *Trouw*, 20.3.2003; *Het is tijd voor een liberale jihad*, in: *NRC Handelsblad*, 12.4.2003; Mit F. WEISGLAS schrieb G. WILDERS den Kommentar: *Pak ook Iran, Saoudi Arabië en Syrië aan*, in: *Het Parool*, 19.11.2001.

27 F. VAN DEIJL, *Geert Wilders: ‚ik lust ze rauw'*, in: *HP/De Tijd* 6.2.2004; G. WILDERS/G.-J. OPLAAT, *Recht(s) op je doel af. Stellingen Geert Wilders en Geert-Jan Oplaat voor partijraad VVD*, Limburg 2004; G. WILDERS, *Burger wil geen immigratie, wel integratie*, in: *de Volkskrant*, 9.10.2004; A. VAN DEN BERG, *Israelische aanpak voorbeeld voor Wilders*, in: *Het Parool*, 19.10.2005.

Bälle zu und gehe Problemen am liebsten aus dem Weg. Mit ihrer Strategie, jede Frage systematisch zu depolitisieren, Instrumente, die eine progressive Meinungsbildung fördern – wie der „elende linke Staatsrundfunk"
– zu subventionieren und Gegenstimmen zu negieren, ja selbst zu dämoni-
sieren, habe diese Elite das Land „schachmatt" gesetzt und die Demokratie „gekapert". Die jahrelange Indoktrinierung mit progressivem Gedankengut und der Kulturrelativismus hätten zu einem riesigen Stapel ungelöster
Probleme geführt. Außerdem sei die Bevölkerung dadurch schlapp, verroht
und passiv geworden.[28]

4. Die wichtigste Veränderung allerdings stellt zweifelsfrei die unverfro-
rene Feindschaft gegenüber dem Islam dar. Dabei ist zwischen 2001 und
2005 eine deutliche Radikalisierung feststellbar. Anfangs wendet Wilders sich lediglich vehement gegen den radikalen, politischen Islam, wie
er in verschiedenen Versionen vom iranischen Regime, den afghanischen
Taliban und Al Qaida propagiert wird, und distanziert sich von Fortuyns
Analyse des Islams als einer zurückgebliebenen Kultur. In Anlehnung an
amerikanische Neokonservative wie Norman Podhoretz und Daniel Pipes
sowie seine niederländischen Verbündeten Ayaan Hirsi Ali und Bart Jan
Spruyt betrachtet er den reinen Islam immer weniger als Religion, sondern
zunehmend als totalitäre Ideologie, die nach dem Kommunismus und dem
Faschismus der neue große Herausforderer des freien Westens sei. Zusammen mit Ayaan Hirsi Ali ruft er im Jahr 2004 zu einem liberalen Dschihad gegen den auch in Europa vorrückenden Islam auf. Hierfür seien, so
Hirsi Ali und Wilders, eine Veränderung der niederländischen Politik und
die Einschränkung religiöser Freiheiten notwendig. Diese Feindmarkierung gerät bei Wilders vehementer und umfassender als bei Hirsi Ali. Während er zunächst noch vom radikalen oder reinen Islam als Feind spricht,
bezeichnet er im Laufe der Zeit den Islam an sich als eine „faschistische
Ideologie" und stellt Zusammenhänge mit ganz anderen Problemen her. So
sieht er eine direkte Beziehung zwischen der hohen Kriminalitätsrate unter
marokkanischen Jugendlichen, der großen Zahl an ausländischen Sozialhil-
feempfängern, Ehrenmorden sowie einer künftigen EU-Mitgliedschaft der
Türkei und dem Islam.[29]

Damit geht Wilders weiter als sein Lehrmeister Bolkestein. Dieser themati-
sierte in den 1990er Jahren zwar als einer der ersten die Andersartigkeit der
islamischen Werte und Kultur und ihre Unvereinbarkeit mit den westlichen
demokratischen Werten und der westlichen Kultur – und plädierte aufgrund

---

28 G. WILDERS, *Kies voor Vrijheid, Een Nieuw-Realistische Visie*, o.O. 2006.
29 U.a. A. HIRSI ALI/G. WILDERS, *Liberale jihad*, in: *NRC Handelsblad*, 12.4.2003; A.
    HIRSI ALI/G. WILDERS, *Democratiseer het Midden Oosten*, in: *Trouw*, 27.4.2004;
    B.J. SPRUYT/G. WILDERS, *Stop import islamitische cultuur*, in: *Het Parool*,
    22.10.2004, G. WILDERS, *Kies voor vrijheid*, S. 65-85; G. WILDERS, *Den Haag laf
    tegen islamitisch extremisme*, in: *NRC Handelsblad*, 22. Juli 2005.

dessen ebenfalls gegen eine EU-Mitgliedschaft der Türkei. In der Praxis stand Bolkestein jedoch für eine weniger harte Linie in Sachen Assimilation: Um gesellschaftlichen Frieden und Wohlstand aufrecht zu erhalten, sollten Unterschiede nicht allzu sehr auf die Spitze getrieben werden, sollte Religionsfreiheit herrschen und der Dialog mit Andersdenkenden geführt werden. Charakteristisch für den Unterschied zwischen dem eher pragmatischen Bolkestein und seinem eher prinzipiellen Schüler ist, dass der Erstgenannte seinen Widerstand gegen eine mögliche EU-Mitgliedschaft der Türkei schließlich aufgegeben hat, während für Wilders dieser Punkt im Sommer 2004 der Anlass war, mit der VVD zu brechen.

Über die tieferen Ursachen für Wilders' Austritt aus der VVD ist inzwischen reichlich spekuliert worden. So vermutet der ehemalige VVD-Spitzenmann und Finanzminister Gerrit Zalm (1994-2006) in seinen Memoiren, dass Wilders die VVD verlassen habe, um seine politische Zukunft zu sichern.[30] Wilders sei so süchtig nach der parlamentarischen Politik geworden, dass er die Beibehaltung seines Sitzes nicht länger von den Launen einer Parteielite habe abhängig machen wollen. Im Frühjahr 2002 hatte diese Parteielite Wilders einen Platz am unteren Ende der VVD-Kandidatenliste zugewiesen, wodurch er – aufgrund der unerwarteten Stimmenverluste der VVD bei den Parlamentswahlen im Mai 2002 – gezwungenermaßen die Zweite Kammer verlassen musste – eine nach Meinung vieler seiner ehemaligen Kollegen traumatische Erfahrung für Wilders.

Nun hat Wilders tatsächlich mehr als einmal seine große Leidenschaft für die parlamentarische Arbeit geäußert, aber es führt doch etwas zu weit, seinen Alleingang (nur) aus solchen persönlichen Motiven heraus zu erklären. Es liegt näher, auf zwei wichtige Ereignisse hinzuweisen, die für sein Wegdriften vom konservativen Liberalismus verantwortlich gewesen sind: die Anschläge vom 11. September 2001 in New York und der Aufstieg Pim Fortuyns auch auf Kosten der VVD bei den Parlamentswahlen 2002.

Die Anschläge in New York und später in Madrid, Bali und London sowie der Mord an Theo van Gogh 2004 haben neben einem akuten Gefühl der Bedrohung zu einer verstärkten Aufmerksamkeit für die Beschaffenheit des Islams und die Gefahren durch die sogenannten Schurkenstaaten geführt. Obgleich spekulativ, ist es des Weiteren vorstellbar, dass Wilders in diesen Anschlägen auch eine gewisse Bestätigung seiner politischen Instinkte und Urteile gesehen hat. Ebenso wie bei der Diskussion über die Arbeitsunfähigkeitsrente hat er sich rückwirkend eine gewisse Anerkennung verschafft. Das galt ebenfalls für den Erfolg Fortuyns, der als eine Folge der von Wil-

---

30 G. ZALM, *De romantische boekhouder*, Utrecht 2009, S. 279-281. Dass sein erzwungener Weggang Wilders in eine existenzielle Krise stürzte, wird durch einige andere VVD-Mitglieder bestätigt: A. BLOK/J. VAN MELLE, *Veel gekker kan het niet worden,* 2008; S. 95, 119-121, L. WYTZES, *Een politiek roofdier,* in: *Elsevier,* 18.8.2007.

ders bereits vor 2002 kritisierten Kursänderung der Partei interpretiert werden konnte. Unter der Führung von Hans Dijkstal war die VVD nach 1998
langsam wieder in die politische Mitte gerückt, wodurch die von Bolkestein
und seinen Schülern aufgegriffenen Themen (beispielsweise Immigration und
Integration) in den Hintergund traten. Ein in der VVD lange Zeit wenig ernst
genommener Außenseiter wie Fortuyn erhielt so die Gelegenheit, mit seiner
eigenen *Lijst Pim Fortuyn* (LPF) mit einer Politik den Durchbruch zu erzielen, die inhaltlich stark an die Bolkesteins erinnerte. Bei den Wahlen am 15.
Mai 2002 verlor die VVD fast 10 Prozent, während die LPF (ohne den kurz
zuvor ermordeten Fortuyn) 17 Prozent der Stimmen erhielt und damit die
zweitstärkste Fraktion im Parlament stellte. Das Wahldebakel der in die Mitte
gerückten VVD im Jahr 2002 und die akute Bedrohung nach dem 11. September 2001 bewirkten demnach, dass Wilders sich für eine durch den Neokonservatismus gefärbte Agenda stark machte, ein Bemühen, das schließlich zu
seinem Parteiaustritt führte.

Seit 2006: Vom Neokonservativen zum Nationalpopulisten

Am 22. Februar 2006 gründete Wilders die *Partij voor de Vrijheid,* vorher
bekannt als *Groep Wilders*. Die Namenswahl ist angelehnt an seine Erklärung
in *Kies voor Vrijheid* (Wähle die Freiheit), dass „Freiheit" für ihn „im Mittelpunkt steht", wobei er Freiheit sowohl im negativen Sinn (die Freiheit von
fremder Beherrschung und von Zwang) als auch im positiven Sinn (Wahl-
freiheit und die Freiheit, das eigene Leben einzurichten) aufzufassen scheint.
Im Frühjahr 2006 veröffentlichte die PVV zwei Dokumente: die Streitschrift
Klare Wijn (Reiner Wein) und das ambitioniertere politisch-philosophisch
gefärbte *Een Nieuw-Realistische Visie* (Eine neorealistische Vision).[31] Das
letztgenannte Dokument trägt stark den Stempel von Wilders' Mitstreiter Bart
Jan Spruyt und seiner Interpretation des (Neo-)Konservatismus, der durch die
Sorge über die Schattenseiten der Freiheit, die perzipierte Notwendigkeit eines
neuen moralischen und kulturellen Fundaments sowie durch ein Plädoyer für
eine neue, konservative Bildungsoffensive charakterisiert wird, um das Land
vom Mangel an Ehrgeiz, Disziplin und Anstand zu befreien. Der ambitionierte
Text voller Verweise auf Philosophen wie Leo Strauss, Peter Sloterdijk und
Alexis de Tocqueville sollte als ideologische Basis der PVV dienen, aber in
den darauf folgenden Jahren bezogen sich Wilders und seine Fraktionsgenossen aus der PVV kaum noch darauf. Ohne dass man von einem harten Bruch
sprechen könnte, ist um das Jahr 2006 eine weitere Verschiebung in Wilders'
politischem Denken und Auftreten zu bemerken.

---

31 *Klare Wijn* 2006; *Een Nieuw Realistische Visie*, 2006. Beide zu finden auf der
   Website der PVV: www.pvv.nl.

Diese neue Phase ist Wilders' „nationalpopulistische Phase": Er schwächte ein paar der Kernelemente seiner neokonservativen Haltung ab und fügte neue Elemente hinzu, die dafür sorgten, dass seine Partei sich immer mehr in eine, wie es die Literatur nennt, nationalpopulitische oder populistische radikal rechte Partei verwandelte. Obwohl der Unterschied zwischen beiden Etikettierungen Gegenstand diverser wissenschaftlicher Debatten war, ist es für diesen Artikel ausreichend, darauf hinzuweisen, dass die Essenz dieses Nationalpopulismus zum einen im Widerstand gegen Zuwanderung sowie gegen supranationale Zusammenarbeit liegt. Beides wird als Bedrohung der nationalen Identität wahrgenommen. Zum anderen spielen die Wahrnehmung der bestehenden politischen Ordnung als ein moralischer Gegensatz zwischen einer korrupten Elite und einem tugendhaften Volk und das Bestreben, diese Demokratie möglichst bald dergestalt zu reformieren, dass die Stimme des rechtschaffenen „kleinen Mannes" zum Maßstab werde, eine wichtige Rolle.[32] Der Populismusforscher Cas Mudde fügte in seinem unlängst erschienenen Übersichtswerk, in welches er Wilders leider noch nicht aufgenommen hat, noch ein weiteres Grundcharakteristikum hinzu: Autoritarismus, zu verstehen als Glaube an eine streng geordnete Gesellschaft, in der eine Unterminierung der Obrigkeit streng bestraft wird.[33]

Weitere, etwas randständigere Kennzeichen des Nationalpopulismus sind unter anderem der Widerstand gegen wirtschaftliche und kulturelle Globalisierung, Bevorzugung traditioneller Familienwerte, ein gewisser Hang zu Verschwörungstheorien und ein gewisser Opportunismus hinsichtlich wirtschaftlicher Fragen, da diese als sekundär angesehen werden. Vor allem dieser letzte Aspekt macht die, laut Mudde nicht immer deutliche, Grenze zwischen Nationalpopulisten und den meist radikalen und autoritären Neokonservativen kenntlich, denn für die Letzteren ist ökonomischer Liberalismus ein Kernthema.

Die folgenden Veränderungen, die sich seit 2006 vollzogen haben, zeigen, dass sich Wilders allmählich in ein anderes Fahrwasser begeben hat.

1. In seinen Reden, Kommentaren und Interviews zeigt Wilders eine immer radikaler werdende Variante von Islamophobie. Diese gründet auf allerlei

---

32 A.P.M. Lucardie, *Rechts-extremisme, populisme of democratisch patriotisme? Opmerkingen over de politieke plaatsbepaling van de Partij voor de Vrijheid en Trots op Nederland,* in: *Jaarboek Documentatiecentrum Nederlandse Politieke Partijen* (2007), S. 176-190; C. Mudde, *Populist Radical-Right Parties in Europe.* Cambridge 2007; P.A. Taguieff, *Political Science Confronts Populism,* in: *Telos* 103/1 (1995), S. 9-43; A. Pfahl-Traughber, *Volkes Stimme? Rechtspopulismus in Europa,* Bonn 1994.

33 C. Mudde, *Populist Radical-Right Parties in Europe,* Cambridge 2007; andere wichtige Werke: A. Pfahl-Traughber (Hrsg.), *Volkes Stimme? Rechtspopulismus in Europa,* Bonn 1994; H.-G. Betz, *Radical Right-Wing Populism in Europe,* New York 1994; J. Rydgren (Hrsg.), *Movements of exclusion: radical right-wing populism in the Western world,* New York 2005.

apokalyptischen Verschwörungstheorien zur bevorstehenden Unterwerfung Europas. Seit 2007 spielt er nach dem Vorbild der bekannten Eurabien-Theorie von Bat Ye'or darauf an, dass die massive Zuwanderung islamischer Gastarbeiter Teil einer bewussten Kolonialisierungs- und Unterwerfungsstrategie ist.[34] Geblendet vom Kulturrelativismus und besessen von der Notwendigkeit, neue Wähler für sich zu gewinnen, hätten die linken Parteien bei vollem Verstand dieser Massenzuwanderung ihren Segen gegeben und damit implizit einer Islamisierung zugestimmt. Allerlei Probleme – angefangen von der Kriminalität unter marokkanischen Jugendlichen über Importbräute und schlechte islamische Schulen bis zum Karikaturenstreit und den Unruhen in französischen Vorstädten – werden als Beweis dieser Theorie angeführt. Auch Wilders' Rhetorik ist nun mit allerlei arabischen Begriffen gespickt (Dhimmi, Takkiya, Fitna, Dschihad, al Hijra), die auf diese heimliche Islamisierungsstrategie hinweisen. Außerdem beruft er sich zunehmend auf gelehrte Mitstreiter aus dem In- und Ausland, die immer stärker eine eigene intellektuelle Gemeinschaft bilden. Abgesehen von Bat Ye'or sind dies die Arabisten Hans Jansen, Sam Solomon, Raphael Israeli und Daniel Pipes sowie die Journalisten Rober Spencer, Bruce Bawer, Lars Hedegaard und die inzwischen verstorbene Oriana Fallaci.[35] Damit grenzt sich Wilders von einem plumpen Populismus, der rein auf Vorurteilen beruht, ab. Zugleich äußert er mehrmals seine Zweifel an der Wahrhaftigkeit augenscheinlich gut integrierter Muslime: Dem islamischen Dogma der Takkiya zufolge sollten Muslime, die in einem nicht-muslimischen Land leben, ihre wahre Natur in Erwartung besserer Bedingungen vorläufig verbergen.[36] Damit wird der harte Assimilationskurs, den Wilders anfangs noch vertrat – gegen den Islam, aber nicht gegen Muslime –, immer mehr zu einem Kurs der totalen Ablehnung beziehungsweise einer totalen Marginalisierung von Muslimen, denen ja aufgrund des „Takkiya-Dogmas" per definitionem nicht zu trauen sei. Konkrete Vorschläge hierzu hat Wilders nie gemacht, obwohl die von ihm geforderte Kopftuchsteuer

---

34 Bat Ye'ors Theorie läuft darauf hinaus, dass europäische und arabische Politiker nach der Ölkrise des Jahres 1973 mittels einer neu gegründeten Organisation namens Europäisch-arabischer Dialog vereinbart hätten, dass arabische Immigranten im Tausch gegen Öl und den Schutz vor terroristischen Anschlägen in Scharen nach Europa kommen und ihren Glauben verbreiten durften. Die wichtigsten Werke von BAT YE'OR sind *Eurabia. The Euro-Arab Axis,* New York 2005, und *Islam and Dhimmitude: Where Civilizations Collide,* New York 2001.

35 Eine Auswahl dieser Gruppe findet sich in H. JANSEN/B. SNEL, *Eindstrijd. De finale clash tussen het liberale Westen en een traditionele islam,* Amsterdam 2009. Siehe auch M. CARR, *You are now entering Eurabia,* in: *Race & Class* 48/1 (2006); H.-G. BETZ, *Against the ‚Green Totalitarianism': Anti-Islamic Nativism in Contemporary Radical Right-Wing Populism in Western Europe,* in: CH. SCHORI LIANG (Hrsg.), *Europe for the Europeans,* Aldershot u. Burlington 2007.

36 Hierzu äußert sich Wilders in Interviews mit *NU.nl* am 11.9.2008 und mit J. NIEMÖLLER, *Wilders: ik capituleer niet,* in: *HP de Tijd,* 12.12.2007.

und die Anspielungen auf die Ausweisung von Millionen von Muslimen aus Europa, die die westlichen Werte nicht in ausreichender Weise befürworten, wohl als Schritte in diese Richtung interpretiert werden könnten.

2. Obwohl Wilders und seine Fraktionsgenossen im Islam ihren ärgsten Feind sehen, richten sich ihre Angriffe nun auch verstärkt gegen andere Zuwanderergruppen. Vor allem polnische, bulgarische und rumänische Saisonarbeiter und antillische Immigranten geraten in die Schusslinie. Dieser breiter angelegte politische Kurs gegen Immigranten zeigt sich in dem Vorschlag, den Arbeitsmarkt für Polen, Bulgaren und Rumänen zu schließen, in dem Plädoyer, die Antillen aus dem Königsreichsverbund auszuschließen und der dringenden Anfrage an die Regierung, die Kosten der Massenzuwanderung durchrechnen zu lassen.[37] Von einem tatsächlichen Rassismus oder selbst Nativismus kann allerdings nicht wirklich gesprochen werden. Abgesehen davon, dass Wilders enge Kontakte zu abgefallenen Muslimen wie Ayaan Hirsi Ali und dem in den Niederlanden ebenfalls bekannten Ehsan Jami hat, lässt er auch die im Allgemeinen gut integrierten ethnischen Minderheiten wie die Surinamer, Molukker, die Niederländer indonesischer Abstammung (zu denen auch seine Familie zählt) und chinesische Niederländer (einer der Kandidaten auf der PVV-Liste ist chinesischer Abstammung) in Ruhe. Es ist in diesem Zusammenhang nicht ganz ohne Bedeutung, dass nicht nur Wilders selbst, sondern auch drei weitere PVV-Fraktionskollegen Partner haben, die nicht niederländischer Herkunft sind.

3. In jenen Jahren gibt es in dem Sinne einen stärkeren Nationalismus, dass Wilders die Interessen und Werte des Nationalstaats zunehmend in den Mittelpunkt stellt und Skepsis bzw. Ablehnung gegenüber internationaler Zusammenarbeit und europäischer Integration zeigt. Seine negative Haltung gegenüber der europäischen Integration machte er schon 2005 deutlich, als er sich beim Referendum über die europäische Verfassung im Lager der Gegner positionierte. Er begründete dies damit, dass er einen Beitritt der Türkei ablehne und außerdem die Befürchtung habe, niederländische Interessen würden durch die Verfassung in Zukunft weniger Gewicht haben. Außerdem fürchtete er eine Verwässerung der niederländischen Identität. Ab 2006 forderte die PVV jedoch auch eine zurückhaltendere Rolle der Niederlande bei internationalen Friedensoperationen, und 2007 sprach Wilders sich gegen einen längeren Aufenthalt niederländischer Truppen in Uruzgan (Afghanistan) aus. Andere Länder müssten jetzt ihren Beitrag zum Kampf gegen den Terrorismus leisten, so der ehemalige Neo-

---

37 Reden von Geert Wilders im Parlament, *Handelingen Tweede Kamer,* 19.6.2007 und 18.2.2009. Rede von Sietse Fritsma im Parlament, *Handelingen Tweede Kamer*, 15.11.2007. Siehe auch die von der PVV lancierte Website http://www.watkostdemassaimmigratie.nl/ und den *PVV-immigratieplan: achttien maatregelen om de stroom ECHT in te dammen* [26.10.2007].

konservative.[38] Andere Indikatoren für einen wachsenden Nationalismus sind beispielsweise Wilders' Forderungen, durch die Einführung verschiedener Maßnahmen mehr Nationalstolz zu zeigen (tägliche Flaggenzeremonie in Schulen, mehr Unterricht in vaterländischer Geschichte und Kultur). Er beschwert sich über die Anglisierung von (Hochschul-)Unterricht und Verwaltung und leistet Widerstand gegen die Übernahme niederländischer Betriebe und Banken durch ausländische Firmen. Überdies plädiert Wilders – wenn auch fürs Erste recht unverbindlich – für eine Vereinigung der Niederlande mit Flandern.[39]

4. Ab 2006 weist Wilders sowohl inhaltlich als auch stilistisch zunehmend populistische Züge auf. So macht er sich immer häufiger zum Sprachrohr des angeblich mit Füßen getretenen „Volkes", der „normalen" Niederländer, die von der Elite im Stich gelassen worden seien und „die Islamisierung" satt hätten. Der Niederländer brauche nicht erneut erzogen zu werden, wie dies zuvor in *Nieuw-Realistische Visie* noch implizit verkündet worden war, es gehe vielmehr darum, seine Stimme endlich ernst zu nehmen. Ab 2006 plädiert Wilders zunehmend für mehr direkte Demokratie, wie die Einführung von verbindlichen Referenden, die Wahl von Amtsträgern (Bürgermeister, Polizeikommissare, sogar Richter) und für Reformen des Wahlsystems. Auf ihrer im April 2010 überarbeiteten Website erklärt die PVV ganz in Übereinstimmung mit der populistischen Logik: „Wir sind für eine lebhafte Demokratie, mit Referenden in Hülle und Fülle. Nicht die politische Elite, sondern das Volk muss stärker zu Wort kommen; die Bürger wissen es gemeinsam besser als die linke Clique."[40] Ein weiterer Indikator für seinen zunehmenden Populismus ist sein von Sprachwissenschaftlern festgestellter zunehmend vulgärer werdende Sprachgebrauch und -Stil. Minister sind „total bekloppt" oder haben „ein Rückgrat aus Schlagsahne", die politische Linie der Regierung bezeichnet er als „Hosenscheißerpolitik" und die niederländischen Antillen als die „Brutstätte von Gaunern". Kopftücher sind bei Wilders „Kopflumpen", Muslime „Hassbärte", und junge, marokkanische Kriminelle „Straßenterroristen".[41] Deutlich zeigt sich dies in seinen Aufsehen erregenden Reden in der Zweiten Kammer aus den Jahren 2008 und 2009. In diesen Reden benutzt Wilders die klassische populistische Stilfigur der zwei Nationen: die falsche Nation der Elite und ihren

---

38 Reden von Geert Wilders im Parlament, *Handelingen Tweede Kamer,* 18.9.2008 en 18.2.2009.

39 G. WILDERS/M. BOSMA, *Nederland en Vlaanderen horen bij elkaar,* in: *NRC Handelsblad,* 31.7.2008.

40 *PVV Visie,* Website PVV. http://www.pvv.nl/index.php/visie. [12.4.2010].

41 Siehe hierzu N. MULDER, *Knettergekke ministers en ruggengraten van slagroom. Het gebruik van emotie-opwekkende retorische middelen door Geert Wilders,* Utrecht 2009. http://igitur-archive.library.uu.nl/student-theses/2009-0327-01224/ Scriptie_Nicole_Mulder.pdf; M. VAN LEEUWEN, *Het hoofdzinnenbeleid van Wilders,* in: *Tekstblad* (2009), S. 6-11.

Anhängern und die wahre, unterdrückte Nation. „Die linken, eingebildeten Intellektuellen und ihre spießigen Freunde", die an der „Steuergeld-Infusion" hängen, gegenüber „den Menschen, die die Rechnung bezahlen müssen [...], die beraubt und bedroht werden. Die unter den Straßenterroristen leiden, unter den hohen Steuern stöhnen und sich einfach nur soziale Niederlande wünschen."[42]

5. Der vielleicht wichtigste neue Akzent ist eine Kurskorrektur auf sozioökonomischem Gebiet, die sich 2006 bereits vorsichtig ankündigte und sich in den darauf folgenden Jahren durchsetzte. Wilders gab den harten, neoliberalen Kurs, bei dem er sich für unabhängig erklärt und ein sehr dogmatisches politisches Programm verfolgt hatte, auf. Er tat ihn als Jugendsünde ab und ersetzte ihn durch eine in vielerlei Hinsicht linkere Haltung. Die PVV möchte inzwischen keine Abschwächung des Kündigungsschutzes mehr. Sie möchte auch das Niveau der Mindestlöhne und Sozialhilfesätze nicht senken (wie noch 2005 behauptet). Die PVV macht sich für Investitionen in soziale und medizinische Dienstleitungen und Altenheime stark. Außerdem kämpft die PVV gegen eine Erhöhung des Rentenalters. Hierfür hat Wilders sogar angekündigt, mit den ehemals so geschmähten Gewerkschaften zusammenarbeiten zu wollen. Auf anderen Gebieten hält die Partei an alten neoliberalen Standpunkten fest. Sie fordert noch immer, in den Bereichen Asyl- und Zuwanderungspolitik, Kunst und Kultur, Entwicklungshilfe, öffentlicher Rundfunk, Umwelt- und Klimapolitik und bei der Unterstützung der niederländischen Antillen, Ausgaben zu senken und damit Kosten zu sparen.[43]

Ob dieser noch junge Kurswechsel, der oft als ein Drift „nach links" wahrgenommen wird, von grundsätzlichem oder opportunistischem Charakter ist, lässt sich noch nicht mit Sicherheit sagen. Klar ist jedoch, dass Wilders sich nicht mehr so unverrückbar wie einst an wichtigen Grundsatzwerten des Neokonservatismus ausrichtet und Teilbereiche seines politischen Programms dementsprechend geändert hat. Damit nährt er die Vermutungen, dass er Wirtschaftsfragen inzwischen als zweitrangig betrachtet. Das Gleiche kann übrigens auch bezüglich seiner außenpolitischen Standpunkte gesagt werden: Auch diese lassen kaum noch eine Affinität mit dem neokonservativen Interventionismus erkennen, und sie erhalten darüber hinaus vergleichsweise weniger Aufmerksamkeit.

Zur Erklärung für diese Verschiebungen in Wilders' Denken sei auch hier auf einen persönlichen Faktor hingewiesen, nämlich den ständigen Personenschutz, dem Wilders seit dem Mord an Theo van Gogh im November 2004

---

42 Reden von Geert Wilders im Parlament: *Handelingen Tweede Kamer*, 18.9.2008; 28.5.2009; 22.5.2008; 16.9.2009.

43 EBD. 18.9.2008; 18.2.2009; G. WILDERS, *Stop met al die linkse hobbys, Column Geert Wilders,* www.stopdecrisis.nl [1.7.2009].

unterliegt. Wilders' Radikalisierung und seine gewachsene Empfänglichkeit für Komplotttheorien würden zu den in verschiedenen psychologischen Berichten festgestellten Auswirkungen passen, die eine permanente Sicherung auf den psychischen Zustand einer Person hat.[44] Da Wilders selbst jedoch die Mitarbeit an einer solchen Untersuchung kategorisch ablehnt, wissen wir natürlich nicht, ob dies für seinen konkreten Fall auch gilt. Eine andere Erklärung könnte in dem sich ändernden internationalen politischen Kontext gesucht werden, nämlich dem weltweiten Rückzug des Neokonservatismus in den Jahren 2006 und 2007. Der amerikanische Einmarsch im Irak hat sich zunehmend als Fiasko erwiesen, die Besetzung Afghanistans ist kein Erfolg geworden, und die Popularität von George Bush jr. erreichte nach 2006 sowohl in den Vereinigten Staaten als auch in Europa gewiss ihren Tiefpunkt. Durch die Finanzkrise, die im Herbst 2008 in aller Heftigkeit ausbrach, ist der ökonomische Neoliberalismus ebenfalls in die Defensive geraten. In den Niederlanden scheint der eher intellektuelle Neokonservatismus seit 2006 gleichfalls etwas auf dem Rückzug zu sein, unter anderem durch das Verschwinden der intellektuellen Plattformen wie *Letter & Geest* von *Trouw* und dem kurzzeitig erschienenen Meinungsblatt *Opinio*.

Ein anderer Erklärungsfaktor lässt sich in der zunehmenden politischen Isolation finden, in der sich Wilders sowohl in Den Haag als auch in der öffentlichen Debatte befindet. Neokonservative Intellektuelle, die in Scharen für Hirsi Ali in die Bresche sprangen, zeigen sich wenig interessiert und äußern sich zuweilen sogar sarkastisch über Wilders. Im Sommer 2006 verliert er sogar die Unterstützung Bart Jan Spruyts, einem der wenigen neokonservativen Intellektuellen, die ihn unterstützten. Dieser findet Wilders zu einseitig auf den Islam konzentriert, zu herrisch und zu ordinär. Auch Gespräche mit den Erben der Fortuyn-Bewegung blieben erfolglos. Dennoch gelingt es Wilders, aus dieser relativen Isolation mit seinen harten Standpunkten hinsichtlich des „Tsunami der Islamisierung" und mit ziemlich anonymen, aber loyalen Mitkandidaten, bei den Parlamentswahlen am 22. November 2006 einen unerwarteten Erfolg zu erzielen (5,9 % gegenüber lediglich 0,64 % für seinen „fortuynistischen" Konkurrenten). Er versteht es anschließend auch, die Öffentlichkeit mit harten, im Parlament unpopulären, aber wohl Aufsehen erregenden Vorschlägen zu beherrschen, die – wie sich zeigt – außerhalb des Parlaments mit recht viel Unterstützung rechnen können. Kurzum, die Isolation erweist sich nicht so sehr als Nachteil, sondern vielmehr gerade als Stärke, und ein gewisses Maß an Radikalisierung bringt eher Gewinn als Verlust.

Die PVV mit dem Etikett „nationalpopulistisch" zu versehen, bleibt jedoch problematisch, vor allem, wenn man sich beim Vergleich mit anderen Parteien dieser Art auf Europa beschränkt, wie es die meisten Forscher tun. Zunächst einmal distanziert Wilders sich öffentlich von beinahe allen Parteien, die dem

---

44 Rapport Nationaal Coordinator Terrorismebestrijding, *Psychosociale gevolgen van dreiging en beveiliging,* Den Haag 2008.

Nationalpopulismus zugeordnet werden, mit Ausnahme der Dänischen Volkspartei und der United Kingdom Independent Party (obgleich auch Letztere
sich nicht dem Nationalpopulismus zugeordnet wissen will).[45] Seine politischen Freunde sucht Wilders demzufolge auch nicht so sehr in Europa, sondern in den Vereinigten Staaten und in Israel – vor allem in Kreisen, die in
den jeweiligen Ländern als äußerst rechts gelten. So fühlt Wilders sich mit
Avigdor Liebermann und seiner Partei Jisrael Beeténou sehr verbunden.[46] In
den USA unterhält er Kontakte mit Personen und Organisationen, die genau
wie er eine Islamisierung Europas fürchten und sich mit Israel solidarisch fühlen. Zumindest diese Ausrichtung auf die Vereinigten Staaten und Israel macht
Wilders zu einem Außenseiter in der nationalpopulistischen Familie, die nicht
gerade für eine exponiert pro-amerikanische oder pro-israelische Haltung
bekannt ist.

Eine weitere bemerkenswerte Abweichung in den politischen Standpunkten
der PVV, aus Sicht dieser nationalpopulistischen Familie, aber auch aus Sicht
des Neokonservatismus, bedeuten die libertären Standpunkte in einigen ethi-
schen Fragen. Wilders und seine Fraktionsgenossen setzen sich für das Recht
auf Abtreibung ein, für Embryoselektion und aktive Sterbehilfe und stellen
sich als Beschützer der feministischen und homosexuellen Emanzipationsbe-
wegung dar, die sie als vom Islam bedroht ansehen. Es ist schwer vorstellbar,
dass eine andere nationalpopulistische Partei einen Gesetzesantrag einreichen
würde, mit der Forderung, homosexuelle Soldaten sollten in ihrer Uniform an
der Gay-Parade teilnehmen können.[47]

Diese Abweichungen sind auffällig und machen Wilders zu einem zumindest etwas exzentrischen Mitglied der nationalpopulistischen Familie. Aber hat
nicht jede Familie so ein schwarzes Schaf? Man könnte diese beiden Besonderheiten – die Ausrichtung auf Israel und die Vereinigten Staaten einerseits
und den ethisch-libertären Aspekt andererseits – gleichzeitig als notwendige
Bestandteile betrachten, um ein nationalpopulistisches Programm für die Niederlande akzeptabel zu machen. Die Ausrichtung auf die Vereinigten Staaten und Israel widerlegt Assoziationen mit dem Nationalsozialismus, die

---

45 Über Kontakte zur DVP und zur UKIP: M. Nieuwenhuis, *Wilders niet langer al-
leen*, in: *De Pers*, 4.1.2009; M. Wilbrink, *Eindelijk samen: Wilders en Lord Pear-
son,* in: *Nederlands Dagblad*, 16.10.2009.

46 In einem Interview mit der israelischen Zeitung Haaretz sagte Wilders über Liebermann: ‚Our parties may not be identical, but there are certainly more simila-
rities than dissimilarities, and I am proud of that.', C. Lipshiz, *Dutch anti-Islam
MP: Israel is West's first line of defense*, in: *Haaretz*, 18.6.2009. Wilders fühlt sich
auch mit Ariyeh Eldad und dessen Hatikva-Partei stark verbunden.

47 Siehe beispielsweise die Rede von Fleur Agema im Parlament: *Handelingen
Tweede Kamer*, 2.7.2008; Rede von Martin Bosma im Parlament: *Handelingen
Tweede Kamer*, 29.2.2008. Der Antrag auf eine Teilnahme von Militärs in Uniform an Gay-Paraden war vom PVV-Parlamentarier Hero Brinkman am 15.1.2009
eingereicht worden. Der Antrag wurde angenommen.

durch eine Ausrichtung auf belgische und französische – stärker noch österreichische oder deutsche – rechtsextremistische oder rechtspopulistische Parteien entstanden wären. Durch seine Verteidigung libertärer Errungenschaften
hat Wilders es darüber hinaus verstanden, seinen spezifischen Nationalpopulismus über reine Xenophobie, Kleingeistigkeit und Ressentiments hinauszu-
heben – Begriffe, die in den Niederlanden ebenfalls mit Rechtsextremismus
assoziiert werden. Indem er die Wahrung ethisch-libertärer Errungenschaften
gegen ‚progressive Naivität' und vermeintliche islamische Bedrohung hervor-
hebt, knüpft Wilders schließlich auch an das Gedankengut Pim Fortuyns an.
So wird Fortuyn dann auch oftmals als wichtiger Geistesverwandter und Weg-
bereiter Wilders' betrachtet.

Zum Schluss

In ihrer Analyse des Gedankenguts Pim Fortuyns sprechen Lucardie und Voerman von unterschiedlichen Phasen, um anzudeuten, dass Fortuyns politische
Entwicklung nicht durch scharfe Bruchlinien, sondern durch sich verändernde
Akzente gekennzeichnet ist.[48] Konkret unterschieden sie bei Fortuyn drei Phasen, die sich zum Teil überlappen, jedoch zeitlich auch aufeinander folgen:
eine liberale Phase, die durch Kritik am Sozialstaat geprägt war, eine populistische Phase, die sich durch eine Aversion gegen die etablierte Elite auszeichnet und schließlich eine nationalistische Phase, bei der der Widerstand gegen
die europäische Vereinigung und den Multikulturalismus im Vordergrund steht.
Betrachtet man die ideologische Entwicklung von Geert Wilders, wie diese
aus seinen Publikationen, Reden sowie aus Interviews mit ihm abzuleiten ist,
dann kann man ebenfalls von drei „sich verschiebenden Phasen" sprechen, die
sich zum Teil überlappen, zeitlich jedoch auch aufeinander folgen. Dabei handelt es sich um eine konservativ-liberale Phase, bei der sozioökonomische Fragen im Mittelpunkt stehen, eine neokonservative Phase, deren Hauptthema der
Krieg gegen den Terrorismus und islamistischen Extremismus ist und schließlich eine nationalpopulistische Phase, die sich zurzeit über die neokonservative Phase schiebt und bei der die Wahrung der nationalen Identität und der
Widerstand gegen Islamisierung und Immigration im Vordergrund steht. In
jeder Phase stechen neue Akzente hervor, manche werden stärker hervorgehoben, andere verblassen oder verschwinden. So ist der Anti-Islam-Diskurs
bereits in der ersten Phase als Akzent vage erkennbar, an Schärfe und Bedeutung gewinnt er aber während der zweiten und vor allem dritten Phase. Durch
die etwas unerwartete Betonung der Wahrung sozialer Rechte hat der ökonomische Neoliberalismus hingegen in der letzten Phase erheblich an Schärfe
verloren. Insgesamt kann man sagen, dass sozioökonomische Fragen durch die

---

48 P. LUCARDIE/G. VOERMAN, *Liberaal patriot of nationaal populist? Het gedachtegoed van Pim Fortuyn,* in: *Socialisme en Democratie* (2002), S. 32-42.

erhöhte Aufmerksamkeit für Islamisierung und Immigration – die beherrschenden Akzente der letzten Phase – relativ an Bedeutung eingebüßt haben. Das gleiche gilt für Wilders' außenpolitische Standpunkte, die ebenfalls in Relation weniger bedeutsam, aber auch weniger explizit werden.

Vergleicht man Wilders nun mit Fortuyn, dann fällt gewiss eine Reihe von Übereinstimmungen auf. Beide haben sich nicht nur zum Verteidiger ethisch-libertärer Errungenschaften erhoben, sondern sie teilen auch zum größten Teil eine neoliberale Verurteilung des Sozialstaats, des Poldermodells und des Korporatismus, Bedenken gegenüber der Vernachlässigung alter Gemeinschaftswerte sowie die Angst vor Islamisierung und Immigration. Darüber hinaus sind sie sich einig in ihrer Kritik an einem durch die Linke dominierten Meinungsklima und an einer als homogener und unzugänglicher Block dargestellten politischen Elite. Mit Blick auf das Islam- und Immigrationsthema ist Wilders jedoch inzwischen weiter gegangen, als Fortuyn dies jemals tat, sowohl im Sprachgebrauch und in den Lösungen (das Verbieten des Koran – der „islamische *Mein Kampf*" – und die Einführung einer „Kopflumpensteuer") als auch in der Analyse der Natur des Islams und der Hintergründe der Immigration (Eurabien, Islamofaschismus und Takkiya). Auch hat Fortuyn, im Gegensatz zu Wilders, niemals viel mit der amerikanischen neokonservativen Außenpolitik im Sinn gehabt, während er bei der Bekämpfung von Kriminalität und Terrorismus weniger radikale Lösungen vertrat als Wilders. Dabei muss selbstverständlich angemerkt werden, dass Fortuyn weder die Anschläge auf Bali, in Madrid und in London noch den Mord an Theo van Gogh miterlebt hat. Im Gegensatz zu Wilders hat er darüber hinaus auf dem Gebiet der sozioökonomischen Politik nie eine starke Kehrtwende gemacht, und es ist auch nicht wahrscheinlich, dass er dies gemacht hätte. Der wirtschaftliche Neoliberalismus ist für Fortuyn immer ein absoluter Kernwert geblieben, während Wilders gerade auf diesem Politikfeld ins Gleiten geriet, was zu der Vermutung führt, dass sich sein ökonomischer Neoliberalismus allmählich seiner Angst vor Islamisierung untergeordnet hat. Im Gegensatz zu Wilders ist Fortuyn dann auch viel schwieriger in die Familie der Nationalpopulisten einzuordnen: Die meisten Politikwissenschaftler betrachten ihn in erster Linie als einen liberalen Populisten,[49] was auch immer diese Kategorisierung mit Blick auf die von

---

49 Siehe zu dieser Charakterisierung C. MUDDE, *A Fortuynist Foreign Policy,* in: C. SCHORI LIANG (Hrsg.), *Europe for the Europeans: The Foreign and Security Policy of the Populist Radical Right,* Aldershot 2007, S. 209-221; J. RYDGREN/ J.J.M. VAN HOLSTEYN, *Holland and Pim Fortuyn: a deviant case or the beginning of something new?,* in: J. RYDGREN (Hrsg.), *Movements of exclusion: radical right-wing populism in the Western world,* New York 2005, S. 41-59; A.P.M. LUCARDIE, *Rechts-extremisme, populisme of democratisch patriotisme? Opmerkingen over de politieke plaatsbepaling van de Partij voor de Vrijheid en Trots op Nederland,* in: *Jaarboek Documentatiecentrum Nederlandse Politieke Partijen* (2007). S. 176-190.

ihr nicht erfasste Radikalität oder gar partielle Verfassungsfeindschaft bedeuten mag.

Welchen Kurs Wilders in der kommenden Zeit einschlagen wird, ist zum gegenwärtigen Zeitpunkt unsicher. Die bis heute ambitionierteste politisch-ideologische Arbeit, *Nieuw-Realistische Visie* aus dem Jahr 2006, ist inzwischen stark überholt, und ein neuer, ausführlicherer Text ist nicht nachgekommen. Wilders hat in den vergangenen Jahren mehr denn je Taten sprechen lassen: Sein Film *Fitna,* sein erbostes Verlassen des Parlamentssaals oder der Vorschlag zur Einführung einer „Kopflumpensteuer" haben ihm zwar, zumindest bei einem Teil der Bevölkerung, viel Publizität und Popularität gebracht. Bei potentiellen Regierungspartnern kann er aber nicht unbedingt auf Entgegenkommen zählen.

Der Gegensatz zwischen seiner Popularität in Teilen der Bevölkerung und der zögernden Haltung anderer politischer Parteien wurde nach den Parlamentswahlen vom 9. Juni 2010 offenkundig. Die PVV war mit 15,5 Prozent der Stimmen zur drittstärksten Partei geworden, ein Ergebnis, das viel besser war, als es die Meinungsforscher vorhergesagt hatten. Wilders ließ sofort verlautbaren, dass er – um regieren zu können – zu Kompromissen bereit sei (er ließ seinen Widerstand gegen eine Erhöhung des Rentenalters unverzüglich fallen), aber von den übrigen Parteien wollte nur die VVD unter Mark Rutte mit Wilders verhandeln. Die linken Parteien, aber auch die Christdemokraten, die bei dieser Wahl sehr viele Stimmen verloren hatten, schienen anfangs nicht gewillt zu sein, sich mit der PVV an einen Tisch zu setzen. Da andere Alternativen sich als ebenso wenig lebensfähig erwiesen, beschloss der CDA jedoch nachträglich, Verhandlungen mit der PVV aufzunehmen. Die drei Parteien wählten eine Konstruktion, in der CDA und VVD eine Minderheitskoalition bilden sollten, die im Parlament von der PVV toleriert werden würde. Diese Konstruktion kannte man aus Dänemark, wo die rechtspopulistische DVP ebenfalls eine Minderheitskoalition aus Liberalen und Konservativen toleriert.

Die Parteien haben unter anderem vereinbart, dass sie ihre unterschiedlichen Auffassungen mit Blick auf die Beschaffenheit des Islams respektieren: Während VVD und CDA den Islam als eine Religion betrachten, die folglich die gleichen grundgesetzlichen Rechte besitzt wie andere Religionen, betrachtet die PVV den Islam weiterhin als politische Ideologie. Besonders innerhalb des CDA führten die Verhandlungen zu vielen Spannungen: Verschiedene altgediente Parteimitglieder, darunter die ehemaligen Premierminister Ruud Lubbers (1982-1994) und Dries van Agt (1977-1982), standen einer Zusammenarbeit mit Wilders sehr kritisch gegenüber. Anfang Oktober 2010 präsentierten CDA, VVD und PVV ein Koalitionsabkommen und eine spezielle „Tolerierungsvereinbarung". Besonders in den Bereichen Immigration, Integration und Sicherheit trägt das Abkommen deutlich Wilders' Stempel.

Ob der Koalition ein langes Leben beschert sein wird, ist sehr fraglich. Im Parlament kommt die Regierung selbst mit der Unterstützung durch die PVV nur auf eine sehr knappe Mehrheit (76 der 150 Sitze), die überdies äußerst unsicher ist, da sich zwei CDA-Parlamentarier sehr kritisch über die Zusammenarbeit geäußert haben. In der Ersten Kammer des niederländischen Parlaments (dem niederländischen Senat) hat die Regierung sogar überhaupt keine Mehrheit. Außerdem wird die Koalition vermutlich mehr als einmal mit den extremen Meinungsäußerungen Wilders' zum Islam konfrontiert werden.

Es ist dennoch eher unwahrscheinlich, dass Wilders seine Äußerungen diesbezüglich mäßigen wird, da sie unmittelbar mit seiner Ideologie, aber auch mit seinem Status im In- und Ausland, verknüpft sind. So war er am 11. September 2010 in New York einer der wichtigsten Sprecher bei einer Demonstration gegen den Bau eines islamischen Gebetszentrums in unmittelbarer Nachbarschaft des Ground Zero. Und in Deutschland wurde Wilders am 2. Oktober 2010 herzlich bei einem Treffen der neuen Partei *Die Freiheit – Partei für mehr Freiheit und Demokratie* begrüßt, die sich stark von der *Partij voor de Vrijheid* hat inspirieren lassen. Im eigenen Land ist Wilders wegen seiner harten Kritik am Islam vor Gericht angeklagt: Der Verlauf dieses umstrittenen Prozesses, der Anfang Oktober 2010 begonnen hat, ist noch völlig offen, zumal er neu aufgerollt werden muss, nachdem einem Antrag der Verteidigung auf Befangenheit der Richter stattgegeben wurde. Zu erwarten ist jedoch, dass der weitere Prozessverlauf Einfluss auf die Position der Regierung haben wird.

Die schmale Machtbasis der neuen Koalition wird darüber hinaus ständig unter dem Druck der linken Oppositionsparteien stehen, während auch die ausländischen Schwesterparteien von CDA und VVD die Entwicklungen in den Niederlanden kritisch verfolgen. Bundeskanzlerin Angela Merkel hat die Zusammenarbeit ihrer niederländischen Gesinnungsgenossen mit Wilders bereits als unvernünftig bezeichnet.

Es ist also eine Reihe von Gründen denkbar, warum diese Regierung schnell stürzen wird. Zugleich gibt es auch etwas, das Oppositionsparteien und Regierung miteinander verbindet: die simple Angst, dass die PVV bei Neuwahlen die stärkste Partei wird. Glaubt man verschiedenen Meinungsumfragen im August und September 2010, dann ist diese Angst berechtigt. Wie auch immer, die niederländische Politik, einstmals ein Muster an Ruhe und Harmonie, wird auch in der kommenden Zeit von einem blondierten Unruhestifter aus Venlo dominiert werden, der sagt, er wolle die westliche Welt vor der islamischen Gefahr schützen.

Florian Hartleb

Populismus – zentrales Kennzeichen von Parteipolitik in turbulenten Zeiten?

Grundsätzlich ist Populismus ein Außenseiterphänomen. Ein wie auch immer konstruiertes Establishment bildet den Hauptadressaten des populistischen Protests. Der Populismus zeigt offen seinen Argwohn gegen „die-da-oben", gegen die politische und gesellschaftliche Elite.[1] Im Sinne von Margaret Canovan haben alle populistischen Phänomene in Vergangenheit und Gegenwart zwei Merkmale gemeinsam: die Berufung auf das als homogen konstruierte Volk sowie die anti-elitäre Haltung.[2] Aus dieser Perspektive verwundert es nicht, dass ein eigenständiger populistischer Parteientypus für Bewegungen reserviert ist, die in Frontstellung gegen die herkömmlichen Parteien, wie etwa die Volksparteien christlich-demokratischer oder sozialdemokratischer Provenienz, gerichtet sind.[3] Da die großen Parteien mit Problemen wie sinkender Milieubindung, abnehmendem Wählerzuspruch und allgemeinen Sinnkrisen konfrontiert sind, überrascht es nicht, dass neue Wettbewerber auf den Plan treten. Nach dem Eingang von grünalternativen Bewegungen auf der Grundlage postmaterieller Werteverschiebungen in breite Teile der Gesellschaft lässt sich eine vergleichbare gesellschaftliche Erosion zwar nicht feststellen. Gleichwohl aber steigt die individuell verspürte Unsicherheit im Zuge von zunehmender ökonomischer Globalisierung und kulturellem Gleichklang in allen sozialen Milieus, nur mehr oder weniger stark ausgeprägt. Das führt unweigerlich zu der Frage, welche sinnstiftenden Abgrenzungsrituale die zunehmend interdependenten europäischen Gesellschaften überhaupt vornehmen können und sollen.

Eine akzentuierte, mitunter gar radikale Antwort auf ein derartiges Unbehagen wird von neuartigen populistischen Parteien gegeben, die quer durch Westeuropa, in Österreich, Frankreich, Italien, Belgien, Norwegen, Dänemark, der Schweiz, in den Niederlanden und neuerdings auch in Schweden reüssieren konnten. Öffentlich rücken diese Erscheinungsformen in ein negatives Licht, da sie in Selbst- und Fremdwahrnehmung gegen die politische Korrektheit verstoßen. In der Tat zeichnen sich die Außenseiterparteien durch eine exklusive Politik gegen bestimmte Bevölkerungsgruppen aus, die neben Vorurteilen gegen die „politische Klasse" mit Feindbildern wie Immigranten oder Sozialschwachen hantiert.

---

1 Vgl. die Einführung von F. Wielenga/F. Hartleb in diesem Band.
2 Vgl. M. Canovan, *Populism*, London 1981, S. 13 u. S. 17-288.
3 Vgl. F. Decker, *Der neue Rechtspopulismus*, Opladen 2004; unter Einbeziehung Osteuropas C. Mudde, *Populist Radical Right Parties in Europe*, Cambridge 2007.

Populistische Parteientypen[4], die sich nicht nur von den etablierten Parteien, sondern durch die grundsätzliche Systembejahung auch von klassisch extremistischen Parteien abgrenzen lassen, bedienen Anti-Parteien-Affekte, stehen in Gegnerschaft zum Establishment, neigen zu vorgeschobenen, inszenierten und dadurch medienwirksamen Tabubrüchen, verfügen über eine zentrale Leitfigur, zielen mit einer identitätsstiftenden Wir-Gruppe auf klare Feindbilder, preisen die direkte Verbindung zwischen Volk und Regierenden und stellen ein zentrales Thema in den Mittelpunkt ihrer Agitation. Die von den ‚großen' Volksparteien ausgehende Interessenvertretung, die parlamentarische Repräsentation, erscheint populistischen Formationen als defizitär, weshalb sie häufig aktiv für mehr Demokratie durch Volksbegehren und -abstimmungen eintreten. Argumentativ ist ihnen dabei eine durchaus gefährliche Politik der Simplifizierung zu eigen, mit der sie ihre Politik vermarkten.[5]

Dieser Beitrag versucht zunächst, Populismus im Parteienspektrum der Bundesrepublik zu orten. Der Autor vertritt dabei die These, dass sich Populismus im deutschen Kontext dazu eignet, ganz unterschiedliche Politikertypen zu typologisieren. Erstmalig soll dieser Versuch nun unternommen werden, da der Fall Deutschland erhebliche Eigenheiten im Vergleich zu den westeuropäischen Nachbarstaaten aufweist. Eine alleinige Betrachtung von rechtspopulistischen Herausfordererparteien wäre mangels Relevanz zu kurz gegriffen. Auch gilt es, den Blick auf die Ursachen für die Schwäche von Rechtspopulismus in Deutschland zu lenken. Wie die aktuelle Integrationsdebatte im Zuge des Buches „Deutschland schafft sich ab. Wie wir unser Land aufs Spiel setzen" von Thilo Sarrazin nahelegt, mangelt es grundsätzlich auch in Deutschland nicht an einem Potenzial für erfolgreichen Populismus. Der Populismus konnte sich aber bislang nicht idealtypisch verankern, sieht man von kleineren Ausnahmen ab. Neben diesem personellen Moment besteht die Frage nach neuen Gelegenheitsstrukturen in turbulenten Zeiten, durch Finanzkrisen und eine neue Integrationsdebatte. Am Ende des Beitrags sollen die Wirkungen von Populismus mit der Frage nach einer Kategorie in der politischen Führung anschaulich gemacht werden.

---

4   Vgl. A. ZASLOVE, *Here to stay? Populism as a New Party Type*, in: *European Review* 16/3 (2008), S. 319-336.
5   Vgl. zu diesem Kriterienkatalog für eine populistische Partei (Anti-Partei-Partei, Anti-Establishment-Partei, Partei des gezielten Tabubruchs, Partei einer charismatischen Führungspersönlichkeit, One-Issue-Partei, Plebiszitär ausgerichtete Partei) sowie zu zusätzlichen Kriterien für Rechts- und Linkspopulismus F. HARTLEB, *Rechts- und Linkspopulismus*, Wiesbaden 2004. Zu einer anderen Sichtweise von Populismus als fixe Strömung mit einem bestimmten Verhältnis zum Staat vgl. K. PRIESTER, *Populismus. Historische und aktuelle Erscheinungsformen*, Frankfurt a. M./New York 2007.

Regierungspopulismus?

Wer die Varianten von personellem Populismus in Deutschland nach der deutschen Einheit von 1990 studiert, stößt nach Meinung des Verfassers auf ganz unterschiedliche: Regierungspopulismus, Tabubruch aus der Mitte, charmanter Populismus, Populismus als Racheprinzip sowie eine Mischung aus Popularität und Populismus. Als Kriterium gelten bundespolitische Provenienz und ein vielfach konstatierter Ausweis von Charisma. Hier lohnt ein Rückgriff auf Max Weber, der das Charisma als Eigenschaft wie kein zweiter beschrieb. Ihm zufolge müsse ein erfolgreicher Politiker in der Massendemokratie ein Verantwortungspolitiker sein. Er sollte Machtinstinkt, Verantwortungsgefühl und Augenmaß besitzen, aber auch leidenschaftlich einer überpersönlichen Sache folgen, für die er durch das gesprochene Wort wirbt. Kurzum: Er sollte Charisma haben.[6]

Fraglich ist, welchem Politiker-Imagetyp der Populist eher entspricht. Zwei Einordnungen scheinen grundsätzlich bedenkenswert zu sein: charmanter Führer und Held.[7] Der charmante Führer verfügt über eine große Ausstrahlungs- und Überzeugungskraft sowie enorme rhetorische Fähigkeiten. Der charmante Führer betrachtet Politik als schauspielerischen Akt. So studiert ein Silvio Berlusconi jede Bewegung, Mimik des Lächelns und Gestik vor seinen Auftritten ein. Der Held wiederum setzt sich aus *leadership* und *showmanship* zusammen. Ein Pim Fortuyn, kein Mann aus dem Volk, hatte Talent und Chuzpe. Er, der Individualist, wollte ostentativ um jeden Preis auffallen – mit seinem extravaganten Lebensstil, seiner eleganten Kleidung oder seiner offen zur Schau gestellten Homosexualität. Teilweise entspricht der Werdegang des Populisten nicht den gängigen Politikkarrieren; er ist Quereinsteiger bzw. tritt als solcher auf und kann somit eine Distanzierung vom herkömmlichen Politikertypus erreichen. Er pflegt das Bild eines ‚Anti-Berufspolitikers‘, der aus vorgeblich edlen Motiven zum ‚Politiker wider Willen‘ geworden sei. Nur in dieser Konstruktion kann der personelle Populismus erfolgreich sein.

Populismus wird gerade aus den Reihen der medial unauffälligen Berufs- und Durchschnittspolitiker, denen die besondere Gabe oder Aura fehlt, zum Schimpfwort degradiert. Nach dieser Diktion kann der Populismus-Rüffel selbst populistisch sein, ein demagogischer Ersatz für Argumente.[8] So werden Büroleiter, Generalsekretäre oder Parlamentarische Geschäftsführer im politischen Tages- und Verwaltungsgeschäft in der Verflechtung zwischen Partei und Staat naturgemäß kaum für Menschen mit weitreichenden Ideen, ein-

---

6 Vgl. M. WEBER, *Wissenschaft als Beruf 1917/1919, Politik als Beruf 1919*, Tübingen 1992, S. 252.
7 Vgl. R.-G. SCHWARTZENBERG, *Politik als Showgeschäft. Moderne Strategien im Kampf um die Macht*, Düsseldorf/Wien 1980, S. 19-96.
8 Vgl. R. DAHRENDORF, *Acht Anmerkungen zum Populismus*, in: *Transit. Europäische Revue* 25 (2003), S. 156-163, hier S. 156.

schneidenden Reformvorschlägen oder kraftvollen Visionen schwärmen. Vielmehr sind sie im Hick-Hack des täglichen Termingeschäfts, auch eine Form von Repräsentation, gefangen. Unabhängig von der konkreten Beurteilung zeigen sich realpolitisch häufig die Fallstricke des Charismatikers, die eigene Eitelkeit und das schaulustige Bedürfnis anderer Politiker und der Öffentlichkeit, den Helden vom Denkmal zu stürzen. Der Büroleiter sollte ja gerade kein Visionär sein, er soll „die gegenwärtigen Problemknäuel entwirren."[9]

Eine Art Regierungspopulismus war der Kanzlerschaft Gerhard Schröders zu eigen. Er distanzierte sich von Programmbekenntnissen und Parteiritualen, so dass er im Frühjahr 2004 vom SPD-Parteivorsitz zurücktrat. Freilich ist es schwierig, hier Eigenheiten abzuleiten. Auch die CDU unter Schröders Nachfolgerin Angela Merkel ist ganz auf Pragmatismus und Machterhalt ausgerichtet. Merkel verzichtet als Parteivorsitzende gänzlich auf größere inhaltliche (Flügel-)Debatten und Polarisierungen, so dass die Parteizentrale ihre Entwürfe Merkels nächstem Umfeld aus dem Bundeskanzleramt vorzulegen hat. Das Regieren Schröders hatte dennoch einige Besonderheiten. Es trug Merkmale von permanentem Wahlkampf.[10] Schröder selbst konnte gerade im ‚richtigen' Bundestagswahlkampf von 2002 eine Wende erzielen, indem gezielt Emotionen (Retter in der ostdeutschen Flutkatastrophe) und Stimmungen (Nein zum Irakkrieg) geschürt wurden.

Schröder, der durch seine Biographie glaubhaft den Typus des Aufsteigers verkörperte, nutzte die Möglichkeiten der Mediendemokratie, indem er beispielsweise Regierungserklärungen inszenierte und damit durch das Bild der ‚Chefsachenpolitik' auch Tatsachen schuf. Bundeskanzler Gerhard Schröder galt in seiner Glanzzeit als Medienkanzler, mit dem Talent, öffentlichkeitswirksam Entschlossenheit und politische Führung zu demonstrieren. In der Tat haben moderne Massendemokratien das Bedürfnis, bestimmte Personen mit einem charismatischen Image auszustatten oder bereits vorhandene charismatische Ausstrahlungen mit Hilfe der Medien zu verstärken. Wichtig ist dabei eine Affinität zum Unpolitischen, zum Showgeschäft. Als Beispiele firmieren (kurzatmige) Unternehmensrettungen oder Auftritte in der Sendung „Wetten, dass ...?".

Auch inhaltliche Rochaden waren gängig, bis die umfangreichen Arbeitsmarkt- und Sozialreformen von 2002 und 2003 mit dem Argument der Alternativlosigkeit begründet wurden. Diese nun klare Konturierung sorgte aber bezeichnenderweise gerade für das vorzeitige Ende der Regierungszeit, die Schröder mit einem Coup – dem Stellen der Vertrauensfrage, eine linkspo-

---

9 F. WALTER, *Charismatiker und Effizienzen. Porträts aus 60 Jahren*, Frankfurt a. M. 2009, S. 14.
10 Vgl. K.-R. KORTE, *Populismus als Regierungsstil*, in: N. WERZ (Hrsg.), *Populismus. Populisten in Übersee und Europa*, Opladen 2003, S. 209-222.

pulistische Konkurrenz vor Augen[11] – erfolglos zu vereiteln suchte. Diese Art Regierungspopulismus, verstanden als die Nutzung von mehr Darstellung bei zunehmender Komplexität, hat mit dem originären Begriff des Populismus kaum mehr etwas zu tun. Dieser Aspekt gibt gerade in diesem Zusammenhang durchaus Anlass zur Diskussion über dessen geradezu inflationären Gebrauch im medialen wie im wissenschaftlichen Diskurs.

Populismus als Tabubruch der Mitte: Jürgen W. Möllemann

Populismus hantiert immer auch mit Tabubrüchen und dem vermeintlichen Befreiungsschlag gegen jedwede Political Correctness. Ein beredtes Beispiel aus der jüngeren deutschen Geschichte liefert die zeitweilige Neupositionierung der FDP um Jürgen W. Möllemann im Zuge des Bundestagswahlkampfes 2002.[12] Dass liberale Parteien durchaus ein Konglomerat mit Nationalpopulismus eingehen können, scheinen Beispiele vor allem aus den 1990er Jahren in mehreren europäischen Staaten zu belegen, gerade im Falle der österreichischen FPÖ.[13] In der Tat dachte Möllemann, Chef des mitgliederstärksten Landesverbandes Nordrhein-Westfalen und zugleich stellvertretender Bundesvorsitzender, an eine Erschließung neuer Wählerschichten („Projekt 18"). Als Rechtfertigung galt ihm sein erfolgreicher Medienwahlkampf bei der nordrhein-westfälischen Landtagswahl vom Mai 2000. Freilich ist hier der Begriff des Rechtspopulismus nur unter Vorbehalt zu erwähnen, da Mobilisierungsthemen wie Immigration oder law and order gänzlich fehlten.

Möllemann ging es aber um einen in Deutschland äußerst sensibel behandelten und daher wohl gezielten Tabubruch. Er erweckte durch harsche Kritik an Michel Friedmann, Mitglied des Zentralrats der Juden, den Eindruck, er würde mit antisemitischen Klischees spielen. Schon zuvor hatte Möllemann

---

11 In der Begründung der Vertrauensfrage sagte Schröder mit Blick auf die neue Konkurrenz der Wahlalternative Arbeit & Soziale Gerechtigkeit, welche kurz danach mit der PDS ‚fusionierte', im Bundestag: „Diese Debatte [um die Arbeitsmarktreformen] hat so weit geführt, dass SPD-Mitglieder damit drohen, sich einer rückwärts gewandten, linkspopulistischen Partei anzuschließen, die vor Fremdenfeindlichkeit nicht zurückschreckt." (DEUTSCHER BUNDESTAG, *Stenografischer Bericht, 185. Sitzung*, Berlin 1. Juli 2005).

12 Vgl. F. DECKER/F. HARTLEB, *Populismus auf schwierigem Terrain. Die rechten und linken Herausfordererparteien in der Bundesrepublik*, in: F. DECKER (Hrsg.), *Populismus*, Wiesbaden 2006, S. 191-215, hier S. 203-206.

13 Herbert Kitschelt machte 1995 in seiner renommierten komparatistischen Studie die neoliberale Konzeption als Erfolgsbedingung rechter Flügelparteien in Westeuropa aus. H. KITSCHELT, *The Radical Right in Western Europe. A Comparative Analysis*, Ann Arbor 1995. Erst kürzlich verteidigte Kitschelt seine Position. DERS., *Review Article. Growth and Persistence of the Radical Right in Postindustrial Democracies: Advances and Challenges in Comparative Research*, in: *West European Politics* 30/5 (2007), S. 1176-1206.

mit Jamal Karsli einen grünen Landtagsabgeordneten in seine Fraktion aufgenommen, der schnell zu einer Belastung für die Liberalen wurde. Karsli hatte
das israelische Vorgehen gegen die Palästinenser mit „Nazi-Methoden" etiket-
tiert und die These verbreitet, in Deutschland verhindere der „Einfluss der zio-
nistischen Lobby" jegliche Kritik an Israel. Möllemann verteidigte hingegen
Karsli und bezichtigte Michel Friedmann, durch seine „intolerante und gehäs-
sige Art" mitverantwortlich für den Antisemitismus in Deutschland zu sein.
Nach einer Phase des Bedauerns ließ Möllemann während der Endphase des
Bundestagswahlkampfes in Nordrhein-Westfalen Flugblätter per Postwurf-
sendung verteilen, die die Angriffe aus dem „Antisemitismus-Streit" erneu-
erten. Im Zuge des schlechten Wahlergebnisses von 7,4 Prozent galt Möllemann auch für den Parteivorsitzenden Guido Westerwelle, der das „Projekt
18" lange unterstützte, als Sündenbock.

Möllemann wurde schließlich aus der Bundestagsfraktion ausgeschlossen, musste juristische Ermittlungen wegen Verstöße gegen das Parteiengesetz und Steuerhinterziehung erdulden und trat schließlich gedemütigt aus der
Partei aus. Sein bereits vor dem Erscheinen stark diskutiertes Buch „Klartext.
Für Deutschland", eine Abrechnung auch mit früheren ‚Parteifreunden', ergab
zwar keine konkreten Anlasspunkte für die Gründung einer rechtspopulistischen Partei, aber manche diskutable Äußerungen.[14] Die Frage, ob Möllemann
außerhalb der FDP Aussicht auf ein neuerliches Comeback gehabt hätte, bleibt
durch sein tragisches Ende Spekulation: Kurz nach Aufhebung seiner parlamentarischen Immunität durch den Bundestag und dem Beginn der Durchsu-
chungen seiner Büros und Wohnungen sprang der Politiker am 5. Juni 2003
mit dem Fallschirm in den Tod.

Charmanter Populismus mit Vergangenheit: Gregor Gysi

Die PDS hatte im öffentlichen Meinungsbild ab Mitte der 1990er Jahre – trotz
ihrer kommunistischen Vergangenheit – rasch an Akzeptanz gewonnen.[15] Sie
suchte vor allem in der Person Gregor Gysis, ihres langjährigen Partei- und
Fraktionsvorsitzenden, die Nähe zu den Medien. Gysi war somit die entschei-

14 So äußerte er konkret mit Blick auf Rechtspopulismus: „Die Politiker, Journalisten, Funktionäre und Wissenschaftler, die immer ganz schnell mit dem Knüppel
Rechtspopulismus winken, gehen mit der real existierenden Politik in der Regel
sehr milde um. [...] Die gängige politische Praxis [...] ermittelt mit der Demos-
kopie, was das Volk meint, und redet ihm nach dem Mund. Da Politiker, Journalisten, Funktionäre und Wissenschaftler aber verlernt – oder besser: vergessen
haben, dem Volk aufs Maul zu schauen, drücken sie sich so aus, dass das Volk
sie nicht versteht." (J. MÖLLEMANN, *Klartext. Für Deutschland*, München 2003,
S. 220).
15 Vgl. M. GERTH, *Die PDS und die ostdeutsche Gesellschaft im Transformationsprozess. Wahlerfolg und politisch-kulturelle Kontinuitäten*, Hamburg 2003, S. 36.

dende Figur in der Außenwahrnehmung. Die ‚Lichtgestalt‘ verkörperte gleichzeitig den einfachen Mann aus dem Volk sowie den Intellektuellen, aber auch das Opfer und zugleich als Vertreter einer nun diskreditierten Staatselite den Rächer.[16] Damit fand die PDS auch Akzeptanz im Westen, ohne aber dass diese in größere Wahlerfolge mündete. Viele Menschen aus der alten Bundesrepublik äußerten vielmehr den Ausspruch, Gysi sei ein toller Politiker, allerdings in der falschen Partei.

Die zentrale Schwäche in Gysis Politikverständnis – gleichbedeutend aber eine Stärke mit Blick auf seine öffentliche Attraktivität[17] – ist nach dem Biographen Gysis, dem taz-Journalisten Jens König, der Irrglaube, der Lauf der Welt werde von der Einsicht der historischen Akteure in eine imaginäre Vernunft bestimmt und nicht vom Aushandeln grundsätzlich divergierender Interessen: „Da steckt ein Rest DDR in ihm: die avantgardistische Vorstellung seiner alten Staatspartei, dass es die Vernunft an sich nicht gibt und es nur einer politischen Vorhut bedarf, die diese erkennt und ihr im Namen der herrschenden Klasse zum politischen Durchbruch verhilft. […] Wenn [in den Talkshows] nach der Zauberformel dafür gesucht wird, wie der Untergang der Bundesrepublik verhindert werden kann, ist er ganz in seinem Element.“[18] Seine Vergangenheit wird bei einer solchen Argumentation außen vor gelassen. Gysi war kein SED-Kader im engeren Sinne, hatte aber eine staatsloyale Position inne, auf welche die SED nach Bedarf zurückgreifen konnte. Selbst ein Gysi-freundlicher Biograph konstatiert, dieser habe auf den „Stasi-Verdacht […] bis heute keine überzeugende Antwort gegeben“.[19] Gysi trimmte die Partei erfolgreich auf jugendlich, dynamisch und modern. Seine raffinierte Vorgehensweise lenkte die Öffentlichkeit von Fragen wie nach der SED-Kontinuität oder der Staatssicherheit-Vergangenheit von Parteiprotagonisten ab.

Populismus als Racheprinzip: Oskar Lafontaine

Wer die politische Laufbahn Oskar Lafontaines über einen längeren Zeitraum deutet, den verwundert sein Parteiwechsel von der SPD zur Linksaußenpartei weniger. Als junger aufstrebender Politiker suchte Lafontaine bereits Anfang der 1980er Jahre Nähe zu sozialen Protestbewegungen. Seine öffentlich vorgetragene Kritik galt vor allem der Nachrüstung. 1985 hatte Lafontaine, früh Oberbürgermeister in Saarbrücken geworden, den Status eines politischen Schwergewichts, nachdem er für die SPD eine absolute Mehrheit bei

---

16 Vgl. nur seine eigene Monographie G. GYSI, *Was nun? Über Deutschlands Zustand und meinen eigenen*, Hamburg 2003.

17 Innerhalb der PDS musste Gysi immer wieder um Rückendeckung und Disziplinierung kämpfen.

18 J. KÖNIG, *Gregor Gysi. Eine Biographie*, Berlin 2005, S. 321.

19 EBD., S. 182f.

der Landtagswahl im Saarland geholt hatte. Über die grundsätzliche Ausrichtung einer linken Partei bekannte sich Lafontaine Mitte der 1980er Jahre als Befürworter parteiinterner Flügel mit Blick auf machtpolitische Gelegenheiten. In dieser Zeit wurde Lafontaine ob seines Medien- und Kommunikationstalents vom „Übervater" Willy Brandt zur zukünftigen Leitfigur der Sozialdemokratie auserkoren. Lafontaine übernahm dessen Sinnspruch „mehr Demokratie wagen!": „Eine gute Politik muss [...] die in der Gesellschaft aufkommenden Emanzipationsbestrebungen und -tendenzen aufgreifen und verstärken [...]. Ja, wir müssen mehr Demokratie wagen!"[20]

Nach einer Analyse des pointiert schreibenden Politikwissenschaftlers Franz Walter aus dem Jahr 2002 galt Lafontaine die Partei in erster Linie als Befriedigung seines Ehrgeizes: „Es gab da nichts Preußisches an dem Saarländer."[21] Allerdings sprach Lafontaine sich als exponierter SPD-Politiker auch für Arbeitszeitverkürzung ohne vollen Lohnausgleich und längere Maschinenlaufzeiten auch an den Wochenenden aus, womit er sich den Unmut linker Sozialdemokraten und der Gewerkschafter zuzog. Mehr und mehr begann er, drohende soziale Probleme in den öffentlichen Diskurs einzubringen. Dadurch schaffte er es 1990 zum Kanzlerkandidaten und Herausforderer von Helmut Kohl. Im Wahlkampf selbst schadete ihm aber, dass er trotz seiner populistischen Fähigkeiten keinen richtigen Draht zu den ehemaligen DDR-Bürgern fand oder in der besonderen Situation auch gar nicht finden konnte.[22]

Nach einer Reihe von Affären im Saarland politisch schon abgeschrieben, schaffte er im Herbst 1995 ein fulminantes Comeback, indem er als Überraschungskandidat den glücklosen SPD-Parteivorsitzenden Rudolf Scharping ablöste. Er selbst konnte die Kampagnenfähigkeit der gespaltenen Sozialdemokratie wiederherstellen. Mit Gerhard Schröder bildete er für die Bundestagswahl 1998 eine Doppelspitze, die entscheidend für den Wahlerfolg und den Machtwechsel zu Rot-Grün war. Lafontaine litt dann aber trotz seiner herausgehobenen Position als Finanzminister unter Schröders Glanz in der ‚Kanzlerdemokratie'. Unrühmlich trat er als Minister und Parteivorsitzender zurück. Mit seinem für prominente Politiker typischen Geltungsdrang[23] ließ sich sein Rückzug in das Privatleben jedoch nur schwer vereinbaren. Mehr und mehr suchte er den Weg zurück in die Öffentlichkeit, über Vorträge, Kolumnen in der Bild-Zeitung (mit einer Abrechnung gegen die Politik von Rot-Grün und Gerhard Schröder) und knüpfte zeitgleich immer intensivere Kontakte zu Gregor Gysi. Zunehmend spekulierten Medien über eine Rückkehr Lafontaines

---

20 O. LAFONTAINE, *Die Gesellschaft der Zukunft. Reformpolitik in einer veränderten Welt*, Hamburg 1988, S. 267.

21 F. WALTER, *Die SPD. Vom Proletariat zur Neuen Mitte*, Berlin 2002, S. 222.

22 Vgl. EBD., S. 224f.

23 Siehe zum Thema „Sucht und Politik" sehr plastisch, aus journalistischer Perspektive J. LEINEMANN, *Höhenrausch. Die wirklichkeitsleere Welt der Politiker*, München 2006.

in die Politik. Mit einer reinen ,Ostpartei' PDS hätte er seine Schwierigkeiten gehabt, da er im Zuge des deutschen Einigungsprozesses nur geringen Zugang zu den ostdeutschen Bürgern fand. Mit der neuen Partei WASG als westdeutschen ,Verstärker' sah er seine Möglichkeit, sich exponiert an diesem ,Projekt' zu beteiligen.

Schließlich öffnete sich Lafontaine der Klientel der ehemaligen SED-Kader, zu der er partiell schon vor der Wende Kontakt hatte. Für die Biographie des ehemaligen DDR-Ministerpräsidenten Hans Modrow schrieb er ein Grußwort, wo er diesen huldigt und dessen fehlende Würdigung in der Bundesrepublik geißelt. In seinem Grußwort lobt Lafontaine die Leistungen des SED-Staates, mit großem Verständnis für die diktatorische Führung im Staat, die eingekeilt zwischen der großen Bundesrepublik und der Sowjetunion gewesen wäre und daraus noch – wie er suggeriert – noch „gegen-die-Mächtigen-daneben" das Beste gemacht hätte. Über das Bespitzelungssystem im Staat und die Opfer der Diktatur verliert er kein Wort. Die DDR gilt ihm nun – plötzlich Verklärung artikulierend – als uneingeschränktes Vorbild in sozial- und bildungspolitischer Hinsicht. Ihr Motiv – die Errichtung einer besseren Gesellschaft – sei hochanständig gewesen. Offensichtliche Negativbereiche wie die SED-Diktatur, Bespitzelung der Kollegen, Bevormundung, Zensur, technischer Rückstand, fehlende Reisefreiheit, Versorgungsmängel, verdeckte Arbeitslosigkeit, Leistungsmissbrauch im Sport und ein Verfall der Städte bleiben unerwähnt.[24]

Als Besitzstandswahrer und Lautsprecher des ,kleinen Mannes' beherrschte er die Rolle des populistischen Agitators meisterhaft, wenn er gegen die Reichen oder die abgehobenen ,Hartz-IV-Parteien' wetterte, denen das einfache Volk gleichgültig sei.[25] Dabei griff er bewusst auch auf identitätspolitische Themen der Rechten zurück, etwa in der Einwanderungsfrage. Elektoral machte diese Strategie durchaus Sinn, um „Modernisierungsverlierer" hinter sich zu scharen. Lafontaine vermittelte propagandistisch vornehmlich eine gegen den Status quo gerichtete Negativbotschaft, was ihm zwar nicht die höchsten Beliebtheitswerte (auch im Vergleich zu Spitzenpolitikern der FDP und der Grünen) einbrachte, aber gegenüber der eigenen Klientel als glaubwürdigen Vertreter darstellen ließ. Insbesondere das Sozialstaatsthema eignete sich als Projektionsfläche für materielle Sicherung. Entscheidend für den Erfolg auch im Westen war das Thema der sozialen Gerechtigkeit. Damit wirkte ein propagandistisches Lehrstück: „[Propaganda] muss die Wünsche und Einstellungen ihrer Empfänger genau kennen, und sie muss dem Rezipienten kommunikatives Material anbieten, das dieser individuell weiterverarbeiten und für sich nutzen kann. Propaganda kann demzufolge nicht aus

---

24 Vgl. O. LAFONTAINE, *Grußwort*, in: H. MODROW, *In historischer Mission. Als deutscher Politiker unterwegs*, Berlin 2007, S. 5-7.

25 Vgl. O. LAFONTAINE, *Politik für alle. Streitschrift für eine bessere Gesellschaft*, Berlin 2005.

dem Nichts agieren und völlig neue Themen platzieren. […] Sie ist also ein Medium, in dem Interessen verhandelt werden und sie kann nur Erfolg haben, wenn sie authentische Interessen ,von unten' vertritt."[26] Im Januar 2010 zog sich Lafontaine aber aus der ersten Reihe der Politik zurück. Gründe waren gesundheitliche Probleme und wohl auch fehlende bundespolitische Beeinflussungsperspektiven in machtstrategischer Hinsicht.

Populär = populistisch? Karl-Theodor zu Guttenberg

In die bundesdeutsche Politik hat mit Freiherr Karl-Theodor zu Guttenberg eine Figur Einzug genommen, die, ungewöhnlich für einen deutschen Politiker, offensichtlich Popstarstatus genießt. In den Medien wird er bereits als Reservekanzler gehandelt. Anfang Februar 2009, mitten in der Wirtschafts- und Finanzkrise wurde zu Guttenberg aus der Not heraus in das Bundeskabinett berufen. Zu Guttenberg, mit 37 Jahren jüngster Wirtschaftsminister in der Geschichte der Bundesrepublik, legte damit eine Blitzkarriere hin. Der Aufsteiger vereint zwei scheinbar unvereinbare Größen: authentischer, elitärer Habitus mit feinster Artikulation und Ahnenbiografie einerseits und kommunale Bodenhaftung mit Kontakt zur Basis andererseits.

Sein öffentlich inszeniertes ,Nein' zur staatlich forcierten Opel-Rettung, gegen die Bundeskanzlerin und den SPD-Finanzminister Per Steinbrück, brachte ihm viel Sympathie ein – auch jenseits der CSU und in der Bevölkerung, wo er konstant mit ungewöhnlich hohen Beliebtheitswerten über einen längeren Zeitraum aufwartet. Eine Nebenrolle spielte dabei, dass dieses Nein letztlich vollkommen irrelevant war. Bereits zuvor hatte zu Guttenberg mit einer USA-Reise zu Vertretern des Opel-Mutterkonzerns General Motors eine ausgesprochene, von ausgewählten Journalisten freundlich begleitete Symbolpolitik betrieben, die seine Handlungsfähigkeit demonstrieren sollte. Selbst ein antielitärer Gestus ist ihm nicht fremd. So sagte er: „Es kommt auch in Krisenzeiten immer noch auf jeden einzelnen Euro an. Was mir entscheidend wichtig erscheint, dass, wenn wir von Milliarden sprechen, uns allen klar ist, dass wir von Milliarden Steuergeldern sprechen. Und das ist der Grund, weshalb ich mir bei einigen Punkten eine gewisse bayerische Bockigkeit bewahrt habe, um es mal milde auszudrücken." Diese Art der eigenen Inszenierung erklärt seinen Aufstieg.

Der schnelle Aufstieg ist für die streng hierarchische Partei CSU untypisch, die das ,Hochdienen' über die Nachwuchsorganisation, die verschiedenen Parteigliederungen oder Verwaltungstätigkeiten zum ungeschriebenen Credo hat. Mittlerweile konzentrieren sich die Hoffnungen der krisengebeutelten CSU auf ihn. Er tritt als Quereinsteiger auf, jugendlich-dynamisch wirkend und mit

---

26 T. BUSSEMER, *Psychologie der Propaganda,* in: *Aus Politik und Zeitgeschichte,* B. 11 (2007), S. 19-25, hier S. 25.

großer medialer Präsenz. Talent und spielerische Leichtigkeit scheinen von Natur aus vorhanden. Bei ihm verschmelzen *leadership* und *showmanship*. Zu Guttenberg ist mit Stephanie Freifrau von und zu Guttenberg, geborene Stephanie Gräfin von Bismarck-Schönhausen, einer Ururenkelin Otto von Bismarcks, verheiratet. Mit der attraktiven Frau macht er im Showgeschäft eine gute Figur. Zu Guttenberg gibt sich mit geschliffenen Umgangsformen als ‚neuer Mann' in der Politik, der aus Uneigennützigkeit und von edlen Motiven getrieben zum ‚Politiker wider Willen' wurde. Im neuen Amt als Verteidigungsminister bekam zu Guttenberg die Fallstricke des Charismatikers schnell zu spüren, überstand aber einen parlamentarischen Untersuchungsausschuss allen Unkenrufen zum Trotz. Zu Guttenberg ist populär, nicht per se populistisch, wobei manche Kriterien der populistischen Typenbildung auch auf ihn zutreffen.

Vergleich

Vergleicht man nun die obengenannten Personen und deren ‚personellen Populismus' miteinander, fällt doch auf, dass die vorgestellten Personen ganz unterschiedliche Typen verkörperten und verkörpern. Ein Regierungspopulismus unter Gerhard Schröder zielt auf die medienkompatible Schaffung von pragmatischem Stil mit personeller Handschrift. Immerhin brachte sie ihm seine Wiederwahl ein. Eine Politik, basierend auf sozialpolitischen, unbequemen Prinzipien, stürzte hingegen vor allem seine Partei, die SPD, in eine tiefe Glaubwürdigkeitskrise, die er nicht zu stoppen vermochte. Jürgen W. Möllemann war ein Beispiel dafür, dass eine rechtspopulistische Transformation einer Partei wie der FDP in der Bundesrepublik nur schwer möglich erscheint. Fehlte hier jedwede inhaltliche Ausfüllung, wurde Möllemann mit seiner Politik des Tabubruchs durch antisemitische Klischees schnell zum Außenseiter. Ob er eine neue rechtspopulistische Partei ins Leben gerufen hätte, muss wegen des tragischen Endes Möllemanns Spekulation bleiben.

Zwei charismatische Figuren trugen maßgeblich dazu bei, aus der Ostpartei PDS eine erfolgreiche gesamtdeutsche Partei mit Namen Die Linke zu kreieren. In mancherlei Hinsicht lassen sich die Protagonisten Gysi und Lafontaine mit erfolgreichen westeuropäischen Rechtspopulisten vergleichen. Rhetorischer Aktionismus gerade im Talkshowformat, Medienpräsenz und partielle Anti-Establishment-Orientierung lassen Vergleiche zu. Ein Sonderfall ist der neue Politstar Karl-Theodor zu Guttenberg, der bewusst mit der Aura des eloquenten Anti-Berufspolitikers jongliert und damit Unabhängigkeit verkörpert. Binnen kürzester Zeit stieg er zu einem der beliebtesten Politiker Deutschlands auf, da er auch ein Faible für Symbolpolitik und Entertainment aufweist. Insgesamt ist es nahezu unmöglich, die genannten Charismatiker auf einen gemeinsamen Nenner zu bringen. Schröder und zu Guttenberg eint die Fähigkeit, Politik auch in das Unterhaltungsformat transportieren zu können. Insgesamt deutet diese Typologisierung darauf hin, dass Populismus im deutschen Parteienspektrum eine höchst disparate Erscheinung ist.

Populistische Erscheinungsformen im deutschen Parteienspektrum

Trotz des dramatischen Niedergangs der Volksparteien und der Entstehung eines strukturellen Fünfparteiensystems, das Regierungsbildungen schwieriger macht, blieb der Populismus in der Regel nur eine Nebenströmung. Gerade aber die bayerische Volkspartei CSU konnte durch Anwendung populistischer Strategien lange Zeit eine hegemoniale Stellung bewahren. Mit Schlagworten wie „Laptop und Lederhose" und „Näher am Menschen" vermochte sie ein bayerisches Lebensgefühl auszudrücken, durchaus mit partiell populistisch-antielitärem Gestus.[27] Durch die emotionale Komponente war eine substaatliche, territoriale Mobilisierung der Bevölkerung für die CSU möglich, die selbst in Zeiten des „multi-level-governance" Bestand zu haben schien.[28] Doch auch hier haben sich die Zeiten geändert. Die Landtagswahl 2008 hatte zur Folge, dass die CSU den mit folgender Formel verbundenen Nimbus „Landespolitik gleich CSU-Politik" aufgeben musste und in eine Koalitionsregierung gezwungen wurde. Die starken soziologischen Veränderungen und das Erodieren fester Milieus machen auch vor Bayern nicht halt. So wird es für die CSU immer schwieriger, durch schlichten Appell an das bayerische Lebensgefühl gesamtgesellschaftlichen, schichtübergreifenden Rückhalt zu haben. Ohnehin wird das Phänomen des Populismus diesem Typus der Volkspartei, die auch im Bund zusammen mit ihrer Schwesterpartei CDU Verantwortung übernimmt, nur schwer gerecht.

Klassische rechtspopulistische Parteien hingegen konnten in Deutschland bislang landesweit kaum Erfolge verbuchen, niemals in den Bundestag einziehen. Bislang haben sie noch keine kohärente Mobilisierungsstrategie entwickelt, die theoretisch zwischen der CDU und den klar rechtsextremistischen, nun fusionierenden Parteien NPD und DVU liegen müsste. Für einen kurzen Höhenflug sorgte freilich im Stadtstaat Hamburg die auf das Law-and-order-Thema ausgelegte Schill-Partei. Nachdem sie 19,4 Prozent bei der Bürgerschaftswahl 2001 erreicht hatte, verschwand die Partei, völlig überfordert als Regierungspartner, schnell wieder von der Bildfläche. Der Wahlerfolg lag im

---

27 Vgl. C. WAGEMANN, *Why the Christlich-Soziale Union Only Partially Fulfils the Image of an "Alpine Populist Party"*, in: D. CARAMANI/Y. MÈNY (Hrsg.), *Challenges to Consensual Politics. Democracy, Identity, and Populist Protest in the Alpine Region*, Brüssel 2005, S. 167-186.

28 Vgl. zum gesamten Komplex der territorialen Mobilisierung, E. HEPBURN, *The neglected Nation: The CSU and the Territorial Cleavage in Bavarian Party Politics*, in: *German Politics* 17/2 (2008), S. 184-202.

Wesentlichen an drei Faktoren. Erstens gab es in der Hansestadt durch das Kriminalitätsthema, das die Ängste der Bürger tangierte, eine politische Gelegenheitsstruktur. Der Amtsrichter und Parteigründer Ronald B. Schill war im bürgerlichen Lager akzeptiert und durch den griffigen Beinamen „Richter Gnadenlos" auch medienkompatibel. Schill konnte mit seiner von ihm propagierten Politik der „Zero Tolerance" auch Nähe zum Volk herstellen.[29]

Auf der linken Seite des politischen Spektrums hingegen findet sich auch Populismus, jedoch mit Abstrichen. Deutschland ist dennoch ein gutes Beispiel, dass Populismus nicht automatisch ‚rechts' zu verorten ist. So entstanden die „Grünen" Anfang der 1980er Jahre explizit als antielitäre Protestpartei. Eine der damaligen Köpfe, Petra Kelly, sprach von der „Anti-Partei-Partei"[30]. Dieses Konstrukt blieb freilich nicht von Dauer. Die Grünen haben sich durch parlamentarische Lern- und Reifeprozesse stark gewandelt und den Protestgestus abgestreift. Spätestens nach der deutschen Einheit und der Vereinigung mit den im Bündnis 90 zusammengeschlossenen ostdeutschen Bürgerbewegungen positionierte sich die Partei neu. So distanzierten sich die Grünen endgültig von ihren parlamentskritischen Positionen, die sie in den 1980er Jahren in der Partei noch lautstark vertreten hatten.[31]

Die PDS, als SED-Nachfolgepartei unmittelbare, zunächst unterschätzte Folge der deutschen Einheit, verstand es lange, sich zur Sprecherin der ostdeutschen Bürger zu machen und dabei gegen das „West-Establishment" zu wettern. Nach einer Parteienfusion mit einer gewerkschaftlich geprägten Abspaltung von der SPD im Zuge der vorgezogenen Bundestagswahl 2005 entstand Die Linke, unter wesentlicher Mithilfe der charismatischen Führungspersonen Gregor Gysi und Oskar Lafontaine. Die Linke agiert sehr stark sozialpopulistisch, will das Füllhorn sozialer Gratifikationen ausschütten und verbindet die von ihr instrumentalisierte Forderung nach sozialer Gerechtigkeit und neuen (staatlich geschaffenen) Arbeitsplätzen mit Modernität und Progressivität. Strategisch sieht sich Die Linke selbst als Interessenvertretung der Globalisierungsverlierer, der enttäuschten Sozialstaatsklientel. Dennoch passt auch diese Partei nicht vollständig in das Bild des Populismus, der grundsätzlich pragmatisch, wenig ideologisch ausgerichtet ist. Die Linke steht nach wie vor dogmatisch fest auf den Säulen des Sozialismus. Wer nun starken Populismus in der bundesdeutschen Parteiendemokratie verortet, sei zur Relativierung angehalten. Gerade die rechte Seite erweist sich als immun, obwohl seit geraumer Zeit über Potentiale spekuliert wird. Die Richtung geht, vom Sonderfall Die Linke abgesehen, in eine ‚populismusfreie Zone' – eine Folge von verschiedenen Ursachen.

---

29 Vgl. F. HARTLEB, Schill-Partei, in: F. DECKER/V. NEU (Hrsg.), *Handbuch der deutschen Parteien*, Wiesbaden 2007, S. 374-381.

30 P. KELLY, *Wir sind die Antipartei-Partei*, in: *Der Spiegel*, 14. Juni 1982, S. 47-52.

31 Vgl. L. PROBST, *Bündnis 90/Die Grünen*, in: F. DECKER/V. NEU (Hrsg.), *Handbuch der deutschen Parteien*, Wiesbaden 2007, S. 173-188, hier S. 182.

Gründe für die Schwäche des Populismus in Deutschland

In Deutschland hat sich bislang also noch keine rechtspopulistische Kraft bundespolitischer Provenienz etablieren können. Im europäischen Vergleich lässt sich somit ein abweichender Fall erkennen, da der parteiförmig organisierte Rechtspopulismus in den Kinderschuhen steckt. Seit dem kurzen Höhenflug der Schill-Partei im September 2001 sind nun fast zehn Jahre verstrichen – im Unterschied zu vielen west- und auch osteuropäischen Nachbarländern ohne Duftmarken von rechtspopulistischen Herausforderern. Wie ist dieser Umstand zu begründen? Zieht man vergleichende empirische Analysen zur Frage von Fremdenfeindlichkeit zu Rate, stößt man in Deutschland auf keine entwarnenden Befunde. Die Integration der ostdeutschen Teilgesellschaft brachte vielmehr Modernisierungsverlierer hervor, die Aversionen gegen das Fremde hegen. Fremdenfeindliche Positionen werden aber auch dort nicht öffentlich artikuliert, sondern kommen, wie in Sachsen oder Mecklenburg-Vorpommern, einer Partei wie der NPD zugute, die eindeutig aggressiv-rechtsextremistisch auftritt und sich von den klassischen rechtspopulistischen Parteien Westeuropas deutlich abhebt. Auch Die Linke absorbiert wie früher die PDS manche Proteststimmen von Frustrierten oder subjektiven Einheitsverlieren.

Sicherlich kann für Deutschland mit der politischen Kultur argumentiert werden. Die Schatten der Vergangenheit wirken noch immer nach. Weil der Populismus hierzulande in einem historisch vorbelasteten Umfeld agieren muss, entwickeln die Medien ihm gegenüber Berührungsängste, die einen unbefangenen Umgang verbieten und die Rechtsparteien der ständigen Gefahr aussetzen, in die Nähe des Nationalsozialismus gerückt zu werden.[32] Auch gemäßigte Vertreter würden genau unter die Lupe genommen werden. Ein besonderer Blick richtet sich somit immer auf aktuelle Entwicklungen im europäischen Raum. So werden die Entwicklungen in den Niederlanden genau registriert.

Ein Geert Wilders hätte in Deutschland ohnehin einen schweren Stand. Nachdem ein Berliner CDU-Fraktionsmitglied, René Stadtkewitz, im Oktober 2010 den Niederländer unter zunächst strenger Geheimhaltung über den genauen Ort und Wahrung von Sicherheitsauflagen eingeladen hatte, wurden umgehend öffentliche Proteste laut, Schritte zum Fraktionsausschluss eingeleitet. Die Folge war, dass Stadtkewitz die Gründung einer neuen Partei bekanntgab, die freilich ohne breitere Mitinitiatoren keine großen Erfolgsaussichten hat. Auch andere Herausfordererparteien konnten bislang kein überzeugendes Angebot präsentieren, obgleich Gelegenheitsstrukturen durch die Krise der Volksparteien vorhanden wären.[33] Zudem werden einschlägige Gruppierun-

---

32 Vgl. F. DECKER, *In Hitlers Schatten*, in: *Die Zeit*, 24. Februar 2005, S. 6.
33 Vgl. F. DECKER/F. HARTLEB, *Populismus auf schwierigem Terrain. Die rechten und linken Herausfordererparteien in der Bundesrepublik*, in: F. DECKER (Hrsg.), *Populismus*, Wiesbaden 2006, S. 191-215, hier S. 200-202.

gen schnell unterwandert, da sich Trittbrettfahrer neue Legitimität oder Popularität erhoffen. Selbst die gemäßigt populistische Hamburger STATT Partei, die quasi mit der SPD koalierte, wurde bei ihrer Bundesausdehnung schnell rechtsextrem unterwandert. Zuletzt, vor der Bundestagswahl 2009, wurde die erfolglose Freie Union um die einstige CSU-Rebellin Gabriele Pauli („Gesicht von Edmund Stoibers Sturz"[34]) und Landtagsabgeordnete der Freien Wähler (FW) von Trittbrettfahrern aus dem Rechtsaußenspektrum unterwandert. Ähnliches widerfuhr der Schill-Partei trotz deren starker Abgrenzungsbemühungen zum rechtsextremen Spektrum. Parteipolitisch kennzeichnend für das national-konservative, rechtspopulistische und rechtsradikale Lager ist jedoch bislang seine organisatorische Zersplitterung.

Auch untereinander herrscht Misstrauen durch personelle Querelen, programmatisch-strategische Differenzen und fehlende elektorale Perspektiven. Während es in anderen Ländern gelungen ist, verschiedene Stränge des politischen Protests zu einer gemeinsamen Organisation zusammenzuführen, verlaufen diese Stränge in der Bundesrepublik in Gestalt mehrerer Parteien nebeneinander, die sich ihre Stimmen gegenseitig wegnehmen. Historisch und aktuell zeigt sich die Vielzahl solcher Gruppierungen jenseits der rechtsextremistischen Parteien NPD und DVU: „Bürger in Wut", „Pro Köln", „Republikaner", „Bremen muss leben" um Joachim Siegerist, „Bündnis Arbeit, Familie und Vaterland" um den einstigen sächsischen CDU-Landtagsabgeordneten Henry Nitzsche, früher der „Bund Freier Bürger", nun die Parteigründung des Berliner Wilders-Sympathisanten René Stadtkewitz. Insbesondere die Stadtstaaten erwiesen sich als Nährboden für neue Parteigründungen. Selbst nach Achtungserfolgen (STATT Partei, Schill-Partei) führte die geplante bundesweite Ausdehnung aber zur Zerrreißprobe und schließlich zum Ende aller Ambitionen.

Die großen Volksparteien konnten stets auf eine ökonomische Stabilität der ‚alten' Bundesrepublik verweisen und mit großer schichtenübergreifender Integrationsfähigkeit punkten. Volksparteien galten bis vor kurzem als Garanten wirtschaftlicher Erfolge und sozialstaatlicher Absicherung. CDU und CSU wiesen bislang jede Konkurrenz von ‚rechtsaußen' schnell in die Schranken. Im Zuge der im September 2010 aufkommenden Diskussion um ein fehlendes konservatives Profil der CDU und den theoretischen Chancen einer neuen Partei machte Angela Merkel in ihrer Funktion als Parteivorsitzende einmal mehr deutlich, die Entstehung einer Partei ‚rechts der Union' verhindern zu wollen. Sie sehe sich dabei in der Tradition des ehemaligen CSU-Vorsitzenden Franz

---

34 Der frühere bayerische Ministerpräsident und CSU-Parteivorsitzende Edmund Stoiber kam durch eine zunächst marginale Bespitzelungsaffäre um die Fürther Landrätin Gabriele Pauli in die Kritik. Dadurch setzte eine Dynamik um die von Pauli aufgeworfene Frage einer weiteren Spitzenkandidatur Stoibers ein, die schließlich in den Rücktritt Stoibers mündete.

Josef Strauß, der es immer als Aufgabe betrachtet habe, dass es keine Partei rechts der Union geben dürfe, „die einen radikalen Charakter trage".[35]

Organisatorisch erweist sich die Gründung von neuen Parteien als schwierig. Parteigründungen haben besondere bürokratische Aufwendungen und allgemeine Wettbewerbsnachteile. So erfolgt unter anderem die Wahlzulassung durch den mit Vertretern etablierter Parteien besetzen Bundeswahlausschuss.[36] Als weiteres Hemmnis kann auch die föderale Struktur ausgemacht werden. So wird über Protestbewegungen gegen Moscheebauprojekte in Berlin, Köln oder München mitunter auch überregional berichtet, doch gelingt es ihnen deswegen noch lange nicht, sich von der jeweiligen lokalen Aufmerksamkeit zu einem Bündnis mit bundesweiter Schlagkraft zu entwickeln. Nicht Bundestagswahlen sind Gegenstand von Protest, allein einzelne Landtags- oder die ‚second-order-elections' Europawahlen. Wer die im westeuropäischen Kontext immer virulenter werdende Integrationsthematik betrachtet, stößt auch hier, besonders im Bildungsbereich, auf landespolitische Zuständigkeiten.[37] Personell tat sich seit Franz Schönhuber, früher Fernsehjournalist, kein Protagonist aus dem politischen oder gesellschaftlichen Establishment hervor, der zu einer Parteigründung bereit wäre.

Lässt sich an dieser Stelle empirisch argumentieren? Auch wissenschaftliche Studien versuchen immer wieder, der Frage nach dem Potential von populistischen Rechtsaußengruppierungen auf den Grund zu gehen. Dabei ist dieses Unterfangen schwierig, wenn nicht gar unmöglich. Welchen Erkenntnisgewinn bringt es, wenn eine Studie zum Ergebnis kommt, Personen mit einem geschlossenen rechtsextremen Weltbild wählten zu 30,3 Prozent CDU/CSU, zu 24,8 Prozent SPD?[38] Vielmehr hängt eine Mobilisierung von einem Gemisch aus sicherlich vorhandenen Gelegenheitsstrukturen und einem konkreten Angebot ab. Letzteres scheint aber nicht in Sicht.

---

35 *Merkel: Rechte Partei verhindern*, in: *ntv.de*, 12. September 2010, http://www. n-tv.de/politik/Merkel-Rechte-Partei-verhindern-article1471636.html [2.10.2010].

36 Vgl. J. KÖHLER, *Parteien im Wettbewerb. Zu den Wettbewerbschancen nicht-etablierter politischer Parteien im Rechtssystem der Bundsrepublik Deutschland*, Baden-Baden 2006.

37 Vgl. J. SCHLOEMANN, *Wer hat Angst vorm braunen Mann. Warum sich in Deutschland bisher noch keine starke rechtspopulistische Kraft bilden konnte*, in: *Süddeutsche Zeitung*, 16. September 2010, S. 11.

38 Vgl. O. DECKER/E. BRÄHLER, *Vom Rand der Mitte. Rechtsextreme Einstellungen und ihre Einflussfaktoren in Deutschland*, Berlin 2006. Vgl. auch O. DECKER u.a., *Die Mitte in der Krise. Rechtsextreme Einstellungen in Deutschland 2010*, Berlin 2010.

Neue Gelegenheiten? Turbulente Zeiten durch Kapitalismuskrisen

Lange erweckten die Parteien den Eindruck, mit Blick auf Reformen handlungsfähig zu sein. Erst die im Herbst 2008 einsetzende globale Finanzkrise offenbarte die Handlungszwänge der Politik mit Defiziten, Rekordverschuldung und Mehrbelastung. Der Allmachtanspruch von Politik suggeriert schnelle Lösungen trotz der beschränkten Einflussmöglichkeiten auf Wirtschaftsprozesse. In der Tat: Der Problemkontext dieser Finanzkrise lässt sich also vor dem Hintergrund betrachten, dass es im internationalen Finanzsystem keine oder nur sehr eingeschränkt wirkende Steuerungsinstanzen gibt. Trotz engerer finanzieller Verknüpfungen zwischen den Nationalstaaten und deshalb schnellerer Übertragung von Krisen von einem Land ins andere ist globale Krisenprävention im Bereich der Finanzmärkte nicht vorhanden. Die Industriestaaten sehen sich mit der Frage konfrontiert, ob ihre geballten Kapazitäten noch ausreichen, um temporären Exzessen des von ihnen geschaffenen Phänomens freier Kapitalflüsse einigermaßen Herr werden zu können.[39]

Sämtliche etablierten Parteien forderten nun plötzlich Modelle zur Besteuerung von Finanztransaktionen und machten Banken und ‚globale Finanzkasinos‘ als Sündenböcke aus. Die Gier der Bankmanager und Finanzinvestoren sowie die ‚ungezügelten Märkte‘ wurden parteiübergreifend, fast konsensual von der CDU bis zur Linken für die schärfste Rezession seit dem Zweiten Weltkrieg verantwortlich gemacht. Die Turbulenzen, die nach der spektakulären Pleite der US-Investmentbank Lehman Brothers weltweit die Märkte erschütterten, sind kein Beleg, aber zumindest ein Indikator für ein Systemversagen. Vielmehr wurde die Trennlinie zwischen privaten und staatlichen Aufgaben verwischt – ein klarer Verstoß gegen die Prinzipien der Ordnungspolitik. Schon im Bundestagswahlkampf 2005 hatte der damalige SPD-Parteivorsitzende Franz Müntefering von ‚Heuschrecken‘ gesprochen, die über deutsche Unternehmen herfallen würden – internationale Finanzinvestoren, die auf der Suche nach dem schnellen Geld auch den deutschen Mittelstand entdeckten. Diese eignen sich insofern als Sündenböcke, als sie der populistischen Pauschallogik des ‚wir gegen die-da-oben‘ entsprechen, zumal es zahlreiche reale Anknüpfungspunkte für Missstände im globalkapitalistischen Zeitalter gibt.

Tatsächlich liegt ein gesamtgesellschaftliches Problem darin, dass die Schere zwischen arm und reich auseinandergeht, was Anlass zum Populismus gibt. Neue Armut, Unterschicht, abgehängtes Prekariat – immer wieder diskutieren Politiker und andere Vertreter der Öffentlichkeit, wie man Arbeitslosen, Hartz-IV-Empfängern und bildungsfernen Schichten mehr Chancen bieten kann. Doch es geht nicht nur um Chancen, sondern auch um Ressentiments. So meldete sich im Zuge einer erneuten, durch ein Urteil des Bundesverfas-

---

39 Vgl. H. Enderlein, *Global Governance der internationalen Finanzmärkte*, in: *Aus Politik und Zeitgeschichte,* B. 8 (2009), S. 3-8.

sungsgerichts forcierten Hartz-IV-Diskussion Außenminister Guido Westerwelle zu Wort, um seiner Doppelfunktion als Parteipolitiker und langjähri-
gem Vorsitzenden der FDP gerecht zu werden. Der seriöse Anspruch an einen
Außenpolitiker kontrastierte hier mit dem Schüren von Sozialneid mit Worten von der „spätrömischen Dekadenz". Wörtlich schrieb Westerwelle auf der
Suche auch nach innenpolitischer Profilierung im Februar 2010: „Es scheint
in Deutschland nur noch Bezieher von Steuergeld zu geben, aber niemanden,
der das alles erarbeitet. [...] Die Missachtung der Mitte hat System, und sie
ist brandgefährlich. Wer dem Volk anstrengungslosen Wohlstand verspricht,
lädt zu spätrömischer Dekadenz ein. An einem solchen Denken kann Deutschland scheitern."[40] Diese Aussagen zeigen die zunehmende soziale Kluft, die
im Zuge von Handlungsengpässen nunmehr schwer austarierbar scheint. Von
daher scheint exklusiver Populismus programmiert, der auf die zunehmende
Diversifizierung der Gesellschaft zielt.

Neue Gelegenheiten? Integrationsdebatte von 2010

Eines der erfolgreichsten politischen Sachbücher seit 1945 – mit bislang
650.000 verkauften Exemplaren (Stand 2. Oktober 2010) auf Platz eins der
Bestsellerlisten gelandet – beinhaltet provokante Thesen rund um die Integrationspolitik. Deutschland würde sich durch eine Kombination aus Geburten-
rückgang, wachsender Unterschicht und Zuwanderung aus überwiegend muslimischen Ländern zunehmend selbst gefährden. Das in Räumlichkeiten der
Berliner Bundespressekonferenz prominent vorgestellte Buch trägt die Handschrift des früheren Berliner SPD-Finanzsenators Thilo Sarrazin, der durch
ein breites öffentliches Echo eine bislang in Deutschland kaum bekannte Integrationsdebatte fast nach niederländischem Vorbild forcierte. Das politische
wie gesellschaftliche Establishment fühlte sich umgehend derart herausgefor-
dert, dass sogar Bundeskanzlerin Angela Merkel und Bundespräsident Christian Wulff Unmut und Distanz bekundeten. Auch die SPD tat sich, auch durch
offene Unterstützung der Thesen Sarrazins in der Parteibasis, schwer und lei-
tete schließlich ein Parteiausschlussverfahren ein. Ein Vertreter des politischen
Establishments ist in Deutschland nach einem Tabubruch schnell mit harschen
Protesten konfrontiert.

Sarrazin, vom Habitus her eine sich elitär gebärdende, klassisch huma-
nistisch gebildete Figur mit glänzender Ministerialkarriere, machte im Buch
sogleich auf zwei von ihm sogenannte Tabus aufmerksam: die Debatte um
soziale Belastungen durch Migranten aus nicht-westlichen Kulturen sowie,

---

40 G. WESTERWELLE, *An die deutsche Mittelschicht denkt niemand*, in: *Die Welt*,
   11.2.2010, http://www.welt.de/debatte/article6347490/An-die-deutsche-Mittel-
   schicht-denkt-niemand.html [17.5.2010].

im gleichen Zungenschlag, die familiäre Determiniertheit von Bildung.[41] Die populistische Logik Sarrazins funktioniert mit dem Mittel des gezielten Tabubruchs, kombiniert mit einem exklusiv-diffamierenden Moment. Sarrazin macht sich aber gerade nicht, wie er es nach klassisch populistischer Diktion müsste, zum Sprecher des Durchschnittsbürgers, des ,kleinen Mannes': Er argumentiert, dass Menschen, die vorwiegend körperliche Arbeit verrichten, gar nicht für geistige oder verwaltende Tätigkeiten geeignet seien.[42] Schon 2009 machte er mit despektierlichen Äußerungen gegen Hartz-IV-Empfänger von sich reden.

Im Interview mit der ,Welt am Sonntag' antwortete er auf die allgemeine Frage, ob es eine „genetische Identität" gebe: „Alle Juden teilen ein bestimmtes Gen, Basken haben bestimmte Gene, die sie von anderen unterscheide."[43] Später bezeichnete er seine Behauptung im Rahmen eines zu authorisierenden schriftlichen Interviews selbst als „Riesenunfug", was ebenfalls medial transportiert wurde. Mit einer Provokation kann gleich zweimal der Sprung in die Medien gelingen, einmal beim Bericht über dieselbe, ein weiteres Mal beim Dementi. Die mediale Reaktion ist auf jeden Fall Bestandteil einer erfolgreich durchgeführten und abgeschlossenen Provokation. Gerade die affektiv-motivationale Ebene wird angesprochen, indem Bedrohungsängste oder einfach die Skepsis gegenüber unbekannten Lebensstilen, Werten und kulturellen Erscheinungsformen zum Ausdruck kommen, die auch für den Nichtleser leicht nachvollziehbar sind. So nimmt es nicht wunder, dass offenbar die Wähler aller Parteien den Thesen Sarrazins mehrheitlich zustimmen. Wiewohl sich Sarrazin durch seine genetisch-selektive Argumentation Beifall von ,rechtsaußen' gewiss sein kann, helfen ihm seine sozialdemokratischen Wurzeln, um Glaubwürdigkeit für den Tabubruch zu verkörpern.

Unabhängig vom Einzelfall Sarrazin, der wohl durch fehlende rhetorisch-massenmobilisierende Fertigkeiten und populistische Logik keine antiislamische Protestpartei initiieren könnte, zeigt die Debatte, wie fragil der gesamtgesellschaftliche Konsens auch in Deutschland geworden ist. Der Affekt ,gegen den Islam' firmiert als das stärkste Mobilisierungsmotiv seit langem, vielleicht seit der Asyldebatte in Deutschland Anfang der 1990er Jahre, deren anfängliche Ungelöstheit der Partei Die Republikaner um Franz Schönhuber kurzfristig Auftrieb beschert hatte. Freilich gibt es hier auch reale Versäumnisse, die in fehlender Integration, hoher Kriminalität und der Bildung von Parallelgesellschaften besonders im Segment der muslimischen Zuwanderer nachweisbar sind. Die Sympathien der Bevölkerung für Sarrazin entspringen dem typischen Motiv gemäß „Endlich jemand, der sich traut, der die Wahrheit sagt!". Schon Jörg Haider, in vielerlei Hinsicht Prototyp des erfolgreichen europäi-

---

41 Vgl. T. Sᴀʀʀᴀᴢɪɴ, *Deutschland schafft sich ab. Wie wir unser Land aufs Spiel setzen*, München 2010, S. 9.

42 Eʙᴅ., S. 55.

43 T. Sᴀʀʀᴀᴢɪɴ, *„Ich bin kein Rassist"*, in: *Welt am Sonntag*, 28. August 2010.

schen Rechtspopulisten,[44] warb mit dem Slogan: ‚Er sagt, was wir denken.'
Sarrazin lehnt sich dabei an real existierende diffuse Einstellungen gegenüber
muslimischen Immigranten an, vorhandene Klischees werden bestärkt.

Wirkungen von Populismus

Lässt sich nun eine Trennlinie zwischen Populismus und Nicht-Populismus
ziehen? Genuin populistische Parteien und Politiker neigen zu Tabubrüchen,
die den politischen Diskurs verändern können. Es entsteht ein Hin und Her,
das die populistischen Herausforderer in die Rolle von Agenda-Settern ver-
setzt. Thematischen Einfluss entfalten die Rechtspopulisten im kulturellen
Bereich, insbesondere in der Migrationspolitik. Die kulturellen Fragen werden mit Wertekonflikten überhöht. Daneben ergeben sich hier politische Pro-
filierungsmöglichkeiten, die Wirtschafts- und Sozialfragen nicht mehr bieten.
Auch die grundlegenden gesellschaftlichen Fragen mit Blick auf Abtreibung
und Gleichstellung gleichgeschlechtlicher Partnerschaften scheinen zumindest
in Westeuropa gelöst.

Der große Wertekonflikt ergibt sich mit einem zum clash of civilizations
stilisierten wie simplifizierten Kulturkampf, der mit der Ablehnung von Migranten einhergeht. So firmiert der Islam nach dem 11. September 2001 als
eine globale Bedrohung, als die er besonders in den Niederlanden und Österreich im politischen Diskurs dargestellt wird. Die etablierten Parteien werden
dadurch unter Druck gesetzt. Sie reagierten mit der Verschärfung der Immigrationspolitik. Blickt man auf die Regierungsperformanz der populistischen
Herausforderer, fällt die Wirkung eher bescheiden aus. Gerade als Juniorpart-
ner müssen sich die populistischen Parteien in der Regel zu einem modera-
ten Kurs verpflichten. Leichter fällt es ihnen, in Opposition zu agieren oder
als Unterstützer einer Minderheitsregierung wie in Skandinavien Distanz zur
Regierungspolitik des Establishments walten zu lassen. In den Niederlanden
hat Geert Wilders eine ähnlich komfortable Position: Er hat sich durch ein
Duldungsabkommen mit den Regierungsparteien großen Einfluss gesichert,
trägt aber keine direkte Verantwortung, weil er die Minderheitsregierung nur
‚duldet'. So hat er jederzeit die ‚Exit-Option', sich von der Regierung zu distanzieren und diese zu Fall zu bringen. Für Deutschland bleibt abzuwarten,
wie die von Sarrazin initiierte Integrationsdebatte ausgehen wird.

Sicherlich kommen demokratische Parteien in der Mediendemokratie ohne
gezielten Elektoratspopulismus gar nicht aus. Die Frage nach der Grenze zwischen demokratischer und demagogischer Mobilisierung wird immer umstritten bleiben. Gefährlich wird Populismus aber in diesem Kontext, wenn er

---

44 Vgl. F. HARTLEB, *Nach Haider. Zur Bedeutung der charismatischen Person im
(österreichischen) Rechtspopulismus*, in: *vorgänge. Zeitschrift für Bürgerrechte
und Gesellschaftspolitik* 47/6 (2008), S. 127-137.

direkte Demokratie undifferenziert als Allheilmittel propagiert. Kein Wunder, eröffnen Volksentscheide auch die Möglichkeit, latente Vorurteile demagogisch aufzuheizen und dann durch demokratischen Mehrheitsbeschluss scheinbar legitimieren zu lassen.[45] Damit kann es leicht und unbemerkt zu einer Missachtung oder Unterdrückung abweichender Meinungen kommen. So preisen populistische Bewegungen aller Couleur die Schweiz als Vorbild direkter Demokratie.[46] Unter diesen Bedingungen mündet das zunächst naiv-progressiv, emanzipatorisch und demokratisch anmutende populistische Postulat in gefährliche Stimmungsmache – in der Schweiz selbst. So trug die Schweizerische Volkspartei (SVP) im November 2009 entscheidend dazu bei, den Bau von Minaretten per Verfassung verbieten zu lassen.[47]

Blickt man auf das Berufsbild des Politikers, sticht eine zunehmende Unattraktivität ins Auge. In Deutschland sorgten unlängst zahlreiche Ministerrücktritte (einschließlich der Demission des Staatsoberhauptes) während einer laufenden Legislaturperiode für Diskussion, zumal sie ganz unterschiedlich begründet wurden: mit Amtsmüdigkeit oder schlicht mit besseren Möglichkeiten in der Wirtschaft. Angesichts der herrschenden politischen Malaise im Kontext begrenzter Handlungsspielräume und technokratischer Funktionseliten ist ein aktuelles Beliebtheitsphänomen wie zu Guttenberg durchaus erklärbar: „Wenn die inspirationslosen Generalsekretäre des Klein-Klein ratlos auf der Stelle treten, wenn Bürokraten hilflos verwalten, dann wird der Raum frei für wortmächtige Tribune der Politik."[48] Was den Populisten Zuspruch einträgt, macht sie zugleich anfällig für Misserfolge. Enttäuscht der Charismatiker die Gefolgschaft, die das Engagement für die „kleinen Leute" verlangt, so könnte es mit seinem Führungsanspruch schon bald dahin sein: „Weit kommt man mit dem charismatischen Auftritt auf dem Terrain komplexer Verhandlungsdemokratien in der Regel nicht. [...] Die Aura des Charismatikers schwindet, seine Ausstrahlung verblasst, sein Nimbus zerfällt schließlich. [...] In den Details der praktischen Politik richten sie häufig Unordnung an."[49] Neu ist diese Frage nicht: Auch Politiker wie Willy Brandt oder Franz Josef Strauß hoben sich in der bundesdeutschen Geschichte vom Durchschnittspolitiker ab, da sie durch ihre brillanten rhetorischen Fähigkeiten und intellektuelle Ausstrahlung hervorragend polarisieren konnten.

Moderne westeuropäische Demokratien sind charakterisiert durch eine paradoxe Entwicklung. Zum einen sorgt die zunehmende Komplexität des

---

45 Vgl. F. DECKER, *Parteien unter Druck. Der neue Rechtspopulismus in den neuen Demokratien*, Opladen 2000, S. 335.

46 Vgl. J. HAIDER, *Befreite Zukunft jenseits von links und rechts. Menschliche Alternativen für eine Brücke ins neue Jahrtausend*, Wien 1997, S. 100 u. 109.

47 Vgl. zum Verhältnis zwischen Populismus und direkter Demokratie auch den Beitrag von Frank Decker in diesem Band.

48 F. WALTER, *Die Stunde des Trüffelschweins*, in: *Internationale Politik* 60/6 (2005), S. 56f.

49 EBD.

Mehrebenenregierens dafür, dass die individuellen Gestaltungsmöglichkeiten politischer Eliten deutlich abgenommen haben. Politische Entscheidungen werden zunehmend in Politiknetzwerken und Verhandlungssystemen getroffen. Die politischen Eliten haben durch die Europäisierung jedenfalls erheblich an Entscheidungsfunktion verloren. Dennoch gibt es erstaunlicherweise Personalisierungstendenzen, die durchaus nahelegen, dass die persönliche Handschrift der Spitzenpolitiker innen- und außenpolitische Bedeutung hat. Sogenannte *leader democracies* werden angesichts aktueller politischer Entwicklungen an Bedeutung gewinnen. Mit einem solchen Wandel, der mit Colin Crouch[50] auch als „Postdemokratisierung" bezeichnet wird, geht eine Veränderung der Funktion von politischer Führung einher. Neben Lobbygruppen und den Massenmedien gewinnen starke Führungspersönlichkeiten an Einfluss, da sie das Vertrauen der Bürger für sich gewinnen, divergierende Interessen bündeln und richtungweisende Entscheidungen fällen können – deren Qualität die Wähler im Nachhinein bewerten sollen. Dabei kann Führung dazu beitragen, notwendige politische Entscheidungen zu implementieren und repräsentativ verfasste Demokratien aus der Handlungsunfähigkeit zu befreien, die aus Interessenkonflikten in pluralen Gesellschaften resultiert.[51]

Die in Deutschland lange verpönte Frage nach politischer Führung[52] tritt neuerdings stärker in den Vordergrund, als Frage von personeller Handschrift, Krisenmanagement und möglichst problemorientiertem Handeln. Gerade auf EU-Ebene gilt es, die Frage nach der Möglichkeit visionärer politischer Führung im Umfeld von Polittechnokratie noch überzeugend zu beantworten. Entscheidungen im Kontext der EU werden häufig gegen die vorherrschende öffentliche Meinung mit dem Argument getroffen und verteidigt, die Bürger würden den Wert der Handlungen erwartungsgemäß ex post anerkennen.[53] Daraus lassen sich Fragen von Legitimät und Responsiviät von politischen Entscheidungen trefflich diskutieren.

Noch einmal bleibt festzuhalten: Für die bundesdeutsche Parteiendemokratie ist Populismus kein zentrales Kennzeichen, nur eine Nebenströmung. Bleibt aber die Frage nach zeitlosen sozialdemokratischen oder konservativen Markenkernen innerhalb der kriselnden Volksparteien weiter unbeantwortet, dürfte der Populismus in seinen vielen Facetten Auftrieb und mit dem Verweis auf eine notwendig integrative Identitätsschaffung mitunter sogar Rechtfertigung erhalten. Wer hierfür ein Referenzbeispiel sucht, sollte manch osteuro-

---

50 Vgl. C. Crouch, *Postdemokratie*, Frankfurt a. M. 2009.
51 Vgl. dazu und zum Begriff der leader democracies C. Ritzi/G. S. Schal, *Politische Führung in der „Postdemokratie"*, in: *Aus Politik und Zeitgeschichte* B. 2-3 (2010), S. 9-15, hier S. 9.
52 M. Sebaldt/H. Gast (Hrsg.), *Politische Führung in westlichen Regierungssystemen*, Wiesbaden 2010.
53 Vgl. C. Lord, *Still in Democratic Deficit*, in: *Intereconomics* 43/6 (2008), S. 316-320.

päisches Parteiensystem[54] in der aktuellen Posttransformationsphase oder eben die Niederlande studieren. Immerhin haben Finanzmarktkrise und die aktuelle Integrationsdebatte doch deutlich gezeigt, wie schnell auch in Deutschland tradierte Muster und Sicherheiten ins Schlingern geraten können.

---

54 So für Ungarn M. BARLAI/F. HARTLEB, *Ungarischer Populismus und Rechtsextremismus. Ein Plädoyer für die Einzelfallforschung*, in: *Südosteuropa Mitteilungen* 48/4 (2008), S. 34-51.

Markus Wilp

Die Krise der christ- und sozialdemokratischen Parteien in Deutschland und in den Niederlanden
Entwicklungen, Hintergründe, Perspektiven

Als Frank-Walter Steinmeier am Abend des 27. September 2009 im Willy-Brandt-Haus, der Berliner SPD-Zentrale, das Wort ergriff, hatte er eine schwierige Aufgabe vor sich: Nachdem er seine Partei im zurückliegenden Wahlkampf als Spitzenkandidat angeführt hatte, musste er nun vor den anwesenden Anhängern und Pressevertretern Stellung zum enttäuschenden Wahlergebnis der SPD bei der soeben beendeten Bundestagswahl nehmen. Nur 23 Prozent der Wähler hatten der sozialdemokratischen Partei ihre Stimme gegeben – nie zuvor in der bundesdeutschen Geschichte hatte sie ein derart schlechtes Ergebnis akzeptieren müssen. Gegenüber der letzten Bundestagswahl im Jahr 2005 mussten die Sozialdemokraten Einbußen in Höhe von über 11 Prozent hinnehmen – ein in der Geschichte der Bundesrepublik in diesem Ausmaß beispielloser Einbruch einer Partei zwischen zwei Wahlen. Noch erschreckender stellten sich in Anbetracht der niedrigen Wahlbeteiligung (70,8 %) die absoluten Wählerzahlen dar: Weniger als zehn Millionen Deutsche entschieden sich für die SPD – gegenüber der Wahl im Jahr 1998, die auf den Tag genau elf Jahre zuvor stattgefunden und die Bildung der rot-grünen Koalition ermöglicht hatte, verlor die Partei damit über die Hälfte ihrer Unterstützer. Vor dem Hintergrund dieser Zahlen blieb Steinmeier nichts anderes übrig, als mit betretener Miene von einem bitterem Tag für die deutsche Sozialdemokratie und einer bitteren Niederlage seiner Partei zu sprechen.

Das schlechte Wahlergebnis traf die Sozialdemokraten keineswegs unerwartet: Sowohl bei einigen der vorangegangenen Landtagswahlen als auch bei der Europawahl, die im Juni 2009 stattfand, hatte die SPD bereits empfindliche Niederlagen hinnehmen müssen. Zudem prognostizierten die Umfragewerte in den Monaten vor dem Wahltermin deutliche Verluste voraus. Man hatte in sozialdemokratischen Kreisen jedoch bis zuletzt noch auf eine Wende, wie sie 2002 und 2005 zumindest teilweise gelungen war, gehofft. In beiden Jahren hatte man zwar deutliche Einbußen in der Wählergunst verbuchen müssen (2002: -2,4 %, 2005: -4,3 %), allerdings gelang es im Rahmen der jeweiligen Wahlkämpfe zumindest, noch Schlimmeres zu verhindern. Bedeutsamer war jedoch bei der Bewertung beider Wahlgänge der Umstand, dass man von der Schwäche der Unionsparteien profitieren konnte, die 2002 dazu führte, dass die SPD trotz der eigenen Verluste mit hauchdünner Mehrheit weiterhin die rot-grüne Koalition anführen konnte. 2005 verlief die Wahlniederlage der

Sozialdemokraten dann zumindest glimpflich, weil die von der Union favorisierte Koalition mit der FDP keine Mehrheit erhielt und man sich trotz der erneuten Einbußen somit zumindest mit der Beibehaltung der Regierungsverantwortung trösten konnte.

2009 war dies anders – eine schwarz-gelbe Regierungsbildung war nun möglich und fand nach der Wahl auch rasch statt. Dieser Umstand war jedoch keineswegs einem positiven Abschneiden der CDU/CSU geschuldet, sondern dem Erfolg der FDP, die nie zuvor in der bundesdeutschen Geschichte einen derart großen Wähleranteil für sich verbuchen konnte (14,6 %) und die somit ebenso wie die Linkspartei (mit 11,9 %) und die Grünen (mit 10,7 %) bei der Bundestagswahl 2009 ein Rekordergebnis erzielte. Die Union musste hingegen – und dies wurde in der Berichterstattung kaum hervorgehoben – nach den bereits enttäuschenden Resultaten der Jahre 1998 (35,1 %), 2002 (38,5 %) und 2005 (35,2 %) nun mit 33,8 Prozent ihr schlechtestes Ergebnis seit der Bundestagswahl 1949 hinnehmen. Von diesem Umstand weitgehend unbeeindruckt herrschte im Konrad-Adenauer-Haus am Wahlabend in Anbetracht der Mehrheit für schwarz-gelb eine begeisterte Stimmung und Angela Merkel äußerte sogar die Ansicht, man habe „was Tolles geschafft".

Der Trend, dass vormals große Parteien an Integrationskraft und Attraktivität verlieren, ist nicht nur in Deutschland, sondern auch in verschiedenen anderen europäischen Ländern zu beobachten, wobei die nationalen Kontexte in Anbetracht unterschiedlicher historischer Traditionen, politischer Kulturen und rechtlicher Rahmenbedingungen selbstverständlich voneinander abweichen. Im Folgenden wird ein Vergleich zwischen den Entwicklungen in Deutschland und in den Niederlanden vorgenommen. Ähnlich wie in Deutschland haben auch in den Niederlanden der christdemokratische *Christen-Democratisch Appèl* (CDA) und die sozialdemokratische *Partij van de Arbeid* (PvdA) insbesondere seit Beginn der 1990er Jahre Teile ihrer jeweiligen Anhängerschaft verloren und hierdurch einige historisch schlechte Wahlergebnisse erzielt. Der Paarvergleich erscheint daher von besonderer Relevanz.

Der aktuelle Wahlausgang vom 9. Juni 2010 zeigt deutlich, dass die Krise der Großparteien in den Niederlanden ebenso wie in Deutschland ein bisher unbekanntes Ausmaß erreicht hat. Die Reaktionen auf das Wahlresultat ähnelten den eben beschriebenen vom 27. September 2009 in Deutschland – allerdings mit umgekehrten Rollen. In den Niederlanden war es der seit 2002 amtierende Ministerpräsident Jan Peter Balkenende, der eine Stellungnahme zum desaströsen Abschneiden seines CDA abgeben musste. Nur 13,6 Prozent der Wähler hatten die christdemokratische Partei gewählt – gegenüber der Wahl im November 2006, bei der der CDA mit 26,5 Prozent bereits kein gutes Resultat erzielen konnte, verlor die Partei damit beinahe die Hälfte ihrer Wähler. In Anbetracht dieser verheerenden Niederlage verkündete Balkenende noch am Wahlabend seine Entscheidung, sich von allen politischen Ämtern zurückzuziehen.

Bei der PvdA herrschte eine gänzlich andere Stimmung: Job Cohen, der die Führungsrolle in seiner Partei wenige Monate vor der Wahl übernommen hatte, konnte sich von einer jubelnden Anhängerschaft feiern lassen. Die PvdA war mit 19,6 Prozent der Stimmen nach der rechtsliberalen *Volkspartij voor Vrijheid en Demokratie* (VVD, 20,5 %) zweitstärkste Kraft geworden – in Anbetracht der über lange Zeit weitaus negativeren Umfrageergebnisse und verschiedener Wahlniederlagen wurde dieses Ergebnis von vielen als Erfolg bewertet. Der Umstand, dass das Wahlresultat 2010 in historischer Perspektive überaus kritisch zu bewerten ist – seit 1922 musste die niederländische Sozialdemokratie nur bei einer Parlamentswahl (2002: 15,1 %) einen noch geringeren Stimmenanteil hinnehmen –, fand hingegen nur wenig Beachtung.

Die soeben angesprochenen Wahlergebnisse der Jahre 2009 und 2010 stellen in Deutschland und in den Niederlanden die bisherigen Höhepunkte einer Entwicklung dar, die die politische Landschaft in den zwei Nachbarländern massiv verändert: Die großen Parteien, die über Jahrzehnte die deutsche und niederländische Politik prägten, finden bei den Wählern immer weniger Anklang. Die Misere der Großparteien bei den Wahlen geht in beiden Ländern mit massiven Mitgliederverlusten und fortdauernder Kritik einher, die sich unter anderem auf deren inhaltliche Positionierung und Organisation richtet. Sie hat zur Folge, dass derzeit in beiden Ländern intensiv und kontrovers über neue Koalitionsmöglichkeiten und -erfordernisse diskutiert wird. Die Schwäche der christ- und sozialdemokratischen Parteien trägt zudem dazu bei, dass andere und zum Teil neue Gruppierungen (zumindest für bestimmte Zeit) an Bedeutung gewinnen können und sich die politische Landschaft in den zwei Nachbarstaaten sowohl verändert als auch verkompliziert.

Im Rahmen dieses Beitrags sollen erstens die beiden wichtigsten Indikatoren für die Krise der christ- und sozialdemokratischen Parteien in Deutschland und in den Niederlanden betrachtet werden: ihre sinkenden Wahlergebnisse und ihre schwindenden Mitgliederzahlen. Im Anschluss daran wird den Ursachen nachgegangen, die für die nachlassende Integrationskraft dieser Parteien in Deutschland und den Niederlanden relevant sind. Die Betrachtung beschränkt sich hierbei auf einige, für beide Länder relevante Punkte von besonders hoher Bedeutung. Im dritten Teil sollen dann Perspektiven der Großparteien in beiden Ländern diskutiert werden.[1]

Die Untersuchung des nicht nur in Deutschland und in den Niederlanden, sondern in vielen Ländern Europas zu beobachtenden Abwärtstrends der Groß-

---

1 Hingewiesen sei an dieser Stelle darauf, dass der inhaltlich unscharfe, umstrittene und für eine komparative Betrachtung wenig geeignete Begriff der Volkspartei im Folgenden nicht verwendet wird. Die christ- und sozialdemokratischen Parteien in Deutschland und den Niederlanden werden im Rahmen dieses Beitrags vereinfachend als „Großparteien" bezeichnet. Hierbei ist zu beachten, dass auch diese neutralere Titulierung selbstverständlich deutliche inhaltliche Probleme aufwirft und es zudem (insbesondere im komparativen Kontext) an klaren Abgrenzungskriterien mangelt.

parteien ist für ein Buch, das sich schwerpunktmäßig mit dem Thema Populismus auseinandersetzt, von großer Bedeutung. Die Probleme der großen, etablierten Parteien in vielen Staaten Europas gehen nämlich – wie insbesondere das Beispiel der Niederlande in den letzten Jahren eindrucksvoll dokumentiert – mit Chancen für neue politische Gruppierungen einher, die unter anderem aufgrund ihrer für sich selbst reklamierten Nähe zu „den (einfachen) Bürgern", ihrer demonstrativen Distanz zu den anderen Parteien, ihrer einfachen (und in vielen Fällen provokanten) Antworten auf komplexe Fragestellungen, ihrer starken Personenorientierung sowie ihres Auftretens oftmals als populistisch bezeichnet werden.[2] In Deutschland, wo die rechtlichen Rahmenbedingungen und die politische Kultur den Aufschwung entsprechender Gruppierungen stärker behindern, blieben Erfolge von Politikern wie Pim Fortuyn oder Geert Wilders bisher aus. Im Folgenden wird jedoch gezeigt werden, dass die gesellschaftlichen und politischen Veränderungen, die zur Krise der christ- und sozialdemokratischen Parteien beigetragen haben, nicht nur in den Niederlanden, sondern auch in der Bundesrepublik Nährboden für Populismus sein können.

Indikatoren der Krise

Wahlergebnisse der Großparteien in Deutschland und den Niederlanden

Die nach dem Krieg neugegründeten Unionsparteien und die traditionsreiche SPD prägten die Entwicklungen der bundesdeutschen Politik in den letzten sechzig Jahren in bestimmender Weise. Dieser Umstand wird unter anderem dadurch dokumentiert, dass sie aus den bisher siebzehn Bundestagswahlen stets als mit deutlichem Abstand stärkste Kräfte hervorgingen, wobei sich die Kräfteverhältnisse zwischen den Großparteien mehrfach verschoben. Bei der ersten Bundestagswahl im Jahr 1949 erhielten CDU, CSU und SPD gemeinsam etwa 60 Prozent aller Stimmen. Dieser Wert stieg in der Folgezeit – zunächst begünstigt durch die Wahlerfolge der Union und dann auch der SPD – auf über 90 Prozent in den Jahren 1972 und 1976. Unter anderem bedingt durch das Aufkommen der Grünen verloren die deutschen Großparteien im Lauf der 1980er Jahre an Unterstützung, bei der letzten nur in Westdeutsch-

---

2 Der Populismus-Begriff wird sowohl in Deutschland als auch in den Niederlanden uneinheitlich definiert, zudem findet er nicht nur im öffentlichen Gebrauch, sondern auch in der wissenschaftlichen Forschung häufig in simplifizierender Weise Verwendung. In diesem Beitrag werden die oben genannten Punkte als wesentliche Kennzeichen populistischer Gruppierungen angesehen. Wichtig ist, dass eine klare Trennung zwischen populistischen und nicht-populistischen Parteien in der Realität kaum möglich erscheint, die Unterschiede vielmehr graduell sind und die jeweilige Bewertung stark von den Analyseschwerpunkten und den verwendeten Bewertungskriterien abhängt.

land abgehaltenen Wahl im Jahr 1987 erreichten sie gemeinsam ein Ergebnis von rund 80 Prozent. Unter den veränderten Bedingungen des vereinten Deutschlands büßten die Großparteien zunächst nur leicht an Bedeutung ein, bei den ersten vier gesamtdeutschen Wahlen (1990 bis 2002) erzielten sie zusammen einen Stimmanteil von jeweils 76 bis 78 Prozent. Bei den Bundestagswahlen 2005 und 2009, bei denen sich durch die Erfolge der Linkspartei endgültig ein Fünfparteiensystem in der deutschen Politik etablierte, mussten beide Großparteien dann deutliche Verluste hinnehmen. Ihr gemeinsamer Wählerstimmenanteil sank 2005 auf unter 70 Prozent. Dieser Wert verringerte sich 2009 durch die Verluste der Union und vor allem durch die heftigen Einbußen der SPD auf 56,8 Prozent; er lag somit noch niedriger als bei der ersten Bundestagswahl im Jahr 1949.[3]

Abb. 1: Wahlergebnisse der Großparteien in Deutschland

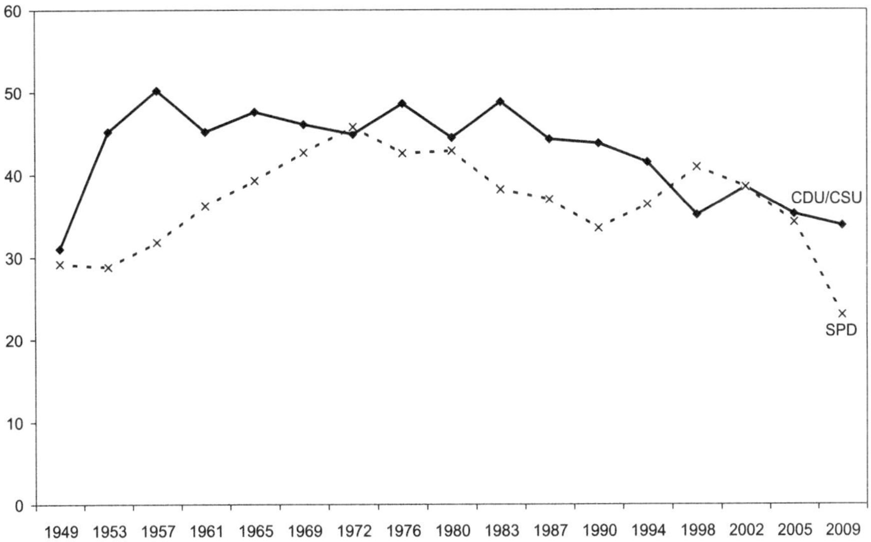

Quelle: Eigene Darstellung

---

3   Hingewiesen sei hier auf einige regionale Unterschiede: In Ostdeutschland, wo die Linkspartei 2009 28,5 % der Stimmen erhielt, lag der Wert für die Großparteien sogar bei unter 50 %. In Bayern musste die CSU große Verluste hinnehmen; sie erzielte mit 42,7 % ein historisch schlechtes Wahlergebnis. Vgl. hierzu: E. JESSE, *Die Volksparteien nach der Bundestagswahl 2009 – gravierende Symptome einer Krise*, in: *Politische Studien* 428 (2009), S. 38f.

In Anbetracht unterschiedlicher historischer Erfahrungen, einer anderen politischen Kultur sowie voneinander abweichender Wahlrechtsbestimmungen unterscheidet sich das niederländische Parteiensystem traditionell deutlich vom deutschen. Vor allem trägt die Anwendung einer sehr niedrigen Sperrklausel in den Niederlanden wesentlich dazu bei, dass bei jeder Wahl weitaus mehr Parteien der Einzug in das Parlament gelingt.[4] Derart hohe Wahlergebnisse, wie sie die Union und die SPD in der Bundesrepublik oftmals erzielten, sind in den Niederlanden auch vor diesem Hintergrund nicht zu beobachten: Das beste Ergebnis einer niederländischen Partei nach Einführung des allgemeinen Wahlrechts zu Beginn des 20. Jahrhunderts erreichte der CDA im Jahr 1989, als er von 35,3 Prozent der Wähler unterstützt wurde.[5]

Trotz dieser Unterschiede sind mit Blick auf die Positionen der christ- und sozialdemokratischen Parteien Gemeinsamkeiten zu konstatieren: Auch in den Niederlanden haben die PvdA, die mit ihrer vornehmlich sozialdemokratischen Ausrichtung die Nachfolge der vor dem Krieg aktiven *Sociaal Democratische Arbeiders Partij* (SDAP, gegründet 1894) antrat, und der CDA, der 1980 aus dem Zusammenschluss der protestantischen *Anti-Revolutionaire Partij* (ARP, gegründet 1879), der ebenfalls protestantischen *Christelijk Historische Unie* (CHU, gegründet 1908) und der katholischen *Katholieke Volkspartij* (KVP, gegründet 1945, Nachfolgeorganisation der 1926 gegründeten *Rooms-Katholieke Staatspartij*, RKSP) entstand, die Geschicke des Landes in entscheidender Weise geprägt und bei jeder Wahl einen großen Teil der Wähler an sich binden können.[6] Nach der Einführung des allgemeinen Wahlrechts im Jahr 1917 wurden die drei konfessionellen Parteien ARP, CHU und RKSP gemeinsam mit der SDAP bis zum deutschen Überfall im Jahr 1940 bei jeder

---

4   Bei den Wahlen zur Zweiten Kammer des niederländischen Parlaments, die sich aus 150 Abgeordneten zusammensetzt, findet das Verhältniswahlrecht Verwendung. Um den Einzug in das Parlament zu schaffen, müssen die Gruppierungen 1/150 (entspricht 0,667 %) der abgegebenen Stimmen erhalten – bei der Wahl im Jahr 2010 benötigte man somit knapp 63.000 Wähler für ein Mandat. Durch diese niedrige Hürde gelingt in den Niederlanden stets deutlich mehr Parteien der Einzug in das Parlament als in Deutschland: Nach den letzten beiden Wahlen 2006 und 2010 setzte sich die Zweite Kammer aus jeweils zehn Fraktionen zusammen.

5   Die PvdA erhielt im Zeitraum von 1956 bis 1989 wiederholt über 30 % der Stimmen. Ihr bisher bestes Ergebnis stammt aus dem Jahr 1977, als 33,8 % der Wähler sie wählten.

6   Der große Einfluss der hier thematisierten Parteien kann unter anderem daraus ersehen werden, dass der niederländische Ministerpräsident seit nahezu hundert Jahren stets aus den Reihen des CDA bzw. einer seiner Vorgängerorganisationen oder aus den Reihen der PvdA stammt. Nach der Wahl 2010 werden die Niederlande das erste Mal seit 1918 von einem liberalen Ministerpräsidenten, Mark Rutte von der *Volkspartij voor Vrijheid en Democratie* (VVD), regiert. Ausführliche Informationen zu den politischen Entwicklungen in den Niederlanden finden sich bei: F. WIELENGA, *Die Niederlande. Politik und politische Kultur im 20. Jahrhundert*, Münster 2008.

Abb. 2: Wahlergebnisse der Großparteien in den Niederlanden

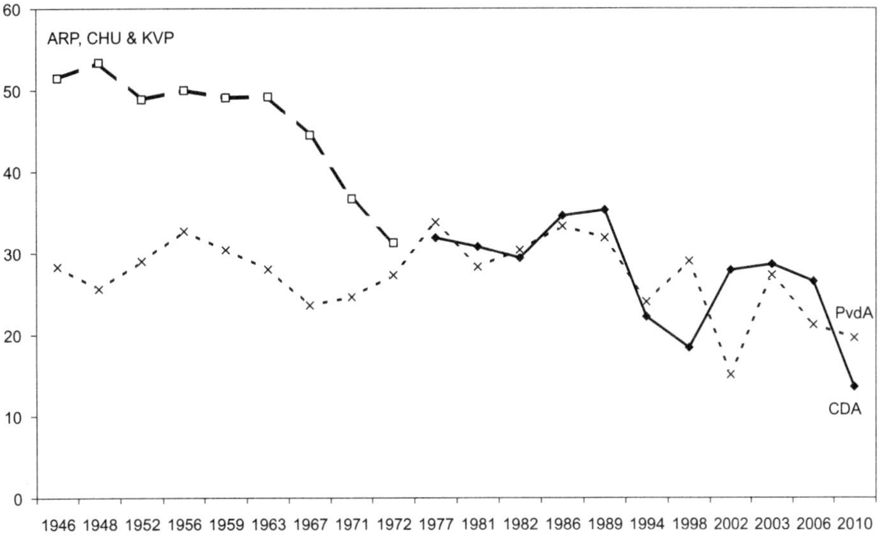

Quelle: Eigene Darstellung

Wahl von 70 bis etwa 75 Prozent der Wähler unterstützt. Bei den ersten Wahlen nach dem Krieg erhöhte sich dieser Wert, vor allem durch Wahlerfolge der PvdA, auf circa 80 Prozent. Im Zuge gesellschaftlicher Umbrüche, auf die im Folgenden noch näher eingegangen wird, verringerte sich der Stimmenanteil vor allem der konfessionellen Parteien bei den Wahlen ab 1967 deutlich. Die sinkenden Wahlergebnisse bildeten einen entscheidenden Grund für den Zusammenschluss der konfessionellen Kräfte zu einer christdemokratischen Partei.[7] Gemeinsam mit den Sozialdemokraten erhielten die konfessionellen Parteien bzw. erhielt der neugegründete CDA bis Ende der 1980er Jahre jeweils zwischen knapp 60 und 70 Prozent der Stimmen. Bei der Wahl 1994 verloren der CDA und die PvdA dann aus verschiedenen Gründen deutlich an Unterstützung, ihr gemeinsames Ergebnis lag erstmals unter 50 Prozent der Stimmen.[8] Auch bei den folgenden Wahlen lag dieser Wert – mit der Aus-

---

7 Das gemeinsame Wahlergebnis der drei konfessionellen Parteien lag bei jeder Wahl im Zeitraum zwischen 1918 und 1963 zwischen 48,9 und 54,5 Prozent. Dieser Wert verringerte sich bei den nachfolgenden Wahlen deutlich: Bei der Wahl 1972 erhielten ARP, CHU und KVP zusammen nur noch rund 30 Prozent der Stimmen, was zum Zusammenschluss der Gruppierungen zum CDA beitrug.

8 Während der 1980er Jahre hatte der CDA als Regierungspartei mit dem erfolgreichen Ministerpräsident Ruud Lubbers und die PvdA als Oppositionspartei gute Ergebnisse erzielt. Nachdem beide Parteien sich 1989 zu einer Koalition zusammenschlossen, führten die vorgenommenen bzw. geplanten Kürzungen im Sozialsystem ebenso wie personelle Faktoren und innerparteiliche Probleme zu den Stimmenverlusten beider Parteien im Jahr 1994.

Abb. 3: Gemeinsame Wahlergebnisse der Großparteien in Deutschland und den
        Niederlanden

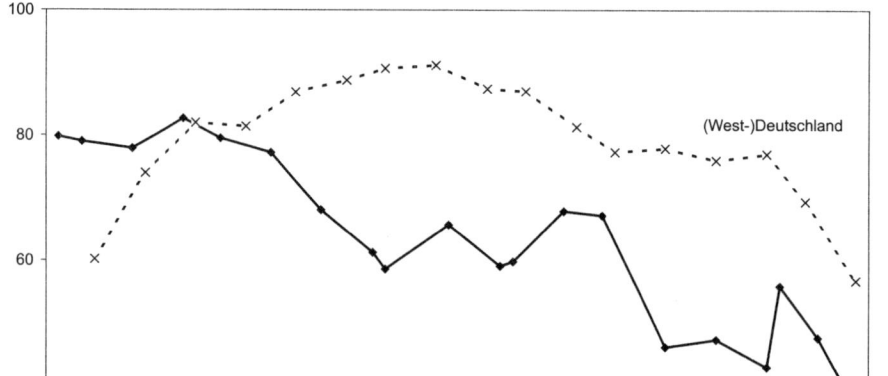

Quelle: Eigene Darstellung

nahme der Wahl 2003 – ungefähr auf einem ähnlichen Niveau, wobei sich
zwischen den Wahlen zum Teil große Verschiebungen zwischen den einzelnen
Parteien ergaben.[9] Die Wahl 2010 führte dann zu einem Negativrekord: Nur
noch ein Drittel der niederländischen Wähler gab seine Stimme für eine der
beiden Großparteien ab, die ihre traditionell starke Stellung im Parteiensystem
somit aktuell nicht mehr innehaben.[10]

In der Abbildung 3 werden die Stimmenanteile dargestellt, die die christ-
und sozialdemokratischen Parteien in Deutschland und den Niederlanden bei
den Wahlen nach 1945 gemeinsam erhalten haben. Das Schaubild zeigt in
Bezug auf die Bundesrepublik deutlich, dass die Großparteien in den ersten
Jahrzehnten der Nachkriegszeit eine außerordentlich erfolgreiche Entwicklung
durchlaufen haben, ihre Bedeutung sich jedoch anschließend zunächst langsam
und – nach einer gewissen Zeit der Konstanz – bei den letzten beiden Wahlen
drastisch verringerte. Seit 1998 haben somit auch weder die Union noch die
SPD bei einer Wahl mehr als 40 Prozent der Stimmen erhalten. In den Niederlanden stellt sich die Entwicklung einerseits anders dar: Der seit Anfang

---

9   Eine Auswirkung der schwachen Wahlergebnisse des CDA und der PvdA seit der
    Wahl 1994 besteht darin, dass eine vermeintlich „große Koalition" aus Christ- und
    Sozialdemokraten in den Niederlanden in der Regel über keine Mehrheit verfügt.
10 Weitere Informationen zum Wahlergebnis vom 9. Juni 2010 sind zu finden unter
    www.kiesraad.nl, Umfrageergebnisse und Analysen für die Zeit vor und nach der
    Wahl sind online unter anderem auf den Seiten www.peil.nl, www.politiekebaro
    meter.nl und www.niederlandenet.de einzusehen.

des 20. Jahrhunderts stabile Wähleranteil der konfessionellen und sozialdemokratischen Parteien verringerte sich bereits ab Anfang der 1960er Jahre deutlich und liegt seither stets weit unter dem der deutschen Schwesterparteien. In Bezug auf die aktuellen Entwicklungen ist auf der anderen Seite eine Parallele zu erkennen: Auch in den Niederlanden mussten die Großparteien bei den letzten Wahlen zum Teil deutliche Verluste hinnehmen, die auch hier dazu führen, dass die aktuelle Position dieser Parteien im Parlament so schwach ist wie niemals zuvor.

Hinsichtlich des Vergleichs zwischen beiden Ländern ist auf einen weiteren Punkt hinzuweisen: Die Abstände zu den anderen Parteien sind in den Niederlanden niemals so groß gewesen wie in Deutschland. Während in Deutschland die Union und die SPD trotz ihrer aktuellen Verluste noch deutlich mehr Stimmen als ihre politischen Konkurrenten erhalten haben, stellt die PvdA derzeit im niederländischen Parlament nach der VVD nur die zweitgrößte Fraktion. Der CDA wurde bei der letzten Wahl sogar nur viertstärkste Kraft – das erste Mal seit Einführung des allgemeinen Wahlrechts im Jahr 1917 verfügen somit aktuell weder der CDA bzw. eine seiner Vorgängerorganisationen noch die PvdA über die stärkste Fraktion im niederländischen Parlament. In den Niederlanden erzielte mit dem CDA zuletzt 1989 eine Partei mehr als 30 Prozent der Stimmen, bei der letzten Wahl wurden sowohl die Christ- als auch die Sozialdemokraten von weniger als 20 Prozent der Wähler unterstützt.

Zu den Mitgliederzahlen der Großparteien in beiden Ländern

Als Parameter für die Verankerung politischer Parteien in der Gesellschaft werden häufig deren Mitgliederzahlen herangezogen. Im Folgenden sollen daher die Mitgliederentwicklungen der deutschen und niederländischen Großparteien in knapper Form beleuchtet werden, um Aufschluss über die Entwicklung ihrer Organisationsstärke zu gewinnen.[11] Die Mitgliederzahlen der deutschen Großparteien waren in den ersten Jahren nach Gründung der Bundesrepublik zunächst durch erhebliche Schwankungen gekennzeichnet. Anfang der 1960er Jahre setzte dann sowohl bei der SPD als auch bei der CDU ein deutliches Mitgliederwachstum ein, das dazu führte, dass die SPD zeitweise

---

11 Die erforderlichen Daten für Deutschland wurden für den Zeitraum bis 1989 der Homepage der Bundeszentrale für politische Bildung entnommen. Sie sind einzusehen unter www.bpb.de/thcmcn/8KGEUS,0,0,Parteien_im_Vergleich.html. Hinzuweisen ist darauf, dass die Datenbasis gewisse Lücken aufweist, die sich allerdings auf die erste Zeit nach 1945 begrenzen. Die Mitgliederzahlen der deutschen Parteien im Zeitraum von 1990 bis 2008 wurden nachvollzogen bei: E. JESSE, *Die Volksparteien nach der Bundestagswahl 2009 – gravierende Symptome einer Krise*, S. 41. Die Daten für die Niederlande wurden von der Homepage des Documentatiecentrum Nederlandse Politieke Partijen (DNPP) an der Universität Groningen übernommen. Sie stehen im Internet unter http://www.rug.nl/dnpp/themas/lt/index zur Verfügung.

über eine Million und die CDU über 700.000 Mitglieder hatte. Seit der Wiedervereinigung ist bei beiden Parteien ein bis heute andauernder, rapider Mit-
gliederverlust zu beobachten, der im Ergebnis dazu geführt hat, dass die sozialdemokratische Partei in den letzten zwanzig Jahren über 420.000 Mitglieder verloren hat. Auch die Mitgliederbasis der CDU verkleinert sich seit 1990
kontinuierlich, im Jahr 2008 gehörten ihr nur noch knapp 530.000 Personen
(1990: ca. 790.000) an. Da sich die Geschwindigkeit und der Umfang der Mitgliederverluste bei der CDU allerdings geringer darstellen als bei der SPD, ist
sie seit einigen Jahren die mitgliederstärkste Partei in Deutschland.[12]

Abb. 4: Mitgliederzahlen der deutschen Großparteien im Zeitverlauf

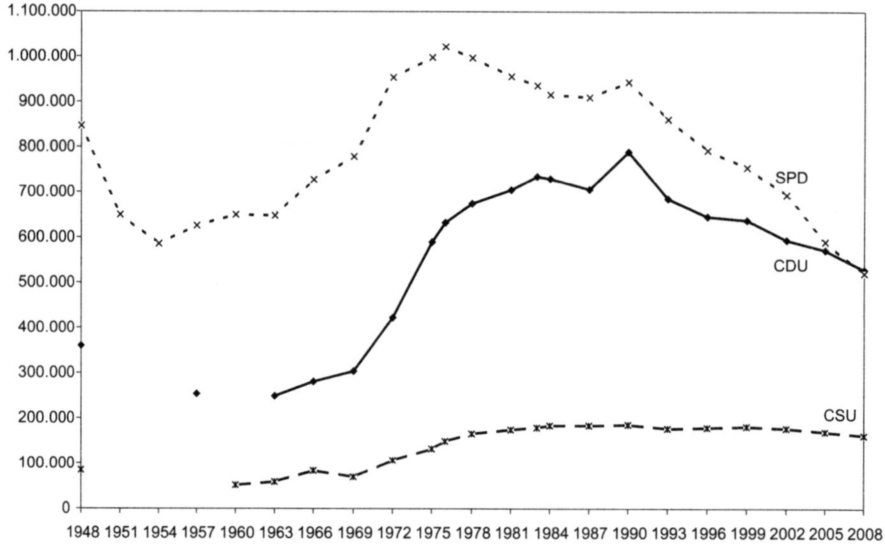

Quelle: Eigene Darstellung

In den Niederlanden verloren die konfessionellen Parteien ab Anfang der
1960er Jahre massiv an Mitgliedern. Die Mitgliederzahl des CDA lag bei seiner Gründung im Jahr 1980 bei rund 160.000 Personen. In der Zeit danach
ist ein nahezu kontinuierlicher Abwärtstrend zu beobachten, der über etwa
25 Jahre andauerte. Seit 2006 bewegt sich die Mitgliederzahl des CDA auf

---

12 In Bezug auf die Struktur der Mitgliedschaft ist wichtig festzuhalten, dass die
   CDU und die SPD in den fünf neuen Bundesländern einen weitaus geringeren
   Organisationsgrad als in Westdeutschland aufweisen und zudem in beiden Partei-
   en bestimmte Bevölkerungsgruppen kaum vertreten sind. Die Mitgliederzahl der
   CSU stieg – wie die Abbildung 4 ebenfalls zeigt – zu Beginn der 1980er Jahre
   auf über 180.000 Personen an. In den nachfolgenden Jahrzehnten verlief die Entwicklung dann, anders als bei der SPD und der CDU, relativ konstant, erst in den
   letzten Jahren hat die CSU einen Teil ihrer Mitgliedschaft einbüßen müssen.

einem recht konstanten Niveau, zu Beginn des Jahres 2010 gehörten ihm circa 67.600 Personen an. Bei der PvdA verlief die Mitgliederentwicklung in den ersten Nachkriegsjahrzenten wechselhaft. Ende der 1980er Jahre setzte ein bis Mitte der 1990er Jahre andauernder Abwärtstrend ein, in dessen Verlauf sich die Mitgliederzahl der Partei nahezu halbierte. Nachdem sich die Daten anschließend bei leichten Schwankungen auf einem recht ähnlichen Niveau bewegten, sank die Mitgliederzahl der PvdA in den letzten Jahren auf etwa 54.500 Personen im Jahr 2010.

Abb. 5: Mitgliederzahlen der niederländischen Großparteien im Zeitverlauf

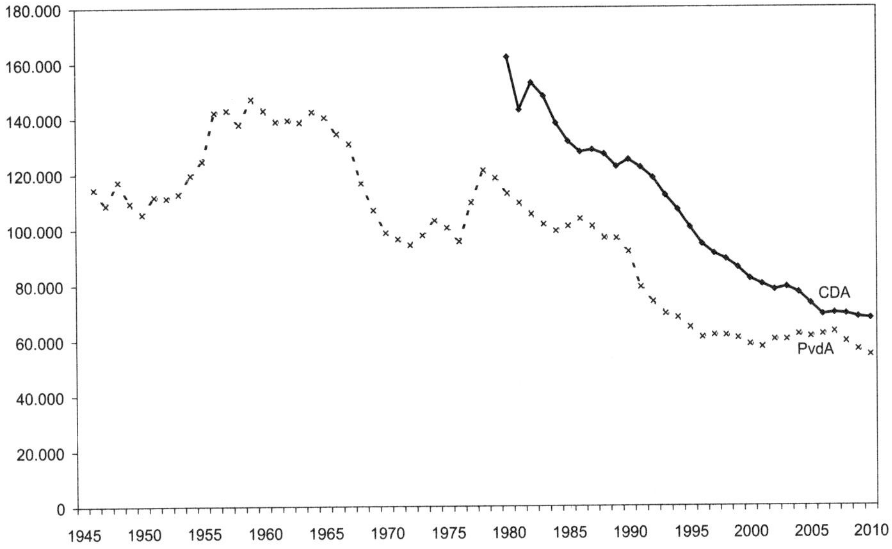

Quelle: Eigene Darstellung

Beim Vergleich beider Länder stellt man fest, dass die deutschen und nieder-ländischen Großparteien gegenüber ihren Hochzeiten einen signifikanten Mit-gliederrückgang erlebt haben. Gegenüber der Situation zu Beginn der 1980er Jahre verloren in Deutschland CDU, CSU und SPD über ein Drittel ihrer Mit-gliedschaft, wobei die SPD von den Mitgliederverlusten wesentlich stärker betroffen ist als die Unionsparteien. In den Niederlanden sank die Mitglieder-zahl der Großparteien in diesem Zeitraum von dreißig Jahren sogar um weit über die Hälfte. Sowohl in Deutschland als auch in den Niederlanden weisen die traditionellen Großparteien trotz der soeben kurz angesprochenen Entwick-lungen weiterhin die höchsten Mitgliederzahlen auf. Es ist zudem darauf hin-zuweisen, dass der Organisationsgrad der Parteien in beiden Ländern grund-sätzlich rückläufig ist, somit auch viele anderen Parteien Mitgliederverluste hinnehmen mussten. Die hohen Rückgänge bei den Großparteien sind jedoch trotzdem in ihrem Umfang exzeptionell, vor allem wenn man sich vergegenwärtigt, dass in beiden Ländern auch Parteien existieren, deren Mitgliederzahl in der letzten Zeit gestiegen bzw. zumindest konstant geblieben ist.[13]

Hintergründe der Krise

Zur Veränderung der deutschen und niederländischen Wählerschaft

Die gesellschaftlichen Umbrüche der letzten Jahrzehnte und die aus diesen Umbrüchen erwachsenden Folgen bilden eine zentrale Erklärung dafür, dass die christ- und sozialdemokratischen Parteien in Deutschland und in den Niederlanden heute nicht mehr die starke Integrationskraft von früher besitzen. Die Großparteien in beiden Ländern konnten lange auf umfangreiche Stammwählerschaften vertrauen, die auf der Grundlage fester Parteibindungen mit großer Regelmäßigkeit und Selbstverständlichkeit für sie stimmten. Im Fall der christdemokratischen bzw. konfessionellen Parteien waren dies Wähler, die sich auf der Basis ihrer religiösen Orientierung mit einer entsprechend ausgerichteten Gruppierung verbunden fühlten, und im Fall der Sozialdemokratie die (gewerkschaftlich organisierte) Arbeiter- bzw. Arbeitnehmerschaft, die in der SPD bzw. der PvdA ihre politische Interessenvertretung sah.

Die Nähe weiter Teile der Bevölkerung zu einer Großpartei war in beiden Ländern häufig in eine Milieuzugehörigkeit eingebettet, die sich auf verschiedene Lebensbereiche erstreckte und die Stabilität der Parteibindung stärkte. Auf dieser Grundlage konnten die Christ- und Sozialdemokraten in Deutschland über Jahrzehnte bei Wahlen große Teile der westdeutschen Bevölkerung für sich gewinnen.[14] Hinsichtlich der Niederlande ist festzuhalten, dass sich während der Zeit der sogenannten Versäulung, also der weitreichenden

---

13 In den Niederlanden lag der Anteil der Parteimitglieder an den Wahlberechtigten in den ersten zwei Jahrzehnten nach dem Zweiten Weltkrieg (bei negativer Tendenz) zwischen 10 und 15 Prozent. Er sank dann bis Mitte der 1970er Jahre rapide und liegt seit den 1990er Jahren bei nur noch bei ungefähr 2,5 Prozent. Vgl. hierzu: RAAD VOOR HET OPENBAAR BESTUUR, *Democratie vereist partijdigheid. Politieke partijen en formaties in beweging*, Den Haag 2009, S. 19ff. Es finden sich trotz dieser allgemeinen Entwicklung Parteien – wie zum Beispiel die *Socialistische Partij* (SP), die *Staatkundig-Gereformeerde Partij* (SGP) oder die *Partij voor de Dieren* (PvdD) –, die ihren Mitgliederbestand in den letzten Jahren zum Teil deutlich ausbauen konnten. In Deutschland verlor die PDS in den 1990er Jahren viele Mitglieder, seit der Fusion zur Partei „Die Linke" ist jedoch ein Mitgliederaufschwung zu beobachten. Die FDP büßte in den 1990er Jahren auch Mitglieder ein, seit einigen Jahren verzeichnet sie jedoch stabile Werte. Bei den Grünen bewegt sich die Mitgliederzahl bereits seit einigen Jahren auf einem relativ konstanten Niveau.

14 Vgl hierzu: P. LÖSCHE, *Ende der Volksparteien. Essay*, in: *Aus Politik und Zeitgeschichte* 51 (2009), S. 8; F. WALTER, *Im Herbst der Volksparteien. Eine kleine Geschichte von Aufstieg und Rückgang politischer Massenintegration*, Bielefeld 2009, S. 15ff.

gesellschaftlichen und politischen Segmentierung entlang weltanschaulicher Trennungslinien, die Aufteilung der Bevölkerung in bestimmte Milieus über Jahrzehnte besonders weitreichend gestaltete.[15] Dies führte dazu, dass viele Niederländer sich eng mit einer Partei verbunden fühlten und sich die politische Landschaft vor diesem Hintergrund zwischen der im Jahr 1917 realisierten Pazifikation bis zu Beginn der 1960er Jahre – und somit über die Zäsur der Besatzungszeit hinweg – kaum veränderte. Aarts und Thomassen schreiben hierzu: „Until the early 1960s the Netherlands were the prototype of a ‚frozen' party system, reflecting the cleavage structure of the beginning of the 20th century. The outcome of elections was almost totally predictable as most voters were loyal to the zuil (i.e. pillar) to which they belonged and voted accordingly."[16]

Im Rahmen verschiedener gesellschaftlicher Veränderungen – hingewiesen sei hier insbesondere auf den Anstieg des Bildungsniveaus, das Wohlstandswachstum, die Säkularisierung, die höhere Mobilität sowie die tiefgreifenden Modernisierungen in der Berufswelt und im privaten Bereich – vollzog sich in Deutschland und in den Niederlanden dann allerdings sukzessive eine Individualisierung der Lebensstile und Werthaltungen. Dieser bis heute andauernde Prozess ist Grundlage dafür, dass die sozialen Milieus bzw. Säulen, aus denen die Stammwählerschaft der großen Parteien stammt, durchlässiger werden und vor allem massiv an Mitgliedern verloren haben. Die Konsequenzen dieser Entwicklung für die großen Parteien sind immens: Immer weniger Menschen in Deutschland und in den Niederlanden weisen eine starke religiöse Orientierung auf, und selbst wenn diese vorhanden ist, wird von den entsprechenden Bürgern nicht mehr nahezu selbstverständlich eine christdemokratische Partei gewählt. In Anbetracht des wirtschaftlichen Strukturwandels fand eine ähnliche Entwicklung beim klassischen Klientel der sozialdemokratischen Parteien statt: Die Arbeiterschaft in Deutschland und den Niederlanden wird immer kleiner und hat darüber hinaus ihre traditionelle Bindung zur Sozialdemokratie zumindest partiell gelöst. Diese Verschiebungen wirken sich deutlich auf den Umfang der Stammwählerschaften der großen Parteien aus, der sich in den letzten Jahrzehnten fortdauernd verringert.

Die Bedeutung dieser gesellschaftlichen Veränderungsprozesse wird in Deutschland und den Niederlanden in zahlreichen Untersuchungen erörtert und durch verschiedene Daten unterstrichen. So hält der Parteienforscher Lösche über die Entwicklung in Deutschland fest, dass sowohl das katho-

---

15 Das Thema Versäulung analysiert ausführlich: F. Wielenga, *Die Niederlande*, S. 97ff.

16 K. Aarts/J. Thomassen, *Dutch Voters and the Changing Party Space 1989-2006*, in: *Acta Politica* 2-3 (2008), S. 203. Auch Mair verweist auf die Stabilität der Parteibindungen zur Zeit der Versäulung, indem er schreibt: „In the 1950s, in the heyday of verzuiling, the Netherlands had one of the most stable electorates in Europe." P. Mair, *Electoral Volatility and the Dutch Party System: A Comparative Perspective*, in: *Acta Politica* 2-3 (2008), S. 249.

lisch-protestantische Fundament der CDU/CSU als auch die sozialdemokratische Solidargemeinschaft massiv an Bedeutung verloren haben.[17] Die Wahlanalysen von infratest dimap zur Bundestagswahl 2009 können als aktuelle Belege für die Auflösung der Parteibindungen in der Bundesrepublik dienen.[18] Bei der Frage, auf welcher Grundlage die Wahlentscheidung getroffen wurde, führten nur 18 Prozent der Befragten eine langfristige Parteibindung an. Wesentlich mehr Untersuchungsteilnehmer äußerten, dass ihre Entscheidung auf programmatischen (55 %) bzw. personellen Gründen (22 %) beruhte.[19] Die Auflösung der Bindungen bestimmter Bevölkerungsgruppen zu einer Partei wird vor allem am Beispiel der SPD deutlich, die traditionell als „Partei der kleinen Leute" gesehen wird, die bei Arbeitern (24 %) und Arbeitslosen (23 %) jedoch keine bzw. kaum überdurchschnittliche Ergebnisse erzielte. Um die sinkende Bedeutung der klassischen Wählergruppen in Deutschland zu dokumentieren, sei hier darauf hingewiesen, dass bei der Bundestagswahl 2009 zwar 67 Prozent der Katholiken mit Kirchenbindung die Union wählten, diese Wählergruppe jedoch nur noch 8 Prozent der Wahlberechtigten umfasste.[20]

In den Niederlanden wird der Prozess, in dessen Verlauf sich die gesellschaftliche Segmentierung auflöst, als Entsäulung bezeichnet. Untersuchungen haben gezeigt, dass zwischen 1956 und 1986 „the size of the religious groups in society has dramatically decreased and furthermore that it has also become far less self-evident that those belonging to a particular social group also vote for the party traditionally representing that group."[21] Wie Aarts und Thomassen auf Grundlage von Zahlen für die Jahre 1986 und 2006 zeigen, hat sich die Entsäulung weiter fortgesetzt und sich beispielsweise die Zahl der praktizierenden Katholiken in diesem Zeitraum nochmals stark verringert. Von den Mitgliedern der säkularen Arbeiterklasse hat zudem 2006 nur noch ein Drittel PvdA gewählt; dieser Anteilswert lag selbst Ende der 1980er Jahre noch bei rund 60 Prozent. Auch die Bindung der praktizierenden Katholiken und Pro-

---

17 Vgl. P. LÖSCHE, *Ende der Volksparteien*, S. 9.
18 Die Resultate dieser Erhebung sind online abrufbar unter http://stat.tagesschau. de/wahlen/2009-09-27-BT-DE/index.shtml. Nähere Informationen zur Wahl 2009 vermitteln unter anderem: H. JUNG, *Schwarz-Gelbe Mehrheit mit sozialliberalem Profil – eine Analyse der Bundestagswahl 2009*, in: *Politische Studien* 428 (2009), S. 21ff; M. JUNG/Y. SCHROTH/A. WOLF, *Regierungswechsel ohne Wechselstimmung*, in: *Aus Politik und Zeitgeschichte* 51 (2009), S. 12ff; E. JESSE, *Die Volksparteien nach der Bundestagswahl 2009 – gravierende Symptome einer Krise*, S. 35ff.
19 Vgl. hierzu auch: H. JUNG, *Schwarz-Gelbe Mehrheit mit sozialliberalem Profil – eine Analyse der Bundestagswahl 2009*, S. 29.
20 Vgl. M. JUNG/Y. SCHROTH/A. WOLF, *Regierungswechsel ohne Wechselstimmung*, S. 18.
21 K. AARTS/J. THOMASSEN, *Dutch Voters and the Changing Party Space 1989–2006*, S. 206.

testanten zum CDA hat sich weiter abgeschwächt.[22] An die Stelle fester Parteibindungen ist somit, wie unter anderem Mair bei seiner Analyse der niederländischen Wahlergebnisse dokumentiert, insbesondere seit Beginn der 1990er Jahre Unberechenbarkeit getreten. Die Auflösung der Parteibindungen wirkt sich insbesondere auf die niederländischen Großparteien aus – dies zeigen vor allem die stark schwankenden Wahlergebnisse der PvdA nach 1994. Die Annahme, dass der CDA als vermeintlich stabiler Pol in der Mitte der Parteienlandschaft von derartigen Verwerfungen verschont bleiben würde, gewann durch die Wahlergebnisse der Jahre 2002, 2003 und 2006 zwar an Plausibilität, sie ist durch das Wahlergebnis vom 9. Juni 2010 jedoch mittlerweile widerlegt.

In beiden Länder gibt es in der Folge der Auflösung der Parteibindungen immer mehr sogenannte „schwebende" Wähler, die von Wahl zu Wahl neu überzeugt werden müssen – das Wahlverhalten eines großen Teils der Bevölkerung ist somit volatil: Die Bürger entscheiden dabei nicht nur zwischen unterschiedlichen Parteien, sondern auch zwischen Wahl und Nichtwahl.[23] Die Wechselwähler richten eine Vielzahl unterschiedlicher Erwartungen an die Parteien, die jeweiligen Prioritäten werden dabei individuell gesetzt. Für die Großparteien ergibt sich die Schwierigkeit, in Anbetracht dieser Komplexität eine weitreichende Integrationskraft zu entfalten. Der Soziologe Ulrich Beck schreibt anschaulich: „Die Individualisierung destabilisiert das Großparteiensystem von innen her, weil sie Parteibindung enttraditionalisiert, entscheidungsabhängig oder (…) herstellungsabhängig macht, was bei der Zersplitterung der Interessen, Meinungen und Themen dem Versuch gleichkommt, einen Sack Flöhe zu hüten."[24] Hohe Wahlergebnisse, wie man sie aus der Vergangenheit beider Länder kennt, erscheinen in Anbetracht dieses Umstands derzeit und perspektivisch immer schwieriger realisierbar. Diese skeptische Einschätzung wird auch durch den Umstand gestützt, dass das Ausmaß der Parteibindungen in Deutschland und den Niederlanden auch vom Alter der Wähler abhängig ist: Vor allem jüngere Menschen weisen in beiden Ländern keine

---

22 Vgl. K. AARTS/J. THOMASSEN, *Dutch Voters and the Changing Party Space 1989-2006*, S. 206f.

23 Um die Bedeutung der Nichtwahl zu dokumentieren, sei hier darauf hingewiesen, dass bei der Bundestagswahl 2009 18,2 Millionen Bürger auf die Ausübung ihres Wahlrechts verzichteten. Die „Partei der Nichtwähler" war damit deutlich vor der Union (14,7 Millionen Wähler) stärkste Kraft. In den Niederlanden haben bei der Wahl 2010 über drei Millionen Wahlberechtigte nicht gewählt – zum Vergleich: Die VVD erhielt als stärkste Partei bei dieser Wahl rund 1,9 Millionen Stimmen.

24 Zitiert nach: H. KLEINERT, *Abstieg der Parteiendemokratie*, in: *Aus Politik und Zeitgeschichte* 35-36 (2007), S. 8. Auf diesen Punkt verweist auch anschaulich: T. PERRY, *Selbstreflentielle Blindheit oder: Warum die Volksparteien es schon längst hätten wissen können und die Welt nicht untergeht*, in: J. RÜTTGERS (Hrsg.), *Berlin ist nicht Weimar. Zur Zukunft der Volksparteien*, Essen 2009, S. 134f.

festen Parteibindungen mehr auf und entscheiden somit zu jeder Wahl neu, für welche Partei bzw. ob sie stimmen wollen.

Es finden sich zahlreiche Belege für das Ausmaß der derzeitigen Volatilität im Wahlverhalten der deutschen und niederländischen Bürger. So weist der Journalist Jörg Schönenborn darauf hin, dass bei der Bundestagswahl 2009 die Verschiebungen zwischen den Parteien so extrem wie niemals zuvor ausfielen.[25] Auf die hinsichtlich der Volatilität des Wahlverhaltens besonders relevante Frage, wann die jeweilige Wahlentscheidung erfolgte, antworteten bei der oben bereits angeführten Erhebung von infratest dimap zur Bundestagswahl 2009 nur 14 Prozent der Befragten, dass sie immer dieselbe Partei wählen würden – zum Vergleich: Ein etwa ebenso großer Anteil (15 %) der Untersuchungsteilnehmer gab an, die Entscheidung erst am Wahltag selbst getroffen zu haben.[26] Um die Probleme der deutschen Großparteien insbesondere bei jungen Wählern zu verdeutlichen, sei hier zudem darauf hingewiesen, dass CDU/CSU und SPD bei den älteren Wählern (mindestens sechzig Jahre) ein deutlich überdurchschnittliches Resultat von 70 Prozent der Stimmen erzielten (Union 43 %, SPD 27 %). Bei den jungen Wählern (Alter zwischen 18 und 24 Jahren) lag dieser Wert mit 43 Prozent (Union: 25 %, SPD: 18 %) wesentlich niedriger.

In den Niederlanden hat die eben angesprochene, weitreichende und immer noch fortschreitende Auflösung der sozialen Milieus in Verbindung mit einer im Vergleich zu Deutschland offeneren politischen Kultur und einer weitaus niedrigeren Sperrklausel entscheidend dazu beigetragen, dass das Wahlverhalten der niederländischen Bürger im Lauf der Zeit immer unberechenbarer wurde und heute auch im internationalen Vergleich sehr volatil ist.[27] Auf überzeugende Weise nachgewiesen wird dieser Umstand durch Berechnungen von Peter Mair, der Wahlergebnisse in verschiedenen europäischen Ländern analysiert und dabei zu dem Ergebnis gelangt, dass die Volatilität in den Nieder-

---

25 Vgl. J. SCHÖNENBORN, *Wenn Wähler wandern*, in: J. RÜTTGERS (Hrsg.), *Berlin ist nicht Weimar*, S. 61. Informationen zur Volatilität des Wahlverhaltens bei den Wahlen vor 2009 finden sich bei: V. NEU, *Parteien und Wähler im Wahljahr 2009*, in: *Politische Studien* 425 (2009), S. 26ff.

26 18 % der Befragten gaben an, ihre Entscheidung in den Tagen vor der Wahl getroffen zu haben, weitere 19 Prozent von ihnen legten sich in den Wochen vor der Wahl fest. Die Antwortmöglichkeit „vor längerer Zeit" wurde von 32 Prozent der Teilnehmer ausgewählt.

27 In einem Bericht mit dem Titel *De sterke volatiliteit van het Nederlands electoraat*, der auf der Internetseite www.peil.nl im Juni 2010 veröffentlicht wurde, steht, dass bei den Wahlen bis zu Beginn der 1960er Jahre stets mehr als 85 % der Niederländer die Partei wählten, die sie auch bei der jeweils vorherigen Wahl unterstützt haben. Dieser Wert ist in der Folgezeit und vor allem seit Beginn der 1990er Jahre dann deutlich gesunken. Nähere Analysen zum Wahlverhalten in den Niederlanden finden sich bei: G.A. IRWIN/J.M. VAN HOLSTEYN, *Scientific Progress, Educated Guess or Speculation? On Some Old Predictions with Respect to Electoral Behaviour in the Netherlands*, in: *Acta Politica* 2-3 (2008), S. 181ff.

landen bei den letzten Wahlen sowohl in historischer als auch in komparativer Perspektive sehr groß war.[28] In einem Überblick über die letzten Jahrzehnte hält er fest, dass die niederländische Politik lange Zeit durch ein hohes Maß an Stabilität geprägt war: „From 1994 onwards, however, the picture has changed completely. Volatility levels are now the highest in western Europe, with the most unstable elections, those of 1994, 2002 and 2006, breaking all sorts of historical records. Simply put: there is no other political system in Europe in which such high levels of instability have been recorded in the context of what are otherwise ‚normal‘ social and political circumstances.“[29]

Die Wahl vom 9. Juni 2010 bestätigt die Volatilität des Wahlverhaltens in den Niederlanden erneut, und zwar auf eindrucksvolle Weise. Der Demoskop Maurice de Hond hält in einer Nachbetrachtung der Wahl sogar fest, dass das Wahlergebnis zeige, dass die niederländische Politik vollständig aus dem Lot geraten sei. Nach seinen Berechnungen hat knapp die Hälfte der Wähler 2010 eine andere Partei gewählt als bei der letzten Wahl im Jahr 2006. Noch bemerkenswerter ist für ihn jedoch die Tatsache, dass in den Monaten vor der Wahl über ein Drittel der Bürger seine Wahlpräferenz geändert hat. In Anbetracht dieser Zahlen gelangt de Hond zu der Einschätzung, dass das Wahlergebnis zu einer zufälligen Momentaufnahme reduziert sei und sich kurz nach dem Wahltermin wieder ganz anders darstellen könnte.[30]

Die Modernisierungs- und Differenzierungsprozesse in der deutschen und niederländischen Bevölkerung wirken sich selbstverständlich nicht nur auf die Wahlresultate, sondern auch auf die Mitgliederzahlen der Großparteien aus: Immer mehr Bürger lehnen es ab, sich dauerhaft zu einer Partei zu bekennen. Insbesondere junge Menschen engagieren sich folglich politisch (wenn sie sich engagieren) eher in anderen Formen, die zeitlich und/oder inhaltlich begrenz-

---

28 Vgl. P. MAIR, *Electoral Volatility and the Dutch Party System: A Comparative Perspective*, S. 237ff. Der Autor kommt im Rahmen seiner Berechnungen, in die er die Wahlen in Westeuropa im Zeitraum von 1950 bis 2006 einbezieht, unter anderem zu dem Ergebnis, dass drei der letzten Wahlen in den Niederlanden (1994, 2002 und 2006) zur „Top Ten“ der Wahlen mit den größten Verschiebungen gehören. Dieser Umstand ist besonders bemerkenswert, da die meisten anderen Wahlen auf dieser Liste in Zeiten großer politischer Umbrüche stattgefunden haben.

29 P. MAIR, *Electoral Volatility and the Dutch Party System: A Comparative Perspective*, S. 249. Auf die Unberechenbarkeit der niederländischen Wählerschaft verweisen auch: G.A. IRWIN/J.M. VAN HOLSTEYN, *Scientific Progress, Educated Guess or Speculation?*, S. 181. Zum Thema siehe auch: H. VAN DER KOLK/K. AARTS/M. ROSEMA, *Twijfelen en kiezen*, in: DIES. (Hrsg.), *Een verdeeld electoraat. De Tweede Kamerverkiezingen van 2006*, Utrecht 2007, S. 211ff.

30 Vgl. M. DE HOND, *Volledig uit het lood*, online unter www.peil.nl, [23.7.2010], S. 1. Hingewiesen sei an dieser Stelle darauf, dass auch der CDA und die PvdA bei der Wahl 2010 bei den jüngeren Wählern unter- und bei den älteren Wählern überdurchschnittliche Ergebnisse erzielt haben.

ter sind, und halten sich somit die Möglichkeit offen, ihre Parteipräferenz auf der Grundlage aktueller Aspekte immer wieder zu wechseln.[31]

Die deutschen und niederländischen Großparteien müssen heute – dies haben die vorangegangenen Erläuterungen gezeigt – unter völlig anderen Umständen um ihre Stimmen und ihre gesellschaftliche Verankerung kämpfen, als dies früher der Fall war. Soziale Modernisierungs- und Differenzierungsprozesse haben zu einer weitreichenden Auflösung der gesellschaftlichen Milieus mit ihren Parteibindungen geführt und somit die Integrationskraft der Großparteien begrenzt. Da die Wahlerfolge und die Organisationsstärke dieser Parteien zu einem wesentlichen Teil auf den sie unterstützenden Milieus beruhte, kann dieser Punkt zur Erklärung des Niedergangs der deutschen und niederländischen Großparteien beitragen.

Die wachsende Zahl an Wählern ohne feste Parteibindung erhöht gleichzeitig die Chancen für neue politische Gruppierungen, die aktuelle politische Stimmungen, vorhandene Probleme und politische Unzufriedenheiten bei den Bürgern für sich nutzen können – auch, indem sie sich als Vertreter der einfachen Bürger darstellen und heftige Kritik an den anderen, in der Gesellschaft nicht mehr im früheren Maße verwurzelten Parteien üben. In den Niederlanden ist es vor diesem Hintergrund vor allem Pim Fortuyn mit seiner *Lijst Pim Fortuyn* (LPF) und Geert Wilders mit seiner *Partij voor de Vrijheid* (PVV) gelungen, unentschlossene bzw. unzufriede Wähler zu gewinnen und spektakuläre Wahlerfolge zu erringen. In Deutschland blieben derartige Entwicklungen aus verschiedenen Gründen – hingewiesen sei hier auf die hohen Sperrklauseln bei Wahlen, eine gegenüber politischen Newcomern in der Regel skeptische Haltung in der Bevölkerung und auf die hohen Ressourcenanforderungen an neue Gruppierungen – bisher aus. Es wird jedoch insbesondere in der letzten Zeit häufig über die – wenn man den demoskopischen Daten trauen darf – durchaus erheblichen Wählerpotentiale entsprechend ausgerichteter Gruppierungen spekuliert.

An dieser Stelle bleibt resümierend festzuhalten: In der derzeitigen deutschen und vor allem niederländischen Politik muss jede Partei einen Großteil ihrer Wähler vor jeder Wahl neu überzeugen. Insbesondere in Bezug auf die programmatische Profilierung werden den Großparteien hierbei allerdings Defizite vorgeworfen, auf die nun eingegangen wird.

---

31 Vgl. unter anderem: RAAD VOOR HET OPENBAAR BESTUUR, *Democratie vereist partijdigheid*, S. 7. Als Folge hiervon sind in den deutschen Großparteien nur noch etwa 5 Prozent der Mitglieder unter 30 Jahre alt, der Anteil der Parteimitglieder über sechzig Jahren steigt kontinuierlich und liegt aktuell (2008) bei 42,7 Prozent in der CSU, bei 46,7 Prozent in der SPD und bei 48,0 Prozent in der SPD.

Das programmatische Angebot der Großparteien

Die sinkende Integrationskraft der deutschen und niederländischen Großparteien wird oftmals auf deren gerade in letzter Zeit häufig als mangelhaft
bewertete programmatische Profilierung zurückgeführt. In dieser Hinsicht ist
in beiden Ländern in den letzten Jahren eine Vielzahl an kritischen Kommentaren zu vernehmen, vor allem sei das inhaltliche Profil der christ- und
sozialdemokratischen Parteien unklar, mangele es ihnen an Kernbotschaften
und klaren Positionen, würden auch Themen von grundsätzlicher Bedeutung
von ihnen immer nur situativ und wenig grundsätzlich behandelt und fehle
es ihnen an überwölbenden Zukunftsvisionen und -konzepten. Vielen Bürgern erscheinen die Großparteien im Ergebnis inhaltlich nicht mehr erkenn-
und unterscheidbar, sodass bei ihnen ein Eindruck von Beliebigkeit entsteht.
Die Folgen der programmatischen Defizite für die großen Parteien sind viel-
fältig. Insbesondere diesen gelingt es häufig nicht, ihre (potentiellen) Anhänger bei Wahlen zu mobilisieren.[32] In Bezug auf die schwebenden Wähler fehlt
es ihnen zudem wegen der ausbleibenden inhaltlichen Profilierung an Anziehungskraft. Auch der Rückgang der Mitgliederzahlen kann in Verbindung mit
der Kritik an den Programmen der Großparteien gebracht werden. Die These
lautet hier, dass viele Bürger nicht bereit sind, in einer großen Partei mitzuar-
beiten, weil es ihnen an klaren Zielsetzungen und damit an Motivation mangelt.

Die Bedeutung dieses Punktes wird ersichtlich, wenn man die Wahlergebnisse der letzten Jahre entsprechend interpretiert: In beiden Ländern waren –
wie Analysen zu den Wählerwanderungen zeigen – Parteien, die mit erkenn-
baren Forderungen bzw. einem vergleichsweise klarem Profil auftraten,
erfolgreich darin, Stimmen (von den Großparteien) zu gewinnen. Bei Fragen
der sozialen Gerechtigkeit konnten die Linkspartei in Deutschland und die
Socialistische Partij (SP) in den Niederlanden sich mit weitreichenden Forderungen profilieren und somit bei ehemaligen Anhängern der SPD bzw. der
PvdA punkten. Mit ihrer wirtschaftsnahen Ausrichtung erzielten zugleich die
FDP und die VVD bei den letzten Wahlen Erfolge, die auch darauf beruh-
ten, dass sie ehemalige Anhänger der christdemokratischen Parteien für sich
gewinnen konnten. Der Politikwissenschaftler Eckhard Jesse schreibt in diesem Kontext: „Vielleicht verlieren die großen Parteien gerade dadurch Wähler,
dass die Union zu wenig ‚schwarz‘ und die SPD zu wenig ‚rot‘ ist. Jetzt sind

---

32 Die Union und SPD verloren bei der Bundestagswahl drei Millionen Wähler an
   das Lager der Nichtwähler. „Nur jeder zweite Befragte, der sich vorstellen konnte, die SPD zu wählen, hat das dann tatsächlich getan. Bei der CDU/CSU waren
   das immerhin etwas mehr als drei Fünftel." M. JUNG/Y. SCHROTH/A. WOLF, *Regierungswechsel ohne Wechselstimmung*, S. 14. Auch in den Niederlanden geben
   viele Bürger vor Wahlen an, dass der CDA bzw. die PvdA eine Wahlalternative
   für sie darstellen würde – häufig fällt die Entscheidung jedoch letztlich für eine
   andere Partei.

ihnen (der SPD mehr als der Union) die Wähler in Scharen wohl auch deshalb ,weggelaufen', weil die kleineren Parteien angesichts geringerer Gestaltungsmöglichkeiten programmatisch und strategisch besser ,aufgestellt' sein
konnten."[33] In den Niederlanden äußerte beispielsweise der Politologe Joop
van Holsteyn in einer Analyse zur Wahl 2006 eine ähnliche Einschätzung, als
er die großen Verluste der PvdA an die SP bei dieser Wahl durch einen Mangel an inhaltlicher Klarheit erklärte.[34]

Es stellt sich die Frage, warum es den Großparteien nicht mehr im früheren Maße gelingt, die Bürger für die eigenen Inhalte zu gewinnen. Diesbezüglich ist zunächst auf einige grundlegende Punkte einzugehen, die die
besondere Situation der Großparteien in Deutschland und den Niederlanden
determinieren. Erstens streben diese Gruppierungen, denen es wegen der oben
angesprochenen Auflösung der Milieus im zunehmenden Maße an einem festen Wählerspektrum zur Erreichung ihrer weiterhin ambitionierten Ziele fehlt,
bei jeder Wahl ein hohe Zahl an potentiellen Wählern an, sie führen den
Kampf um die viel zitierte „politische Mitte". In Anbetracht der bereits angesprochenen gesellschaftlichen Modernisierungs- und Differenzierungsprozesse handelt es sich hierbei jedoch um eine sehr unscharfe Zielsetzung, und
es stellt sich durchaus die Frage, ob es überhaupt möglich ist, in Anbetracht
der Heterogenität der politischen Einstellungen in der deutschen und niederländischen Bevölkerung für die anvisierten breiten Wählerschichten attraktive
und zugleich markante Inhalte zu präsentieren. Die Reaktion der Großparteien
auf diese Herausforderung besteht im Ergebnis oftmals in dem Versuch, Forderungen und Ziele so zu umreißen, dass möglichst viele Bürger sich auf sie
verständigen können. Kontroverse Themen werden folglich oftmals nicht zur
programmatischen Profilierung genutzt, sondern häufig mit der Zielsetzung
angegangen, dass möglichst wenige Wähler verschreckt werden sollen.

Zweitens besteht ein Charakteristikum der Großparteien in beiden Ländern darin, dass sie – stärker als ihre politischen Mitbewerber – bei jeder
Wahl Regierungsverantwortung anstreben und aufgrund ihrer Größe und ihrer
Position im Parteienspektrum auch häufig in der Lage sind, Bestandteil von
Regierungskoalitionen zu werden. Mit diesem Punkt geht nahezu zwangsläufig ein Mangel an inhaltlicher Profilierung einher, da die Großparteien zum
einen in ihren Programmen und in Wahlkämpfen – anders als einige der politischen Konkurrenten – sehr weitreichende und damit vielleicht auch wenig realistische Inhalte nicht verbreiten können bzw. wollen, um keine unhaltbaren
Erwartungen an die Ergebnisse der Regierungsarbeit in der nächsten Legislaturperiode zu schüren. Zum anderen stehen gerade die Großparteien in beiden

---

33 E. JESSE, *Die Volksparteien nach der Bundestagswahl 2009 – gravierende Symptome einer Krise*, S. 44.
34 Vgl. F. BECKER/R. CUPERUS, *De sociaal-democratische spagaat*, in: DIES. (Hrsg.),
Verloren slag. De PvdA en de verkiezingen van November 2006, Amsterdam 2007,
S. 27.

Ländern häufig vor der – in Anbetracht der Umbrüche in der deutschen und niederländischen Parteienlandschaft immer schwierigeren – Aufgabe, Koalitionen mit verschiedenen Partnern in unterschiedlichen Kontexten zu schließen. Mit der hierfür notwendigen Flexibilität kollidiert die Forderung nach einem möglichst umfassenden, spezifischen und unverrückbaren Kern an Zielsetzungen und Programmpunkten.[35] In Deutschland und in den Niederlanden kam bei den letzten Parlamentswahlen 2009 bzw. 2010 hinzu, dass Christ- und Sozialdemokraten in den Jahren zuvor in Ermangelung anderer Alternativen gemeinsam regiert haben, was weiter dazu beigetragen hat, dass die Unterschiede zwischen ihnen für viele Bürger nicht mehr erkennbar waren.[36]

Vor den genannten Hintergründen ist es den Großparteien in den letzten Jahren in beiden Ländern nur bedingt gelungen, eine für die anvisierten breiten Bevölkerungsschichten überzeugende Problematik anzubieten. Hintergrund hierfür ist sicher auch, dass die politisch-ideologischen Wurzeln der Parteien, die lange als verbindende und legitimierende Basis dienen konnten, heute kaum mehr Begeisterung hervorrufen. Nach Perry befinden sich die großen politischen Weltbilder und Entwürfe derzeit in der Krise, da sie auf viele grau und schwammig wirken und keine rechte Orientierung mehr bieten.[37] Eine häufig zu vernehmende Kritik lautet in der aktuellen Situation, dass die Großparteien keine hinreichend ausgearbeiteten und fundierten Antworten auf die derzeitigen politischen Grundfragen gäben.[38] Zudem gelinge es ihnen nicht, eine nachhaltige Perspektive für die weitere Entwicklung beider Länder zu entwickeln und langfristig zu verfolgen. Vielmehr erscheint es vielen Beobachtern so, als ob die Positionen und das politische Handeln vor-

---

35 Zu den neuen Herausforderungen und Problemen bei der Bildung regierungsfähiger Bündnisse in Deutschland siehe unter anderem: K.-P. SCHÖPPNER, *Regieren im Sechs-Parteien-Land*, in: J. RÜTTGERS (Hrsg.), *Berlin ist nicht Weimar*, S. 21f; R.G. HEINZE, *Zurecht geschrumpft. Die Dekonzentration des deutschen Parteiensystems*, in: J. RÜTTGERS (Hrsg.), *Berlin ist nicht Weimar*, S. 94; K.-R. KORTE, *Die neue Qualität des Parteienwettbewerbs in Deutschland*, in: J. RÜTTGERS (Hrsg.), *Berlin ist nicht Weimar*, S. 109f. F. DECKER, *Abschied vom Lagerdenken? Konsequenzen des neuen Fünfparteiensystems für die Koalitions- und Regierungsbildung*, in: *Polis* 2 (2010), S. 9f. K.-R. KORTE, *Die NRW-Wahl als politischer Einschnitt*, in: *Polis* 2 (2010), S. 16.

36 Auf diesen Punkt verweist: H. JUNG, *Schwarz-Gelbe Mehrheit mit sozialliberalem Profil – eine Analyse der Bundestagswahl 2009*, S. 29f.

37 Vgl. T. PERRY, *Selbstreferentielle Blindheit oder: Warum die Volksparteien es schon längst hätten wissen können und die Welt nicht untergeht*, S. 135. Zum Thema siehe auch: H. KLEINERT, *Abstieg der Parteiendemokratie*, S. 10.

38 Zu denken ist unter anderem an die Frage der sozialen Gerechtigkeit und der Wohlstandswahrung im Kontext einer sich zunehmend internationalisierenden Wirtschaft, an die Frage nach einer modernen Umweltpolitik im nationalen und internationalen Kontext, an die Frage der Bildungsgerechtigkeit, an die Frage nach der Finalität Europas oder an die Frage zur außen- und sicherheitspolitischen Rolle Deutschlands bzw. der Niederlande in einer sich immer komplexer gestaltenden Welt.

wiegend auf der Grundlage aktueller Einflüsse und pragmatischer Erwägungen stattfänden.[39] Es zeigt sich im Sinne von Güllner somit als Problem, „dass die Politik häufig zu vorschnell einem vermuteten Zeitgeist hinterherläuft, Modetorheiten verfällt und das vermissen lässt, was sie selbst oft fordert, nämlich ‚Nachhaltigkeit‘.“[40] Lösche äußert sich ähnlich kritisch, indem er die Auffassung vertritt, dass die Großparteien eine tiefere ideologische Durchdringung für rasche Wahlerfolge opfern würden.[41]

In Bezug auf jede der Großparteien finden sich entsprechende kritische Stimmen. Die Niederlage der SPD bei der Wahl 2009 führte dazu, dass verschiedene Kommentatoren kritisch fragten, ob die Sozialdemokratie mit ihrem derzeitigen Programm den aktuellen Herausforderungen noch gewachsen sei. Bruns schreibt in diesem Sinne, dass die SPD – ebenso wie ihre Schwesterparteien im europäischen Ausland – die Idee einer sozialen Gesellschaft bereits seit längerem nicht mehr auf die Höhe der Zeit bringen kann.[42] Auch die Union wird von Bruns kritisiert, da sie die Herausforderungen der globalisierten Marktwirtschaft ebenfalls politisch keineswegs ausfüllen könne.[43] Walter hält zudem fest, dass es der Christdemokratie im Hinblick auf ihre Ziele an Klarheit und Überzeugung mangelt: „Unter Merkel scheint wie vor Jahren unter Schröder fast alles möglich, fast alles denkbar.“[44] Umfragen bestätigen diesen Befund: Über die Hälfte der Wähler, die die Union bei der Wahl 2009 verlassen haben, gab an, dass man nicht genau wisse, was die Partei nach der Wahl vorhabe, selbst 31 Prozent der Unions-Wähler bestätigten dies. Die Aussage, dass die Union in der großen Koalition viele ihrer Positionen aufgegeben

---

39 Korte schreibt erklärend: „Zur Kehrseite einer wachsenden Volatilität der Wähler gehört, dass die Machtgrundlagen für die Parteien extrem stimmungsflüchtig geworden sind. Sympathiewerte werden zur zentralen Ressource politischer Führung. So entscheidet oft Tempo und nicht Substanz in einer Aufregungsdemokratie.“ K.-R. KORTE, *Die neue Qualität des Parteienwettbewerbs in Deutschland*, S. 112.

40 M. GÜLLNER, *Volksparteien ohne Volk? Oder: Sind die Volksparteien noch zu retten?*, in: J. RÜTTGERS (Hrsg.), *Berlin ist nicht Weimar*, S. 17.

41 Vgl. P. LÖSCHE, *Ende der Volksparteien*, S. 11. Auch in einem Bericht des Raad voor het openbaar bestuur lautet die erste Forderung an die politischen Parteien, sich programmatisch stärker zu profilieren, indem sie sich nicht nur auf die vermutete Haltung der politischen Mitte konzentrieren, sondern klare Antworten auf gesellschaftliche Fragen formulieren und politische Prioritäten festlegen. Vgl. RAAD VOOR HET OPENBAAR BESTUUR, *Democratie vereist partijdigheid*, S. 45f.

42 Vgl. T. BRUNS, *Mehr Optionen, gesunkene Erwartungen. Essay*, in: *Aus Politik und Zeitgeschichte* 51 (2009), S. 3f. Siehe hierzu auch: F. WALTER, *„Renovation totale“?*, in: J. RÜTTGERS (Hrsg.), *Berlin ist nicht Weimar*, S. 142.

43 Vgl. T. BRUNS, *Mehr Optionen, gesunkene Erwartungen*, S. 5

44 F. WALTER, *„Renovation totale“?*, S. 143. Walter schreibt an anderer Stelle, dass den Volksparteien in Deutschland der Kern des Politischen abhanden gekommen sei, ihnen kreative Programmatiker fehlen, die neu über die Sinnfrage und Zielperspektive politischen Handelns nachdenken. Vgl. F. WALTER, *Im Herbst der Volksparteien*, S. 99.

habe, fand laut infratest dimap sogar bei 54 Prozent der Unions-Wähler und 74 Prozent der ehemaligen Unions-Wähler Zustimmung.

In den Niederlanden war im Wahlkampf 2010 deutlich zu beobachten, wie schwer es dem CDA fiel, überzeugende Inhaltspunkte zu präsentieren: Sowohl in sozioökonomischer als auch in soziokultureller Hinsicht wurden die Diskussionen von anderen Parteien dominiert, die eigenen Positionen gingen häufig unter. Die Schwerpunkte, die man setzte – beispielsweise das klare Plädoyer für die Weiterführung der steuerlichen Begünstigung von Wohneigentum – erwiesen sich im Ergebnis als wenig durchschlagskräftig, was wesentlich zum schlechten Resultat des CDA beitrug. Die PvdA befand sich nach der Europawahl im Juni 2009, bei der sie nur rund 12 Prozent der Stimmen erhalten hatte, offenkundig in einer Krise. Als Grundlage dieser Krise wurde in einer demoskopischen Erhebung, die im Oktober 2009 durchgeführt wurde, von 71 Prozent der Befragten ein Mangel an Plänen für die Zukunft ausgemacht.[45] Einige Wochen vor der Wahl hatte die Partei ihr Umfragetief zumindest teilweise überwunden – hierfür waren jedoch kaum inhaltliche Gründe verantwortlich, sondern die Erleichterung über das Ende der mühseligen Regierungszusammenarbeit und die Kandidatur des beliebten Job Cohen, der in seiner Zeit als Bürgermeister von Amsterdam viele Sympathien gesammelt hatte.[46] Die Analyse des Wahlergebnisses selbst zeigte dann, dass viele Wähler, die für die sozialdemokratische Partei gestimmt hatten, dies weniger aus inhaltlichen, sondern eher aus wahltaktischen Überlegungen heraus taten.[47]

An die Kritik bezüglich der mangelnden programmatischen Profilierung schließen sich einander häufig ähnelnde Forderungen an die Großparteien an, ihre inhaltliche Positionierung zu stärken. Parteien müssen nach Kleinert wieder mehr programmatische Klarheit und Wahrhaftigkeit abverlangt werden, da die Reduzierung ehemaliger Gesinnungsgemeinschaften auf Machterwerbsmaschinen wachsende Identifizierungsprobleme schaffe.[48] Güllner fordert die Entwicklung von Konzepten für die Zukunft und deren Beibehaltung, bis sich die gewünschten Erfolge einstellen. Die Parteien sind seiner Auffassung zufolge

---

45 Vgl. M. DE HOND, *De electorale positie van de PvdA, vierenhalf maanden voor de Gemeenderaadsverkiezingen*, online unter www.peil.nl [23.7.2010], S. 2. 69 % der Befragten sahen die Leistungen der PvdA in der Regierung als Erklärungsfaktor an; zudem wurde die Krise auf Schwächen einzelner Politiker und auf nicht eingelöste Wahlversprechen zurückgeführt.

46 Vgl. M. DE HOND, *Tussenbalans*, online unter www.peil.nl [23.7.2010], S. 3f.

47 Vgl. L. WITTEMAN, *Strategische stemmer is goud waard voor de PvdA*, online unter http://www.volkskrant.nl/binnenland/article1388969.ece/Strategische_stemmer_is_goud_waard_voor_PvdA [23.7.2010].

48 Vgl. H. KLEINERT, *Parteiendemokratie: ein Auslaufmodell?*, in: J. RÜTTGERS (Hrsg.), *Berlin ist nicht Weimar*, S. 103f.

aufgefordert, die Willensbildung in der Bevölkerung aktiv zu prägen, statt dem Zeitgeist hinterher zu jagen.[49]

Es ist jedoch zu beachten, dass nicht nur die oben bereits genannten Punkte, sondern auch die Formen der politischen Berichterstattung und die Wechselwirkungen zwischen Politik und Medien in Deutschland und in den Niederlanden eine inhaltliche Profilierung der Großparteien erschweren. Der Umgang der Medien mit Politik, der sich durch ein hohes Maß an Personalisierung, durch die Orientierung auf (vermeintliche) Skandale und durch die Konzentration auf Machtfragen kennzeichnet, führt dazu, dass Programme kaum vorgestellt, geschweige denn umfassend erläutert werden können. Das Kommunikationsdefizit zwischen den Großparteien und den Bürgern erklärt sich zudem nur zum Teil durch programmatische Schwächen oder mangelnde Vermittlungsleistungen der Parteienvertreter. Es ist auch zu berücksichtigen, dass politisches Handeln in Deutschland und in den Niederlanden immer komplexer, technokratischer und damit schwerer zu kommunizieren wird. Viele Bürger in beiden Ländern lassen sich zudem von den immer weniger zugänglichen politischen Inhalten abschrecken und nehmen vorhandene Informationsangebote nicht wahr.

Die in diesem Abschnitt thematisierten Probleme, denen sich die Großparteien hinsichtlich ihrer programmatischen Profilierung gegenüber sehen, können zugleich als Belege für die zunehmenden Chancen populistisch auftretender Gruppierungen in Deutschland und in den Niederlanden interpretiert werden. Ein Kennzeichen entsprechender Parteien besteht – wie vor allem das Beispiel Wilders aktuell belegt – darin, dass diese im Gegensatz zu den politischen Konkurrenten klare und markante Forderungen äußern können, weil sie eine stärker eingegrenzte Wählerschaft ansprechen wollen und weniger Rücksicht auf strategische Überlegungen nehmen müssen. Sie akzeptieren dabei, wie die Ausführungen von Geert Wilders beispielsweise zu Fragen der Migrations- und Integrationspolitik dokumentieren, dass diese Forderungen komplexe politische Sachverhalte auf oftmals unzulässige Weise vereinfachen und zu gesellschaftlichen Spannungen führen.[50]

Als Konsequenz hat Wilders einerseits wegen seiner politischen Inhalte in den letzten Jahren heftige Kritik erfahren, andererseits trugen diese jedoch auch dazu bei, dass viele Bürger ihm ein klares programmatisches Profil zuordnen konnten, was eine wichtige Grundlage seiner derzeitigen Erfolge ist. Zugute kommt ihm dabei, dass er – ebenso wie Fortuyn vor einigen Jahren –

---

49 Vgl. M. GÜLLNER, *Volksparteien ohne Volk? Oder: Sind die Volksparteien noch zu retten?*, S. 18.

50 Der Umstand, dass Wilders mit seinen Anschauungen zu Migrations- und Integrationsfragen in der niederländischen Bevölkerung durchaus Unterstützung findet, wird dokumentiert durch: M. GIJSBERTS/M. LUBBERS, *Wederzijdse beeldvorming*, in: M. GIJSBERTS/J. DAGEVOS (Hrsg.), *Jaarrapport integratie 2009*, Den Haag 2009, S. 254ff.

von den aktuellen Formen der politischen Berichterstattung durch die Medien profitieren kann und diese ihm darüber hinaus viel Raum geben, seine kontroversen Inhalte zu verbreiten. Zudem wirken sich die markanten Formulierungen, die von Pim Fortuyn oder von Geert Wilders geäußert wurden bzw. werden, auch in politischen Debatten durchaus positiv aus: In den Wahlkämpfen der letzten Jahre zeigte sich immer wieder, dass die politischen Konkurrenten aus den anderen Parteien, die sich um differenzierte und sachliche Argumentationen bemühten, nicht oder nur bedingt in der Lage waren, die inhaltlichen Probleme der LPF- oder PVV-Standpunkte offenzulegen. Die Wahlerfolge der LPF und der PVV sind somit auch als Ausdruck der Sehnsucht vieler Bürger nach Klarheit zu begreifen – Klarheit, die die deutschen und niederländischen Großparteien ihnen wegen der genannten Aspekte offenbar nur in unzureichender Weise bieten können.

Organisatorische Probleme

Die derzeitige Kritik an den deutschen und niederländischen Großparteien richtet sich nicht nur auf deren Programme, sondern auch auf ihre Organisation. In diesem Bereich sind verschiedene Punkte relevant, von denen hier nur eine kleine Auswahl behandelt werden kann. Die sinkenden Mitgliederzahlen zeigen, dass die Option der Mitarbeit in einer Großpartei immer mehr Bürgern in beiden Ländern wenig attraktiv erscheint. Hierfür finden sich verschiedene Gründe, von denen einige – die Auflösung der Milieubindungen und der Mangel an programmatischen Zielen – bereits thematisiert wurden. Von grundlegender Bedeutung ist zudem der vor allem bei jüngeren Bürgern weitverbreitete Unwillen, sich langfristig an eine politische Gruppierung zu binden. Parteien teilen in dieser Hinsicht ein Problem, das auch andere Großorganisationen wie Kirchen, Gewerkschaften aber auch Vereine und Verbände in beiden Ländern betrifft. Die Voraussetzungen für Parteien sind dabei besonders ungünstig, weil der Umgang mit politischen Themen im Allgemeinen – vor allem da sowohl in den Niederlanden als auch in Deutschland eine Konkurrenz vieler Angebote besteht – wenig attraktiv erscheint. Nach Oberreuter sind Parteien als „Institutionen zur Bearbeitung komplexer und kontroverser politischer Probleme eher ein erlebnisarmer Raum, zumindest in jenem konsum-, genuss- und abwechslungsorientierten Sinn, der die moderne ‚Erlebnisgesellschaft' definiert."[51] Unter anderem vor diesem Hintergrund erfolgt politisches Engagement von (insbesondere jüngeren) Bürgern in Deutschland und in den Niederlanden in vielen Fällen nicht mehr im Rahmen einer Partei, sondern in Initiativen bzw. Organisationen, die häufig eine andere Organisationsstruktur

---

51 H. Oberreuter, *Festvortrag: Haben die Volksparteien Zukunft?*, in: *Politische Studien* 414 (2007), S. 24. In ähnlicher Weise äußert sich: H. Kleinert, *Parteiendemokratie in der Krise*, in: *Polis* 2 (2010), S. 12.

aufweisen, attraktivere Wege zur Erreichung ihrer Forderungen anbieten und sich häufig auf ein Thema bzw. Themengebiet konzentrieren.

Neben diesen eher allgemeinen Aspekten finden sich jedoch auch spezifischere Kritikpunkte. Kleinert verweist beispielsweise darauf, dass sich der Charakter der Parteien verändert hat: „Ehemals weltanschaulich geprägte Kampfgemeinschaften, die zugleich Nestwärme und Zugehörigkeit vermittelten, haben sich zu Funktionärs- und Karriereerwerbsgemeinschaften einer ‚politischen Klasse' entwickelt, die ihren Sinn immer häufiger in sich selbst, in Posten und Wahlerfolgen finden."[52] Für viele Bürger ist die Arbeit in den Parteien gleichbedeutend mit großem Aufwand, ohne dass diesem Aufwand ein entsprechender Einfluss gegenüberstünde. Auf der Grundlage der Erfahrungen der letzten Jahre erscheint es vielen so, als wenn wichtige Beschlüsse eher von der jeweiligen Parteispitze beschlossen und dann durchgesetzt als im Rahmen eines innerparteilichen Entscheidungsfindungsprozesses entwickelt würden.[53] Als deutlichste Belege für diese Auffassung können Parteitage gelten, die in beiden Ländern häufig eher als Inszenierungen zur Bestätigung längst getroffener Entscheidungen statt als Foren für parteiinterne Diskussionsprozesse fungieren.[54]

Die derzeitigen Probleme der großen Parteien werden an manchen Stellen auch durch den Mangel an charismatischem Führungspersonal, das breite Bevölkerungsschichten für die jeweilige Partei einnehmen könnte, zurückgeführt.[55] Dieser Mangel wird ebenfalls zum Teil durch die Strukturen innerhalb der Parteien erklärt. Verkürzt lautet die These, dass Kandidaten auf dem Weg zu wichtigen politischen Ämtern insbesondere in den großen Parteien nahezu sämtliche Ecken und Kanten abgeschliffen würden, wodurch jegliche Authen-

---

52 H. Kleinert, *Parteiendemokratie in der Krise*, S. 11.

53 Besonders harsch fällt die entsprechende Kritik in Deutschland aktuell hinsichtlich der SPD aus. Vgl. F. Walter, *„Renovation totale"?*, S. 141.

54 Vgl. T. Leif, *Das Primat der Politik muss wiederhergestellt werden. Drohende Legitimations-Auszehrung der Parteiendemokratie: Lehren aus einer riskanten Richtungswahl*, in: J. Rüttgers (Hrsg.), *Berlin ist nicht Weimar*, S. 56; H. Kleinert, *Parteiendemokratie: ein Auslaufmodell?*, S. 104; F. Becker/R. Cuperus, *De sociaal-democratische spagaat*, S. 54.

55 Für die Bedeutung überzeugender Kandidaten finden sich in beiden Ländern viele Beispiele. In den Niederlanden haben beispielsweise das persönliche Renommee Ruud Lubbers' und Wim Koks dazu beigetragen, dass der CDA in den 1980er und die PvdA in den 1990er Jahren für breite Bevölkerungsgruppen attraktive Wahloptionen waren. Hingewiesen werden kann auch auf die Wahlkämpfe der letzten Jahre, in denen Wouter Bos und Job Cohen als jeweils neue Spitzenkandidaten viele Sympathien für die PvdA gewannen. In Deutschland gibt es nach Walter derzeit in den politischen Parteien „nicht mehr den politischen Anführer, für den sich junge Prätorianergarden begeistert schlagen, der den ideellen Urstoff seiner Partei kennt, aus ihm die zwei neuen entscheidenden Botschaften formt, die die Partei nach vorne bringen und die über bloße Integration hinaus auch Identifikationen schaffen und Bindungen herstellen." F. Walter, *Im Herbst der Volksparteien*, S. 99.

tizität und Anziehungskraft verloren gehe. Leif greift in diesem Zusammenhang ein Zitat von Erhard Eppler auf, der sagte, dass Willy Brandts nicht auf den Bäumen wachsen würden. Für ihn ist „die ganze, viel erschreckendere Wahrheit aber (…): Typen wie Brandt und andere kämen in den Parteien heute nicht mehr in Spitzenämter. Sie würden unter dem Druck eines massiven Anpassungszwangs früh ausgemendelt. Die größten Aufstiegschancen haben heute Personen, die sich geräuschlos an die jeweilige Führungsschicht (…) anpassen und unauffällig die eingeführten Machtsysteme stützen."[56]

Der häufig beklagte Mangel an charismatischem Führungspersonal wirkt sich nicht nur auf die Außendarstellung, sondern auch auf die Abstimmungs- und Kooperationsprozesse innerhalb der Großparteien aus. Die christ- und sozialdemokratischen Parteien in Deutschland und in den Niederlanden setzen sich in besonderer Weise aus mehreren Flügeln und Protagonisten mit zum Teil unterschiedlichen Forderungen und Vorstellungen zusammen. Diese Pluralität kann positiv wirken, sie kann jedoch auch, wenn die parteiinternen Prozesse nicht funktionieren, ein Bild der mangelnden Geschlossenheit erzeugen, was insbesondere vor Wahlen als Problem erscheint. Kritikern erscheint es so, als ob es den Parteiführungen, deren besondere Aufgabe es ist, Integrationskraft auszustrahlen und Bindungen zu stärken, in den letzten Jahren häufig nicht gelingt, Diskussionsprozesse zu moderieren und für alle Seiten akzeptable Lösungen, die gemeinsam vertreten werden können, zu vereinbaren und durchzusetzen.

Die soeben angesprochenen organisatorischen und personellen Defizite der deutschen und niederländischen Großparteien bieten, ebenso wie deren programmatische Probleme, Chancen für populistisch ausgerichtete Gruppierungen. Dies gilt insbesondere für die Niederlande, wo ein Pendant zum deutschen Parteiengesetz mit derart weitreichenden Bestimmungen bezüglich der internen Organisation der Parteien nicht existiert. Hier trägt die Kritik an den Strukturen der etablierten Parteien derzeit sogar dazu bei, dass mit der PVV eine Partei große Erfolge erzielt, die keine Mitglieder zulässt und in der alle inhaltlichen und personellen Entscheidungen damit in einer Hand, der ihres Spitzenkandidaten Geert Wilders, liegen. Ebenso wie es bei der LPF mit ihrem Gründer und Namensgeber Pim Fortuyn vor einigen Jahren zu beobachten war, ist der Erfolg der PVV somit ohne die starke Konzentration auf die Person Geert Wilders, der durch sein Auftreten, seine „klare Sprache" und die ihm zuerkannte Authentizität viele Bürger für sich gewann, nicht zu erklären. Auch in diesem Punkt profitiert Wilders von der medialen Berichterstattung,

---

56 T. LEIF, *Das Primat der Politik muss wiederhergestellt werden*, S. 57. Im Folgenden verweist der Autor, der im Jahr 2009 ein Buch mit dem bezeichnenden Titel *Angepasst und ausgebrannt. Die Parteien in der Nachwuchsfalle* veröffentlicht hat, darauf, dass in den Parteien heute nicht eine Auswahl der Besten, sondern derjenigen, die sich am besten anpassen können, stattfindet.

die in den Niederlanden ebenso wie in Deutschland immer stärker personen-
orientiert ausgerichtet ist.

Enttäuschte Erwartungen

Die Enttäuschung vieler Bürger über die Politik der letzten Jahre kann als
weiterer Punkt zur Erklärung der Krise der Großparteien in Deutschland und
in den Niederlanden herangezogen werden. Allgemein ist festzuhalten, dass
insbesondere in der letzten Zeit in der öffentlichen Diskussion in Deutschland und in den Niederlanden häufig ein negatives Bild von den Parteien vor-
herrscht.[57] Die Großparteien dienen in beiden Ländern häufig als Sinnbil-
der für die negativen Eigenschaften, die den Parteien zugeschrieben werden,
und stehen somit in besonderer Weise im Fokus der Kritik. Neben den bereits
angesprochenen inhaltlichen und organisatorischen Problemen wird das negative Bild in der Bevölkerung vor allem durch (vermeintliche) Skandale und
negative Schlagzeilen hervorgerufen.[58] An die Parteien richtet sich zudem der
Vorwurf, sie hätten den Kontakt zur Gesellschaft verloren, würden die Nöte
und Unsicherheiten der Bürger nicht mehr kennen und sogar eine eigene, für
Außenstehende kaum verständliche Sprache sprechen. Unter anderem mit diesen Kritikpunkten haben Pim Fortuyn und Geert Wilders bei den letzten Wahlen in den Niederlanden viele politisch unzufriedene Wähler für sich gewinnen können.[59] Perger schreibt prägnant über die aktuelle Situation: „Dass die
‚Volksparteien' im Volk unterwegs und zu Hause sind, behaupten nur noch die
Volksparteien selbst."[60]

---

57 „Die Beziehungen zwischen Bürgerschaft und politischen Eliten sind nachhaltig
    gestört. Das Ansehen von Politik und Politikern ist auf einem historischen Tief-
    stand gesunken, Legitimation und Kompetenz des politischen Personals werden
    zunehmend in Zweifel gezogen." H. KLEINERT, *Parteiendemokratie in der Krise*,
    S. 11. In Bezug auf die Niederlande werden die Probleme unter anderem doku-
    mentiert in: RAAD VOOR HET OPENBAAR BESTUUR, *Democratie vereist partijdigheid*,
    S. 16ff.
58 Vgl. hierzu: U. VON ALEMANN, *Das deutsche Parteiensystem: Transformation statt
    Erosion. Ein Essay in sieben Thesen*, in: J. RÜTTGERS (Hrsg.), *Berlin ist nicht Wei-
    mar*, S. 87.
59 Pennings und Keman halten fest: „Obviously – as the recent electoral success of
    ‚new' parties like LPF, PVV and SP shows (...) there is a growing gap in confi-
    dence between citizens and the established parties." P. PENNINGS/H. KEMAN, *The
    Changing Landscape of Dutch Politics Since the 1970s: A Comparative Explora-
    tion*, in: *Acta Politica* 2-3 (2008), S. 155. Für Deutschland weist unter anderem
    Leif auf diese Problematik hin. Vgl. T. LEIF, *Das Primat der Politik muss wieder-
    hergestellt werden*, S. 54f.
60 W.A. PERGER, *Wenn die Mitte einknickt*, online unter www.zeit.de/2006/49/Partei
    enlandschaft-Europa, S. 2, [14.2.2007]. Insbesondere den sozialdemokratischen
    Parteien in beiden Ländern wird oftmals vorgehalten, dass sie den Kontakt zu
    den Bürgern, insbesondere den „kleinen Leuten", verloren hätten. Vgl. hierzu: F.
    BECKER/R. CUPERUS, *De sociaal-democratische spagaat*, S. 37ff. und S. 54ff. M.

Aktueller Bezugspunkt der Kritik sind – neben Fragen der Migration und Integration, die in den Niederlanden in den letzten Jahren das Hauptthema der *Lijst Pim Fortuyn* (LPF) und der *Partij voor de Vrijheid* (PVV) waren – vor allem Veränderungen auf dem Arbeitsmarkt und im Bereich des Sozialstaats, die ihren Ursprung unter anderem im demographischen Wandel und vor allem in der Internationalisierung des Wirtschaftsgeschehens haben. Diese Internationalisierung, deren Auswirkungen in Deutschland und in den Niederlanden immer stärker zu spüren sind, eröffnet in beiden Ländern, deren Ökonomien stark vom Außenhandel abhängig sind, vielfältige neue Chancen. Sie wird von vielen Bürgern jedoch auch als Bedrohung gesehen, weil sie sich den veränderten Anforderungen des Wirtschaftslebens nicht gewachsen fühlen und Sorgen vor Einschnitten im sozialen Netz haben. Die Erwartungen an die Politik sind dementsprechend groß: Vor allem soll die bisherige soziale Sicherheit und Wohlstandsentwicklung auch unter den veränderten Rahmenbedingungen bewahrt bzw. sogar ausgebaut werden.

Das Regierungshandeln in Deutschland und in den Niederlanden hat auf der Grundlage wirtschaftlicher und gesellschaftlicher Notwendigkeiten in beiden Ländern diesen Erwartungen häufig nicht entsprochen. Die unpopulären Maßnahmen, die ergriffen wurden, haben dem Ansehen der großen Parteien, die als Initiatoren dieser Politik auftraten, massiv geschadet und Spielräume für politische Oppositions- und Protestparteien geschaffen, die die politische Unzufriedenheit in der Bevölkerung nutzen konnten. In den Niederlanden wurden diese Spielräume bei den letzten Wahlen vor allem von der LPF, der PVV und der SP genutzt.[61] In Deutschland richtet sich die Kritik in der Bevölkerung vor allem auf die SPD und die von ihr im Jahr 2003 initiierte Agenda 2010, in deren Rahmen verschiedene Modifikationen auf dem Arbeitsmarkt und bei der sozialen Sicherheit beschlossen wurden. Nach Jesse hat die Agenda 2010 die SPD in eine schwere Identitätskrise geführt, ihren Markenkern im Bereich der sozialen Gerechtigkeit zerbröselt.[62] Die Relevanz dieses Punktes für die Wahlniederlage 2009 dokumentierten die Angaben von infratest dimap: 42 Prozent der Wähler, die die SPD bei der letzten Bundestagswahl verließen, gaben die soziale Gerechtigkeit als wahlentscheidendes Thema an. Zwei Drittel der Befragten stimmten sogar der Aussage zu, dass die SPD ihre sozialdemokratischen Prinzipien aufgegeben habe.[63]

GÜLLNER, *Volksparteien ohne Volk? Oder: Sind die Volksparteien noch zu retten?*, S. 17.; W.A. PERGER, *Wenn die Mitte einknickt*, S. 1ff.

61 Aus Wahlanalysen geht deutlich hervor, dass sich die Wählerschaft der genannten Gruppierungen durch eine besonders hohe politische Unzufriedenheit kennzeichnet. Siehe hierzu u.a.: CBS, *Het nationaal kiezersonderzoek 2006. Opzet, uitvoering en resultaten*, Voorburg 2008.

62 Vgl. E. JESSE, *Die Volksparteien nach der Bundestagswahl 2009 – gravierende Symptome einer Krise*, S. 42.

63 Vgl. hierzu auch: H. JUNG, *Schwarz-Gelbe Mehrheit mit sozialliberalem Profil – eine Analyse der Bundestagswahl 2009*, S. 31.

Perspektiven

Am Ende dieses Beitrags sollen nun einige Einschätzungen zu den Perspektiven der Großparteien in Deutschland und den Niederlanden geäußert werden. Hierbei ist von zentraler Bedeutung, dass die eben angesprochenen gesellschaftlichen Trends, die als grundlegend für die Veränderungen in der deutschen und niederländischen Parteienlandschaft sowie die Krise der Großparteien ausgemacht wurden, selbstverständlich nicht reversibel sind. Eine Rückkehr zu alten Zeiten, in denen ein Großteil der Bürger sich mit einer politischen Partei dauerhaft identifiziert, erscheint folglich ausgeschlossen. Es ist vielmehr davon auszugehen, dass die gesellschaftlichen Veränderungsprozesse sich weiter fortsetzen und die noch vorhandenen Parteiidentifikationen sich weiter lockern bzw. sogar auflösen werden. Für die Großparteien bedeutet dies, dass sie kontinuierlich für ihre Position in der deutschen und niederländischen Politik, um Mitglieder und Wähler kämpfen müssen. Es stellt sich die Frage, wie dies unter den veränderten gesellschaftlichen Bedingungen und unter Berücksichtigung des derzeitigen Parteienwettbewerbs gelingen kann, unter welchen Voraussetzungen die Großparteien in Deutschland und in den Niederlanden ihre jetzige Integrationskraft bewahren bzw. sogar wieder ausbauen können.

Die häufigste Forderung in diesem Kontext besteht darin, dass die christ- und sozialdemokratischen Parteien in Deutschland und den Niederlanden ihr programmatisches Profil schärfer sollen. Allerdings stehen einer solchen Zielsetzung – wie oben gezeigt wurde – große Probleme entgegen. In Anbetracht der stark unterschiedlichen politischen Erwartungen und Schwerpunktsetzungen in der Bevölkerung erscheinen die Gewinnung und vor allem die langfristige Sicherung eines großen Wählerpotenzials durch bestimmte Inhalte und Zielsetzungen – gerade in Anbetracht des derzeitigen Parteienwettbewerbs – in beiden Ländern grundsätzlich als schwierige, vielleicht sogar unlösbare Aufgabe. Hinsichtlich der organisatorischen Stärkung der Parteien bestehen verschiedene Vorschläge, um Mitgliedschaften attraktiver und die Abläufe in den Parteien transparenter und offener zu gestalten. Zum Teil wurden hierzu auch bereits erste Schritte ergriffen bzw. befinden sich diese in der Planung. Inwiefern entsprechende Aktivitäten den Niedergang der Großparteien und ihre organisatorische Schwächung aufhalten können, erscheint jedoch, da die Probleme tiefer reichen, fraglich.[64]

Insgesamt sind die Perspektiven der deutschen und niederländischen Großparteien somit eher skeptisch zu bewerten. Für diese Einschätzung findet sich in der wissenschaftlichen Literatur nahezu durchgängig Unterstützung. Lösche hält beispielsweise in Bezug auf Deutschland fest: „Das Zeitalter der Volksparteien kommt zu seinem Ende, diese sind gesellschaftlich, politisch und his-

---

64 Anschaulich hierzu: P. Lösche, *Ende der Volksparteien*, S. 9.

torisch überholt."[65] Der Politikwissenschaftler Karl-Rudolf Korte spricht in der jetzigen Situation bereits von „Volkspartei-Ruinen"[66]. Hohe Wahlergebnisse, wie sie in früheren Jahrzehnten üblich waren, sind nach Kleinert in Deutschland zukünftig nicht mehr zu erwarten. Viel wahrscheinlicher erscheint ihm eine weitere Ausfransung des Parteiensystems mit Wahlerfolgen neuer Kleinparteien.[67] Dettling äußert in ähnlicher Weise: „Es gibt keinen plausiblen Grund, warum der Niedergang einer Volkspartei bei 33 Prozent (CDU) oder bei 23 Prozent (SPD) an sein Ende gekommen sein sollte."[68]

In Bezug auf die Niederlande ist nochmals darauf zu verweisen, dass die niederländische Wählerschaft sich bereits aktuell durch ein überaus starkes Maß an Unberechenbarkeit auszeichnet.[69] Irwin und van Holsteyn halten es trotzdem für eine risikolose Vorhersage, „that volatility in the Dutch electorate will continue and probably even increase."[70] Vor diesem Hintergrund werden die zukünftigen Entwicklungen des CDA und der PvdA, die ihre führende Rolle in der niederländischen Politik bereits zum Teil verloren haben, – ebenso wie jene der CDU/CSU und der SPD in Deutschland – von Wahl zu Wahl stark von kurzfristig wirkenden Faktoren abhängen: vor allem von der aktuellen Stimmung in der Bevölkerung, vom jeweiligen programmatischen Angebot, von der Beliebtheit der zur Wahl stehenden Kandidaten, vom Erfolg der eigenen Wahlkampfführung sowie vom Raum, den die anderen Gruppierungen im Parteienspektrum bieten. Höhere Wahlergebnisse als bei der Wahl 2009 in Deutschland bzw. im Jahr 2010 in den Niederlanden sind für die Großparteien in beiden Ländern somit sicherlich erreichbar – hierfür müssen jedoch verschiedene interne und externe Faktoren zusammentreffen.

---

65 P. Lösche, *Ende der Volksparteien*, S. 6. Eine ähnliche Einschätzung findet sich bei H. Kleinert, *Parteiendemokratie: ein Auslaufmodell?*, S. 106.

66 K.-R. Korte, *Die neue Qualität des Parteienwettbewerbs in Deutschland*, S. 111. Nach Ulrich von Alemann sind „Union und SPD (…) keine Mammute mehr, aber immer noch kleine Dickhäuter, ohne die keine Regierung gebildet werden kann." U. von Alemann, *Das deutsche Parteiensystem: Transformation statt Erosion*, S. 84.

67 Vgl. H. Kleinert, *Parteiendemokratie in der Krise*, S. 14.

68 W. Dettling, *Die Volkspartei ist tot – es lebe die Volkspartei*, in: J. Rüttgers (Hrsg.), *Berlin ist nicht Weimar*, S. 28.

69 Mair belegt dies mit folgenden Worten: „By the beginning of the 21st century, in short, the Dutch electorate had become one of the most unpredictable and volatile in contemporary western Europe." P. Mair, *Electoral Volatility and the Dutch Party System: A Comparative Perspective*, S. 240. Aarts und Thomassen konstatieren: „Since 2002 one might easily get the impression that the Dutch electorate and Dutch politics in general have totally lost their proverbial calm and stability." K. Aarts/J. Thomassen, *Dutch Voters and the Changing Party Space 1989-2006*, S. 205.

70 G.A. Irwin/J.M. van Holsteyn, *Scientific Progress, Educated Guess or Speculation?*, S. 196.

Es stellt sich abschließend die Frage nach der Beurteilung: Ist es ein Problem für die deutsche und niederländische Demokratie, dass die Großparteien ihre über Jahrzehnte stabile Position verlieren bzw. bereits verloren haben? Der Diskurs in Deutschland und in den Niederlanden unterscheidet sich in dieser Hinsicht teilweise. In den Niederlanden finden sich zwar kritische Kommentare, die die zunehmende Komplexität der Parteienlandschaft sowie die aus dieser Komplexität erwachsenen Schwierigkeiten beispielsweise bei der Regierungsbildung oder bei den parlamentarischen Prozessen bemängeln. Ein ernsthaftes Problem wird hierin jedoch in der Regel nicht gesehen. Neben einem historisch gewachsenem Vertrauen in die eigene Demokratie liegt ein Grund hierfür sicher darin, dass man sich bereits länger an wechselnde Wahlergebnisse und Umbrüche im Parteiensystem gewöhnen konnte.

In Deutschland wird vor dem Hintergrund historischer Erfahrungen hingegen die hohe Bedeutung der Großparteien für die politische Stabilität der BRD, gerade im Vergleich zur Weimarer Republik, stellenweise noch unterstrichen und deren Krise daher zum Teil als besorgniserregend bewertet. Entsprechende Befürchtungen erscheinen jedoch kaum angebracht.[71] Vielmehr sind die deutschen Großparteien in ihrer früheren Dimension im Sinne von Leggewie als Anomalie zu bewerten, „deren Verdienst vor allem darin besteht, die politisch und moralisch zerstörte Nachkriegsgesellschaft auf dem Weg von der totalitär formierten Volksgemeinschaft zur ausdifferenzierten Vielfalt des wieder vereinten Deutschland zu begleiten."[72] Die Veränderungen der letzten Jahre können als Beleg dafür gedeutet werden, dass sich die einstmals hyperstabile Demokratie in Deutschland im internationalen Vergleich normalisiert – ein Prozess, an dessen Auswirkungen sich derzeit nicht nur die Politiker, sondern auch die Bürger und Wissenschaftler zum Teil noch gewöhnen müssen.

Dieser Beitrag hat nicht nur die Krise der deutschen und niederländischen Großparteien thematisiert, sondern auch an verschiedenen Stellen den Blick auf die Auswirkungen dieser Krise auf die Perspektiven populistischer Gruppierungen in beiden Ländern gerichtet. In Bezug auf die deutsche Situation ist im Ergebnis festzuhalten, dass verschiedene Faktoren in der aktuellen Situation nahelegen, dass die Chancen entsprechender Gruppierungen sukzessive steigen. Gleichzeitig stehen einem Aufstieg einer neuen Partei jedoch weiterhin auch überaus gewichtige Hindernisse entgegen, sodass vor vorschnellen Schlüssen zu warnen ist.

---

71 In diesem Sinne äußern sich auch: V. KRONENBERG, *Schwarz-Gelb – und jetzt? Perspektiven bürgerlicher Politik im politischen Laboratorium Nordrhein-Westfalen*, in: J. RÜTTGERS (Hrsg.), *Berlin ist nicht Weimar*, S. 121; U. VON ALEMANN, *Das deutsche Parteisystem: Transformation statt Erosion*, S. 83f.
72 C. LEGGEWIE, *Volksparteien im Klimawandel. Wie sich Politiker und Parteien besser auf Zukunftsgestaltung einstellen*, in: J. RÜTTGERS (Hrsg.), *Berlin ist nicht Weimar*, S. 127. Auch Heinze unterstützt diese Sichtweise: R.G. HEINZE, *Zurecht geschrumpft*, S. 91f.

In den Niederlanden stellt sich die Situation anders dar: Hier haben in den letzten Jahren Parteien mit stark populistischen Zügen bereits Erfolge gefeiert und eine Fortsetzung bzw. eventuell sogar ein Ausbau dieser Erfolge erscheint durchaus möglich. Die zukünftige Entwicklung der PVV, die derzeit besonders im Fokus des Interesses steht, hängt dabei von mehreren Faktoren ab, unter anderem von der Stabilität und dem Erfolg der neuen Minderheitsregierung, von der programmatischen, organisatorischen, finanziellen und personellen Entwicklung der Partei und von den Veränderungen in der Parteienlandschaft, insbesondere in Bezug auf die Krise des CDA. Am Ende des Jahres 2010 sieht es auf jeden Fall danach aus, dass Geert Wilders in den nächsten Jahren das politische Geschehen in den Niederlanden im hohen Maße prägen wird. Aber auch unabhängig von der zukünftigen Entwicklung der PVV scheint der Populismus einen festen Platz in der niederländischen Politik erobert zu haben und es kann von weiteren Umbrüchen in der Parteienlandschaft ausgegangen werden.

René Cuperus

Der populistische Dammbruch
Die niederländischen Volksparteien unter Druck

In Europa gehören die Nachwirkungen des Zweiten Weltkrieges allmählich der Vergangenheit an. Der Kokon, in dem wir uns nach 1945 lange Zeit geborgen wussten, ist sozusagen aufgebrochen. Die furchterregenden Narben des 20. Jahrhunderts – Verdun, die Wirtschaftskatastrophe der 1930er Jahre, der Holocaust, Stalingrad und der Gulag – wirkten lange wie ein magisches Gegengift:[1] gegen wieder auflebenden Nationalismus, gegen neuen Fremdenhass, gegen hemmungslosen Kapitalismus, gegen Faschismus. Stattdessen kamen das Ideal der europäischen Vereinigung, der liberale Rechts- und Sozialstaat der Nachkriegszeit, der Kultus der UN-Menschenrechte und der Kampf gegen Diskriminierung und Rassismus.

Die in der Nachkriegszeit herrschende, schützende Selbstverständlichkeit von alledem gibt es aber nicht mehr. Europa – wenn auch nicht jedes Land mit der gleichen Intensität und auf die gleiche Art und Weise – geht, nach der langen Nachkriegszeit, wieder zur Tagesordnung über. Mit der Rückkehr der Dämonen der Geschichte dringen auch die Angstvorstellungen der Vorkriegszeit wieder in die öffentliche Meinung vor.[2] Das ist sicherlich voreilig, ungenau und paniklüstern, aber es ist doch besorgniserregend, dass in Europa in Zeiten heftigen wirtschaftlichen und kulturellen Aufruhrs xenophober Populismus aufkommt. Gerade auf dem Kontinent, wo alles auf ein „nie wieder" gesetzt wurde – nie wieder Krieg, nie wieder Fremdenhass –, kann dies nicht beruhigend wirken. Die zerrüttenden Effekte von Globalisierung, Säkularisierung, Individualisierung und schlecht begleiteter Massenmigration schaffen in einer Zeit der sozioökonomischen Unsicherheit Ressentiments im Zusammenhang mit sozialem Abstieg und dadurch einen gefährlichen Nährboden für einen neuen Sündenbockmechanismus. Populismus wird in Europa – anders als in Amerika – mit Faschismus, Nationalsozialismus und Kommunismus assoziiert, mit der ‚Pathologie der Stimme des Volkes'. Gerade das macht das Aufkommen populistischer Protestbewegungen zu einer derartig belasteten Angelegenheit. All dies sollte politische, kulturelle und ökonomische ‚Eliten' bei dem turbulenten Transformationsprozess, in dem sich die europäische Gesell-

---

1   R. Cuperus, *De littekens van de twintigste eeuw,* in: *Roodkoper* 4/1 (1999), S. 4-6. Auch: R. Cuperus, *De Wereldburger bestaat niet. Waarom de opstand der elites de samenleving ondermijnt,* Amsterdam 2009.
2   J.W. Duyvendak/ E. Engelen/I. de Haan, *Het bange Nederland,* Amsterdam 2008, S. 32.

schaft befindet, zu größter Weisheit und größtem Verantwortungsbewusstsein veranlassen.

Das Problem ist nun, und das ist eine der Kernthesen dieses Beitrages, dass die Eliten dies gerade nicht tun. Statt in einer Welt, die sich im Fluss befindet, Sicherheit und Stabilität zu bieten – besonders denen, die sich als Opfer dieser neuen globalisierten Welt fühlen –, gießen sie Öl in das Feuer der Veränderung. Die Eliten pflegen einen abschreckenden Anpassungs- und Veränderungsdiskurs: Alles werde sich verändern müssen, wenn wir in der Lage sein wollen, die neue globale Weltordnung zu überleben. Es ist die Gemeinschaft der nationalen und internationalen ‚policy- and decisionmakers‘, die mit ihrem Zukunftsbild einer grenzenlosen, globalisierenden und flexibilisierenden Welt einen Anschlag auf die Traditionen und Institutionen des Gesellschaftsmodells der Nachkriegszeit verübt. Die These lautet, dass gerade dieses Verhalten der Eliten der größte Verursacher des riskanten ‚Aufstandes‘ des Populismus ist, den wir zurzeit in fast ganz Europa erleben. Diese Revolte des Populismus setzt die politische Mitte, die christdemokratischen und die sozialdemokratischen Volksparteien, unter Druck und droht diese zu fragmentieren. Und weil diese Parteien der Mitte in der Nachkriegszeit den Rückhalt für Stabilität und gesellschaftlichen Zusammenhalt bildeten, bedroht diese Fragmentierung letztlich das europäische Gesellschaftsmodell, wie wir es heute kennen.

Im Gegensatz zu den meisten Beiträgen aus der Politikwissenschaft, die sich vor allem mit der Charakterisierung und Definition des Phänomens Populismus befassen, konzentriert sich dieser Beitrag aus historischer Perspektive auf drei andere Fragen: Warum tritt der Populismus ausgerechnet jetzt, in der heutigen Zeit auf? Warum ist das Phänomen in fast ganz Europa feststellbar, und zwar in einem solchen Ausmaß, dass man von einer ‚europäischen Populismuskrise‘ sprechen kann? Welche tieferen gemeinsamen Ursachen liegen dann dieser Populismuskrise zugrunde, und was sagt diese Krise über das Scheitern des etablierten politischen Parteiensystems aus?

Diese Fragen knüpfen im Übrigen an den Populismusbegriff an, wie ihn die Herausgeber dieses Bandes, Friso Wielenga und Florian Hartleb, in ihrer Einleitung umschreiben. Sie unterscheiden mehrere Aspekte, wie Populismus als „Protestventil gegen ‚die-da-oben‘“, als „Anti-Partei-Partei“, als „Produkt der modernen Mediendemokratie“ sowie als „Mobilisierungsstrategie unter Nutzung diffuser Vorurteile (Politik der Ressentiments)“. Viele dieser Dimensionen finden sich auch in der nachfolgenden Populismusanalyse, ebenso wie die Tatsache, dass sich der Populismus mit seiner falschen Vorstellung von einem homogenen Volk in einem Spannungsverhältnis zur Demokratie befindet, ja sogar auf gespanntem Fuß mit den Prinzipien des liberalen Rechtsstaats steht.

Man wird den gesellschaftlich explosiven Populismus nur dann kanalisieren und bekämpfen können, wenn man lernt, ihn besser zu verstehen. Vor diesem Hintergrund wird im vorliegenden Aufsatz anhand des ‚populistischen Laboratoriums Niederlande' nach den tieferen Ursachen für den Vormarsch des Populismus gesucht.

Deutsch-niederländische Unterschiede

Die gute Nachricht von der deutschen Bundestagswahl vom September 2009, besonders im Vergleich zu niederländischen Erfahrungen, ist das Ausbleiben eines populistischen Rechtsrucks als Folge der Politik der Großen Koalition. Ein Verwischen der Unterschiede zwischen ‚links' und ‚rechts' in der Großen Koalition (kombiniert mit harten Reformen am Sozialstaat) hätte ja eine destabilisierende, populistische Revolte gegen das Establishment auslösen können. Theoretisch birgt eine Große Koalition der politischen Hauptkonkurrenten die Gefahr, den Unterschied zwischen links und rechts auszuhöhlen, wodurch ein Vakuum entsteht, das dann mit populistischen Gegensätzen wie etwa dem vom Establishment und der falschen, da konstruierten Einheitsvorstellung vom Volk besetzt wird. Diese Revolte könnte auf einer Politik von Angst und Ressentiments basieren, die sich um Fragen der aufgrund von Massenimmigration, europäischer Einigung, Postindustrialismus und Globalisierung als bedroht empfundenen Identität dreht. Doch das ist in Deutschland bisher nicht eingetreten. Während in vielen europäischen Staaten der Rechtspopulismus zunehmend in Wahlen und auch sonst an politischem Boden gewinnt, scheint in Deutschland das Nachkriegs-Frühwarnsystem noch immer gut zu funktionieren. Bei den Bundestagswahlen gab es keinen Aufschwung für Parteien, die sich gegen Migranten oder den Islam richten. Der Damm aus Zweitem Weltkrieg und Holocaust, gestärkt durch den deutschen Föderalismus, hält dicht.[3]

Man könnte allerdings Argumente dafür anführen, dass der Anti-Globalisierungs- und Anti-Modernisierungspopulismus nicht über die Rechte, sondern über die Linke einen Ausweg gefunden hat, und zwar in Form der Partei *Die Linke*, einer linkspopulistischen Partei, die ihre Identität im Widerstand gegen den Sozialabbau (Agenda 2010 und Hartz IV) der angeblich mit dem Neoliberalismus kollaborierenden Sozialdemokratie sucht. Das Unbehagen über die Sanierung des Sozialstaats nahm jedoch (bisher) nicht die Form einer rechtspopulistischen Anti-Migrations- oder Anti-Islambewegung an, wie dies in vielen anderen europäischen Ländern der Fall ist. Bisherige Versuche sind jedenfalls gescheitert, was sich jedoch bald ändern könnte.

---

3 Inzwischen könnte man argumentieren, dass die große Integrations- und Islamdebatte, die in Deutschland anlässlich der Veröffentlichung von *Deutschland schafft sich ab* von Thilo Sarrazin ausbrach, Züge eines ‚rechtspopulistischen' Dammbruchs annimmt. Siehe auch: R. CUPERUS, *Duitslands verkeerde Fortuyn*, in: *Vrij Nederland*, 11. September 2010, S. 64-65. Vgl. auch den Beitrag von Florian Hartleb in diesem Band.

In den Niederlanden fand der Dammbruch gegen das politisch korrekte Schutzschild des Erbes des Zweiten Weltkriegs hingegen statt. Das lief gewiss nicht widerstandslos ab, denn man darf das Kriegstrauma, das jahrzehntelang im Vordergrund stand, nicht unterschätzen. Wenn auch in anderer Weise als in Deutschland, so stand doch auch die Nachkriegsgeschichte der Niederlande im Zeichen von Schuld, Buße und Vergangenheitsbewältigung. Die Niederlande leckten die Wunden der Überwältigung durch das nationalsozialistische Deutschland, aber auch die von groß angelegter Kollaboration. Es gab verhältnismäßig viele niederländische Freiwillige für die SS, und aus keinem westlichen Land wurde eine so hohe Zahl von Juden in die Vernichtungslager abtransportiert, darunter die durch Verrat gefasste Anne Frank. Hinzu kamen noch das Schuld- und Schamgefühl über den niederländischen Kolonialismus, die Sklaverei und sogar die Apartheid: Dies alles bürgte für eine verständliche Toleranz gegenüber Fremden, Minderheiten, Immigration und Multikulturalismus. Die ‚Lehren aus dem Krieg‘ verordneten ein Tabu, über kulturelle Unterschiede, Integration sowie nationale Identität zu sprechen.

So wurde das Durchbrechen dieses Nachkriegsklimas dann auch nicht von neonazistischen Bewegungen provoziert. Als derartige Parteien in den 1980er und 1990er Jahren in den Niederlanden auftauchten, wurde von Gesellschaft, Medien und Politik vielmehr ein starker *cordon sanitaire* um Parteien mit neonazistischen Verbindungen gelegt. Das galt insbesondere für Hans Janmaat und seine kleine, rechtsextreme Anti-Migranten-Partei der *Centrum Democraten* (Zentrumsdemokraten). Dennoch hatte die marginale Janmaat-Partei eine große Auswirkung, denn sie fungierte als Blockade bei einer gesellschaftlich notwendigen Anpassungsdebatte über Immigration und Integrationsprobleme. Wenn ‚aus Erfahrung sachkundige‘ Bewohner das kosmopolitisch vielfarbige Paradies der multikulturellen Gesellschaft kritisierten, wurden ihnen Diskriminierung und Rassismus attestiert. Die Spannungen, die mit der ‚multi-ethnischen Transformation‘ der Großstädte einhergingen, wurden depolitisiert oder zum Tabu erklärt. Politiker und Intellektuelle umgingen es, die Schattenseiten der multikulturellen Gesellschaft zu beleuchten und Lösungsansätze offen zu diskutieren.

Es ist auch rückwirkend betrachtet immer noch bemerkenswert, wie wenig der Immigrations- und Integrationsprozess benannt und problematisiert wurde, wodurch gerade ein riskantes Vakuum für extreme Parteien entstand. Wie soziologisch naiv kann eine Gesellschaft sein? Faktisch handelte es sich um eine so gut wie gar nicht begleitete Massenmigration. Das ist eine ernsthafte Nachlässigkeit der politischen und intellektuellen Eliten gewesen, die zu lange an einer politischen Korrektheit festhielten, für die wir bis zum heutigen Tag einen hohen Preis bezahlen. Und zwar in Form einer scheiternden Integration, einer stagnierenden Emanzipation von Migranten und ihren Kindern, in Form von angespannten Beziehungen zwischen Neuankömmlingen und Etablierten und der alarmierenden Rückkehr von rechtsradikalen Bewegungen in Europa.

Es ist der populistische Aufstand mit seiner Aufstellung einer aggressiven Tagesordnung gewesen, der den Kokon der politischen Korrektheit aufgebrochen und den etablierten Parteien wichtige politische Reaktionen abgezwungen hat.

In den Niederlanden konnte dieser Durchbruch erst stattfinden, als ein ‚sauberer' Populist die politische Bühne betrat, sauber dort, wo es um die Beziehungen zum parteiförmigen oder subkulturellen Rechtsextremismus ging. Es war Pim Fortuyn, ein ehemals sozialdemokratischer Professor, der sich als Homosexueller vom Vormarsch des Islam in der westlichen Gesellschaft bedroht fühlte. Nach dem Mord an Pim Fortuyn 2002 sollten andere ‚saubere' Rechtspopulisten in seine Fußstapfen treten, wie die Bewegung der ehemaligen konservativ-liberalen Ministerin Rita Verdonk und später auch Geert Wilders, der in den Niederlanden von manchen als rechtsextrem und radikal islamophob charakterisiert wird, aber sicherlich nicht als neonazistisch oder rassistisch betrachtet werden kann. Im Gegenteil: Die *Partij voor de Vrijheid* (PVV) von Geert Wilders definiert sich selbst als eine prosemitische Pro-Israel-Partei, die Teil einer weltweiten ‚islamkritischen' Bewegung sei, welche den Islam als eine totalitäre Ideologie betrachte, durch die die westlichen Freiheiten bedroht und unterminiert werden.[4]

Laboratorium Niederlande

Inzwischen sind die Niederlande, nach dem rechtspopulistischen Dammbruch seit Pim Fortuyn, zu einem Laboratorium für die Instabilität des Systems der politischen Parteien der Nachkriegszeit geworden. Mit ihrem Verhältniswahlrecht und einer Sperrklausel von nur 0,67 Prozent haben die Niederlande ein extrem offenes politisches System. Dadurch gibt es im Parlament immer viele Parteien und es ist für neue Gruppierungen relativ einfach, ins Parlament gewählt zu werden. Das wirkt einerseits positiv, weil neue Bewegungen dadurch schnell in das Parteiensystem integriert werden, andererseits bringt es auch eine potenzielle Instabilität mit sich. Seit etwa zwei Jahrzehnten stehen die drei großen Volksparteien von einst, CDA, PvdA und VVD, enorm unter Druck. Die traditionell starken Christdemokraten, Fusionspartei aus Katholiken und Protestanten, waren im vergangenen Jahrzehnt der stabilste Faktor im Zentrum der Politik, haben diese Position bei den Wahlen im Juni 2010 jedoch verloren. Die konservativ-liberale VVD litt, ungeachtet der Jahrzehnte der Blüte des Neoliberalismus, am meisten unter dem Rechtspopulismus. Sowohl die Bewegung *Trots op Nederland* (Stolz auf die Niederlande) von Rita Verdonk als auch die PVV von Geert Wilders waren Abspaltungen der VVD. Nichtsdestotrotz stellt diese Partei seit Juni 2010 die stärkste Fraktion im Par-

---

4 R. Cuperus/F. Becker, *Die Wahlen am 22. November 2006 und die Unruhe in der niederländischen Wählerschaft*, in: F. Wielenga/L. Geeraedts (Hrsg.), *Jahrbuch des Zentrum für Niederlande-Studien* 17 (2006), S. 83-101.

lament. ‚Links' konkurriert die PvdA mit drei anderen Parteien: *GroenLinks*, der sozialliberalen D66 und der links-populistischen *Socialistische Partij*, SP, und ist nicht mehr die ‚natürliche' linke Regierungspartei. Die Entfremdung des ehemaligen PvdA-Wählers kann sich in alle Richtungen orientieren – von der PVV von Wilders bis zur SP. Der deutschen SPD ist es aus Wählerperspektive seit der Agenda 2010 und den Hartz-IV-Reformen nicht anders ergangen.

Eine politische Identitätskrise hat die Niederlande im Griff. Die entwurzelnden Auswirkungen der Auflösung der traditionellen politischen Milieus (Entsäulung), der Individualisierung, der Globalisierung, und das Entstehen einer „Zuschauerdemokratie" (Jos de Beus) haben im traditionellen politischen System zu fundamentalen Verschiebungen geführt. Politische Parteien haben kaum noch eine feste Wählerschaft. Fast jeder Bürger ist ein Wechselwähler geworden, der von Wahl zu Wahl seine Stimme festlegt, wenn auch innerhalb einer – wie Politikwissenschaftler sagen – einigermaßen stabilen „rechten oder linken Auswahl" von parteipolitischen Optionen. Dennoch führt dies zu einer spektakulären Flüchtigkeit innerhalb der Wählerschaft, nicht zuletzt, weil sich das Parteiangebot durch den beispiellosen Vormarsch von links- und rechtspopulistischen Bewegungen in die politische Arena über das gesamte politische Spektrum hinweg vergrößert hat.

Die alten, vertrauten Volksparteien, die Europa seit dem Zweiten Weltkrieg regiert haben – die Christdemokraten (Konservative), die Sozialdemokraten und in manchen Ländern auch die Liberalen – verlieren zunehmend ihre Basis und haben das Monopol auf die Vertretung und politische Programmierung verloren. Weil sie traditionell die Stützpfeiler sowohl des parteipolitischen Systems als auch des europäischen Sozialstaats der Nachkriegszeit waren, hat ihr langsames, doch stetiges Schrumpfen einen großen Einfluss auf das europäische Gesellschaftsmodell als Ganzes. Infolge von Veränderungen in der Welt der Arbeit, der Familien- und Verwandtschaftsverhältnisse und der kulturellen Lebensstile, zerfallen diese großen, umfassenden Massenparteien. Sie werden zunehmend zu ‚Volksparteien ohne Volk' und leiden demnach an einem Mangel an Repräsentanz.

Der Populismus ist in vielerlei Hinsicht als eine Revolution der Nicht-Repräsentierten zu betrachten. Das sind nicht nur die marginalisierten ‚Verlierer der Modernisierung'. Auch große Gruppen von mündigen, tatkräftigen und zur Selbsthilfe fähigen Bürgern aus der Mittelschicht und aus Kreisen der freien Unternehmer können dazugerechnet werden. Viele Bürger fordern mehr Selbstbestimmungsrecht und Partizipation, weil sie sich durch ein ‚geschlossenes Parteienkartell' nicht repräsentiert fühlen, ein machtkonservierendes Relikt aus einem versäulten und ideologischen Zeitalter, das nicht mehr existiert. Oder weil sie nicht mehr willenlose Objekte einer ‚autistischen Bürokratie' sein wollen.

Der Mangel an politischem Vertrauen ist auf einen Cocktail verschiedenartiger Ingredienzien zurückzuführen. Es gibt ein buchstäbliches Repräsentanzproblem. Unsere Politiker stammen in zunehmendem Maße aus einem begrenzten Segment gut ausgebildeter Technokraten, die vorrangig aus dem öffentlichen Dienst kommen. Darüber hinaus gibt es eine problematische Kluft zwischen der administrativen Politikwirklichkeit und der ‚echten‘, von den Bürgern alltäglich erlebten Wirklichkeit. Dies ist besonders bei der Leitung des öffentlichen Dienstes ein Problem, wo der Staat, trotz einer ständigen Reorganisation von ‚Politiksystemen‘, Verbesserungen geschaffen hat, die für die Bürger und die ausführenden Experten wenig sichtbar und überzeugend sind. Das Problem ist nicht gänzlich neu, aber durch steigende Komplexität im Mehrebenensystem besonders virulent.

Die Verlagerung vieler politischer Entscheidungen auf die europäische Ebene hat das Vertrauen noch zusätzlich verringert, besonders an der heute in der europäischen Gesellschaft vorhandenen soziologischen Bruchlinie zwischen Höher- und Geringqualifizierten, einer Bruchlinie, die sich nicht umsonst im Stimmverhalten bei den französischen, niederländischen und irischen Referenden bezüglich der Europäischen Verfassung widerspiegelte. Besonders die Spannung zwischen Globalisierungsgewinnern und Globalisierungsverlierern ist eine Quelle für die europäische Populismuskrise. Die soziologischen Folgen des Globalisierungsprozesses sind kürzlich für sechs europäische Länder von einem Forscherteam der Universität Zürich und der Universität München untersucht worden. Eine zentrale Schlussfolgerung lautete: „We consider those parties that most successfully appeal to the interests and fears of the losers of globalisation to be the driving force of the current transformation of the Western European party system".[5] Seit 1945 war das Vertrauen in Institutionen und Politik noch nie so gering. Bemerkenswert dabei ist, dass diese Phänomene in Ländern auftreten, die schwer geprüfte Reformen des Sozialstaats hinter sich haben (Österreich, Dänemark, Niederlande), sowie in Ländern, die gerade dafür bekannt sind, dass sie Reformen immer wieder aufschieben (Italien). Oftmals entstehen linkspopulistische Bewegungen nach umstrittenen Reformen des Sozialstaats durch regierende sozialdemokratische Parteien. Denen wirft man dann Kollaboration mit dem Neoliberalismus vor. Man betrachte den Erfolg der niederländischen SP auf Kosten der PvdA oder den der Partei Die Linke auf Kosten der SPD in Deutschland.[6]

Die von den ‚Mainstream-Parteien‘ als notwendig dargestellten Anpassungen an die Globalisierung haben nicht selten zu einem Vertrauensbruch zwischen der Bevölkerung und den die Politik ausübenden Eliten geführt. Beson-

---

5 Zur Forschung von Hans Peter Kriesi siehe H. KRIESI ET AL., *West-European Politics in the Age of Globalization,* Cambridge 2008 und F. BECKER/R. CUPERUS, *De sociaal-democratische spagaat,* in: *Verloren Slag. De PvdA en de verkiezingen van 2006,* Amsterdam 2007, S. 17ff.
6 Siehe den Beitrag von Gerrit Voerman in diesem Band.

ders die großen Volks- und Regierungsparteien der Mitte waren von dieser politischen Repräsentations- und Vertrauenskrise betroffen, an erster Stelle die sozialdemokratischen Parteien. Wie es der flämische Soziologe Mark Elchardus formulierte: Es ist den Randparteien des Unbehagens gelungen, das in großen Teilen der Bevölkerung üppig gedeihende Unbehagen anzuzapfen und zu versilbern.[7] Es ist – davon ausgehend, dass Politik sich das Ziel setzt, ein Vehikel für kluge Führung und Forschrittsglauben und nicht für destruktives Unbehagen zu sein – für eine vitale Demokratie eine Überlebensfrage, hierauf eine Antwort anzubieten.

Die europäische Populismuskrise

Problematisch ist die Tatsache, dass ein Teil der heutigen Elite diese neuen, turbulenten Veränderungen aufnimmt und stürmisch anfacht. Dieses begeisterte Mitgehen mit der neuen Zeit („eine Bereicherung", „es gibt keine Alternative", „es macht uns alle wohlhabender", „die einzige Art, der Weltprobleme Herr zu werden") ist riskant. Eine derartige eingleisige Zukunft unterminiert die politische Bürgergemeinschaft und damit die (nationale) Demokratie. Meine These lautet: Die Loslösung der Eliten ist einer der Hauptgründe für den Vormarsch des Populismus, wie er in vielen europäischen Ländern aufgetreten ist. Der Populismus muss als ein Aufstand, eine Protestbewegung gegen das Gesellschafts- und Zukunftsbild der Eliten einer grenzenlosen, globalisierenden und flexibilisierenden Welt betrachtet werden. Bemerkenswert dabei ist nicht nur das Wegfallen von politisch-ideologischen Unterschieden in der gesellschaftlichen Oberschicht, sondern auch, dass der Links-rechts-Gegensatz weitgehend aus der Politik verschwunden ist und der apolitische, sogenannte TINA-Diskurs (*There Is No Alternative*) die Oberhand gewonnen hat. Es ist die Homogenisierung des Denkens der Eliten, die den für eine Demokratie wesentlichen Kampf und Wetteifer zwischen politischer, geschäftlicher und kulturell-intellektueller Elite ernsthaft geschwächt hat. Überall herrscht die Logik des neoliberalen und pseudo-effizienten Markt- und Managementdenkens, wobei über kulturelle und historische Traditionen und Erfahrungen hinweggegangen wird.

Genau dies hat der SPD-Vorsitzende Sigmar Gabriel in einer Bußrede ausdrücken wollen: „Aber wir haben eben in der Anpassung an die herrschende Lehre, die wir für die Mitte gehalten haben, auch Politikkonzepte entwickelt, die schon große Teile unserer Mitgliedschaft innerlich nicht akzeptiert haben und die Wählerschaft in ihrem Bedürfnis nach sozialer Sicherheit und sozialer Gerechtigkeit verletzt haben und bei ihnen nicht etwa Aufstiegsfreude, son-

---

7   M. ELCHARDUS, *Politiek van betekenis,* in: *Socialisme & Democratie* 10 (2008), S. 12-22.

dern Abstiegsängste geweckt haben".[8] Besonders durch den Fortfall des klassischen Links-rechts-Gegensatzes zur Blütezeit des Neoliberalismus entstand Raum für den populistischen Gegensatz, den Gegensatz zwischen Volk und Eliten, zwischen Volk und Establishment. Populismus ist somit ein Krisensymptom, ein Krankheitssymptom der Demokratie. Die Bevölkerung vertraut ihren Anführern nicht mehr und hat den Glauben an die Politik als eine positive Kraft der Veränderung verloren. Die bereits höchst akute politische Vertrauenskrise scheint sich seit der internationalen Bankenkrise mit einer finanzökonomischen Systemkrise zu vermischen. Das ist ein gefährlicher Cocktail, der das Aufkommen des Populismus noch verschärfen könnte. Vieles, wenn nicht alles, wird vom Gefühl der Dringlichkeit der Eliten abhängen. Sind sie bereit und in der Lage, sich wieder mit der realen Wirtschaft und der realen Soziologie zu verbinden?

Der heutige Populismus ist, wie bereits dargestellt, eine heftige Reaktion auf den Transformationsprozess, in dem sich die europäische Gesellschaft befindet. Da ist die neoliberale Globalisierung, die ständig durch neue technologische Entwicklungen befeuert wird. Bei diesem *ersten* Element der Populismuskrise Europas handelt es sich um die harte, reale Welt der geopolitischen und ‚geo-ökonomischen' Machtverschiebungen zwischen Ländern (der Vormarsch Chinas, Indiens und Brasiliens), das Übernehmen und ‚Übernommen-Werden' von internationalen Unternehmen und die Auslagerung von Arbeitsplätzen in Niedriglohnländer.

Das *zweite* Element ist der in vielen Ländern schwierige Umgang mit der Frage der Massenmigration, der Integration und der sogenannten Multikulturalität. Der intellektuelle Diskurs in Europa zeichnete sich lange durch eine post-Holocaust, postkoloniale politische Korrektheit aus, die den Multikulturalismus und die Neuankömmlinge als reibungslose Bereicherungen für die Gesellschaft anpries. Damit schaute man systematisch weg von der De-facto-Segregation und der tatsächlichen Marginalisierung vieler neuer Migranten und von der schleichenden ‚multikulturellen Entfremdung' der Autochthonen im eigenen Land. Vernachlässigt wurde auch der Druck, unter den massenhafte Migrationsbewegungen (in Zeiten einer niedrigen Konjunktur und einer postindustriellen Transformation der Wirtschaft) den Sozialstaat in vielen Ländern setzten. Und man übersah den kulturellen Konflikt, der sich zwischen dem orthodoxen Islam und den libertär-permissiven europäischen Gesellschaften abzeichnete, in denen sich beispielsweise die Emanzipationsprozesse von Frauen und Homosexuellen gerade zu identitätsstiftenden Werten entwickelt hatten.

Das *dritte* Element der europäischen Populismuskrise ist die weit verbreitete Beschwerlichkeit des europäischen Vereinigungsprozesses selbst. Was eigentlich die stolze Leistung einer kosmopolitischen Zusammenarbeit von Nationalstaaten in der Nachkriegszeit hätte sein sollen, fungiert zunehmend als Quelle für Unsicherheit und nationale Entfremdung. Die Abkühlung des euro-

---

8 S. GABRIEL, *Rede des Vorsitzenden der SPD*, Dresden 2009, S. 7.

päischen Integrationsprozesses wurde vor allem durch die schlagartige Erweiterung durch die ost- und zentraleuropäischen Länder verursacht sowie durch die (perzipierte) neoliberale Architektur der Europäischen Union mit ihrem Binnenmarkt und der monetären Union.

So betrachtet ist das populistische Unbehagen eine seltsame Mischung aus Globalisierungsangst, multikulturellem Unbehagen und Renationalisierung im europäischen Einigungsprozess. Dort steckt das Kernproblem: Anstatt in einer ins Treiben geratenen Welt Sicherheit und stabile transformative Führerschaft zu bieten, zeigen Politiker und Experten einerseits Ungewissheit und Unsicherheit, andererseits üben sie einen permanenten Modernisierungsdruck aus.

Zerrüttende Reformen

Die Entfremdung und das Unverständnis zwischen Bevölkerung und politischen Eliten sind darüber hinaus zu einem großen Teil auf den großen und ständigen Reformprozess des Sozialstaats und des Öffentlichen Dienstes in den vergangenen Jahrzehnten zurückzuführen. Viele dieser Reformen waren sicherlich notwendig. Die Verschiebung von einem Sozialstaat, in dem finanzielle Zuwendungen im Mittelpunkt standen, hin zu einem aktivierenden Sozialstaat, in dem die Teilnahme am Arbeitsprozess zum Kernziel geworden ist, erscheint – im Prinzip – als eine vertretbare Reform. Ein stärker verpflichtender Ansatz bei der sozialen Sicherheit, Ausbildung und Begleitung auf dem Weg zu Arbeit, Lohnkostensubventionen und einer stimulierenden Wirtschaftspolitik bildeten den Hintergrund der Arbeitsmarktpolitik der 1990er Jahre. Aber die Eliten haben Glaubwürdigkeit und Vertrauen eingebüßt, indem sie (so wird unterstellt) mit dem Neoliberalismus gemeinsame Sache gemacht haben, was zu einer als ‚unsozial‘ empfundenen Reform des Sozialstaates geführt hat (Beispiel: die Hartz-IV-Gesetze in Deutschland).

Es blieb jedoch nicht bei dem Übergang zu einem aktivierenden Sozialstaat. Die Niederlande sind in den vergangenen Jahrzehnten – ungeachtet der wechselnden Regierungskoalitionen – Zeuge und Gegenstand einer endlosen Reihe von Reformen gewesen. Diese betrafen nicht nur die soziale Sicherheit, sondern auch den öffentlichen Bereich im weiteren Sinne. Ständig wurde daran herumgebastelt, abgebaut, umgebaut und renoviert. Diese permanente Reformpolitik ohne klangvolle Ergebnisse hat zunehmend Widerstand hervorgerufen. Die Parteien der Mitte verloren in den rauen Jahren der wirtschaftlichen Umstrukturierung in den Augen vieler ihr ‚soziales Gesicht‘. Einsparungen und Sanierungen wurden als Modernisierung und Verbesserung verkauft, was dem Vertrauen in die neue Politik nicht gut getan hat.[9] Hier ergeben sich optimale Gelegenheitsstrukturen für populistische Parteien.

---

9 Siehe H.D. Tjeenk Willink, *Algemene beschouwingen*, in: *Raad van State Jaarverslag* (2004), zu finden auf www.raadvanstate.nl. Auch in der Politik der Bal-

Der Staat und die politischen Parteien der Mitte haben unterm Strich zu sehr auf die Veränderungsbereitschaft gesetzt und den Bürger überfordert. Umfragen nach Trends in der öffentlichen Meinung haben ergeben, dass eine beträchtliche Bevölkerungsmehrheit sich für Stabilität und Kontinuität der sozialstaatlichen Arrangements entscheidet, aber gleichzeitig befürchtet, dass die einander ablösenden Regierungen mit den Veränderungen und Anpassungen weitermachen werden.[10]

Der Populismus ist also nicht nur eine heftige Reaktion auf den heutigen gesellschaftlichen Transformationsprozess; er ist vor allem auch ein Aufstand gegen die Art und Weise, wie die Eliten diesen Transformationsprozess begleiten und erklären.[11] Die unbequeme Wahrheit lautet, dass der Populismus in erheblichem Maße durch die Eliten provoziert wird. Die Geschichte von den ‚habsüchtigen Geldsäcken‘ der Wall Street und der Londoner City – oder wie Finanzkapitalisten mit ihren Spekulationsgeschäften die reale Ökonomie der arbeitenden Menschen zerrütten – ist die Spitze des Eisbergs einer viel größeren Entfremdung zwischen der Oberschicht und der Bevölkerung. In vielen europäischen Ländern handelt es sich um einen populistischen Aufstand gegen das Welt- und Zukunftsbild der politischen, ökonomischen und kulturellen Eliten.

Dieser Aufstand hat nun den politischen Mainstream erreicht. Der Populismus ist dabei, für beträchtliche Teile europäischer Gruppen der Mitte zu einem nahezu salonfähigen Vehikel zu werden. Neben einer rechtspopulistischen Variante, die sich besonders auf die vermeintliche kulturelle Zersetzung der neuen globalisierten Welt konzentriert (ethnozentrischer Nationalismus), ist in vielen Ländern eine linkspopulistische Variante entstanden, die vor allem auf die große soziale Ungleichheit zielt, die die neue globalisierte Welt verursacht. Linkspopulisten wenden sich gegen den ‚verräterischen‘ Reformkurs der gemäßigten Linken. In fast allen europäischen Ländern steht die politische Mitte unter dem Druck populistischer Kräfte von rechts und links.[12]

---

kenende-Kabinette fand diese Seite der öffentlichen Domäne wenig Aufmerksamkeit, trotz der Versuche des Wissenschaftlichen Instituts des CDA, die Rolle der Professionals auf die politische Agenda zu setzen. Vgl. G. VAN DEN BRINK/T. JANSEN/D. PESSERS (Hrsg.), *Beroepszeer. Waarom Nederland niet goed werkt*, Amsterdam 2005.

10 Siehe F. BECKER/R. CUPERUS (Hrsg.), *Verloren Slag. De PvdA en de verkiezingen van november 2006,* Amsterdam 2007; V. SCHMIDT ET AL., *Public Discourse and welfare state reform. The social democratic experience*, Amsterdam, 2005.

11 Mark Elchardus zeigt eindringlich, dass das gesellschaftliche Unbehagen auch auf das Niveau der politischen Erzählungen und Symbole zurückgeführt werden kann. Die Geschichte vom Verlust des tugendhaften und friedfertigen Wohlfahrtsstaats sei seiner Ansicht nach dominant und generiere Unbehagen. Siehe: M. ELCHARDUS, *Politiek van betekenis,* in: *Socialisme & Democratie* 10 (2008), S. 12-22.

12 A. VERBRUGGE, *Tussen kosmopolitisme en provincialisme*, ROB-lezing 2007, S. 12/13.

Die heutige Elite scheint verlernt zu haben, die Gesellschaft zu führen. Ohne eigene Basis oder Säule und ohne eine auf breiter Ebene geteilte Ideologie agiert sie frei schwebend. Aber politisch-gesellschaftliche Führerschaft ist nicht das Gleiche wie Management. Sie ist weder das ungefilterte Weitergeben von technokratischen Polit-Sprüchen und Statistiken als Unvermeidlichkeit, noch beabsichtigt sie, dem Volk nach dem Mund zu reden. Es geht darum, Inspiration und Vertrauen zu bieten, gerade in einer turbulenten Welt. Die gegenwärtige Politik steht im Zeichen der Angst: Angst populistischer Politiker und Parteien vor dem vermeintlichen Angriff auf das Vertraute, vor dem Angriff auf die gemeinsame Identität. „Lasst die Niederlande niederländisch bleiben", so der Slogan von Rita Verdonks Partei *Trots op Nederland*. Diese Angst vor Veränderung tritt in vielerlei Gestalt auf, von unschuldiger Nostalgie bis zu aggressiver Xenophobie. Neben dieser Angst des Populismus gibt es jedoch die Angst der Nicht-Populisten: die Angst nicht-populistischer Politik vor populistischen Bewegungen, vor deren Wählern, vor der eigenen Wählerschaft.

Was sind nun, zusammenfassend, die Hintergründe des neuen Populismus, der überall in der westlichen Welt auftaucht? Wofür steht dieser Vormarsch neuer, rechtspopulistischer Bewegungen und Parteien, die meinen, die nationale Identität durch Immigration und europäische Integration bedroht zu sehen, und die das geschlossene politische System durch direkte Demokratie aufbrechen wollen? Geht es hier um den endgültigen Sieg der Massenkultur über die höhere Kultur der Elite? Sind wir Zeugen des Einzugs der kommerziellen Massenkultur in die politische Führungsebene? Oder ist es, ganz im Gegenteil, gerade die letzte, ohnmächtige Rebellion der weniger gut Ausgebildeten gegen das Entstehen einer kosmopolitischen Wissensökonomie? Ist dieser Populismus der Vorbote von etwas ganz Neuem – der ‚Demokratisierung der repräsentativen Demokratie' mit einer weniger bevormundenden Wahrnehmung der Interessen der Bevölkerung durch die Eliten – oder gerade der Verkünder der alten, bösen Träume Europas: dem Aufstand der Horden, die sich gegen Ausländer und ausländische Einflüsse wenden? Kurzum, steht ‚der neue Faschismus' vor der Tür? Alleine schon die Tatsache, dass solche Fragen im Zusammenhang mit dem Phänomen des Populismus möglich sind, sagt etwas über seinen tief greifenden Charakter.

Das Kernmerkmal jedes Populismus ist, dass er den strukturellen Konflikt in Gesellschaft und Politik nicht mehr als einen Konflikt zwischen links und rechts oder zwischen konfessionell und nicht-konfessionell identifiziert, sondern als einen Konflikt zwischen dem Volk und der Elite. Diese werden dann beide fälschlicherweise als ein Ganzes und als unteilbar wahrgenommen, als homogene Kategorien. Darin liegt die größte Gefahr des Populismus für die Demokratie, nämlich in dem blinden Fleck gegenüber dem Pluralismus beziehungsweise in seiner Zurückweisung. Dies kann in Kombination mit einem

Hang zu autoritär-charismatischer Führerschaft gefährlich mit den Prinzipien des liberalen Rechtsstaats in Konflikt geraten.[13]

Aber Populismus hat auch eine andere Seite. Er kann, zumindest als Alarmsignal, beim Diagnostizieren einer Repräsentanzkrise zwischen den politischen Eliten und der Bevölkerung eine wichtige Funktion haben. Populismus kann dann sogar eine berechtigte Warnung vor einer technokratischen Machtausübung und vor einem Missverständnis in der politischen Kommunikation zwischen Politik und Bürgern sein. Eine Warnung vor einem Bias der professionellen, akademischen Eliten in der Welt von Politik und Verwaltung, vor neuen Ungleichheiten und dem Scheitern der demokratischen Repräsentanz. In diesem Sinne aufgefasst, versteckt sich hinter dem Populismus ein Aufstand demokratischer Frustration und demokratischen Unbehagens, der nicht von vornherein verteufelt, geschweige denn unterschätzt werden sollte.[14]

In seiner Kritik an der fehlschlagenden Repräsentanz kann der Populismus theoretisch zur Hygiene der Demokratie beitragen. Tatsächlich stellt der Populismus, was immer man auch über ihn sagen mag und so gefährlich er als Phänomen auch ist, kritische Fragen an Theorie und Praxis unserer Demokratie. Er nimmt den Begriff der Volkssouveränität erneut unter die Lupe und stellt unbequeme Fragen nach der Qualität der Repräsentanz unserer repräsentativen Demokratie. Der Populismus demonstriert – auch in den heftigen Reaktionen, die er auslöst –, dass an den Grenzen des heutigen Demokratiebegriffs gerüttelt wird. Denn in dem öffentlichen Diskurs über Demokratie mag vielleicht suggeriert werden, dass es in den westlichen liberalen Demokratien um den allgemeinen Volkswillen des „we, the people" gehe, aber die demokratische Wirklichkeit befindet sich viel näher an der Beschreibung des Wirtschaftswissenschaftlers Joseph Schumpeter, dass nämlich ein demokratisches System letzten Endes kaum mehr ist als eine Arena, in der Interessensgruppen durch den Mund befreundeter politischer Parteien für eine Politik, die ihnen wohlgesonnen ist, um die Unterstützung durch die Wählerschaft werben.[15]

Nach der Entgleisung des *Age of the Masses* in Kommunismus und Nationalsozialismus/Faschismus – pathologischen Formen der ‚Stimme des Volkes' – wurde die Nachkriegsdemokratie ‚elitär' eingerichtet und gestaltet: mit einer starken Filterwirkung durch das repräsentative System und durch einen starken Konstitutionalismus über einen starken Rechtsstaat, der gegenüber der Macht der Mehrheit die Macht des Rechts garantierte. Man hatte nach

---

13 W. VAN DER BRUG/M. FENNEMA/J. TILLIE, *Why some anti-immigrant parties fail and others succeed. A two step model of electoral support*, in: Comparative Political Studies 38 (2005), S. 537-573.

14 Siehe für diesen Ansatz Y. MÉNY/Y. SUREL (Hrsg.), *Democracies and the Populist Challenge*, Basingstoke 2002 sowie auch R. CUPERUS, *Beetje populisme mag*, in: de Volkskrant, 22. März 2003.

15 J. SCHUMPETER, *Capitalism, Socialism & Democracy* (1947).

dem ‚Aufstand der Horden' eine Demokratie geschaffen, die realiter auf der Angst vor dem Volk basierte.[16]

Über diesen Teil des ‚nie wieder' der Nachkriegszeit ist wenig geschrieben worden. Aber mit dem Vormarsch des Populismus ist die Spannung zwischen den Eliten und der Masse wieder vollständig in die Demokratie zurückgekehrt. Der Populismus greift die ‚elitäre' Demokratie an, indem er für Formen der plebiszitären Demokratie gegen die entsäulte Parteiendemokratie eintritt (Referenden, direkte, personengebundene Wahlen und so weiter). Er kritisiert damit die volklose repräsentative Demokratie *of and for academic professionals*, die gegenwärtige meritokratische „Zeugnis-Demokratie".[17] Der Verlauf dieser Debatte wird entscheiden, ob und wie wir der populistischen Herausforderung gerecht werden.

Schluss: die zerbrochene Gesellschaft der Volksparteien

In den vergangenen Jahrzehnten sahen sich unsere Gesellschaften mit vielen Herausforderungen konfrontiert: die Globalisierung unserer Wirtschafts- und Finanzbeziehungen, die neuen Technologien und der Aufstieg einer postindustriellen Wissensökonomie, schlecht organisierte Massenzuwanderung aus Gegenden der Welt, deren Menschen nicht mit unseren westlich-liberalen Lebensgewohnheiten und Werten vertraut sind, ein europäischer Integrationsprozess, der den Markt überbewertet und die demokratischen Entscheidungsfindungsprozesse auf nationaler Ebene unterminiert hat.

Diese Veränderungen hatten beträchtliche Auswirkungen auf das Leben der Menschen. Chancen wurden unter Ländern, Regionen und Personen neu verteilt, wobei die gut ausgebildeten, kosmopolitischen Besserverdiener klar im Vorteil waren. Die weniger gut Ausgebildeten hingegen, das sogenannte *Prekariat* beziehungsweise die unteren Schichten, aber auch große Teile der mittleren Einkommensgruppen, die Traditionen und nationale Orientierungen den europäischen oder kosmopolitischen Wertvorstellungen vorziehen, wurden in diesem Prozess enttäuscht oder abgehängt. Wir sprechen hier nicht von traditionellen Klassenbeziehungen, sondern eher von politisch-kulturellen Orientierungen und Stimmungen, über Phänomene der politischen Psychologie wie den Groll über gesellschaftliche Deklassierung. Der amerikanische Ökonom J.K. Galbraith analysierte in seinem Buch *The Culture of Contentment* (1993) die Kluft zwischen einer zufriedenen Mittelklasse und den desillusionierten Unterprivilegierten (der amerikanischen Version der Zweidrittelgesellschaft)

---

16 Siehe R. Cuperus, *Eliten und Massen, ‚Europas teuflisches Dilemma ist heute wieder aktuell'*, in: *Berliner Republik* 6 (2004), S. 93ff.

17 Siehe M. Bovens, *De diplomademocratie*, in: T. Swierstra/E. Tonkens (Hrsg.), *De beste de baas? Prestatie, respect en solidariteit in een meritocratie*, Amsterdam 2008.

sowie den Mangel an Solidarität. Seitdem hat sich die Lage noch einmal verschärft, da heute auch große Teile der Mittelklasse nicht mehr zufrieden sind.
Unter den Bedingungen von Globalisierung, Migration und sozialer Fragmentierung haben sich die Voraussetzungen für eine Politik der Solidarität weiter
verschlechtert.

Die etablierten politischen Parteien – die althergebrachten europäischen
Volksparteien sozialdemokratischer und christdemokratischer Provenienz und
in einigen Ländern auch die liberalen – haben in erheblichem Umfang den
Kontakt zu den Menschen mit Zukunftsangst verloren. Diese Gruppe der Zu-
kunftsängstlichen, die glaubt, die neue Welt habe für sie nichts Gutes in petto,
fühlt sich von ‚der politischen Elite‘ im Stich gelassen.

In den Niederlanden zeigt sich, dass in allen etablierten Parteien spalten-
de Zentrifugalkräfte auftreten. Es war die niederländische konservativ-liberale VVD, die zunächst das größte Opfer der polarisierenden Wirkung des
populistischen Zeitgeists wurde. Während die *Lijst Pim Fortuyn* noch Wähler
im gesamten politischen Spektrum werben konnte, stammen die Epigonen des
so tragisch ermordeten Fortuyn – Rita Verdonk und Geert Wilders – beide aus
der VVD: Verdonk als ehemalige Integrationsministerin für die VVD und Wilders als ehemaliger VVD-Parlamentarier, der mit seiner Partei über die Frage
des EU-Beitritts der Türkei in Konflikt geriet und diese dann verließ.

Der christdemokratische CDA schien den entwurzelnden Einfluss des
Populismus lange aus der Partei heraushalten zu können, doch in allerjüngs-
ter Vergangenheit hat der Vormarsch des Populismus auch in der niederländischen Christdemokratie tiefe Spuren hinterlassen. Bei der Regierungsbildung
nach den Parlamentswahlen des Jahres 2010 – der Bildung der Regierung Rutte, einer Koalition aus VVD und CDA unter Duldung von Geert Wilders' PVV
– hat sich der CDA bis ins Innerste gespalten. Auf einem gleichermaßen historischen wie dramatischen Parteitag im Oktober 2010 sprachen sich zwei Drittel der Parteimitglieder für und ein Drittel gegen eine Zusammenarbeit mit
Geert Wilders aus. Die einstmals so stabile christdemokratische Regierungspartei der Mitte droht durch die Herausforderung durch den Rechtspopulismus
zu zerreißen.[18]

Auch die Sozialdemokraten sind Opfer der zerbrochenen Gesellschaft der
Volksparteien. Worum es hier geht, ist die Spaltung der sozialdemokratischen
Wählerschaft in zwei Gruppen, ein Spalt zwischen sozialliberalen Akademi-
kern und den traditionellen gewerkschaftsorientierten Sozialdemokraten, ein
Spalt zwischen Höher- und Geringqualifizierten, zwischen Kosmopoliten und

---

18 Für eine vergleichbare Analyse siehe den Johan-de-Witt-Vortrag „Democratie:
over partijen, populisten en personen" von Wouter Bos (in verkürzter Form aufgenommen in *De Groene*, 23.2.2005). Vgl. auch: R. CUPERUS, *The Fate of European
Populism,* in: *Dissent*, 2004, S. 17-20 und R. CUPERUS, *Het populisme als boze
droom van de sociaal-democratie,* in: *Europees Radicaal Rechts en de Sociaal-
democratie* 2003, S. 41-47.

denjenigen mit nationalistischer, libertärer oder autoritärer Gesinnung. Diese Spaltung repräsentiert die Fragmentierung unserer Mittelschichtsgesellschaft insgesamt. Aufgrund der starken Kräfte der Globalisierung, Massenmigration, Individualisierung und postindustriellen Wissensökonomie sind die sozialdemokratischen Wähler in zwei Lager aufgespalten: diejenigen, die optimistisch in die Zukunft schauen und die neue Welt der Globalisierung, der Marktdynamik, des individuellen Handelns Europas und der Diversität begrüßen, und jene, die sich durch diese Kräfte bedroht fühlen.

Der Druck, der durch Teilung und Fragmentierung auf die Volksparteien ausgeübt wird, gleicht dem Druck innerhalb der Gesellschaft. Das Auseinanderdriften innerhalb der Volksparteien zeigt die Risse in unserer Gesellschaft. Deswegen muss es uns in Alarmbereitschaft versetzen, wenn sich die Volksparteien im Fragmentierungsprozess befinden. Grundsätzlich unter Beschuss steht der soziale Zusammenhalt, der soziale Stoff, aus dem die Solidarität unserer Gesellschaft besteht.

Populismus ist eine riskante und sehr ernst zu nehmende Reaktion auf tief liegende gesellschaftliche Trends und Veränderungen. Er ist ein Alarmsignal dafür, dass es bei der Repräsentanz und der politischen Kommunikation durch die heutigen politischen, kulturellen und ökonomischen Eliten beim Umgang mit stürmischen gesellschaftlichen Entwicklungen an etwas Grundsätzlichem mangelt. Oder dass diesen Entwicklungen selbst etwas Grundsätzliches fehlt. Was wir brauchen, ist ein neuer Sozialpakt zwischen den Privilegierten und den verletzlichen Nicht-Privilegierten: ein Pakt aus sozioökonomischer Sicherheit (basierend auf der stolzen Aufrechterhaltung des Ideals vom Sozialstaat) und kultureller Offenheit (eine internationale Ausrichtung gegen Xenophobie und gegen einen nach innen gekehrten Nationalismus, unter Aufrechterhaltung der nationalen Demokratie). Ein derartiger Pakt könnte eine Antwort auf den Populismus sein.

Gerrit Voerman

Linkspopulismus im Vergleich
Die niederländische Socialistische Partij (SP) und die deutsche Linke*

„Die Politik ist zu einer Beschäftigung der intellektuellen Mittelklasse entartet. Wir legen Wert auf Kontakte mit ‚normalen Menschen'. Wir hören zu, widmen uns ihren Problemen ... aber wir packen die Sache strukturiert an. Ich kann mich wirklich schrecklich aufregen, wenn das Populismus genannt wird."[1] Am Vorabend der Parlamentswahlen im Mai 1994 wollte der Spitzenmann der *Socialistische Partij* (SP), Jan Marijnissen, nichts von der Bezeichnung ‚populistisch' für seine Partei wissen. Die SP verleihe den Gefühlen von Unzufriedenheit und Protest Ausdruck, die es in der Gesellschaft gebe, aber sie tue dies nicht unbesehen wie ein Mittler. „Wir sind eine Volkspartei und schämen uns nicht dafür", äußerte Marijnissen vier Jahre später. „Es wird häufig suggeriert, wir gingen mit einem Besen auf die Straße und harkten dort Meinungen zusammen, um diese anschließend in Stadträten und im Parlament zum Besten zu geben. Das steht im Widerspruch zur Wirklichkeit. Wir sind kein Megaphon der Straße. Wir filtern die Meinungen, die uns begegnen und überprüfen diese an unseren Ausgangspunkten. Ohne diese Überprüfung wären wir eine populistische Partei."[2]

Hatte Marijnissen mit seiner Auffassung recht, die ursprünglich maoistische SP sei nicht populistisch? Die Antwort hängt selbstverständlich davon ab, was man unter diesem Begriff versteht. Damit ergibt sich sofort ein großes Problem, denn die Definitionen von ‚Populismus' sind vielzählig. Das gemeinsame Element in allen diesen Beschreibungen ist allerdings der Appell der Populisten an das Volk, das oftmals von ihnen als eine homogene Gruppe mit identischen Werten und Interessen gesehen wird, gegen die politische (oder kulturelle oder ökonomische) Elite.[3] Populisten versuchen, Unterstützung (durch die Wählerschaft) zu mobilisieren, indem sie sich scharf vom Establishment distanzieren, das die berechtigten Interessen des Volkes nicht kenne oder sie ignoriere. Programmatisch geht dies fast immer mit radikal-demokra-

---

* Der Autor dankt Florian Hartleb für die Ergänzungen zu der Partei DIE LINKE.
1 GROENLINKS MAGAZINE, Mai 1994, S. 13.
2 HERVORMD NEDERLAND, 21. März 1998, S. 9.
3 A.P.M. LUCARDIE, *Rechts-extremisme, populisme of democratisch patriotisme? Opmerkingen over de politieke plaatsbepaling van de Partij voor de Vrijheid en Trots op Nederland*, in: G. VOERMAN (Hrsg.), *Jaarboek 2007. Documentatiecentrum Nederlandse Politieke Partijen*, Groningen 2009, S. 176-177.

tischen Vorschlägen einher, die den Abstand zwischen politischer Elite und Gesellschaft überbrücken sollen. Populismus kommt jedoch in dieser reinen Form kaum vor; häufig vermischt er sich mit anderen Themen oder Ideologien wie Nationalismus oder – in diesem Fall – Sozialismus. Der linke Populismus richtet sich vor allem gegen den Kapitalismus in seiner ‚neoliberalen' Gestalt ab, gegen den ‚Superstaat' Europa.[4]

Mit dieser Beschreibung des Populismus als Ausgangspunkt – einerseits das Ausnutzen des Abstands zwischen Wählern und Gewählten, der der repräsentativen Demokratie eigen ist, andererseits das Mittel der direkten Demokratie, um diese Spannung zu lösen – soll im vorliegenden Beitrag dargelegt werden, dass sich die SP tatsächlich lange Zeit populistisch verhalten hat.[5] Sowohl ihre sich aus dem Maoismus ergebende populistische Orientierung als auch die aktivistische Einstellung und ihr enormes Anpassungsvermögen (das schließlich zur Sozialdemokratisierung der Partei führte) bestimmten in erheblichem Maße den Wahlerfolg der SP, wie unten erläutert werden wird. Dabei soll en passant ein Vergleich mit dem Aufstieg der Partei Die Linke in Deutschland angestellt werden. Die SP und Die Linke – und ihre Vorgängerin, die Partei des demokratischen Sozialismus (PDS) – unterhalten seit den 1990er Jahren Kontakte.[6] Anfang 2007 besuchte der damalige Parteivorsitzende Lothar Bisky die SP mit der Begründung, er wolle gerne wissen, warum die SP so viel Erfolg habe.[7] Eine Antwort auf diese Frage wird weiter unten gegeben, wobei versucht wird herauszuarbeiten, ob die Faktoren, die für den Aufstieg der SP ausschlaggebend waren, auch für die deutsche Schwesterpartei gelten. Der Schwerpunkt wird allerdings auf der SP liegen, auf deren Geschichte zunächst eingegangen wird.

Die Geschichte der SP

Die Wurzeln der SP liegen in der maoistischen Opposition innerhalb der Kommunistischen Partei der Niederlande (*Communistische Partij van Nederland*;

---

4   Vgl. F. HARTLEB, *Rechts- und Linkspopulismus. Eine Fallstudie anhand von Schill-Partei und PDS*, Wiesbaden 2004; G. VOERMAN, *Van Mao tot marketing. Over het populisme van de SP*, in: *Socialisme en Democratie* 9/9 (2009), S. 26-32.
5   Im Gegensatz zu den meisten populistischen Parteien berief sich die SP anfangs nicht nur auf ‚das Volk' und ‚den einfachen Mann', sondern auch auf die Arbeiterklasse – diese Kategorien waren in ihren Augen bis in die 1980er Jahre hinein deckungsgleich.
6   Telefoninterview mit Tiny Kox, 16. August 2010.
7   Vgl. R. JANSSEN/E. VERHEY, *Lothar Bisky*, in: *de Tribune*, 3. März 2007, S. 12. Zum Thema siehe auch T. KOX, *Links Europa leert bij in Brabant*, in: *Spanning* 10/3 (2008), S. 3-8.

CPN), die Mitte der 1960er Jahre Gestalt annahm.[8] Nachdem die Dissidenten aus der Partei ausgeschlossen worden waren, folgte ein Fusions- und Zersplitterungsprozess, aus dem 1972 die *Socialistische Partij* hervorging, der neben Arbeitern auch Studenten angehörten. Diese waren ihr beigetreten, nachdem sich die Demokratisierungsbewegung Ende der 1960er Jahre festgefahren hatte. Die SP berief sich auf einen „mit den Gedanken Maos angereicherten"[9] Marxismus-Leninismus. Die Partei befürwortete die Abschaffung des Privatbesitzes von Produktionsmitteln: Das Volk müsse „der rechtmäßige Eigentümer" unter anderem von Wohnhäusern und Grundstücken, des Gesundheitswesens und der Pharmaindustrie, von Banken, Versicherungsgesellschaften, Rentenversicherungen und Ähnlichem werden. Sie war davon überzeugt, dass der Sozialismus nicht auf friedlichem Wege über allmähliche Reformen verwirklicht werden könne. Nur eine gewalttätige, von der Bevölkerungsmehrheit getragene Revolution könne dem Kapitalismus ein Ende bereiten. Vom parlamentarischen System hatte die SP ebenfalls keine hohe Meinung; dieses sei kaum mehr als eine Fassade vor der Diktatur des Kapitals. Hinsichtlich der linken Parteien, die in diesem System funktionierten, hegte die SP ebenfalls keinerlei Illusion: Die sozialdemokratische *Partij van de Arbeid* (PvdA) sei nicht mehr als eine reaktionäre Partei, und die CPN sei vom revolutionären Hauptquartier des Proletariats zu einem friedfertigen parlamentarischen Wahlapparat entartet.

Aus ihrer Bewunderung für China machte die SP keinen Hehl. Sie fühlte sich eng mit der Volksrepublik verbunden und betrachtete die Innen- und Außenpolitik Pekings als „leuchtendes Vorbild". Die SP glaubte, „sowohl aus dem praktischen Aufbau des Sozialismus als auch aus den Schriften Mao Tse Tungs" viel von China lernen zu können. Ihre Richtschnur im Kampf gegen den Kapitalismus war die vom Großen Vorsitzenden entwickelte Strategie der „Massenlinie". Dieses Dogma verpflichtete die Revolutionäre dazu, gut auf das Volk zu hören – so lehrte Mao es im *Kleinen Roten Buch*: „[...] nimm die Vorstellungen der Masse [...], konzentriere sie (verändere sie durch Studium in konzentrierte und zusammenhängende Vorstellungen), bringe sie wieder unter die Masse und propagiere und erkläre [...] sie, und prüfe die Richtigkeit dieser Vorstellungen in den von der Masse durchgeführten Aktionen."[10] Auf der Grundlage dieser Massenlinie gründete die SP zu Beginn der 1970er Jahre ‚Massenorganisationen', die auf einem eingegrenzten Gebiet den Kampf

---

8   Dieser Teil des Beitrags basiert auf G. VOERMAN, *De ‚Rode Jehova's'. Een geschiedenis van de Socialistiese Partij*, in: R. KOOLE, (Hrsg.), *Jaarboek 1986 Documentatiecentrum Nederlandse Politieke Partijen*, Groningen 1987, S. 124-150; DERS., *Een partij voor ‚gewone mensen'. Bij het parlementaire debuut van de SP*, in: *Politiek & Cultuur* 54/2 (1994), S. 3–9; DERS., *Een politieke kameleon. Over het aanpassingsvermogen van de Socialistische Partij in Nederland*, in: *Vlaams marxistisch tijdschrift* 38/1 (2004), S. 48–58.

9   Zitiert nach: *Onze Partij*, Rotterdam 1974.

10 Zitiert nach: *Het Rode Boekje. Citaten uit het werk van Mao Tse-toeng*, Utrecht 1967, S. 74.

für die unmittelbaren Interessen des Volkes führen sollten. Zu den wichtigsten gehörte der *Bond van Huurders en Woningzoekenden* (Bund der Mieter und Wohnungssuchenden), der die Interessen der ‚einfachen Menschen' gegen die Spekulationswut der Kapitalbesitzer verteidigen wollte. Die Zeitung des Bundes sollte eine Auflage von 15.000 Exemplaren erreichen. Das *Komitee van Mens Tot Mens* (Komitee von Mensch zu Mensch, VMTM) war die Massenorganisation, derer sich die SP bediente, um gegen das militärische Auftreten der USA in Vietnam zu protestieren. Nach eigener Aussage hatte das Komitee eine Million Karten verkauft, die an amerikanische Bürger verschickt werden konnten, um das Verhalten Washingtons zu verurteilen. Die *Vereniging Voorkomen is Beter* (Vereinigung Vorbeugen ist Besser) trat für die Einführung eines jährlichen Gesundheitstests für jedermann ein. Nach Angabe der SP habe die Vereinigung 350.000 Mitglieder gehabt.

Das eigentliche Ziel der Partei sollte dabei im Hintergrund bleiben, denn „übereinstimmende Meinungen über das Gesamtproblem können ja nicht zu Beginn einer Aktion existieren, sondern sie müssen gerade das Produkt der praktischen Erfahrungen sein, die man darin macht."[11] Die SP drängte sich auch nicht in den Vordergrund, um zu verhindern, dass sich Sympathisanten hierdurch abschrecken ließen. Allerdings wollte die Partei diese Aktionen gegen konkrete Missstände auf die höhere Ebene des Kampfs um die politische Macht heben, mit anderen Worten den Interessenkampf in einen Klassenkampf umwandeln. Die Massenorganisationen waren daher auch nicht so sehr ein Ziel an sich als vielmehr ein politisches Instrument der SP und ein Rekrutierungsreservoir für neue Parteimitglieder.

Nach 1975 geriet die SP in einen Transformationsprozess. Die maoistischen Grundsätze rückten allmählich in den Hintergrund, und die Partei passte sich mehr oder weniger den niederländischen Verhältnissen an. Sie näherte sich zunehmend der Haltung derer an, die von ihr das ‚einfache Volk' genannt wurden, und versuchte, sich ihres sektiererischen Images zu entledigen. Bei dieser ‚Entmaoisierung' haben unterschiedliche Faktoren eine Rolle gespielt. So gab es zu dieser Zeit kaum Mitgliederwachstum und die SP blieb eine Splittergruppierung (siehe Abbildung 1).

---

11 Zitiert nach: *Diskussie. Gezamenlijke uitgave van SP en KENm*, o.O. o.J. [1975], S. 6.

Abbildung 1:   Mitgliederzahlen der SP im Zeitraum von 1972 bis 2010

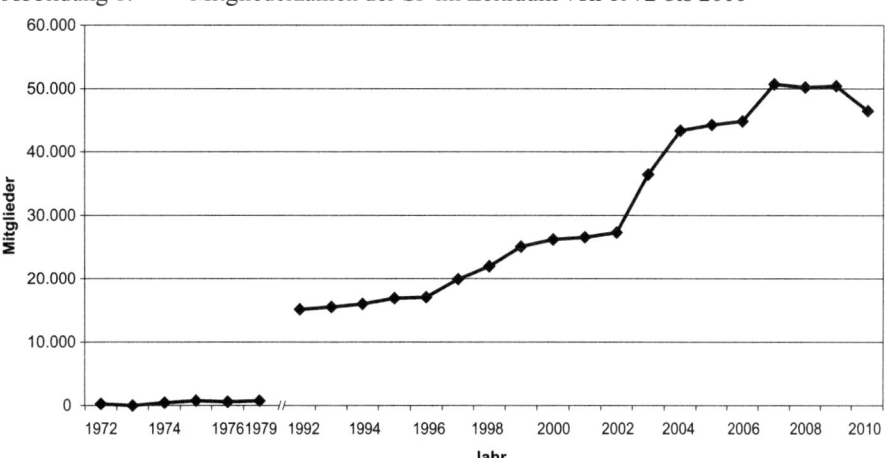

Quellen: Die Daten für die Jahre 1972 bis 1979 stammen aus Veröffentlichungen des *Binnenlandse Veiligheidsdienst* (BVD); die Daten für die Zeit ab 1992 von der Homepage der SP.

Auch die Parlamentswahlen des Jahres 1977 verliefen mit lediglich 0,3 Prozent der Stimmen enttäuschend (siehe Tabelle 1).

Tabelle 1:   Wahlergebnisse der SP im Zeitraum von 1974 bis 2010

Jahr	Zweite Kammer %	Gemeinde- räte Sitze	Provinz- parlamente %	Erste Kammer Sitze (von 75)	Europäisches Parlament %
1974		5			
1977	0,3				
1978		9	-		
1979					-
1981	0,3				
1982	0,5	22	0,6		
1984					-
1986	0,4	41			
1987			0,5		
1989	0,4				0,7
1990		70			
1991			0,9		
1994	1,3	126			1,3
1995			2,1	1	
1998	3,5	188			
1999			3,3	2	5,0
2002	5,9	170			
2003	6,3		5,6	4	
2004					7,0
2006	16,6	345			
2007			14,8	12	
2009					7,1
2010	9,8	276			

Quelle: Centraal Bureau voor de Statistiek, Kiesraad

Ebenso wichtig war die Entwicklung der chinesischen Außenpolitik, die immer mehr Feinde der Sowjetunion als Freunde Pekings umarmte. Nach dem Tode Maos im Jahr 1976 verschwand der Name des Großen Vorsitzenden aus den Kolumnen der Zeitung *de Tribune*.

Auf ideologischer Ebene standen einige maoistische Dogmen zur Diskussion. Als erstes rückte das Dogma der gewaltsamen Revolution in den Hintergrund, weil es ‚die Menschen‘ kopfscheu mache. Das Konzept des Klassenkampfs und das Ziel der Partei – eine sozialistische Gesellschaft – blieben jedoch erhalten. Zugleich kam es zu einer Neubewertung des Parlaments. Hatte die SP anfangs gedacht, diese ‚Schwatzbude‘ werde dichtgemacht, wenn die Arbeiterklasse an die Macht gekommen sei, so begann sie nun, die parlamentarische Demokratie positiver – als das demokratischste System, das unter dem Kapitalismus möglich sei – zu betrachten. Grundlegende gesellschaftliche Veränderungen seien von ihm allerdings nicht zu erwarten; diese seien erst unter der Herrschaft des Volkes ‚unter der Führung der Arbeiterklasse‘ möglich, wie es im Grundsatzprogramm aus dem Jahr 1987 hieß.

Auf die Entmaoisierung Ende der 1970er Jahre folgte gut zehn Jahre später der Abschied vom Leninismus. In den Grundsätzen, die auf dem vierten Parteikongress im November 1987 beschlossen worden waren, stützte sich die Partei zwar noch ausdrücklich auf den Marxismus-Leninismus, und zwar sowohl ideologisch (dialektischer und historischer Materialismus) als auch organisatorisch (demokratischer Zentralismus, Vorkämpferrolle der Partei im Kampf für den Sozialismus). Nach dem Scheitern des Kommunismus in Osteuropa und der Sowjetunion um das Jahr 1990 wurden jedoch Veränderungen für notwendig befunden. Die SP wollte aus dem Scheitern des „real existierenden Sozialismus“, für den sie doch immer Sympathie gehegt hatte, eine Lehre ziehen. Bei der Kursänderung spielten auch die sehr enttäuschend verlaufenen Parlamentswahlen des Jahres 1989 eine Rolle. Die Ergebnisse auf nationaler Ebene (0,4 Prozent) waren wiederum stark hinter den lokalen Resultaten zurückgeblieben (siehe Tabelle 1). Das Ausbleiben des erwarteten Parlamentssitzes zwang die Partei dazu, das Ruder herumzureißen: Die Partei musste die Arbeit an einem Image auf nationaler Ebene in Angriff nehmen.[12] In dem nun einsetzenden Reformprozess wurde die Weltanschauung der SP ‚entleninisiert‘.

Der fünfte Parteikongress beschloss im Oktober 1991, die politische Positionsbestimmung der SP lediglich mit dem Begriff ‚sozialistisch‘ anzugeben. In ihrem neuen Grundsatzprogramm nahm die SP immer noch Kurs auf eine sozialistische Gesellschaft. Die Zahl der zu sozialisierenden Sektoren wurde allerdings auf die großen Banken und Unternehmen beschränkt. Darüber hinaus strich der Parteikongress nach dem Untergang des Kommunismus in Osteu-

---

12 Vgl. P. VAN DER STEEN, *De doorbraak van de ‚gewone mensen‘-partij. De SP en de Tweede-Kamerverkiezingen van 1994*, in: G. VOERMAN (Hrsg.), *Jaarboek 1994 Documentatiecentrum Nederlandse Politieke Partijen*, Groningen, 1995, S. 172-189, hier S. 174f.

ropa und der Sowjetunion im Jahr 1991 den Begriff Marxismus-Leninismus, da er zu viel Verwirrung erwecke und im neuen Zeitalter wegen seiner Diskreditierung nicht mehr zukunftsfähig sei. „Dieses Etikett hatte begonnen" – so Parteiführer Jan Marijnissen – „wie ein Mühlstein um unseren Hals zu hängen. Will die SP auch nach dem Jahr 2000 noch Bedeutung haben, dann müssen wir das nun beachten."[13] Die Gesellschaftsauffassung der SP blieb jedoch marxistisch, auch wenn dies nicht mehr so laut gesagt wurde.

Nach der Distanzierung von Mao und Lenin entschied sich die SP 1999 mit der Verabschiedung eines neuen Grundsatzprogramms für eine dritte ideologische Metamorphose. Dieses Mal stand der Sozialismus als in der Ferne winkende Perspektive und als zukünftige ideale Gesellschaftsform zur Diskussion. Die Erneuerung der Grundsätze hatte wiederum – nach den Worten von Parteisekretär Tiny Kox – das Ziel, Hindernisse zwischen der Partei und ihrer potentiellen Anhängerschaft aus dem Weg zu räumen. Sie sollte „eine Brücke zu den Menschen bauen, die in der Vergangenheit vielleicht gute Gründe hatten, sich uns nicht anzuschließen."[14] Von ihrer Gründung an hatte sich die SP die Umwandlung der Niederlande in ein sozialistisches Land zum Ziel gesetzt. Dem kapitalistischen System der Unterdrückung und Ausbeutung sollte rigoros ein Ende bereitet werden. Lange Zeit waren die Erwartungen hoch. „Der Sozialismus, wie wir ihn vertreten, wird unserem Land eine ungeahnte Menge neuer Möglichkeiten eröffnen", hieß es noch 1989.[15] Von dieser Heilserwartung blieb später nur wenig übrig. Im Wahlprogramm der SP aus dem Jahr 1998 (und in den folgenden) tauchte der Begriff „Sozialismus" sogar überhaupt nicht mehr auf. In dem neuen Grundsatzprogramm sagt die Partei nun ausdrücklich, der Sozialismus sei weder eine Blaupause für eine zukünftige Gesellschaft noch eine „Heilsprophezeiung", die sich auf das Versprechen beschränke, hinter dem Horizont sei alles besser. Zwar sieht sich die SP doch noch auf dem Weg in eine ‚bessere Welt', scheint dabei aber die Auffassung hinter sich gelassen zu haben, der Sozialismus sei der Endpunkt der Geschichte. Sozialismus wird nun mit moralischen, abstrakten Begriffen ausgedrückt: „Menschenwürde, die Gleichwertigkeit von Menschen, und die Solidarität zwischen Menschen".[16] Mit diesen Begriffen geht eine Öffnung für breitere Wählerschichten einher.

Die SP hatte Ende der 1990er Jahre das zentrale Element der sozialistischen Ideologie fallen gelassen: die Vergesellschaftung der Produktionsmittel. Wie bereits erwähnt glaubte die Partei lange Zeit, dass dies der einzig mögliche Weg sei, um den Sozialismus zu verwirklichen. Nun starb jedoch diese ‚heilige Kuh'. Man sprach nicht mehr über den Sozialismus. Die SP ging nun nicht mehr weiter als zu sagen, dass die demokratische Verfügungsgewalt

---

13 Zitiert nach: *Trouw*, 26. Oktober 1991.
14 Zitiert nach: *NRC Handelsblad*, 25. September 1999.
15 SP, *Handvest 2000. Een maatschappij voor mensen*, Rotterdam 1989, S. 14.
16 SP, *Heel de mens*, Rotterdam 2000, S. 7.

gegenüber einer „Verfügungsgewalt, die an wirtschaftliche Macht und Privat-
vermögen gebunden ist", den Vorrang haben solle.[17] Auch dieses Mal kam der
Schritt nicht unerwartet: Aus dem Wahlprogramm von 1998 war die Soziali-
sierungsforderung ebenfalls verschwunden. Damit war der Parteiname eigentlich sinnentleert.

Anstelle der Sozialisierung wurde nun Demokratisierung der wichtigste
ideologische Schwerpunkt der SP. Auch hier hat die Partei eine Entwicklung
durchgemacht. In ihrer Anfangszeit glaubte sie, die Niederlande seien nicht
demokratisch: Nicht vom Parlament, sondern von den Großkapitalisten ginge
das Sagen aus. In ihrem neuesten Grundsatzprogramm von 1999 betrachtet die
SP die parlamentarische Demokratie als das „wichtigste Mittel, um den Willen der Bevölkerung zum Ausdruck und zur Ausführung zu bringen."[18] Der
Gedanke, dass es ausschließlich gesellschaftlichen Einheiten wie einem Bezirk
oder einem Unternehmen möglich sein solle, Parlamentskandidaten zu stellen,
wie es die Partei noch um 1990 wollte, ist in der Schublade verschwunden.
Das soll nicht heißen, dass die SP den bestehenden Zustand als ideal erlebt. Die
Partei glaubt, dass der demokratisch legitimierte Staat seine Verfügungsgewalt
gegen die aufdringliche Europäische Union schützen müsse und seinen Einfluss
stärker auf den Marktsektor ausweiten solle.

Demokratisierung ist das Wundermittel gegen alle gesellschaftlichen Leiden geworden. Dort, wo die Partei früher das Wort ‚sozialistisch' verwendet
hätte, steht im neuen Grundsatzprogramm nun dieser neue Begriff: „In einer
demokratisierten Gesellschaft kann man so am besten wichtigen Dingen wie
dem Schutz des sozialen Fortschritts und der Gerechtigkeit, der Gesundheit,
der Natur und der Umwelt gerecht werden."[19]

Der Erfolg der niederländischen SP
und der deutschen Partei Die Linke

Trotz der Abneigung gegenüber parlamentarischen Aktivitäten, die für ihr
maoistisches Gedankengut charakteristisch war, nahm die SP 1974 zum ersten Mal an den Gemeinderatswahlen teil. Die Argumentation lautete, dass die
sozialistische Propaganda in den repräsentativen Körperschaften eine größere Reichweite erhalte und dass außerparlamentarische Aktionen somit besser unterstützt werden könnten. Darüber hinaus werde es höchste Zeit, dass im
Parlament die „Stimme des gemeinen Mannes" gehört werde.[20] In Nimwegen
und in Oss – der Wiege der Partei – erhielt die SP insgesamt fünf Sitze. Damit
begann der bis jetzt unaufhaltsame Aufstieg in den Gemeinderäten. In immer

---

17 SP, *Handvest 2000*, S. 10.
18 SP, *Handvest 2000*, S. 11.
19 SP, *Handvest 2000*, S. 11.
20 G. VOERMAN, *De ‚Rode Jehova's'*, S. 144.

mehr Orten, in denen sie Kandidaten aufstellte, verdoppelte sich jeweils die Zahl der Sitze mehr oder weniger (siehe Tabelle 1). Erst im Jahr 2002 stagnierte das Wachstum. Als Ursache wies die Partei auf die Konkurrenz lokaler (*Leefbaar-*)Parteien hin.[21] 2006 setzte sich das Wachstum fort: Bei den Gemeinderatswahlen in diesem Jahr bekam die SP insgesamt etwa 345 Sitze, mehr als doppelt so viele wie bei den Kommunalwahlen 2002. 2010 musste die SP allerdings wieder zurückstecken und landete bei 276 Sitzen.

Der lokale Wahlerfolg der SP war jedoch über viele Jahre an den Ort oder die Region gebunden, an dem oder in der sie durch außerparlamentarische Aktionen Bekanntheit erlangt hatte. Bei den Parlamentswahlen war sie lange Zeit weit weniger erfolgreich. Ein Grund hierfür lag in der mangelnden nationalen Bekanntheit der SP, die ihre Grundlage wiederum unter anderem darin hatte, dass es ihr trotz der vielen Aktionen nur selten gelang, große Medienaufmerksamkeit vor allem seitens des Fernsehens auf sich zu ziehen. Als zweite Erklärung ist auf die traditionell große Anziehungskraft der PvdA hinzuweisen, die die Chancen der SP auf nationaler Ebene schmälerte. 1977 beteiligte sich die SP zum ersten Mal an den Parlamentswahlen. Erst bei den Wahlen des Jahres 1994 schaffte die Partei jedoch den Einzug in die Zweite Kammer, und dies in erster Linie, weil die Anziehungskraft der Sozialdemokraten bei dieser Wahl sehr schwach war. Die PvdA sah sich als Regierungspartei gezwungen, unpopuläre soziale Maßnahmen zu ergreifen – ein Umstand, von dem die SP profitierte. Einmal im Parlament ging es Schlag auf Schlag: von zwei Sitzen 1994 (1,3 % der Stimmen) auf fünf im Jahr 1998 (3,5 %) und neun in den Jahren 2002 und 2003 (5,9 bzw. 6,3 %). In November 2006 gelang mit nicht weniger als 25 Sitzen der echte Durchbruch (16,6 %; siehe Tabelle 1), womit die SP zur drittstärksten Partei der Niederlande geworden war.

Ihre starke Position hat die SP jedoch nicht in eine Regierungsbeteiligung umsetzen können, so gerne sie dies auch gewollt hätte. Nach den Wahlen im Jahr 2006 waren die Christdemokraten, die mit der Kabinettsbildung beauftragt worden waren, nicht zu Koalitionsverhandlungen mit der SP bereit. Die Tatsache, dass die SP nicht der Regierung angehörte, führte bei einem Teil der (neuen) Anhängerschaft zu Enttäuschung. Das trägt zu der Erklärung dafür bei, dass die Partei nach den Parlamentswahlen im November 2006 in den Meinungsumfragen langsam abzusacken begann und bei den Gemeinderatswahlen von 2010 erheblich verlor. Dieser Rückgang hatte bereits eingesetzt, als der populäre Parteiführer Marijnissen noch Vorsitzender der SP-Fraktion im Parlament war. Im Sommer 2008 machte er aufgrund von Gesundheitsproblemen Platz für Agnes Kant, die dem Parlament seit 1998 angehört. Unter Kant setzte sich der Rückgang fort. Nach den verlorenen Kommunalwahlen im März 2010 räumte sie das Feld für Emile Roemer, der seit 2006 Mitglied des Parlaments ist. Als er antrat, lag die SP in den Umfragen bei zehn Sitzen

---

21 Siehe für die *Leefbaar*-Parteien den Beitrag von Gerd Reuter in diesem Band.

(ca. 7 %). Bei den Parlamentswahlen im Juni 2010 erreichte die Partei schließlich fünfzehn Sitze (9,8 %). War sie 2006 noch drittstärkste Fraktion in der
Tweede Kamer, ging sie 2010 auf dem fünften Platz aus den Wahlen hervor.

Auch mit Blick auf die Mitgliederzahl erlebte die SP ein enormes Wachstum. Im Jahr 1972 zählte sie rund 200 Mitglieder (siehe Abbildung 1). Die
Mitgliedschaft unterlag strengen Anforderungen, was die Attraktivität der Partei nicht erhöhte. 1977 ermöglichte die Partei den Beitritt sogenannter unter-
stützender Mitglieder. Von ihnen wurde eigentlich nur ein finanzieller Beitrag
verlangt, an der Parteiarbeit brauchten sie sich nicht aktiv zu beteiligen. Die
Fördermitglieder kamen in der politischen Beschlussfassung nicht zum Zuge:
Nur die Kadermitglieder hatten in der Partei Stimmrecht. 1986 hatte die Partei nach eigenen Angaben circa 10.000 (Förder-)Mitglieder. 1991 wurden die
Statuten geändert, wodurch die Fördermitglieder zu vollwertigen Parteimitgliedern wurden und in der SP formal Mitspracherecht erhielten. Nach ihrem
Debüt in der Zweiten Kammer im Mai 1994 beschleunigte sich das Mitgliederwachstum. Im Januar 1995 hatte die SP ungefähr 17.000 Mitglieder; drei
Jahre später fast 22.000. In den letzten Jahren verlief das Wachstum dann
sogar stürmisch: Im Januar 2009 waren mehr als 50.000 Mitglieder registriert.
Im darauffolgenden Jahr sank diese Zahl deutlich auf 46.500. Auch hier wird
die Enttäuschung über die verfehlte Regierungsbeteiligung nach den Wahlen
von 2006 eine Rolle gespielt haben.

Während die SP in den Niederlanden allmählich aus den hinteren politischen Rängen in den Vordergrund strebte, machte die PDS/Linkspartei eine
vollkommen andere Entwicklung durch. Mit dem Zusammenbruch der DDR
fand die Jahrzehnte dauernde Herrschaft der SED, der Vorgängerin der PDS,
plötzlich ein Ende. Aus dem Zentrum der Macht wurde die SED/PDS innerhalb kürzester Zeit an den Rand gedrängt – viele behandelten sie als Paria.
Die PDS, die 1990 aus der SED hervorging und die seit Juni 2007 Die Linke
heißt, konnte sich jedoch immer einer recht großen Wählerschaft erfreuen.
Bei den Bundestagswahlen schaffte sie es, ihren Stimmenanteil im Laufe der
1990er Jahre auf über fünf Prozent zu steigern (siehe Tabelle 2).

Tabelle 2:   Ergebnisse der PDS bzw. Linkspartei.PDS bei Bundestags- und
             Europawahlen im Zeitraum von 1990 bis 2009

Jahr	Bundestagswahlen	Europawahlen
1990	2,4	
1994	4,4	4,7
1998	5,1	
1999		5,8
2002	4,0	
2004		6,1
2005	8,7	
2009	11,9	7,5

Quelle: V. NEU, *Linkspartei.PDS (Die Linke)*, in: DIES./F. DECKER (Hrsg.), *Handbuch der
          deutschen Parteien*, Wiesbaden 2007, S. 321.

Zustimmung unter den Wählern fand sie vor allem in den neuen Bundesländern (siehe Tabelle 3) – in den alten Bundesländern hatte sie kaum Anhänger. Das zeigt sich auch bei den Landtagswahlen in den alten Ländern, wo die
PDS – wenn sie sich überhaupt an den Wahlen beteiligte – in der Regel nicht
über die Fünf-Prozent-Hürde kam. In fast allen ostdeutschen Ländern hingegen stieg ihr Anteil Ende der 1990er und um die Jahrtausendwende auf über
20 Prozent.

Tabelle 3: Ergebnisse der PDS bzw. Linkspartei.PDS bei Landstagwahlen in den neuen
Ländern und Berlin im Zeitraum von 1990 bis 2009

Jahr	BB	BE	MV	SN	ST	TH
1990	13,4	9,2	15,7	10,2	12,0	9,7
1994	18,7		22,7	16,5	19,9	16,6
1995		14,6				
1998			24,4		19,6	
1999	23,3	17,7		22,2		21,4
2001		22,6				
2002			16,4		20,4	
2004	28,0			23,6		26,1
2006		13,4	16,8		24,1	
2009	27,2			20,6		27,4

BB: Brandenburg; BE: Berlin; MV: Mecklenburg-Vorpommern; SN: Sachsen;
ST: Sachsen-Anhalt; TH: Thüringen

Quelle: V. NEU, *Linkspartei.PDS (Die Linke)*, in: DIES./F. DECKER (Hrsg.), *Handbuch der deutschen Parteien*, Wiesbaden 2007, S. 321; www.bundeswahlleiter.de [30.3.2010]

Nach den Jahren des Wachstums stagnierte der Wählerzuwachs, nicht zuletzt
aufgrund der Beteiligung an einigen Landesregierungen und den damit einhergehenden internen Querelen. Bei den Bundestagswahlen 2002 scheiterte
die PDS an der Fünf-Prozent-Hürde, sie war jedoch über zwei Direktmandate
im Bundestag vertreten. Der Rückfall währte jedoch nur kurze Zeit. Der bundesweite Durchbruch erfolgte bei den Bundestagswahlen im September 2005,
als sie 8,7 Prozent der Stimmen erhielt und damit die vierte Kraft im Bund
wurde. Diese Wahlerfolge erklären sich zu einem Großteil aus der Unzufriedenheit der Wähler über die Reformen der Regierungskoalition aus SPD und
Bündnis 90/Die Grünen. Die von Bundeskanzler Gerhard Schröder im März
2003 unter dem Namen Agenda 2010 vorgelegten Pläne bedeuteten gravierende Einschnitte in das deutsche Sozialsystem. Enttäuschte Gewerkschafter
und ehemalige SPD-Mitglieder gründeten daraufhin die Wahlalternative Arbeit
und Soziale Gerechtigkeit (WASG), der sich auch der ehemalige SPD-Vorsitzende und kurzzeitige Bundesfinanzminister der rot-grünen Koalition, Oskar
Lafontaine, anschloss. Kurz vor den Bundestagswahlen von 2005 beschlossen
die WASG und die PDS – die sich mittlerweile in Die Linke umbenannt hatte

– die Aufstellung einer gemeinsamen Kandidatenliste. Im Juni 2007 erfolgte die formale Fusion der beiden Gruppierungen.

Die neue Partei schlug sich unter der Führung von Lafontaine besonders gut bei den Bundestagswahlen im September 2009. Nachdem die SPD vier Jahre lang in einer großen Koalition mit der CDU zusammengearbeitet hatte und dadurch stärker in die politische Mitte gerückt war, erzielte Die Linke 11,9 Prozent der Stimmen. „Das ist gewissermaßen der Durchbruch durch die Schallmauer. Die Linke hat sich in Deutschland durchgesetzt," so Bisky, der zu dieser Zeit gemeinsam mit Lafontaine den Parteivorsitz inne hatte.[22] Mehr als eine Million ehemalige sozialdemokratische Wähler seien zur Linken übergelaufen, höchstwahrscheinlich auch aus Unzufriedenheit über die Tatsache, dass die SPD die Reform des Systems der sozialen Sicherheit unterstützte (unter anderem die Erhöhung des Rentenalters auf 67 Jahre). Einige Wochen nach den Wahlen verließ Lafontaine die Bundespolitik; er kehrte an seinen Wohnsitz im Saarland zurück. Bei den Landtagswahlen im Saarland im August 2009 hatte die debütierende Partei Die Linke gut 21,3 Prozent der Stimmen erreicht – zweifellos dank des ehemaligen Ministerpräsidenten Lafontaine. Sein Versuch, erneut Ministerpräsident einer Koalition aus Die Linke, SPD und den Grünen zu werden, misslang jedoch. Anfang 2010 zog er sich wegen einer ernsthaften Erkrankung aus der ersten Reihe der Politik zurück.

Erzielte Die Linke bei den Bundestagswahlen 2005 in Westdeutschland durchschnittlich ca. 6 Prozent, so erreichte sie 2009 dort ca. 8 Prozent. Diese Stimmen stammten in beiden Jahren überwiegend von unzufriedenen SPD-Wählern. Es war „Lafontaine, der die Akzeptanz der Linken in den alten Bundesländern wesentlich erhöhte und maßgeblich dazu beitrug, den Ruf einer reinen Ostpartei zu überwinden", stellte Gysi 2008 zu Recht fest.[23]

Auch bei den Landtagswahlen in den alten Ländern schnitt Die Linke gut ab: 2007 erzielte sie in Bremen 8,4 Prozent der Stimmen; im Jahr 2008 in Hessen 5,1 Prozent, in Niedersachsen 7,1 Prozent, in Hamburg 6,4 Prozent und in Bayern 4,4 Prozent; 2009 in Hessen 5,4 Prozent, in Schleswig-Holstein 6,0 Prozent und, wie bereits erwähnt, im Saarland gut 21,3 Prozent; 2010 kam sie mit 5,6 Prozent der Stimmen auch in den nordrhein-westfälischen Landtag.[24]

Die Mitgliederzahl der PDS/Die Linke hielt jedoch nicht in gleichem Maße mit der Wählergunst mit (siehe Abbildung 2).

---

22 die-linke.de/nc/die_linke/nachrichten [30.3.2010].
23 G. GYSI, *DIE LINKE wirkt 2008 weiter!*, in: *Clara. Das Magazin der Fraktion DIE LINKE. im Bundestag*, Ausgabe 7, 21.3.2008; online unter: http://www.links fraktion.de/clara/nokia-prinzip/linke-wirkt-2008-weiter/ [13.12.2010].
24 Quelle: http://www.election.de/cgi-bin/content.pl?url=ltw_wahl.html [5.10.2010].

Abbildung 2: Mitgliederzahlen der SED/PDS/Linkspartei im Zeitraum von 1989 bis 2009

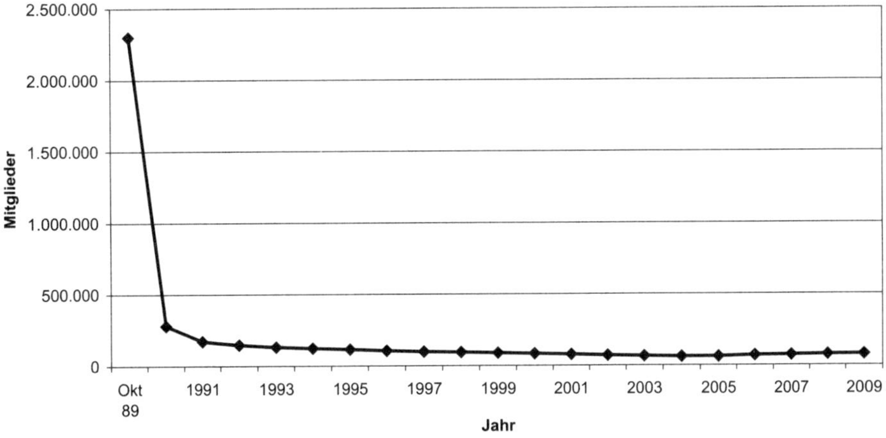

Quelle: V. NEU, *Linkspartei.PDS (Die Linke)*, in: DIES./F. DECKER (Hrsg.), *Handbuch der deutschen Parteien*, Wiesbaden 2007, S. 327 (Jahre 1991 bis 2005); Homepage der Linkspartei (Jahre 2006 bis 2009).

Oktober 1989 zählte die Staatspartei SED rund 2,3 Millionen Mitglieder, von denen ein Jahr später, nach der Umformung zur PDS, 284.000 übrig geblieben waren. Auch die Nachfolgepartei der SED verlor in den folgenden 15 Jahren weiterhin Mitglieder. Erst nach dem erfolgreichen Wahljahr 2005 und mit der Zusammenarbeit mit der WASG setzte allmählich ein Umschwung ein. Aktuell verzeichnen die Mitgliederzahlen erstmals einen leichten Aufwärtstrend: Ende 2009 hatte Die Linke 78.000 Mitglieder. Hinsichtlich der Zahl der Mitglieder ist Die Linke nach SPD und CDU/CSU derzeit sogar die drittgrößte Partei. Insgesamt hat sich die Position der Partei in den letzten Jahren also stark verbessert, und sie ist mittlerweile eine ‚gesamtdeutsche Partei‘ geworden.[25] Dieser Umstand ist insofern überraschend, als sich die die PDS immer stark vom Westen abgrenzte und nie reüssieren konnte. Am Westen schien Gregor Gysi, von Anfang an bis heute exponiert für die PDS bzw. Die Linke aktiv, zu verzweifeln. Zwei Aussagen unmittelbar vor der ‚Erfolgswelle‘ belegen das. Mitte 2004 äußerte er: „Das Hauptproblem ist unsere mangelnde Akzeptanz im Westen. […] Wenn die Menschen im Westen unzufrieden mit der SPD sind, dann kommen die allerwenigsten auf die PDS.“[26] Im Mai 2005 bilanzierte er über seine Partei: „Sie ist immer noch nicht im Westen angekommen. Wir bräuchten dort vier, fünf Prozent, um gegen den Neoliberalismus wirklich etwas erreichen zu können. Ich mache mir keine Illusionen mehr: Absehbar

---

25 R. REISSIG, *Linksverschiebung ohne reale politische Gestalt. Neue Perspektiven in einem gewandelten Parteiensystem*, in: *Neue Gesellschaft/Frankfurter Hefte* 6 (2007), S. 26.

26 G. GYSI, *Also, wenn ich etwas zu sagen hätte in der PDS*, in: *Berliner Zeitung*, 21. August 2004.

werden wir im Westen keine ausreichende Bedeutung haben."[27] In der Tat: Die westdeutschen Landesverbände der PDS hatten stets mit erheblichen Strukturproblemen zu kämpfen, bei den Wahlen erreichte die Partei maximal zwei Prozent der Stimmen. Ihre Anhänger reichten kaum über das klassische DKP- und K-Gruppen-Milieu hinaus. Die PDS blieb im Westen stets ein Fremdkörper, bis die neue Entwicklung im Zuge der Bundestagswahl 2005 die meisten professionellen Beobachter überraschte.

Mittlerweile ist Die Linke nach Parlamentseinzügen in Hessen und Nordrhein-Westfalen auf dem Weg, sich im Westen zu etablieren, und kann mehr als bloßen Protest für sich vereinen.[28] Im Parteiensystem konnte sie sich nun auch in Westdeutschland innerhalb der Konfliktlinie Interventionismus und Marktfreiheit positionieren. In erster Linie geht es hier nicht um alternative Ziele wie einst Sozialismus oder Kapitalismus, sondern um Positionsissues, soziale Verantwortung der Gesellschaft einerseits, Konkurrenz, Leistung und Eigenverantwortlichkeit andererseits. Der Wähler sieht in der Linken offenkundig einen Garanten für Verteilungsgerechtigkeit im Sinne einer sozialstaatlichen Umverteilung und eine „abgefederte, weiche Modernisierung"[29].

Als markante politische Gelegenheit für die Erfolgsbedingung der Linken speziell im Westen kann das Nachlassen der SPD-Bindung in der Arbeiterschaft ausgemacht werden. In das Segment der Arbeiter, einschließlich der gewerkschaftlich organisierten, kann Die Linke nun eindringen, besonders, weil mit dem neuen Namen die Aversionen gegenüber der SED-Nachfolgepartei PDS nun wegfielen. Zudem schwächte sich die SPD-Bindung bei den Arbeitslosen ab. Die Gruppe der Arbeitslosen gehört, wie die Bundestagswahl von 2005 bereits deutlich vor Augen führte, zu den bedeutungsvollsten Bastionen der Linken in Westdeutschland. Eine weitere Verbindung kann hier aufgezeigt werden: Arbeiter und Arbeitslose gehören neben den Rentnern zu den sozialen Gruppen mit der höchsten Affinität zu wohlfahrtsstaatlichen Vorkehrungen. Folglich bietet sich dieser Raum für eine neue Partei links der SPD an. Die Zugewinne für Die Linke bei der Bundestagswahl 2005 und 2009 waren „Fleisch vom Fleische der Sozialdemokratie".[30]

---

27 G. GYSI, *Die PDS kommt im Westen nicht an*, in: TAGESSPIEGEL, 17. Mai 2005.

28 Vgl. zu einer anderen Auffassung E. JESSE, *Im Westen weder etabliert noch angekommen. Die Linke setzt auf Systemüberwindung und nutzt das Protestpotenzial*, in: *Bayernkurier*, 29. März 2008.

29 Vgl. dazu bereits mit Originalbeleg G. NEUGEBAUER/R. STÖSS, *Die PDS. Geschichte. Organisation. Wähler. Konkurrenten*, Opladen 1996, S. 271. Beide sprechen von der Konfliktlinie „soziale Gerechtigkeit und Marktfreiheit", welche aber nicht wirkliche Gegensatzpaare darstellen.

30 Vgl. O. NACHTWEY/T. SPIER, *Günstige Gelegenheit? Die sozialen und politischen Entstehungshintergründe der Linkspartei*, in: T. SPIER ET AL. (Hrsg.), *Die Linkspartei. Zeitgemäße Idee oder Bündnis ohne Zukunft?*, Wiesbaden 2007, S. 13-69.

Grundlagen für den Erfolg

Trotz der unterschiedlichen Entstehungsgeschichten – kleine maoistische Sekte auf der einen Seite, mächtige Einheitspartei auf der anderen – haben sich die SP und in geringerem Maße die PDS/Die Linke zu relativ großen und einflussreichen politischen Parteien entwickelt. Es stellt sich die Frage, worauf die guten Wahlergebnisse der beiden Parteien beruhen und inwieweit ihr Erfolg durch ähnliche Faktoren bedingt ist. Zur Erklärung der Wahlerfolge der beiden Parteien können drei miteinander in Zusammenhang stehende Faktoren genannt werden: Aktivismus, Populismus und Sozialdemokratisierung.

Aktivismus

Der für die SP so charakteristische Aktivismus kann aus ihrer maoistischen Entstehungsgeschichte heraus erklärt werden. Wie bereits erwähnt war die SP bis zum Ende der 1970er Jahre auf Mao Tse Tung und auf China ausgerichtet. Als sie dann die maoistische Rhetorik über Bord warf, orientierte sie sich in ihrem Kampf gegen den Kapitalismus weiterhin an der sogenannten Massenlinie Maos. Ziel war es, dass die Parteimitglieder ins Volk eintauchen, die Meinungen der Massen ergründen und dazu Aktionen veranstalten sollten. Diese direkte, auf das Wohnviertel ausgerichtete Interessenvertretung und persönliche Beratung wirkte sich bei den Gemeinderatswahlen aus: In Gemeinden, in denen die SP aktiv war, konnte die Partei in der Regel in den Gemeinderat vordringen.

Bis heute ist die SP nicht nur in den Volksvertretungen, sondern auch außerparlamentarisch aktiv und dies viel stärker als die anderen politischen Parteien in den Niederlanden. Die Partei führt an einer Reihe von Fronten Kampagnen, wie beispielsweise gegen den Wettbewerb im Pflegesektor, die verringerte Dienstleistung bei der niederländischen Eisenbahn oder die Erhöhung des Rentenalters von 65 auf 67 Jahre. Die Mitglieder der SP scheinen mehr als die anderer Parteien dazu bereit zu sein, die Ärmel hochzukrempeln: In einer Umfrage, die die Partei unter ihren Mitgliedern abhielt, zeigte sich, dass gut 42 Prozent der Befragten sich für die Partei einsetzen wollten – dieser Wert ist bedeutend höher als in anderen Parteien. Das verhältnismäßig große Potential aktiver Mitglieder ist eine der Stärken der SP. Ihre Mobilisierungsfähigkeit macht andere Parteien zuweilen eifersüchtig. Durch die größere Beteiligung ihrer Mitglieder ist die gesellschaftliche Sichtbarkeit der SP viel größer als die der PvdA und anderer Parteien, die ihre Bekanntheit fast ausschließlich ihren politisch-parlamentarischen Tätigkeiten zu verdanken haben. Den altmodisch anmutenden Einsatz von Freiwilligen kombiniert die SP mit einem äußerst professionellen Einsatz ihrer Medien, wie schön gestaltete Druckerzeugnisse und besonders angelegte Websites.

Die PDS bzw. Die Linke betreibt ebenfalls eine aufwändige Öffentlich-keitsarbeit. Sie verfügt über eine monatlich erscheinende Mitgliedszeitschrift namens *Disput*, einen wöchentlichen *Pressedienst* sowie weitere Publikatio-nen. Die nur offiziell unabhängige Traditionszeitung, das einstige SED-Organ *Neues Deutschland*, befindet sich größtenteils im Eigentum der Partei; sie hat ihre Leser vornehmlich unter Parteianhängern und Sympathisanten – im Wes-ten fand und findet die Zeitung allerdings kaum Resonanz und ist auch an Kiosken so gut wie nicht präsent. Die Designer- und Grafikergruppe Trialon kooperiert seit 1993 mit der Partei und setzte früh auf eine von der DDR-SED losgelöste Darstellung und ein modernes Image (etwa die Verwendung des Wortes „geil" auf einem Logo für den Bundestagswahlkampf 1994). Die PDS erkannte das Internet frühzeitig als bedeutsames wie kostengünstiges Kom-munikationsmittel und forcierte den eigenen, von Trialon professionell gestal-teten Auftritt weit vor den anderen Parteien. Schon 1990 konnte praktisch jede Basisgruppe oder Vereinigung innerhalb des PDS-Servers eigenverant-wortlich Seiten gestalten. Die Linke ist – wie schon ihre Vorgängerpartei, die PDS – auch außerhalb des Parlaments aktiv. Immer wieder versucht die Partei sich als ‚neue soziale Bewegung' zu verankern. So war sie in breiten gesell-schaftlichen Protestbündnissen, wie die ‚Gegen-Hartz-IV' oder ‚Anti-Irak-bzw. Afghanistankriegsdemonstrationen', vertreten, welche aber nur zeitweise Bestand hatten. Auch in zahlreichen Bürgerinitiativen ist die Partei aktiv, wobei sie in Ostdeutschland auf DDR-Strukturen aufbauen kann und damit ebenso erfolgreich wie glaubwürdig das Bild einer sozialen Kümmererpartei pflegt. Sie will sich ausdrücklich vor einseitiger, nur auf Wahlen ausgerichte-ter Politik fernhalten. „Die eigentliche Kraft und die eigentliche Aufgabe des Projekts einer gesamtdeutschen Linkspartei liegt nicht im Parlament, sondern außerhalb. Die erbitterte Schlacht um hohe Wahlergebnisse sollte nicht verges-sen machen, dass der wichtigste Kampfplatz die Gesellschaft ist", so Michael Brie von der Rosa-Luxemburg-Stiftung, der Bildungsinstitution der Partei, nach den Bundestagswahlen im September 2005.[31] Der Programmentwurf von 2010 zeugt auch von dieser Sichtweise: „Linke Politik in Parlamenten braucht trei-bende Kritik, öffentlichen Druck und außerparlamentarische Mobilisierung".[32]

Die Partei betrachtet ihre Verbundenheit zu Aktionsgruppen und sozialen Bewegungen als einen ihrer Pfeiler und sieht es als ihre Aufgabe, die For-derungen der außerparlamentarischen Bewegung in der politischen Arena in Worte zu fassen. 2004 fiel die PDS durch ihre Teilnahme an den sogenann-ten Montagsdemonstrationen gegen die sozialen und wirtschaftlichen Reform-pläne der Regierung Schröder auf. Im Jahr 2010 führte sie unter anderem

---

31 M. Brie, *Nach der Bundestagwahl. Analyse und Prognosen*, online unter www. rosaluxemburgstiftung.de/fileadmin/rls_uploads/pdfs/Michael_Brie-Bundestags wahl_2005.pdf.

32 Programm der Partei DIE LINKE (Entwurf), http://die-linke.de/programm/ programmentwurf/ [5.10.2010].

Kampagnen gegen den Einsatz der Bundeswehr in Afghanistan, gegen Atomkraft und gegen Demonstrationen von Neonazis. Ebenso wie die SP machte sich auch Die Linke für die praktischen, konkreten Nöte der Menschen stark. Dem damaligen Parteivorsitzenden Bisky zufolge war seine Partei erfolgreich, „weil wir zu den Menschen hingingen, um zu fragen, welche Probleme sie hatten (...). Wir waren eine Partei des täglichen Lebens, und so sind wir auch groß geworden.“[33] Deutlich ist, dass die Partei Die Linke – und zuvor die PDS – großen Wert auf die Vertretung in den Gemeinden und Gemeindeverbänden legt. Diese kommunale Verankerung sieht sie neben der außerparlamentarischen Bewegung offiziell als zweites Standbein der Partei.[34]

Für die SP hatte die Kombination lokaler und landesweiter außerparlamentarischer Aktivitäten einen großen Einfluss auf die breite Wählerzustimmung: Mit der Vertretung lokaler Interessen sicherte sie sich innerhalb der Gemeinden Stimmen, während sie mit landesweiten Aktionen die Aufmerksamkeit der Medien in einem Ausmaß auf sich zog, das sie mit anderen Mitteln nicht erreicht hätte. Die Formel der kommunalen Verankerung und der außerparlamentarischen Arbeit, die Die Linke anwendet, ähnelt der Erfolgsstory der SP auffällig.

Populismus

Neben ihrem Aktivismus zeichnet sich die SP seit ihrer Gründung auch durch einen gewissen Populismus aus, und hier liegt eine Verbindung zum maoistischen Konzept der Massenlinie.[35] Die SP betrachtete sich als die ‚Stimme des Volkes‘, die besser als die etablierten politischen Eliten wusste, was die Volksmassen bewegte. Ausgangspunkt für die Aktivitäten und den Standpunkt der SP war die in den Stadtvierteln und Nachbarschaften ermittelte Meinung des ‚einfachen Mannes‘ – oder zumindest deren Perzeption durch die SP. Diese Meinung wurde anschließend mehr oder weniger zur Richtschnur für das weitere Handeln erhoben. Von Anfang an fürchtete sich die SP sehr vor Stellungnahmen, die sie von der Bevölkerung isolieren konnten. Die Partei führte nach eigenem Verständnis nur das aus, was das Volk forderte. Marijnissen sagte im

---

33 R. Janssen/E.Verhey, *Lothar Bisky*, S. 13f.

34 Siehe hierzu: Die Linke, *Grundsätze und Ziele der Partei DIE LINKE in den Wahlkämpfen 2008/2009*, online unter http://www.dielinke.de/partei/organe/partei vorstand/parteivorstand_20072008/beschluesse/grundsaetze_und_ziele_der_partei_die_linke_in_den_wahlkaempfen_20082009; P. Moreau, *Die Partei des Demokratischen Sozialismus*, in: Ders./M. Lazar/G. Hirscher (Hrsg.), *Der Kommunismus in Westeuropa: Niedergang oder Mutation?*, Landsberg/Lech 1998, S. 242-327, S. 316–318.

35 Siehe M. Meisner, *Leninism and Maoism: Some Populist Perspectives on Marxism-Leninism in China*, in: Ders., *Marxism, Maoism and Utopianism. Eight Essays*, Madison, Wisconsin 1982, S. 76-117; P. Lucardie, *Populismus im Parteiensystem in Deutschland und den Niederlanden*, in: *Aus Politik und Zeitgeschichte* 35-36 (2007), S. 41-46.

Jahr 1974: „Es geht nicht darum, was wir finden, sondern um das, was die Menschen von uns wollen."[36] Diese Einstellung bildet gleichzeitig die Erklärung für die ungeheure ideologische und programmatische Anpassungsfähigkeit der SP in den vergangenen Jahrzehnten, die schließlich zu der Sozialdemokratisierung der Partei führte. In entscheidenden Augenblicken ihrer Geschichte war die Partei – wie oben erläutert – bereit, sich von Haltungen zu distanzieren, die eine Barriere für das Gewinnen neuer Anhänger darstellen konnten. Das war bei der Entmaoisierung am Ende der 1970er Jahre der Fall, in der Zeit um 1990, als sich die Partei von Lenin verabschiedete, und Ende der 1990er Jahre, als auch Marx und der Sozialismus über Bord geworfen wurden.

Der Populismus der SP wirkte auf zwei Ebenen. Zunächst übte er, wie beschrieben, Einfluss auf den politisch-ideologischen Kurs der Partei aus. Die Neigung der SP, enge Bindungen zu Teilen der Gesellschaft zu halten oder zu finden, führte dazu, dass die Partei wenn erforderlich ihre Grundsätze tiefgreifend anpasste. Daneben hatte die populistische Orientierung Einfluss auf ihre Haltung bezüglich der Wählerschaft. Nachdem die SP 1989 zum fünften Mal vergeblich an den Parlamentswahlen teilgenommen hatte, beschloss die Parteispitze, das Ruder herumzureißen und sich stärker als eine nationale Partei zu profilieren. Der Kommunikationsberater Niko Koffeman stellte im Frühjahr 1993 den provokanten Wahlspruch „Stimme dagegen, wähle SP" vor, begleitet von der roten Tomate als Symbol des Protests. Es ging darum, eine Gegenstimme gegen die Haager ‚Konsenspolitik' hören zu lassen, sowie darum, den Ärger der Leute über die von der Partei als ‚neoliberal' bezeichnete sozioökonomische Regierungspolitik zu kanalisieren. Damit folgte die Partei der populistischen Logik, sich als eine ‚Anti-Partei-Partei' zu gerieren. Bei der Präsentation des Wahlprogramms 1994 kündigte der Spitzenkandidat Marijnissen an, sich an die Protestwähler zu wenden.[37] Sorgfältig wurde der Wahlkampf in einen populistischen Rahmen gestellt. „Der Grund, für uns zu stimmen", so Koffeman, „ist der, schön frech und unangepasst dem Haager Haufen, der die Menge ständig übers Ohr haut und gegen den man in der Regel nichts tun kann, einen Tritt zu verpassen."[38]

In den 1990er Jahren klang in den Wahlprogrammen der SP weiterhin stark das Misstrauen gegenüber der politischen Klasse durch. 1994 beschrieb die SP sich als „eine Partei, die bei den Menschen verwurzelt ist und weiß, was los ist" und distanzierte sich von „hochmütigen" Politikern, die die Entscheidungen nicht „den Menschen selbst" überlassen wollten.[39] Im Jahr 1998 wehrte sich die SP unter anderem gegen die hohen Vergütungen, die die Volksvertre-

---

36 Zitiert nach *De Groene Amsterdammer,* 12. Juni 1974.
37 Bericht ANP, 11. Januar 1994.
38 R. KAGIE, *De socialisten. Achter de schermen van de SP*, Amsterdam 2004, S. 84.
39 SP, *Stem tegen, stem SP. Verkiezingsprogramma Socialistische Partij*, S. 16.

ter erhielten. „Es ist schlecht, wenn Politiker so gut für sich selbst sorgen."[40] Auch die gegenseitige Verteilung öffentlicher Funktionen durch die Parteien wurde scharf kritisiert. Die SP befürwortete die Einführung der Direktwahl des Bürgermeisters und des Staatsoberhaupts durch die Bevölkerung sowie Referenden und das Volksbegehren. Die direkte Vertretung von Unternehmen, Stadtvierteln und gesellschaftlichen Verbänden im Parlament, für die sie sich zuvor stark gemacht hatte, kam im Wahlprogramm nicht mehr vor, was implizit eine gewisse Aufwertung der politischen Parteien bedeutete.

Bei der populistischen, antipolitischen Profilierung der SP spielte Marijnissen eine wichtige Rolle. Nachdem er 1994 in die Zweite Kammer eingezogen war, versuchte er zu verhindern, dass er in der kleinen Haager Welt eingekapselt würde, indem er sich stark von dieser distanzierte. Nicht umsonst trägt sein Buch, in dem er über seine ersten Jahre in der Zweiten Kammer erzählt, den Untertitel „Ein Rebell in Den Haag". Der SP-Führer wollte nichts von dem wissen, was er das „Haager Kauderwelsch" nannte – den verhüllenden und verschleiernden Euphemismen – und wollte im Parlament weiterhin „die Sprache des Volkes" sprechen.[41]

Marijnissen sprach regelmäßig und in sehr negativen Worten über die parlamentarische Politik und Kultur. „Die ersten vier Jahre Den Haag waren schlimmer, als die Leute glauben. Den Haag ist eine Irrenanstalt [...]. Eine Zweimannfraktion gegen den Rest der Welt. Als ob man mit einem Sack Zement herumläuft."[42] Die meisten Parlamentarier waren seiner Meinung nach Berufspolitiker, die glaubten „zu einer privilegierten Kaste [zu] gehören, die für vier Jahre das Mandat hat, für die Bevölkerung zu entscheiden, was gut für sie ist. Die Leute werden buchstäblich und faktisch für dumm gehalten."[43] Der SP-Führer warf einigen seiner Kollegen vor, sie hätten keine Tuchfühlung mehr zur wirklichen Gesellschaft. „Es gibt Parlamentarier, die immer Beamte gewesen sind, die aus reichen Milieus stammen, beschützt aufgewachsen sind [...]. Sie kommen nie in Kontakt mit Menschen, die mit den Händen arbeiten."[44] Marijnissen hingegen hatte in der Vergangenheit in der Fabrik gestanden, und diese Tatsache benutzte er oft, um die Haager Politik dem ehrlichen, echten Leben gegenüberzustellen. „Die kleine Fabrik, in der ich anfangs arbeitete, war chaotisch, aber was da raus kam ... phä-no-me-nal. Wir waren ganz in der Nähe von Oss, in einem alten Schweinestall, wo wir buchstäblich im Rost standen. Auch die Arbeitsbedingungen waren ein riesiges Durcheinander [...]. Wie dem auch sei: es gelang uns oft, aus nichts, aus Altei-

---

40 SP, *Tegengas. Verkiezingsprogramma van de Socialistische Partij 1998–2002*, S. 5.
41 J. MARIJNISSEN, *Effe dimmen! Een rebel in Den Haag*, S. 8, 60; *Nieuwsblad van het Noorden*, 4. März 1994.
42 *De Volkskrant*, 28. April 2001.
43 *De Groene Amsterdammer*, 1. Mai 1996
44 CV-KOERS, Dezember 1999.

sen und Gerümpel, etwas sehr Schönes zu machen. In Den Haag ist es umgekehrt. Es blinkt und glänzt hier, aber was bringen diese erbärmlichen Entwürfe
denn? Missgeburten. Das ist nicht meine Welt: Opportunismus, Scheinheilig-
keit, Wischiwaschi, Bürokratie, Ineffizienz, Übertreibungen."[45] Es gibt viele
Beispiele für Interviews, in denen Marijnissen die wurmstichige, unzulängli-
che politische Elite dem Leben und Arbeiten des moralisch erhabenen, einfachen Mannes gegenüberstellt – der Marijnissen selbst auch gewesen und trotz
seiner Mitgliedschaft im Parlament geblieben sei.

Gegen Ende der 1990er Jahre schien die populistische Haltung der SP ein
Ende zu finden. Wie oben bereits erläutert nahm die Partei 1999 ein neues
Grundsatzprogramm an, in dem die parlamentarische Demokratie grundsätzlich akzeptiert wurde. Zugleich liebäugelte Marijnissen zum ersten Mal mit
einer Position im Kabinett. „Wir scheuen nicht die Regierungsverantwortung,
wir streben sie sogar an."[46] Auf lokaler Ebene ist die SP seit 1996 Bestandteil der Magistrate. Nach den Kommunalwahlen des Jahres 2006 hatte die SP
28 Beigeordnete in 21 Gemeinden. In diesem Kontext erschien der Slogan
„Stimme dagegen" überholt. So wurde dieser dann auch bei den Parlamentswahlen des Jahres 2002 durch den Wahlkampfspruch „Stimme dafür" ersetzt.
„Dem Bild, die SP verhalte sich nicht konstruktiv, hatten wir durch unsere
Losung selbst Vorschub geleistet. Nun war es Zeit für ein entgegengesetztes
Signal", so Koffeman. [47]

Dieser Übergang vom Protest zum Liebäugeln mit der Regierungspartizipa-
tion ging mit weiteren grundsätzlichen programmatischen Anpassungen einher.
Bei den Wahlen des Jahres 2006 rückte die SP von der Direktwahl von Bürgermeister und Staatsoberhaupt ab (die Monarchie wurde sogar stillschwei-
gend akzeptiert). Zudem wurde die Bedeutung der politischen Parteien merk-
lich aufgewertet. Die SP erklärte sie nun für unverzichtbar: „Eine gesunde
Demokratie funktioniert nicht ohne politische Parteien".[48] Im Wahlprogramm
des Jahres 2010 zeigte sich die SP zwar noch als Befürworterin von Referenden, plädierte aber nicht mehr so vehement dafür wie früher.

Wie die SP hatte auch die PDS und hat jetzt Die Linke eine stark populistische Ausrichtung; sie behauptet, die „politische Klasse" habe kein Auge mehr
für die Interessen des Volkes und entbehre daher der politischen Legitimität.[49]

---

45 F. VAN DER LINDEN/P. WEBELING, *SP- fractieleider Jan Marijnissen: ‚Ik moet regel-
matig Kok-halzen'*, in: DERS., *Paarse striptease. Ontmaskerende ontmoetingen met
Haagse helden*, Amsterdam/Antwerpen, S. 36-47; 44.
46 *Vrij Nederland*, 4. Dezember 1999.
47 R. KAGIE, *De socialisten*, 2004, S. 92.
48 SP, *Een beter Nederland, voor hetzelfde geld. Verkiezingsprogramma SP 2006-
2010*, S. 8. In dem Programm von 2002 wurden sie gemeinsam mit den Wählern
und Gewählten „die Stützpfeiler unserer parlamentarischen Demokratie" genannt;
siehe SP, *Eerste weg links. Stem voor sociale wederopbouw. Actieprogramma SP
2002–2006*, S. 8.
49 Vgl. F. HARTLEB, *Rechts- und Linkspopulismus*, 2004, S. 240.

„Die bundesdeutsche Gesellschaft ist durch eine Spaltung zwischen Eliten und großen Teilen der Bevölkerung geprägt", urteilt der bereits zitierte Michael Brie.[50] Diese „neoliberale" Elite sei durch „Leistungsindividualismus" und Gewinnstreben gekennzeichnet und wolle nach Auffassung der Linken alles dem freien Markt überlassen – und das, obwohl die Mehrheit der Bevölkerung einen Staat bevorzuge, in dem soziale Gerechtigkeit und demokratische Partizipation der Bürgerinnen und Bürger Vorrang genießen. Damit hat die politische Klasse nach Ansicht der Partei Die Linke ihre Legitimität verspielt. So ist es dann auch nicht verwunderlich, dass die Partei für eine direktere Demokratie – beispielsweise die Einführung von Volksentscheid und Volksinitiative – plädiert.

Die Kluft zwischen Politik und Gesellschaft zeigte sich nicht zuletzt bei der deutschen Wiedervereinigung und der Globalisierung in den 1990er Jahren, als nach Ansicht der PDS der Kapitalismus freie Bahn erhielt. Von ihrer Entstehung an verstand sich die PDS als „alleinige Interessenvertreterin der ehemaligen DDR-Bevölkerung", wobei ihrer Darstellung nach alle Ostdeutschen „Einheitsverlierer" waren.[51] Später waren es die Opfer der ökonomischen Globalisierung, für die sich die Partei besonders einsetzte. „Die Linke ist die Partei der sozialen Gerechtigkeit, der ‚kleinen Leute'", so formulierte es die Partei selbst im April 2008 in ihren Grundsätzen.[52] „Sie repräsentiert gesellschaftliche Gruppen, von denen keiner mehr hören will", so Brie. „Sie wurde vor allem für ihr Dagegen gewählt, für ihren Protest, für ihre wirkungsvolle Ablehnung der neoliberalen Reformen von SPD, CDU/CSU und FDP."[53] Die Politikwissenschaftlerin Viola Neu, die wenig für die PDS (und ihre Nachfolger) übrig hat, pflichtet ihm bei: „Ihren Erfolg verdankt die PDS in erster Linie der Fähigkeit, sozialen und politischen Protest zu mobilisieren." Bei den Bundestagswahlen von 2005 habe sich das überdeutlich gezeigt; der Schwerpunkt ihrer Wählerschaft habe sich stärker in Richtung auf die unteren sozialen Schichten verschoben. Dabei profitiere die Partei auch immer noch vom Ost-West-Gegensatz: „Maßgeblich ist das Gefühl, von der Gesellschaft der Bundesrepublik benachteiligt zu werden und Bürger zweiter Klasse zu sein."[54] Auch dadurch, dass sie ihre Kritik auf die politische Klasse richte, die sich den Nöten der Bevölkerung und ihren berechtigten Forderungen verschließe, sei es der PDS im Osten Deutschlands und später auch der Linken im Westen gelungen, die allgemein herrschende Unzufriedenheit über die Regierungspolitik in Wählerstimmen umzumünzen.

---

50 M. BRIE, *Die Linkspartei – Partner für eine Reformalternative*, in: *Neue Gesellschaft/ Frankfurter Hefte* 6 (2007), S. 31.

51 P. MOREAU, *Die Partei des Demokratischen Sozialismus*, 1998, S. 324f; Siehe auch V. NEU, *Die PDS: Eine populistische Partei?*, in: N. WERZ (Hrsg.), *Populismus. Populisten in Übersee und Europa*, Opladen 2003, S. 263-277.

52 DIE LINKE, *Grundsätze und Ziele der Partei DIE LINKE in den Wahlkämpfen 2008/ 2009*.

53 M. BRIE, *Nach der Bundestagwahl*, 2005.

54 V. NEU, *Linkspartei.PDS (Die Linke)*, in: DIES./F. DECKER (Hrsg.), *Handbuch der deutschen Parteien*, Wiesbaden 2007, S. 323.

Dazu setze die Partei auf ein utopisches Wahlprogramm, einen „unerfüllbaren Forderungskatalog", und sie habe nicht davor zurückgeschreckt, gesellschaftliche Konflikte zu schüren.[55] Hartleb zufolge weckt die Partei „die Illusion, nur sie könne das soziale Gemeinwohl bestimmen. Sie will das Füllhorn sozialer Gratifikationen ausschütten".[56] Viola Neu nannte die PDS – und das gilt ebenfalls für Die Linke – „eine Partei, die durch eine eigentümliche Mischung aus Nostalgie, Ideologie und Protest charakterisierbar ist."[57]

Nostalgie kann man für die SP nicht geltend machen. Die Partei ist unter anderem aufgrund ihres Protest-Images so stark geworden. Auch Ideologie spielte natürlich für die SP eine wesentliche Rolle, ihr Gedankengut ist jedoch nicht ‚heilig‘ – im Gegenteil. Wie bereits konstatiert wurde, hat sich die Partei ihrer maoistischen und leninistischen Wurzeln entledigt und tat im Transformationsprozess vor etwa zehn Jahren einen dritten grundsätzlichen Schritt: Sie verabschiedete sich von Marx. Damit kam die „Sozialdemokratisierung" der SP ins Visier – ein dritter wichtiger Faktor für die Wahlerfolge der Partei.

Sozialdemokratisierung

Das Anpassungsvermögen der SP machte sich wie gesagt in den 1990er Jahren erneut auf ideologischer Ebene bemerkbar. Nach Mao und Lenin trennte sich die Partei im Laufe dieses Jahrzehnts auch von Marx als Galionsfigur. Der Sozialismus der SP erhielt in dieser Periode allmählich eine stärkere moralische Prägung.[58] Er wurde von ihr nicht mehr als das Ergebnis eines objektiven, gesetzmäßig historischen Prozesses definiert; er war für sie selbst keine richtungweisende Perspektive mehr und rückte dann auch zunehmend in den Hintergrund. Dieses letzte ideologische Facelifting führte zu der Sozialdemokratisierung der SP.[59] Die Partei identifiziert sich aber keineswegs mit der heutigen Sozialdemokratie – die PvdA ist in ihren Augen zur Zeit höchstens sozialliberal –, sondern mit ihrer Erscheinungsform der 1970er Jahre und zuvor. Sie unternahm klare Versuche, das Erbe der PvdA an sich zu ziehen und sich selbst in die sozialdemokratische Tradition zu stellen. Das von dem Sozialdemokraten Joop den Uyl (1973–1977) geführte Kabinett wurde zur damaligen Zeit von der SP verketzert – heutzutage kann es auf Wertschätzung und Bewunderung zählen. So präsentiert sich die SP seit Ende der 1990er Jahre „sozialdemokratischer als die Sozialdemokraten" oder, wie sie es selbst formu-

---

55 V. Neu, *Die PDS*, 2003, S. 268.
56 F. Hartleb, *Rechts- und Linkspopulismus*, 2004, S. 279.
57 V. Neu, *Die PDS*, 2003, S. 270.
58 G. Voerman, *„Breek het recht van de sterkste". Over de SP en haar toenadering tot het christendom*, in: G. Harinck (Hrsg.), *Strijd om de ziel. Christendom en communisme in de twintigste eeuw*, Amsterdam 2007, S. 37-44.
59 G. Voerman/P. Lucardie, *De sociaal-democratisering van de SP*, in: F. Becker/R. Cuperus (Hrsg.), *Verloren slag. De PvdA en de verkiezingen van november 2006*, Amsterdam 2007, S. 139-164.

liert, als „Sozialdemokraten plus". Nicht verwunderlich ist, dass diese programmatischen Veränderungen es einem Teil der traditionellen Anhänger der PvdA einfacher machten, die SP zu wählen.

Hinsichtlich der Wahlprogramme sind auch die PDS und Die Linke im Laufe der Jahre moderater geworden. Eine weitgehende Sozialdemokratisierung der Linken wie bei der SP ist trotz des Zusammenschlusses mit der WASG im Jahr 2005 jedoch vorläufig nicht in diesem Maße zu erwarten. Die PDS mag sich nun zwar Die Linke nennen, die neue Partei steht aber nach wie vor mit einem Bein in ihrer DDR-Vergangenheit – nicht nur in personeller Hinsicht, weil prominente Parteimitglieder vor der Wende des Jahres 1989 bei der SED waren und zur DDR-Elite zählten (wie Bisky und Gysi), sondern auch in politisch-ideologischer Hinsicht. Noch im Herbst 2008 vertrat Die Linke beispielsweise die Auffassung, dass das realsozialistische Experiment in Ostdeutschland durchaus gute Seiten hatte, die auch heute noch zum Einsatz kommen könnten. Die Partei möchte noch immer „die Erfahrungen der DDR nicht kategorisch ablehnen, sondern auf zukunftsfähige Modelle hin überprüfen."[60] Hinzu kommt, dass es innerhalb der Partei noch organisierte Gegenkräfte gegen eine substanzielle Sozialdemokratisierung gibt, wie etwa die Kommunistische Plattform und das Marxistische Forum. Dass die an der Linken haftende DDR-Vergangenheit den Wahlchancen vor allem in den alten Bundesländern nicht zuträglich ist, scheint offensichtlich. Gleichwohl spielt der Antikapitalismus, immer noch der „Markenkern"[61] der Partei, in der Kommunalpolitik der letzten Jahre so gut wie keine Rolle. In den ostdeutschen Landesverbänden hatte sich schon die PDS hin zu einem pragmatischen, reformorientierten Kurs gewandelt, ohne freilich die DDR-Nostalgie aufzugeben.

Nach außen hin hilft der Partei aber das neuartige Image mit dem Namen ‚Die Linke' verbunden zu werden. Damit kann sie das im Westen belastende Stigma der SED-Nachfolgepartei offenkundig mehr oder minder abstreifen. Das kann nicht hoch genug eingeschätzt werden. Der einstige Vordenker der PDS, André Brie, sprach im Zuge des Fusionsprozesses treffend davon, es gebe mittlerweile ein „spürbar gewachsenes [...] Wählerpotential links von der SPD", das die PDS „aus geschichtlichen und kulturellen Gründen"[62] nicht zur Gänze aktivieren könne. Sei es, ob konjunkturelle oder strukturelle Gründe letztlich entscheidend sind, hat die neu kreierte Linke in westdeutsche Parlamente Einzug gehalten. Die Frage, ob die SPD denn überhaupt ‚nach rechts' gerückt ist, spielt hier gar keine Rolle.

---

60 Zitiert nach: *http://www.die-linke.de/index.php?id=1070*, [5.11.2008]. Im März 2010 war dieses Zitat nicht mehr auf der Website von *Die Linke* zu finden.

61 V. Neu, *Linkspartei.PDS*, 2007, S. 314-328, hier S. 325.

62 A. Brie, *Thesen zur Perspektive der Linkspartei: offene Fragen, Probleme, Herausforderungen*, in: M. Brie (Hrsg.), *Die Linkspartei. Ursprünge, Ziele, Erwartungen*, Berlin 2005, S. 59-65, hier S. 59.

Schlussbetrachtung

Die populistische Orientierung war beim Aufstieg der SP ein wichtiger Faktor, aber der Wahlerfolg in den 1990er Jahren führte zu einem Paradoxon: Während die Wählerschaft der Partei dank deren populistischer Haltung stark zunahm, wurde die Partei nach und nach weniger populistisch. Der Wunsch, sowohl Regierungsverantwortung zu tragen – weil die Wähler dies auch von der SP erwarteten – als auch neue Wählergruppen zu mobilisieren, mäßigte ihre Haltung. Inzwischen hat die Partei die repräsentative parlamentarische Demokratie und die zentrale Bedeutung politischer Parteien grundsätzlich anerkannt, was auf die Akzeptanz des Prinzips der indirekten politischen Repräsentanz hinausläuft. Die Anerkennung der Bedeutung von Mittlerstrukturen im politischen Prozess macht eine populistische Haltung (mit ihrem Desiderat der direkten Demokratie) erheblich schwieriger. Bedeutet dies nun, dass die SP nicht mehr populistisch ist? Neben den bereits genannten politischen Veränderungen fällt es tatsächlich auf, dass die Partei in den letzten Jahren in ihrem Programm den vermeintlichen Gegensatz zwischen dem Volk und der etablierten politischen Ordnung viel weniger stark akzentuiert als vor 2000, als sie damit bei der Wählerschaft noch ausgesprochen gut ankam. Eine Entwicklung, die zweifellos damit zusammenhängt, dass die Partei Regierungsverantwortung nicht länger aus dem Weg gehen wollte. Auch der Rücktritt Marijnissens als Fraktionsvorsitzender im Parlament (2008), der das Gesicht der Partei bestimmte, trägt zu einem weniger profilierten populistischen Image bei, und wenn auch nur deshalb, weil die ‚autobiographischen' Möglichkeiten seiner Nachfolger – zunächst Kant und später Roemers –, sich auf authentische Art und Weise mit dem einfachen Volk zu identifizieren, viel eingeschränkter sind.

Dennoch blieb in der SP das populistische, polarisierende Denkschema in den vergangenen Jahren erkennbar. Im Wahlprogramm des Jahres 2006 war beispielsweise noch immer – wenn auch nuancierter als zuvor – die Spannung zwischen Volk und politischer Elite spürbar: Weil das Vertrauen zu den Politikern gering sei und die Regierung „den Menschen hochmütig den Rücken zuwende", wolle die SP die „Regierung näher zu den Menschen bringen".[63] Im Programm von 2010 hieß es: „In der Politik gilt zunehmend die Macht des Geldes und immer weniger das Interesse des Bürgers. [...] Es besteht eine tiefe Kluft zwischen der papiernen Wirklichkeit der Ministerien und der Wirklichkeit der Menschen, die die Arbeit tun müssen. Dadurch, dass die Regierung die Probleme der Menschen nicht kennt, werden falsche Entscheidungen getroffen."[64] Marijnissen, Kant und andere Parteiprominente stellen immer noch die selbstsüchtige, regenteske Haager Clique den getäuschten ‚Men-

---

63 SP, *Een beter Nederland, voor hetzelfde geld*, S. 7-8. Über die politischen Parteien wird angemerkt, dass sie infolge der sinkenden Mitgliederzahlen die Verbindung zu den Bürgern verlören – „wobei die SP die große Ausnahme ist".
64 SP, *Een beter Nederland voor minder geld*, S. 11.

schen im Lande' gegenüber. Offensichtlich können sie nicht immer den populistischen Reflex unterdrücken. Im Gegensatz zu der aus ihrer Sicht rechthaberischen, Versprechen brechenden und sich zum Teil selbst bereichernden Regierungselite appellieren sie an ‚die Menschen'. Dass die repräsentative Demokratie einen gewissen Abstand zwischen Wähler und Gewähltem beinhaltet und dass der Letztgenannte in der parlamentarischen Praxis ein gewisses Maß an Autonomie genießen muss, beispielsweise um Kompromisse schließen zu können, scheint ihre Sache nicht sonderlich zu sein. Dieser Abstand solle im Gegenteil so gering wie möglich sein: Politiker müssten „deutlich machen, dass man nicht *über*, sondern *neben* den Menschen steht", so Kant.[65] Anstelle des Prinzips der Repräsentanz geht es ihr mehr um die Betonung der Notwendigkeit der Identität zwischen Wähler und Gewähltem. Die Partei stehe dem Volk nicht gegenüber, sondern gehe in diesem auf – die Massenlinie Maos ist nahezu vierzig Jahre später noch erkennbar.

Strategisch sieht sich Die Linke selbst als Interessenvertretung der Globalisierungsverlierer, der enttäuschten Sozialstaatsklientel. Die Fixierung gilt der SPD – nach der Diktion „jeder Kurswechsel der SPD bestätige Die Linke". Die Partei meidet jedoch konkrete Festlegungen, um möglichst viele Mitglieder integrieren zu können.[66] So tat sich die Partei in der Vergangenheit schwer, über die von ihr gewünschte Höhe des gesetzlichen Mindestlohnes zu bestimmen. Die programmatische Unschärfe soll weiterhin die unterschiedlichen Strömungen bis hin zu den Sektierern im Westen integrieren. Der Erfolg unter dem Label ‚Die Linke' war ‚kopflastig', maßgeblich den charismatischen Führungsfiguren Gregor Gysi und Oskar Lafontaine geschuldet.[67] Als Besitzstandswahrer und Lautsprecher des ‚kleinen Mannes' beherrschte Lafontaine die Rolle des populistischen Agitators meisterhaft, als er gegen die Reichen oder die abgehobenen ‚Hartz IV-Parteien' wetterte, denen das einfache Volk gleichgültig sei.[68] Nun bleibt abzuwarten, wie groß die Lücke nach dem Rückzug Lafontaines ist, zumal auch Gysi nicht mehr allzu lange exponiert agieren dürfte.

Wer die Parteien, SP und Die Linke, miteinander vergleicht, stößt auf unterschiedliche Ursprünge, die sich bis heute auswirken. Die SP war zuerst nur eine kleine Politsekte in den Niederlanden, die Linkspartei hat ihren Ursprung in der Staatspartei der DDR. Nachdem die SED aber die Macht verlor und sich zur PDS bzw. Die Linke umbildete, haben die Positionen der

---

65 *NRC Handelsblad*, 1. Juli 2009.
66 Vgl. S. Messinger/J. Rugenstein, *Der Erfolg der Partei die Linke. Sammlung im programmatischen Nebel*, in: F. Butzlaff/S. Harm/F. Walter (Hrsg.), *Patt oder Gezeitenwechsel?, Deutschland 2009*, Wiesbaden 2009, S. 67-93, hier S. 92f.
67 Vgl. F. Decker/F. Hartleb, *Populismus auf schwierigem Terrain. Die rechten und linken Herausfordererparteien in der Bundesrepublik*, in: F. Decker (Hrsg.), *Populismus*, Wiesbaden 2006, S. 191-215, hier S. 206-211.
68 Vgl. O. Lafontaine, *Politik für alle. Streitschrift für eine bessere Gesellschaft*, Berlin 2005.

beiden Parteien sich allmählich angeglichen. Beide wurden am Anfang der 1990er Jahre als Außenseiter, wenn nicht als Parias in ihrem politischen System betrachtet. Von einem ernsthaften Wettbewerb mit der Sozialdemokratie, die damals noch sehr mächtig war, konnte noch keine Rede sein. Zwanzig Jahre später sieht die Lage ganz anders aus. Sowohl die deutsche als auch die niederländische Sozialdemokratie ist in die politische Mitte gerückt. Im Laufe der Zeit sind sie – nicht zuletzt durch Regierungsbeteiligung – moderater und pragmatischer geworden. Die Sozialdemokraten in beiden Ländern haben somit auf ihrer linken Seite Raum geschaffen, der von der Linkspartei und der SP ausgefüllt wurde. Sowohl Die Linke als auch die SP haben eine starke Position in der Wählerschaft aufgebaut, indem sie Aktivismus und Populismus kombinierten. Die SP wurde zum Sprachrohr des ‚einfachen Mannes‘, die PDS/Linkspartei zum Interessenvertreter der ostdeutschen Bürger. Beide wenden sich an Wähler, die sich durch Modernisierung und Globalisierung ihrem Schicksal überlassen fühlen. Außerdem hat vor allem die SP ihre Ideologie auf bemerkenswerte Weise angepasst: Die marxistisch-leninistische Lehre wurde gegen sozialdemokratische Grundsätze eingetauscht. Diese Transformation der SP und die moderatere Ausrichtung der Linkspartei machen es für die Sozialdemokraten schwieriger, diese Parteien zu bekämpfen.

Nachdem Die Linke durch ihre gesamtdeutsche Etablierung maßgeblich für die Entstehung eines Fünfparteiensystems verantwortlich zeichnet, ist die klassische Regierungsbildung schwieriger geworden. Unklar bleibt jedoch die reale Machtperspektive der Linken im Bund. Will sie das Verhältnis gerade zur SPD und den Grünen normalisieren und damit eine konkrete Machtoption haben, muss sie ihren Populismus abschwächen, sich stärker mit dem wirtschaftlichen System der BRD versöhnen, ein realistischeres Bild vom Sozialstaat zeichnen, militärische Auslandseinsätze als notwendiges Übel akzeptieren und die immer noch vorhandene DDR-Nostalgie abstreifen. Auch wenn die Sozialdemokratisierung der SP weiter fortgeschritten ist als die der Linken, besteht Ende 2010 machtpolitisch eine klare Parallele zwischen beiden Parteien: Auf nationaler Ebene fehlen beiden auf absehbare Zeit die Partner, die bereit wären, mit ihnen eine Regierung zu bilden.

Harald Fühner

Die populistische Herausforderung im schulischen Unterricht

Schule soll vieles. Schule soll den traditionellen Bildungskanon lehren und neu hinzugekommenes Wissen vermitteln. Schule soll ein sicheres Fundament an Faktenwissen schaffen und Kompetenzen aufbauen, damit die Schüler jederzeit auf neue Herausforderungen reagieren können. Schule soll jedem den für ihn ‚richtigen' Abschluss zuweisen und dabei keinen ausgrenzen. Und Schule soll auf alle Fallstricke des Lebens vorbereiten. Schule soll aufzeigen, wie man richtig mit seinem Geld umgeht, und ebenso, wie man gesund kocht und schlank bleibt. Soziales Lernen soll in der Schule genauso wichtig sein wie kognitives Lernen. Gewaltprävention sollte ebenso ein eigenes Schulfach werden wie Astronomie. Überhaupt wird gefühlt an jedem dritten Tag die Einführung eines neuen Schulfaches gefordert. Aber natürlich soll weiterhin um 13.00 Uhr der Schulunterricht beendet sein.

So sieht sich die Schule einer Unzahl von Ansprüchen ausgesetzt, die häufig genug miteinander konkurrieren oder gar unverträglich sind. Die aufgezählten Ansprüche sind für sich genommen alle wünschbar, und zumindest ein Großteil von ihnen muss tatsächlich von der Schule berücksichtigt werden. So darf sich Schule nicht nur auf die Vermittlung kognitiver Kompetenzen beschränken, sondern es muss natürlich auch Platz für die Entwicklung sozialen Verhaltens sein. Doch es gilt ebenso: Jeder, der einen neuen Anspruch an die Schule richtet, muss die Frage nach der Realisierbarkeit beantworten.

Dieser Gegenforderung muss man deshalb auch genügen, wenn man den Anspruch an die Schule richtet, sich mit dem Phänomen des Populismus zu befassen. Daher soll es Ziel dieses Beitrages sein, nicht einfach nur Forderungen aufzustellen, sondern auch nach Anknüpfungspunkten in den bestehenden Fachrichtlinien zu suchen, an die sich eine Behandlung des Themas Populismus anschließen lässt. So wird im ersten Teil des Beitrages aufgezeigt, warum die Behandlung des Themas Populismus in der Schule wünschenswert ist. Populismus, so wird hoffentlich deutlich, ist ein sehr wohl schulrelevantes und zudem an die Lebenswelt der Schüler anknüpfendes Thema. Allerdings, und auch dies wird im ersten Teil näher ausgeführt, erscheint nur in der Sekundarstufe II (im allgemeinen Sprachgebrauch: Oberstufe) eine vertiefte Thematisierung möglich. Der zweite Teil ist geprägt von allgemeinen Bemerkungen zu den Konsequenzen der Richtlinien und speziell des Zentralabiturs für den schulischen Unterricht. Sie bedeuten eine deutliche Einschränkung der Handlungsfreiheit für die Lehrer. Daher sollen im dritten Teil die Vorgaben für relevante Fächer näher auf Möglichkeiten der Anbindung des Themas Populismus untersucht werden, wobei schwerpunktmäßig die nordrhein-westfälischen Richtlinien in den Blick genommen werden. Zusammen bewirken die Teile zwei und drei unvermeidlich ein Gefühl der Ernüchterung: Nur mit Mühe lässt sich eine Behandlung des Themas Populismus überhaupt mit den Vorgaben in Einklang bringen. Eine ausführliche und umfassende Thematisierung wird damit praktisch unmöglich. Jedoch kann in Einzelfällen der Fremdsprachen-unterricht unerwartete Chancen bieten. So ist der Populismus eines Geert Wilders in den Niederlanden im Niederländisch-Unterricht in der Sekundarstufe II sogar ein praktisch nicht zu vermeidendes Thema. Im vierten Teil schließlich werden Materialien vorgestellt, die innerhalb des „landeskundlichen Schulprojektes Deutschland-Niederlande" zum Thema Populismus erstellt worden sind (www.niederlande-im-unterricht.de). Insbesondere wird ausgeführt, warum trotz begrenzter Möglichkeiten zur Thematisierung des Phänomens Populismus im Schulunterricht in recht großem Umfang derartige Materialien entwickelt wurden. Die Materialien werden näher beschrieben und auf konkrete Einsatzmöglichkeiten hin überprüft.

Populismus als Thema in der Schule

Ohne Frage handelt es sich bei der Forderung, die populistische Herausforderung auch in den schulischen Unterricht einzubeziehen, um ein nachvollziehbares Anliegen. Populismus ist kein völlig fernes, nur von engen fachwissenschaftlichen Zirkeln benutztes Fremdwort. Es geht um einen schillernden Alltagsbegriff (auch wenn diese Alltäglichkeit gerade mit Unschärfe einhergeht – was zusätzlichen Anlass zu seiner Klärung gibt) und um erlebbare Realität. Denn populistischer Ansprache bedienen sich in Deutschland ja auch die Politiker der etablierten Parteien. Wenn man, nahe am alltäglichen Sprachgebrauch, unter populistischer Ansprache vor allem den Akt der bewusst Emotionen schürenden und bis an die Grenzen der Verzerrung gehenden Vereinfachung versteht, dann hat dies im Politischen Aschermittwoch in Bayern sogar eine Art institutionalisierte Form gefunden – quer durch alle Parteien. Einen längerfristigen Erinnerungswert hatte die gegen die Zuwanderung von Ausländern, aber vor allem auf eigene Wahlchancen zielende Kampagne des ehemaligen NRW-CDU-Chefs Jürgen Rüttgers unter dem Motto „Kinder statt Inder". Generell entscheidet in der Mediendemokratie über Erfolg und Wirkungsmacht eines Politikers auch seine Fähigkeit, griffige Parolen zu produzieren. Allerdings geht damit immer auch das Risiko einher, als Faktenverdreher, als Hetzer dazustehen.

Populismus ist also durchaus lebensnah, auch wenn einer populistischen *Ideologie* des Gegensatzes zwischen degenerierter Elite und unverdorbenem Volk verbundene (und politisch rechtsstehende) Parteien bzw. Organisationen in Deutschland – anders als in den Niederlanden – ihre Erfolge zur Zeit lediglich auf lokaler und nicht auf Landes- oder gar Bundesebene feiern. In Deutschland fehlt es bisher insbesondere (aber nicht nur) an einem charismatischen Führer, wie ihn in den Niederlanden Geert Wilders darstellt. An seinem Beispiel ließe sich darstellen, dass konsequent populistische Wähleransprache ganz den Formen und Erfordernissen einer Mediengesellschaft entspricht. Wenige einfache Botschaften, eine vollständige Personalisierung der politischen Inhalte (als einziges Mitglied *ist* Geert Wilders seine Partei PVV) und schließlich die bewusste Emotionalisierung von Problemen, indem zum Beispiel Jugendliche marokkanischer Herkunft als „Straßenterroristen" bezeichnet werden und in düsteren Farben das Bild einer „eurabischen" Zukunft entworfen wird – so hat Geert Wilders ein Image von sich selbst und seiner Politik geschaffen, das sich hervorragend ‚verkaufen' lässt. Damit entspricht er auch den Konsumgewohnheiten von Jugendlichen, denen von TV-Sendern und anderen (Jugend-)Medien ebenfalls über die Wege der einfachen, personalisierenden und emotionalisierenden Botschaften immer wieder neue angebliche (Pop-, Schönheits- oder auch Sport-)Idole vorgesetzt werden. Die Gemeinsamkeiten von konsequent populistischer Wähleransprache und der Präsentation eines TV-Formats wie „Deutschland sucht den Superstar" herauszuarbeiten, könnte für Schüler in hohem Maße motivierend sein.

Dies gilt umso mehr, als es den etablierten politischen Parteien mit ihrer Form der Wähleransprache nur sehr begrenzt gelingt, das jugendliche Publikum zu erreichen. Versuche von Politikern etablierter Parteien, selbst mehr Nähe zum jugendlichen Publikum zu suchen, endeten in der Vergangenheit zu oft kläglich mit dem Eindruck einer peinlichen Anbiederung. Man denke nur an den Besuch Guido Westerwelles im „Big Brother"-Container oder an die ungelenken Bewegungen Oskar Lafontaines zur Techno-Musik. So scheitern Politiker weiterhin an der Aufgabe, die Probleme, mit denen sich die Politik konfrontiert sieht, adäquat einem jugendlichen Publikum zu vermitteln. Das liegt zum einen sicherlich an der Komplexität dieser Probleme und der entsprechenden Komplexität der Lösungsversuche. Es liegt aber auch an den Wegen der Lösungsfindung, die für jugendliche Betrachter vielleicht noch weniger nachvollziehbar sind als für andere Außenstehende und das Gefühl erzeugen, als Einzelner „denen da oben" hilf- und machtlos ausgeliefert zu sein. Die hieraus folgende Unzufriedenheit bedeutet, dass es auch in der Bundesrepublik Gelegenheitsstrukturen für „waschechte" Populisten gibt, auch wenn sie bisher noch nicht in größerem Maße genutzt worden sind.

So ist Populismus sehr wohl schulkompatibel – übrigens auch, weil hier nicht nur ein Problem zu besichtigen ist, sondern auch Versuche der Lösungsfindung. Wie geht man adäquat mit Populisten um? Das ist bei Erfolgen von Populisten eine der zentralen Fragen für Politiker etablierter Parteien. Es ergeben sich Dilemmata zwischen Ausgrenzung und Einbindung, zwischen einer möglichst unbeirrten Fortsetzung einer eigenen sachlich-ruhigen und damit möglicherweise auch weich und unterlegen wirkenden Argumentation und

einem harten Konfrontationskurs gegen populistische Parteien, der zumindest
graduell auch eine Anpassung an den Tonfall der Populisten beinhaltet. Die
Dilemmata zu durchdringen und auch eigene Lösungsvorschläge zu formulieren, ist für Schüler in hohem Maße motivierend.

Doch setzt ein solcher Auftrag und eine vertiefte Thematisierung des
Phänomens Populismus überhaupt ein ausreichend entwickeltes politisches Bewusstsein voraus. Das schränkt die Möglichkeiten zur Behandlung
im Schulunterricht deutlich ein. Es wird wohl niemand ernsthaft bestreiten,
dass Populismus ein komplexes Thema ist. Als Belege hierfür seien genannt:
erstens die Widersprüche zwischen Alltags- und fachwissenschaftlichem
Gebrauch (siehe zu letzterem den einleitenden Beitrag von Friso Wielenga
und Florian Hartleb in diesem Band), zweitens die für Mittelstufenschüler
kaum zu verstehende Unterscheidung zwischen populistischer Ideologie und
populistischer Ansprache sowie drittens die kategoriale Verschiedenheit und
zugleich faktische Teilüberlappung von Populismus und Extremismus. Populismus wird in der Fachwissenschaft verschiedentlich als „dünne Ideologie"
bezeichnet, die mit verschiedenen Formen „vollständiger" Ideologien einhergehen kann. Populisten können zwar extremistischem und damit eindeutig demokratiefeindlichem Gedankengut verhaftet sein, dies muss aber keineswegs zwingend der Fall sein. So grenzt sich Geert Wilders mit Nachdruck
von den Positionen ab, die eine rechtsextremistische Partei wie die flämische
Vlaams Belang vertritt. Andererseits wird der eindeutig extremistischen NPD
in Deutschland von verschiedenen Wissenschaftlern zugleich auch das Attri-
but ‚populistisch‘ zugeordnet. Dies zu verstehen, kann allenfalls von Schülern
der Sekundarstufe II erwartet werden. Politikunterricht in der Schule muss bei
den Grundlagen beginnen: Erst wenn Schüler ein grundlegendes Verständnis
von der Funktionsweise der (deutschen) Demokratie entwickelt haben, können
sie auch die Bedeutung populistischer Tendenzen in der Bundesrepublik oder
anderswo erfassen. Die Hoffnung auf eine vertiefte Thematisierung des Phänomens Populismus im Politikunterricht der Sekundarstufe I würde insgesamt
eine Illusion darstellen.

Das heißt übrigens nicht, dass dieses Thema bis zum Abschluss der zehn-
ten Klasse völlig außen vor bleiben müsste. Wie bereits ausgeführt spielen Populisten auf der Klaviatur der Emotionen, sie setzen auf Vorurteile
und Abneigungen. Genau diese emotionale Aufladung lässt sich auch in den
Schulunterricht transportieren und kann dort einen stark motivierenden Effekt
bewirken. Allerdings ist hiermit auch eine besondere Herausforderung für den
Lehrer verbunden. Denn er muss es schaffen, etwa in einer Diskussion um
fremdenfeindliche Standpunkte von Rechtspopulisten, die Fäden in der Hand
zu behalten. Schließlich sollen nicht die Standpunkte als solche verbreitet werden, sondern neben ihrer Attraktivität für Teile der Wähler muss vor allem
das populistische Prinzip einer (unzulässigen) Vereinfachung der Realität und
der moralisch fragwürdigen Suche nach Sündenböcken deutlich werden. Das

folgt unter anderem aus den gültigen Vorgaben, nach denen der Unterricht in der Schule auch einer Erziehung im Sinne der Normen des Grundgesetzes dienen soll. Er ist also nicht wertfrei und weicht damit von einer strengen fachwissenschaftlichen Ausrichtung ab. Normen zu vermitteln, ohne den Weg der Indoktrination zu beschreiten (und somit am Ende das Gegenteil des Beabsichtigten zu bewirken), ist eine der besonderen Herausforderungen, vor die Lehrer gestellt sind.

Punktuell können populistische Tendenzen also auch in der Sekundarstufe I angesprochen werden. Doch eine umfassenden Thematisierung des Phänomens, seine aus wissenschaftlicher Sicht so wichtige theoretische Umschreibung und ein ausführliches Studium verschiedener Beispiele – dies alles ist in der politischen Grundbildung aufgrund der fehlenden Zeit ebenso wie aufgrund des zu hohen Anspruchsniveaus nicht zu leisten. Dies muss der Sekundarstufe II vorbehalten bleiben.

Richtlinien und Zentralabitur

In der Sekundarstufe II aber gelten auch in Nordrhein-Westfalen seit einigen Jahren die Bedingungen des Zentralabiturs. Für jeden Lehrer bedeutet dies: Die Vorgaben für das Zentralabitur sind zu beachten und zwar sorgfältig. Es ist das gute Recht jeden Schülers, intensiv auf die abschließenden Prüfungen vorbereitet zu werden. Eine nur lückenhafte Thematisierung vorgegebener Inhalte wäre nicht akzeptabel. Persönliche Hobbys und Interessen der Lehrer haben dementsprechend zurückzustehen. Es können nur Themen unterrichtet werden, die mit den Vorgaben verträglich sind, und nur in einem Umfang, der die angemessene Umsetzung der übrigen Vorgaben nicht behindert. Es ist nicht zu leugnen, dass die Möglichkeiten zur Thematisierung des Phänomens Populismus in der Sekundarstufe II aufgrund dieser Tatsachen eingeschränkt sind.

Zugleich gilt: Die Unterrichtsstunden in der Sekundarstufe II stellen auch einen Wert an sich dar; die *ausschließliche* Fixierung auf abschließende Prüfungen bedeutet eine verengte Sichtweise – manchmal drängt sich der Eindruck auf, dass vergessen wird, dass die Abschlussprüfungen „nur" rund ein Drittel der Abiturnote ausmachen. Unterricht in der Sekundarstufe II sollte also mehr sein als eine reine Prüfungsvorbereitung. Ohne den Blick auf das Ende zu verlieren, muss es daher möglich sein, an verschiedenen Stellen als Lehrer selbstständig Akzente zu setzen bzw. den Schülern die Gelegenheit zu geben, ihrerseits durch eine intensive Auseinandersetzung mit spezifischen Themen (wie der Populismus eines darstellt) zu vertieften Einsichten zu gelangen. Das gilt besonders für die sogenannten Leistungskurse. Die dafür nötigen Freiräume bereitzustellen, ist allerdings in erster Linie Aufgabe der Planer in den Kultusministerien. Nicht ‚mehr Umfang und mehr Stoff', sondern

‚mehr Tiefe durch mehr Freiraum' müsste ihr Motto sein. Doch genau dies wird in der Praxis oft missachtet – in einem Bundesland mehr, in einem anderen weniger.

Förderlich für eigenständige Akzentsetzungen erscheint immerhin der in Nordrhein-Westfalen feststellbare Ansatz, auch in der Sekundarstufe II verstärkt auf inhaltliche Konstanz zu setzen und somit eben nicht für jeden Abschlussjahrgang grundlegend neue inhaltliche Vorgaben zu machen. So lassen sich für Lehrer beim mehrfachen Durchgang Erfahrungen sammeln, in welcher Weise die Vorgaben relativ kompakt und effizient umgesetzt werden können. Wenn dann noch die Vorgaben nicht völlig überfrachtet sind, können sich auch Freiräume ergeben.

Was auch immer man von den Entscheidungen in den Kultusministerien im Einzelnen hält: Hier ist nicht der Ort zu lamentieren, sondern es sollen auf Basis der momentan nun einmal bestehenden Vorgaben für die Sekundarstufe II Möglichkeiten und auch Grenzen der Thematisierung des Phänomens Populismus aufgezeigt werden. So ist es an der Zeit, die relevanten (nordrhein-westfälischen) Richtlinien für die Sekundarstufe II näher zu betrachten.

Natürlich ist der Politikunterricht der Ort schlechthin für eine Auseinandersetzung mit dem Phänomen Populismus. Den bundesweit gültigen „Einheitlichen Prüfungsanforderungen in der Abiturprüfung Sozialkunde/Politik" (EPA) lassen sich Formulierungen entnehmen, die eine ausführlichere Thematisierung der Problematik tatsächlich nahe legen. So formulieren die EPA als grundlegendes Ziel des Politikunterrichts, den Schülern „Demokratiefähigkeit" zu vermitteln und führen hierzu erläuternd aus: „Im Rahmen schulischer und unterrichtlicher Bildungsprozesse bedeutet dies, Funktionen, Inhalte und Werte der Demokratie zu analysieren, zu problematisieren und zu ihrem Verstehen beizutragen." Ausdrücklich soll auch der Unterschied zwischen den Idealen der Demokratie und ihrer Wirklichkeit angesprochen werden.[1] Damit ist in seiner grundlegendsten Form der Nährboden angesprochen, den sich Populisten zunutze machen, es ist also kein weiter Schritt zur Thematisierung des Phänomens. Dies gilt umso mehr, wenn man sich die in den EPA benannten Problemfelder und Inhaltsbereiche ansieht, die „nach Maßgabe der Standards, Bildungs- und Lehrpläne der Länder in der Abiturprüfung zu berücksichtigen" sind. Zu den in den EPA genannten Problemfeldern gehören die Sicherung, Weiterentwicklung und Gefährdung der Demokratie ebenso wie die Gestaltung des sozioökonomischen und technologischen Wandels; als Inhaltsbereiche werden unter anderem politische Strukturen und Prozesse sowie politische Partizipation aufgeführt[2] – alles Schlagworte, die sich unmittelbar (wenn auch natürlich nicht ausschließlich) mit dem Thema Populismus verbinden lassen.

---

1 Einheitliche Prüfungsanforderungen in der Abiturprüfung Sozialkunde/Politik. *Beschluss der Kultusministerkonferenz* vom 1.12.1989 i.d.F. vom 17.11.2005, S. 7.
2 EPA, S. 11.

Die EPA setzen einen Rahmen. Das bedeutet jedoch zugleich – und dies dürfte aus den wiedergegebenen Formulierungen deutlich geworden sein –, dass die Konkretisierung den jeweiligen Länderrichtlinien bzw. Vorgaben zum Zentralabitur vorbehalten ist. Sie geben den Lehrenden vor, welche Themen sie letztlich obligatorisch zu behandeln haben. Eine nähere Betrachtung der nordrhein-westfälischen Vorgaben für das Fach Sozialwissenschaften zeigt, dass das Thema Populismus aus Sicht der Planer zumindest bisher keine wesentliche Rolle spielt. Die aktuellen inhaltlichen Schwerpunkte sind überschrieben: 1. Wirtschaftspolitik, 2. Gesellschaftsstrukturen und sozialer Wandel und 3. Globale politische Strukturen und Prozesse. Das gilt sowohl für den Abiturjahrgang 2011[3] als auch für den Abiturjahrgang 2012[4], und es gilt ebenfalls für das Fach Sozialwissenschaften/Wirtschaft[5], auch wenn dort die Behandlung wirtschaftspolitischer Themen einen breiteren Raum einnehmen soll.

Grenzen und Möglichkeiten

Man muss schon ein wenig genauer hinsehen, um Anknüpfungspunkte zum Thema Populismus zu entdecken. Sie lassen sich in Unterthemen finden, deren Behandlung jeweils nur für den Leistungskurs vorgesehen ist. Unter dem Schwerpunkt „Gesellschaftsstrukturen und sozialer Wandel" findet sich der Aspekt „Sozialer Wandel in wichtigen Bereichen (Werte, Lebensformen, Arbeitswelt)". Hier liegt das Thema Populismus zugegebenermaßen scheinbar entfernt auf der Lauer. Doch sozialer Wandel hat immer auch etwas mit Ver-

---

3   Vgl. MINISTERIUM FÜR SCHULE UND WEITERBILDUNG DES LANDES NORDRHEIN-WEST-
    FALEN, *Vorgaben zu den unterrichtlichen Voraussetzungen für die schriftlichen
    Prüfungen im Abitur in der gymnasialen Oberstufe im Jahr 2011. Vorgaben für
    das Fach Sozialwissenschaften*, http://www.standardsicherung.nrw.de/abitur-gost/
    getfile.php?file=1194 [2.11.2009].
4   Vgl. MINISTERIUM FÜR SCHULE UND WEITERBILDUNG DES LANDES NORDRHEIN-WEST-
    FALEN, *Vorgaben zu den unterrichtlichen Voraussetzungen für die schriftlichen
    Prüfungen im Abitur in der gymnasialen Oberstufe im Jahr 2012. Vorgaben für
    das Fach Sozialwissenschaften*, http://www.standardsicherung.nrw.de/abitur-gost/
    getfile.php?file=1191 [2.11.2009].
5   Zu den Vorgaben für dieses Fach siehe MINISTERIUM FÜR SCHULE UND WEITER-
    BILDUNG DES LANDES NORDRHEIN-WESTFALEN, *Vorgaben zu den unterrichtlichen
    Voraussetzungen für die schriftlichen Prüfungen im Abitur in der gymnasialen
    Oberstufe im Jahr 2011. Vorgaben für das Fach Sozialwissenschaften/Wirtschaft*,
    http://www.standardsicherung.nrw.de/abitur-gost/getfile.php?file=1207 bzw. MINI-
    STERIUM FÜR SCHULE UND WEITERBILDUNG DES LANDES NORDRHEIN-WESTFALEN, *Vor-
    gaben zu den unterrichtlichen Voraussetzungen für die schriftlichen Prüfungen im
    Abitur in der gymnasialen Oberstufe im Jahr 2012. Vorgaben für das Fach Sozial-
    wissenschaften/Wirtschaft*, http://www.standardsicherung.nrw.de/abitur-gost/getfile.
    php?file=1992 [2.11.2009].

lusten an Bindungen und an Sicherheiten zu tun – und genau dies bietet Populisten Anknüpfungsmöglichkeiten für ihre Parolen. Sie bedienen das Bedürfnis nach Sicherheit und nach der angeblich guten alten Zeit, sie profitieren zugleich von der Auflösung traditioneller Bindungen auch an politische Parteien. Wechselwähler, verunsicherte Wähler können empfänglich sein für die Versprechungen von Populisten – das zeigt sich in den Niederlanden bisher eindeutiger als in Deutschland, aber wenn man der nicht unumstrittenen Etikettierung der Linkspartei als populistisch folgt, dann ist es auch hier nicht zu übersehen. Wer das Thema „Sozialer Wandel" ernstlich vertiefen will, hat also gute Gründe, auch den Populismus in den Unterrichtsgang einzubeziehen.

Zum Schwerpunkt „Globale politische Strukturen und Prozesse" gehört das Thema „Nachhaltige Entwicklung der Einen Welt angesichts von Armut, Umweltproblemen und Migration, entwicklungspolitischen Konzeptionen und Entwicklungstheorien". Neben der Umweltproblematik ist mit Sicherheit Migration derjenige unter den genannten Aspekten, der am engsten an die Lebenswelt von Schülern anschließt. In mehr oder weniger starkem Maße sind Migranten an jeder Schule, in fast jeder Klasse vertreten. Die Debatten um die Integration von Migranten schlagen nicht nur in den Niederlanden hohe Wellen, sondern auch in Deutschland steht Migration für ein Reizthema, wie aktuell die Debatte um die Thesen von Thilo Sarrazin gezeigt hat. Mögen auch nationale Wahlerfolge von Rechtspopulisten bisher ausgeblieben sein, so hat gerade Nordrhein-Westfalen auf lokaler Ebene doch bereits verstärkt entsprechende Erscheinungen zu verzeichnen. Das sollte Grund genug für eine vertiefte Behandlung im Unterricht sein, bei der auch die Ausbeutung der Migrationsproblematik durch Rechtspopulisten und ihre grundsätzlichen Methoden des Stimmenfangs zur Sprache gebracht werden können. Insofern ist es bedauerlich, dass dieses Thema in den aktuellen Vorgaben ausschließlich Leistungskursen *als inhaltlicher Schwerpunkt* zugedacht ist.

Immerhin: Neben den aktuellen Vorgaben, die jeweils die Schwerpunkte für einen bestimmten Abiturjahrgang definieren, gelten weiterhin die Richtlinien für das Fach Sozialwissenschaften in NRW aus dem Jahr 1999.[6] Hier sind Inhalte festgesetzt, die jederzeit obligatorisch für den Unterricht in der Sekundarstufe II sind. Zu der hier niedergelegten Obligatorik gehört eine grundlegende Thematisierung zum einen des beschleunigten sozialen Wan-

---

6 Dazu siehe MINISTERIUM FÜR SCHULE UND WEITERBILDUNG DES LANDES NORDRHEIN-WESTFALEN, *Vorgaben zu den unterrichtlichen Voraussetzungen für die schriftlichen Prüfungen im Abitur in der gymnasialen Oberstufe im Jahr 2011. Vorgaben für das Fach Sozialwissenschaften/Wirtschaft*, http://www.standardsicherung.nrw. de/abitur-gost/getfile.php?file=1207 bzw. MINISTERIUM FÜR SCHULE UND WEITERBILDUNG DES LANDES NORDRHEIN-WESTFALEN, *Vorgaben zu den unterrichtlichen Voraussetzungen für die schriftlichen Prüfungen im Abitur in der gymnasialen Oberstufe im Jahr 2012. Vorgaben für das Fach Sozialwissenschaften/Wirtschaft*, http://www.standardsicherung.nrw.de/abitur-gost/getfile.php?file=1992 [2.11.2009].

dels[7], zum anderen von nationalen Reaktionen auf globale Prozesse, und ganz konkret werden hier die Einwanderungs- und die Asylpolitik genannt, Hauptthemenfelder von Rechtspopulisten also.[8] Somit besteht für jeden Politiklehrer eine mehr als ausreichende Legitimation, das Phänomen des Populismus zumindest anhand konkreter Beispiele anzusprechen. Ein verstärkt theoretischer Zugang zu diesem Thema bietet sich an, wenn – ebenfalls entsprechend den Forderungen der Richtlinien von 1999 – demokratietheoretische Grundlagen des Grundgesetzes sowie Auswirkungen des sozialen Wandels auf die Mitwirkung der Bürger am politischen System besprochen werden.[9] Dennoch bleibt es dabei, dass die Beschäftigung mit populistischen Tendenzen nur eine Nebenrolle innerhalb des gesamten Unterrichtsgangs in der Sekundarstufe II spielen kann. Eine umfangreichere Behandlung zusammen mit dem Kursplenum ist durch die aktuellen Vorgaben beinahe ausgeschlossen. Alternativen, die zumindest einzelnen Schülern eine umfassendere Beschäftigung mit dem Thema Populismus anbieten könnten, sollen im abschließenden Teil dieses Beitrages thematisiert werden.

Wenn in den Vorgaben für die politikwissenschaftlichen Fächer das Phänomen des Populismus zumindest keine direkte Erwähnung findet, so liegt dies mit Sicherheit auch daran, dass speziell Rechtspopulisten in der Bundesrepublik noch keine dauerhaften und bundesweiten Erfolge feiern konnten. Anders sieht dies in den Niederlanden aus. Aktuelle politische Entwicklungen dort anzusprechen, ist essentielle Aufgabe des Sprachunterrichts Niederländisch. Denn neben dem Spracherwerb und der Beschäftigung mit der Literatur ist interkulturelles Lernen ein zentraler Bestandteil jedes Sprachunterrichts. Dementsprechend verlangen die Richtlinien zum Niederländischunterricht aus dem Jahr 1999 die Beschäftigung mit soziokulturellen Themen und Inhalten historischer oder aber aktuell-politischer Art.[10] So werden die Erfolge von Populisten und speziell von Geert Wilders quasi von selbst zu einer auf der Hand liegenden Themenoption.

Ohne natürlich aufgrund ihrer begrenzten Aktualität die momentane Situation konkret zu benennen, bieten die zurzeit gültigen Vorgaben zum Abitur gleich mehrfach Anknüpfungspunkte oder gar implizite Aufforderungen, die Bedeutung rechtspopulistischer Tendenzen zu thematisieren. So lauten zwei Themen, die in den Vorgaben für das Abitur 2012 am Gymnasium genannt werden „Grenzen der Toleranz am Beispiel aktueller Diskussionen in den Niederlanden" und „Erfolge und Probleme der Integration von Bevölkerungsgrup-

---

7 Vgl. Ebd., S. 24-26.

8 Vgl. Ebd., S. 26-27.

9 Vgl. Ebd., S. 21-22.

10 Vgl. Ministerium für Schule und Weiterbildung, Wissenschaft und Forschung des Landes Nordrhein-Westfalen (Hrsg.), *Richtlinien und Lehrpläne für die Sekundarstufe II – Gymnasium/Gesamtschule in Nordrhein-Westfalen. Niederländisch*, Frechen 1999, S. 33 (im Internet zugänglich via http://www.schul-welt.de/ lp_online.asp).

pen mit Migrationshintergrund". Beide Themen sind auch schon in den Vorgaben für 2011 genannt, wenn auch zum Teil etwas ‚versteckter'.[11]

Während Lehrer in den politikwissenschaftlichen Fächern also eine bewusste Entscheidung dafür treffen müssen, in Form einer Vertiefung auf das Phänomen des Populismus einzugehen, gibt es im Fach Niederländisch in NRW quasi kein Entkommen. Geert Wilders (und auch Rita Verdonk) sind in den Vorgaben gewissermaßen unmittelbar vertreten.

Sind im Fach Niederländisch die Voraussetzungen also günstiger für eine Behandlung des Phänomens Populismus (und speziell von rechtspopulistischen Tendenzen), so bleibt es doch beim eingangs Gesagten: Die Vorgaben, nach denen andere Schwerpunkte in der gebotenen Ausführlichkeit behandelt werden müssen, begrenzen den möglichen Umfang für das Eingehen auf das Thema Populismus.

Das landeskundliche Schulprojekt Deutschland-Niederlande

Muss die Konsequenz hieraus nicht sein, dass man Materialien zum Thema Populismus für den Schulgebrauch nur in sehr begrenztem Umfang überhaupt entwickelt, damit sie für Lehrer unmittelbar zugänglich und verwendbar sind, indem sie vollständig und unverändert an Schüler weitergegeben werden können? Bei der Entwicklung entsprechender Materialien im Rahmen des landeskundlichen Schulprojekts Deutschland-Niederlande fiel die Antwort auf diese Suggestivfrage negativ aus. Es wurden Materialien in vergleichbar großer Zahl entwickelt, so dass eine doch recht umfassende Würdigung des Themas Populismus entstanden ist – zu finden sind sowohl theoretische Darlegungen zum Begriff Populismus als auch Materialien zu den konkreten Ausformungen des Populismus in den Niederlanden wie in der Bundesrepublik.[12]

Für die Entscheidung, das Thema Populismus in einem Umfang abzuarbeiten, der deutlich über das im Unterricht Umsetzbare hinausgeht, lassen sich verschiedene Gründe anführen: Erstens sind es nun einmal nicht die Autoren der Materialien, sondern die Lehrer vor Ort diejenigen, die den Unterricht gestalten. Sie sind die Hauptzielpersonen und müssen entscheiden, in welchem Maße und in welcher Weise sie auf angebotene Materialien zurückgreifen wol-

11 Vgl. MINISTERIUM FÜR SCHULE UND WEITERBILDUNG DES LANDES NORDRHEIN-WEST-FALEN, *Vorgaben zu den unterrichtlichen Voraussetzungen für die schriftlichen Prüfungen im Abitur in der gymnasialen Oberstufe im Jahr 2011. Vorgaben für das Fach Niederländisch, korrigierte Fassung*, http://www.standardsicherung.nrw. de/abitur-gost/getfile.php?file=1769 bzw. MINISTERIUM FÜR SCHULE UND WEITERBIL-DUNG DES LANDES NORDRHEIN-WESTFALEN, *Vorgaben zu den unterrichtlichen Voraussetzungen für die schriftlichen Prüfungen im Abitur in der gymnasialen Oberstufe im Jahr 2012. Vorgaben für das Fach Niederländisch, korrigierte Fassung*, http://www.standardsicherung.nrw.de/abitur-gost/getfile.php?file=2124 [2.11.2009].
12 Siehe http://www.niederlande-im-unterricht.de

len. Dafür sind sie Unterrichtsprofis. Je nach Fach und Bundesland haben Lehrer aber verschiedene Ansprüche und sind, wie bereits deutlich geworden sein sollte, an verschiedene Vorgaben gebunden. Die Materialien sollen also nach Möglichkeit so variiert sein, dass jeder Lehrer ein seinen spezifischen Bedürfnissen entsprechendes Angebot findet. Für den Niederländisch-Unterricht können das z.B. spannende und gut zu lesende Zeitungsartikel über konkrete Personen und Ereignisse sein, während im Unterricht in politikwissenschaftlichen Fächern auch die Einbeziehung stärker theoretisch ausgerichteter Texte sinnvoll erscheint. Die Idee, *dem* Lehrer *das* Angebot vorzulegen, das er vollständig und unverändert an seine Schüler weitergegeben kann, ist somit als eindeutig zu kurz gedacht zu bezeichnen.

Dementsprechend sind die Materialangebote des landeskundlichen Schulprojektes nicht als „durchzuarbeitendes Schulbuch" zu verstehen, sondern als „Steinbruch", aus dem ein freies Bedienen ganz nach den eigenen Bedürfnissen möglich ist. Ganz grundlegend gehört hierzu auch, dass die Materialien sowohl auf Deutsch als auch auf Niederländisch angeboten werden. Erst hierdurch sind sie nicht nur im Politik-, sondern auch im Niederländischunterricht nutzbar. Eine in sich stimmige Gliederung soll die Orientierung und die Unterrichtsplanung erleichtern. Vorformulierte Aufgabenstellungen zeigen zusammen mit einem didaktischen Kommentar Möglichkeiten zum Einsatz der Materialien im Unterricht auf. Dabei geht es natürlich immer wieder um Verständnis, Analyse und Urteil, aber es finden sich auch Elemente des Nacherlebens. So können Rollenspiele erlebbar machen, welchen Vorteil Populisten in politischen Debatten durch Vereinfachung und Verkürzung erlangen. Und auch wenn schriftliche Quellen wie Ausführungen von Wissenschaftlern (zum Begriff Populismus und zur Bedeutung von populistischen Parteien in den Niederlanden und in Deutschland), Parteiprogramme und Äußerungen von Politikern oder auch Zeitungsreportagen eindeutig im Vordergrund stehen, so werden diese abgewechselt durch Karikaturen, durch Grafiken zur Entwicklung von Wählerpräferenzen oder auch durch Karten, die aufzeigen, in welchen Regionen populistische Parteien in den Niederlanden besonders stark oder auch besonders schwach sind. Zusammengenommen lässt sich ein recht umfassendes Bild von der Bedeutung rechts- und auch linkspopulistischer Bewegungen in Deutschland und den Niederlanden in den vergangenen Jahren und der Gegenwart vermitteln. Dabei stehen nicht fertige Darstellungstexte im Vordergrund, sondern Materialien, die ihre volle Aussagekraft erst bei ausreichend gründlicher Bearbeitung entfalten. Auch hierfür sind die vorformulierten Aufgabenstellungen von Bedeutung. So sollen es die Materialien in ihrer Gesamtheit Lehrern ermöglichen, einen oberstufenadäquaten und zugleich variierten Unterricht zu den Aspekten des Themas Populismus zu gestalten, die sie nach eigenem Dafürhalten ansprechen können, wollen und auch sollen.

Auch Lehrer sind nicht immer Experten für das Thema Populismus. Das gilt mit Sicherheit auch für manchen Politiklehrer, und erst recht gilt es für die Mehrzahl der Niederländischlehrer. Hierin lässt sich ein zweites Argument für die Erstellung von Materialien in einem recht breiten Umfang finden. Lehrer können nicht für jedes Thema Experten sein, aber sie sind qua Ausbildung sehr wohl in der Lage, sich selbst die Informationen anzueignen, die für ihren Unterricht von Bedeutung sind – sofern diese Informationen nur erreichbar sind. Wenn nicht jeder Lehrer von vornherein genug weiß, um das Thema Populismus adäquat zu vermitteln, dann sollte ihm durch eine entsprechend große Zahl von Materialien die Gelegenheit gegeben werden, das Wissensfundament und den Wissensvorsprung gegenüber den Schülern aufzubauen, der für die Gestaltung eines überzeugenden Unterrichts unabdingbar ist.

Die Gelegenheit, sich durch die Nutzung eines recht umfangreichen Materialfundus ein einigermaßen solides Wissen zum Thema Populismus aufzubauen, besteht natürlich nicht allein für Lehrer, sondern auch für Schüler. Dies lässt sich sehr gut für einen Unterricht nutzbar machen, der dem Anforderungsniveau der Sekundarstufe II entspricht, was wiederum ein drittes und letztes Argument für ein breites Materialangebot darstellt. Zum wissenschaftspropädeutischen Auftrag der Sekundarstufe II gehört unter anderem, dass sich Schüler in Referaten oder Facharbeiten mit Sachthemen auseinandersetzen und ihre Ergebnisse vor dem Plenum ihres Kurses präsentieren. Erste Voraussetzung für die Erstellung eines solchen Referates oder einer Facharbeit ist natürlich, dass ausreichende Informationen gut erreichbar sind – und das ist der Fall, wenn die Materialien zum Populismus in den Niederlanden und in Deutschland im Internet veröffentlicht werden.

Ziel von Referaten und Facharbeiten ist die *eigenständige* Durchdringung von Sachthemen, das *selbstständige* Gewinnen von Erkenntnissen und ihre anschließende Präsentation. Das bedeutet für Schüler natürlich eine Herausforderung. Denn bei Referaten in der Sekundarstufe I geht es eher um das Zusammenfassen vorliegender Informationen und das Erlernen von Präsentationstechniken. Deshalb ist es günstig, wenn Schüler auch in der Sekundarstufe II nicht völlig allein gelassen werden, sondern eine Vorauswahl und zusätzliche begleitende Elemente ihnen als Hilfen auf dem Weg dienen können.

Die Kombination von vergleichsweise kurzen Darstellungstexten und einer recht großen Zahl von Quellen, deren Erschließung durch Arbeitsaufträge erleichtert wird, scheint hierfür sehr geeignet. Für Lehrer lässt sich dann vergleichsweise einfach ein Facharbeits- bzw. Referatsthema (z.B. die Gründe des Erfolgs von Geert Wilders in den Niederlanden, oder – ein wenig komplexer – ein Vergleich der Chancen und Schwierigkeiten von rechtspopulistischen Parteien in den Niederlanden und in Deutschland) formulieren, und Schülern wird mit dem Angebot in akzeptabler Weise die Arbeit erleichtert. Sie werden auf wichtige Unterthemen hingewiesen, und Arbeitsaufträge signalisieren, welche Aspekte eine besondere Aufmerksamkeit verdienen. Aber für eine Facharbeit oder ein Referat bleibt weiterhin eine selbstständige Analyse erforderlich; die reine Zusammenstellung fertiger Ergebnisse reicht nicht aus.

Im Übrigen scheint das Thema Populismus gerade für Referate oder Facharbeiten allgemein gut geeignet. Die Tatsache, dass es in den Vorgaben zum Zentralabitur nicht unmittelbar vorkommt, wird hier zum Vorteil. Denn Kerninhalte sollten doch lieber von einem Kurs insgesamt erarbeitet werden. Themen hingegen, die sich gut anschließen lassen, aber nicht unmittelbar zum Kern gehören, können sehr gut und nützlich als Ergänzung des Unterrichts von einzelnen Schülern erarbeitet und vorgestellt werden.

Marcel Lewandowsky

Politische Bildung und Populismus

Populismus ist, das deutet sich auch in der von den Herausgebern angebotenen Definition an, ein schwer zu fassender Begriff. Im Grunde genommen umfasst er kaum programmatische Eckpunkte, geschweige denn weltanschauliche Definitionen. Es gibt kein ‚Populistisches Manifest'. Im Grunde genommen sind populistische Parteien organisiertes Dagegen-Sein; wer jedoch Opponent ist, darin unterscheiden sich die politischen Gruppierungen. Linke Vertreter reiben sich an Industrie und Kapital, neigen aber in aller Regel nicht zu ausländerfeindlichen Ressentiments. Diese jedoch sind Nährboden und Lebenselixier des rechten Populismus. Er richtet sich gegen ‚Fremde', gegen die ‚von draußen' und nimmt meist eine radikale Haltung gegenüber kulturellen, religiösen und ethnischen Minderheiten ein. Welche Gruppe Objekt dieser Ablehnung ist, ist abhängig von dem zeitlichen, räumlichen und politischen Kontext, in dem die populistischen Parteien sich bewegen.[1] So hat der zeitgenössische westeuropäische Rechtspopulismus Muslime als Feindbild erkannt und zieht gegen ‚Überfremdung' und ‚Islamisierung' ins Feld. Der Populismus eines Geert Wilders oder eines Heinz-Christian Strache vermag anti-muslimische Ressentiments mit einem unbefriedigten Bedürfnis nach innerer Sicherheit, sozialer Gerechtigkeit und einer tendenziellen Modernisierungsskepsis zu verknüpfen. Das Panoptikum populistischer Parteien in Mittelosteuropa ist wiederum differenziert. Neben klassisch-nationalistischen Elementen (wie etwa im Fall der Slowakischen Nationalen Partei) verstehen sich viele Bewegungen als Interessenvertreter bestimmter Gruppen, häufig der Landbevölkerung (beispielsweise die polnische Bauernselbstverteidigung).[2] Programmatisch eint West- und Osteuropas Populisten ein diffuser Bezug zur Eigenständigkeit der Nation. Eine ‚populistische Internationale' existiert indes nicht.

Dennoch sprechen wir von Populismus, und nachdem die Forschung das Phänomen lange stiefmütterlich behandelt hatte, haben die Untersuchungen zu diesem Thema in den letzten zehn Jahren deutlich zugenommen. Worin jedoch liegen die Ähnlichkeiten, die uns zu der Verwendung eines solchen Begriffs einladen?

Es wäre missverständlich, dem Populismus jegliche Programmatik abzusprechen. Wie die Herausgeber bereits eingangs andeuten, ersetzen Populisten

---

1   Vgl. F. DECKER, *Die populistische Herausforderung. Theoretische und ländervergleichende Perspektiven*, in: F. DECKER (Hrsg.), *Populismus. Gefahr für die Demokratie oder nützliches Korrektiv?*, Wiesbaden 2006, S. 16f.

2   Vgl. K. BACHMANN, *Populistische Parteien und Bewegungen in Mittelosteuropa*, in: F. DECKER (Hrsg.), *Populismus*, S. 222ff.

programmatische Aussagen häufig durch moralische Appelle an gesellschaftliche Tugenden, etwa Fleiß, Stärke, Sparsamkeit etc. Viele Autoren rekurrie-
ren daher auf das von Michael Freeden erdachte Konzept einer *thin-centred
ideology*.[3] Demnach werden anstelle eines weltanschaulichen Gesamtkonzepts
kontextabhängige politische Forderungen um ein schwach ausgebildetes mora-
lisches Kernkonzept gruppiert. Obwohl der Begriff der Ideologie im deutschen
Sprachraum für Verwirrung sorgen kann, weist der Ansatz Freedens in eine
sinnvolle Richtung. Denn in der Tat ist zu überlegen, ob das Hauptproblem bei
der Aufklärung über Populismus nicht durch dessen programmatische Konsistenz, sondern aufgrund seiner Wandelbarkeit entsteht. Das erschwert die Möglichkeiten für eine politische Bildung ‚gegen Populismus‘, weil der Gegenstand, über den aufgeklärt werden soll, je nach politischer Gruppierung in
einem anderem Gewand auftritt.

Sucht man nach Gemeinsamkeiten populistischer Parteien, so fallen zwei
Elemente ins Auge. Zum einen definieren Populisten sich immer als Vertreter des ‚Volkes‘, die die Interessen und Wünsche der ‚einfachen Leute‘ artikulieren.[4] Das ‚Volk‘ wird in der Regel mit konservativen gesellschaftlichen
Moralvorstellungen in Verbindung gebracht.[5] Es wird als fleißig, gewissen-
haft, aufrichtig dargestellt. Zwar proklamieren Populisten für den Inhalt ihres
Volksbegriffs Allgemeingültigkeit, aber letztlich handelt es sich um eine kaum
ausgebildete Kategorie. ‚Das Volk‘ bezeichnet vor allem die Klientel, auf
deren Stimmen und Unterstützung es die Populisten jeweils abgesehen haben.
Dass es sich dabei häufig um Personen mit formal geringer Bildung handelt, die entweder real von sozialem Abstieg bedroht oder betroffen sind oder
dies befürchten, hängt mit den Gelegenheitsstrukturen populistischer Parteien
zusammen, auf die noch zurückzukommen sein wird.

Die zweite Gemeinsamkeit leitet sich aus der populistischen Idealvorstel-
lung des Volkes ab: Populisten stellen dem ‚guten Volk‘ das politische Establishment gegenüber, das sich vermeintlich von den Bürgern abgesetzt hat
und im politischen Betrieb abgekoppelt von der Allgemeinheit ausschließlich
Eigeninteressen verfolgt. Die politische Elite – gleichgesetzt mit den ‚etablierten Parteien‘ – wird als egoistisch und korrupt dargestellt. ‚Volk‘ und ‚Establishment‘ sind in ihrer vermeintlichen Konfrontationsstellung die zentralen Legitimationskerne und Adressaten des Populismus, die sich gleich einer
Blaupause auf verschiedene Vertreter dieses Phänomens legen lassen.[6]

3 Vgl. M. FREEDEN, *Is Nationalism a Distinct Ideology?*, in: *Political Studies* 46
   (1998), S. 750.
4 M. CANOVAN, *Populism for Political Theorists?*, in: *Journal of Political Ideologies*
   9 (2004) 3, S. 242.
5 Vgl. K. PRIESTER, *Populismus. Historische und aktuelle Erscheinungsformen*,
   Frankfurt a. M./New York 2007, S. 60f.
6 Vgl. M. LEWANDOWSKY, *Populismus der Mitte. Das Beispiel New Labour*, Marburg
   2010, S. 20.

Aus dieser Frontstellung entwickeln Populisten ein demokratisches Ideal, das auf dem Prinzip der Volkssouveränität beruht. Mit beständiger Regelmäßigkeit fordern sie die Einführung von Referenden über strittige Themen und belegen die repräsentative Demokratie mit dem Verdacht, an den ‚wahren‘ Interessen des Volkes vorbei zu regieren. Der populistische Demokratiebegriff geht zumindest in der Tendenz von einer uneingeschränkten Machtausübung durch das Volk aus.[7] Diese Auffassung ist ebenso verführerisch wie problematisch. Ihre Grundhaltung mag umso verlockender sein, je komplexer und intransparenter die Regelsysteme werden, innerhalb derer sich die politische Willensbildung vollzieht. Sie birgt aber gleichzeitig die Tendenz zur Verbrämung der verfassungsrechtlichen Grundlage der Demokratie, weil sie die antipluralistische Bejahung des Mehrheitsdezisionismus zur Konsequenz hat.

Unternimmt politische Bildungsarbeit den Versuch, über Populismen aufzuklären, so kann dies nur gelingen, wenn sie sich von der Vorstellung löst, dass es sich um eine kohärente politische Ideologie handelt. Es hat in entsprechenden Debatten nämlich oft den Anschein, als wolle man gegen ‚den Populismus‘ ebenso aufklären wie gegen den Rechtsextremismus. Ein solcher Versuch ist redlich, dürfte aber am Kern des Problems vorbei führen. Der Rechtsextremismus – ebenso wie sein linkes Gegenüber – tritt offen für die Bekämpfung der Demokratie ein, legitimiert die Anwendung von Gewalt und propagiert ein illiberales Menschenbild.[8] Populismus hingegen ist nicht zwangsläufig extremistisch. Mehr noch: Extremistische Parteien wie die NPD kommt er ja gerade als Feigenblatt gelegen, mit dem sie von ihrem antidemokratischen Programm ablenken und auch gemäßigtere Wählerstimmen für sich gewinnen können. Wenn die Verwendung populistischer Stilmittel aber dazu führt, dass auch Personen ohne ausgeprägte nazistische Orientierung zur Wahl neonazistischer Parteien neigen, so ist dies Grund genug für die politische Bildung, sich neben dem Extremismus auch dem Populismus zuzuwenden.

Nach Auffassung des Autors muss die Grundlage politischer Bildung zu diesem Thema daher sein, die Wandlungsfähigkeit des Phänomens in den Blick zu nehmen. Sie muss zugleich Sorge dafür tragen, dass die Verlockungen der Populisten gar nicht erst greifen können. Zu diesem Zweck wird vorgeschlagen, politische Bildung anhand folgender Überlegungen zu entwickeln. *Erstens:* Populismus wird als Begleiterscheinung von Modernisierungsprozessen begriffen. *Zweitens:* Populismus wird als Katalysator bestimmter individueller Einstellungsmerkmale angesehen, die verschiedene Studien unter die Begriffe ‚autoritär‘, ‚chauvinistisch‘ oder ‚fremdenfeindlich‘ subsumiert haben.

---

7   Vgl. P. MAIR, *Populist Democracy vs Party Democracy*, in: Y. MÉNY/Y. SUREL (Hrsg.), *Democracies and the Populist Challenge*, Basingstoke/New York 2002, S. 81.

8   Vgl. W. HEITMEYER, *Rechtsextremistische Orientierung bei Jugendlichen – Empirische Ergebnisse und Erklärungsmuster einer Untersuchung zur politischen Sozialisation*, Weinheim/München 1995, S. 16.

Drittens: Populismus wird nicht nur in seiner parteipolitischen Form, sondern auch als Phänomen der Massenkommunikation behandelt. *Viertens:* Bildungsarbeit gegen Populismus muss sich mit den Grundlagen der repräsentativen Demokratie befassen, darüber aufklären und vermitteln.

Ziel der folgenden Ausführungen ist es, basierend auf den Wesenselementen des Populismus, Überlegungen für die politische Bildung zu skizzieren. Diese können dabei nur ganz grundlegender Natur sein. Es wird nicht angestrebt, eine detaillierte Blaupause für den Schulunterricht oder die politische Bildungsarbeit darzulegen.

1. Populismus als Begleiterscheinung von Modernisierungsprozessen

Um populistische Phänomene richtig zu deuten und ihre Argumente entkräften zu können, kann es nützlich sein, entsprechende Parteien auf den sozioökonomischen Kontext zu beziehen, in welchem sie agieren. Populismus ist keine giftige Pflanze, die überraschend auf der grünen Wiese wächst. Den Nährboden populistischer Parteien bilden politische, ökonomische und kulturelle Krisen.

Populismus ist ein Modernisierungsphänomen. Erfolgreichen populistischen Bewegungen gelingt es, die durch solche Krisen hervorgerufene Unsicherheit gegenüber dem wirtschaftlichen System und den politischen Institutionen zu artikulieren und für ihre Zwecke zu mobilisieren. Die klassischen populistischen Gruppen in den USA und im Russland[9] des 19. Jahrhunderts einte der organisierte Protest gegen ökonomische Modernisierung und das wirtschaftliche und politische Establishment. Gemein ist diesen Gruppierungen, dass sie die Komplexität dieser Prozesse reduzieren und das idealisierte ,Volk' – die *ingroup* der von den Schattenseiten der Modernisierung Betroffenen – gegen die *outgoup* der politischen Klasse in Stellung bringen bzw. gesellschaftliche Minderheiten zu den Schuldigen der Krise erklären. Der zeitgenössische Populismus funktioniert im Prinzip nach einem ähnlichen Muster. Klammert man die steuerpopulistischen Bewegungen Skandinaviens[10] aus, so haben wir es mit Gruppierungen zu tun, die entweder direkt oder indirekt auf die sozialen und kulturellen Folgen der Globalisierung abstellen.

Es ist dabei primär nicht entscheidend, ob eine Person bereits materielle Verluste (Lohnkürzungen, Arbeitslosigkeit) hat hinnehmen müssen oder nicht. Sowohl Betroffene objektiver Deprivation als auch diejenigen, die sich subjek-

---

9 Die russischen *Narodniki* allerdings waren keine Massenbewegung, sondern eine Gruppe urbaner Intellektueller, die sich nicht zuletzt in Form einer Romantisierung des Bauernstandes als Fürsprecher der notleidenden Landbevölkerung sah. Vgl. T. SPIER, *Populismus und Modernisierung*, in: F. DECKER (Hrsg.), *Populismus. Gefahr für die Demokratie oder nützliches Korrektiv?*, Wiesbaden 2006, S. 42.

10 Vgl. F. DECKER, *Der neue Rechtspopulismus*, Opladen 2004², S. 99ff.

tiv als von sozialem Abstieg gefährdet empfinden, neigen nach Ansicht einiger Forscher zur Wahl populistischer Parteien: „Populism is the voice of those who have already become or who fear becoming the victims of an economy which is less controlled and controllable by national governments than in the past."[11] Objektive soziale Deprivation aufgrund von Arbeitslosigkeit resultiert in der Regel daraus, dass bestimmte Qualifikationen nicht nachgefragt werden. In der modernen Dienstleistungsgesellschaft finden sich diese vor allem im Bereich formal niedrig qualifizierter Arbeiten, die im Zuge der globalen Arbeitsteilung in Länder mit deutlich niedrigerem Lohnniveau ausgelagert werden können.[12] Dieses reale Abgehängt-Sein von gesellschaftlicher Teilhabe scheint Populisten Tür und Tor zu öffnen. So lag der Anteil der ‚Modernisierungsverlierer'[13] in der Wählerschaft der Linken und der NPD bei der Bundestagswahl 2005 bei 21 (Linke) bzw. 31 Prozent (NPD).[14] Tim Spier kommt in der Gesamtbetrachtung zu dem Schluss, dass es „eher jüngere Männer mit geringer oder mittlerer Schulbildung [sind], die rechtspopulistische Parteien wählen."[15] Mit anderen Worten: Die Verknüpfung sozialen Protestes mit kul-

---

11 A. PELINKA, *The Rise of Populism*, in: H. SWOBODA/J. M. WIERSMA (Hrsg.), *Democracy, Populism and Minority Rights*, Wien 2008, S. 43. In teilweisem Widerspruch dazu steht etwa der in jüngerer Zeit aufgestellte Befund von Sven Schönfelder, der keinen statistischen Zusammenhang zwischen rechtspopulistischen Einstellungsmerkmalen und sozialer Zugehörigkeit ausmachen kann. Schönfelder stellt einen Zusammenhang zwischen rechtspopulistischen Einstellungsmerkmalen und kollektiver relativer Deprivation fest. Unter letzterer versteht er die „Position der eigenen (ethnischen) Gruppe im Vergleich zu relevanten (ethnischen) Fremdgruppen" (S. 79). Auf die Probleme, die aus der Übertragung des Populismusbegriffs von den politischen Akteuren auf die elektorale Nachfrageseite resultieren, kann an dieser Stelle nicht eingegangen werden. Vgl. S. SCHÖNFELDER, *Rechtspopulismus. Teil Gruppenbezogener Menschenfeindlichkeit*, Schwalbach/Ts. 2008, S. 212.
12 Vgl. T. SPIER, *Populismus und Modernisierung*, S. 48.
13 Der Begriff der „Modernisierungsverlierer" ist nicht allgemein gültig festgelegt. Er soll hier Arbeiter, Erwerbslose, einfache Angestellte und Beamte im einfachen Dienst mit einem Nettohaushaltseinkommen im unteren Drittel der Einkommenspyramide (d.h. weniger als 1500 Euro) umfassen. Vgl. O. NIEDERMAYER, *Die Wählerschaft der Linkspartei.PDS bei der Bundestagswahl 2005: sozialstruktureller Wandel bei gleich bleibender politischer Positionierung*, in: *Zeitschrift für Parlamentsfragen* 37/3 (2006), S. 527.
14 EBD.
15 Vgl. T. SPIER, *Populismus und Modernisierung*, S. 53. Obwohl es sich bei der NPD um eine extremistische Partei handelt, konnte diese in der Vergangenheit einige Wahlerfolge für sich verbuchen; insbesondere in ostdeutschen Bundesländern sowie bei der saarländischen Landtagswahl 2004, wo sie knapp den Einzug in das Parlament verpasste. Dies kann auf die Strategie zurück geführt werden, das rassistische Programme zugunsten vager Volkstümelei, gepaart mit Ressentiments gegenüber ethnischen und kulturellen Minderheiten und Sozialpopulismus zurück gestellt werden. Die populistische Verbrämung des Extremismus ist ein nicht zu unterschätzender Faktor für den elektoralen Erfolg.

turellen Ressentiments wirkt vor allem bei denjenigen, die eine formal eher niedrige Bildung genossen haben.

Die jüngste Krise an den Finanzmärkten hat die Aktualität dieser Problematik verdeutlicht. Nach den Ergebnissen der Studien von Wilhelm Heitmeyer[16] hat die Erschütterung der Wirtschaft nicht nur Ängste vor dem eigenen Abstieg genährt, sondern eine pessimistische Haltung gegenüber dem politischen und ökonomischen System sowie das Misstrauen gegenüber dem politischen Establishment verstärkt. Dies ist umso alarmierender, als zwar nur eine Minderheit die direkten Auswirkungen der Krise zu spüren bekommen hat, aber eine große Zahl von Personen sich als gefährdet empfindet.

Diese Befunde weisen auf zwei Probleme für die politische Bildungsarbeit hin. Einerseits führt die Kontextgebundenheit des Populismus dazu, dass eine Aufklärung über konkrete programmatische Kernpunkte kaum möglich ist: Es ist ein Unterschied, ob wir es mit der NPD, der Linkspartei oder einem Populismus der Mitte[17] zu tun haben. Ihre Gemeinsamkeiten erschließen sich erst im Subtext. Die Qualifizierung, diesen Subtext auszumachen, ist damit vorderste Aufgabe politischer Bildungsarbeit gegen Populismus und gleichzeitig ihre größte Herausforderung. Andererseits besteht ein noch komplexeres Problem darin, dass es Populisten offenbar immer wieder aufs Neue gelingt, bestehende Ressentiments gegenüber Minderheiten zu aktivieren sowie auf bestehende Unkenntnis bezüglich des politischen Systems abzustellen. Bildungsarbeit kann also nicht allein Abwehrhaltung gegen die politische Herausforderung sein. Sie muss sich als Querschnittsaufgabe verstehen, die auch die demokratische Auseinandersetzung mit der multikulturellen Gesellschaft vermittelt.

2. Populismus und Persönlichkeit

Es hat häufig den Anschein, als provoziere die Modernisierungsverlierer-These ein Urteil, nach dem Populismus zuvorderst ein Problem jener Gesellschaftsschichten sei, die von ökonomischen Krisen betroffen sind oder sich von Abstieg gefährdet wähnen. Dem muss entgegen gehalten werden, dass autoritäre Einstellungsmerkmale, die von Populisten möglicherweise erst politisch aktiviert werden, mitnichten von vorübergehender Dauer noch ausschließlich ein Problem ebenjener ‚Modernisierungsverlierer' sind. Das betrifft vor allem Einstellungen auf der kulturellen Abgrenzungsachse. Insbesondere die ablehnende, zumindest skeptische Haltung gegenüber dem Islam ist derzeit der dominante kultur- und integrationspolitische Konflikt in Westeuropa. In der Schweiz stimmten 2009 57 Prozent der Befragten per Volksentscheid für ein in der Verfassung verankertes Minarettverbot, das von der rechtspopulistischen

16 Vgl. W. Heitmeyer, *Deutsche Zustände*, Frankfurt a. M. 2010.
17 Vgl. M. Lewandowsky, *Populismus der Mitte,* S. 28ff.

Schweizerischen Volkspartei initiiert wurde. Es stellt sich also die Frage, ob wir neben den Mobilisierungseffekten sozialer Deprivation nicht auch untersuchen müssen, auf welche Persönlichkeitsmerkmale Populismus rekurriert. Dann wiederum steht die Frage im Raum, wie Bildungsarbeit darauf in der Praxis reagieren kann.

Es lohnt sich in diesem Zusammenhang, einen Blick auf empirische Arbeiten zu wagen, die nicht Wählerverhalten, sondern individuelle Einstellungsmerkmale untersuchen. Oliver Decker und Elmar Brähler haben 2006 eine umfangreiche Studie veröffentlicht, die auf Grundlage komplexer Individualdaten untersucht, welche Personengruppen am häufigsten zur Ausbildung rechtsextremer[18] Einstellungsmerkmale neigen. Demnach haben vor allem geringe Lebenszufriedenheit, hohe politische Deprivation, eine misstrauisch-verschlossene Persönlichkeitsstruktur und geringes Selbstwertgefühl einen hohen Einfluss.[19] Dabei müssen diese Faktoren nicht zwingend in die Wahl extremistischer oder populistischer Parteien münden, sondern können auch verdeckt zum Tragen kommen. Das elektorale Potenzial für Populisten ist also weitaus höher, als es zunächst den Anschein hat.

Tab. 1: Rechtsextreme Einstellungen in Abhängigkeit von der Bildung (in Prozent)[20]

	Schule (N=4148)	Studium (N=684)	Abitur (N=315)	kein Abitur (N=2095)
Befürwortung Diktatur	5,2	2,8	1,9	4
Chauvinismus	20,6	11,2	6,4	16,1
Ausländerfeindlichkeit	29,1	12,3	9,8	22,9
Antisemitismus	9,2	4,1	3,5	9,8
Sozialdarwinismus	4,8	2,2	1,3	3,3
Verharmlosung Nationalsozialismus	4,3	2,8	1,9	3,4

Zugleich haben unterschiedlichste Untersuchungen einen Zusammenhang zwischen rechtsextremen Einstellungsmerkmalen und formalem Bildungshintergrund feststellen können. Ein großer Teil dieser Merkmale lässt sich nicht nur vor dem Hintergrund dezidiert extremistischer Haltungen erklären. Hierzu

18 Der Begriff „Rechtsextremismus" ist nicht synonym mit dem des „Rechtspopulismus" zu verwenden. Da die abgefragten Einstellungsmerkmale allerdings einen großen Teil der Dichotomien bedienen, lässt sich hieraus Potenzial für die Agitationsmuster des Populismus schlussfolgern.
19 Die Tabelle ist eine Kombination der beiden Studien von Decker und Brähler. Spalten „Schule" und „Studium" vgl. O. DECKER/E. BRÄHLER, *Vom Rand zur Mitte. Rechtsextreme Einstellungen und ihre Einflussfaktoren in Deutschland*, Berlin 2006, S. 123; Spalten „Abitur" und „kein Abitur" vgl. O. DECKER/E. BRÄHLER, *Bewegung in der Mitte, Rechtsextreme Einstellungen in Deutschland 2008 mit einem Vergleich von 2002 bis 2008 und der Bundesländer*, Berlin 2008, S. 25.
20 Vgl. O. DECKER/E. BRÄHLER, *Vom Rand zur Mitte*, S. 47.

passt der Befund Schönfelders, wonach der überwiegende Teil derjenigen, die rechtspopulistische Einstellungsmerkmale aufweisen, sich der Mitte des politischen Spektrums zurechnen.[21] Die eigene Einstellung wird also weder als radikal wahrgenommen noch basiert sie zwingend auf einer geschlossenen weltanschaulichen Haltung. Das erlaubt Rückschlüsse auf die Erfolgsaussichten populistischer Parteien: Diese agieren betont anti-ideologisch und gerieren sich als Exponenten einer vermeintlichen gesellschaftlichen Mehrheit. Rechtspopulisten pflegen in der Regel den bürgerlichen Gestus der politischen Mitte.

Es fällt zudem auf, dass insbesondere das Merkmal „Ausländerfeindlichkeit" bei Gruppen mit formal niedrigerem Bildungsstandard weitaus ausgeprägter ist als bei Personen mit Abitur oder Studium. Dies geht nicht zwingend mit einer Verharmlosung des Nationalsozialismus einher. Hieraus lassen sich zwei Feststellungen ableiten. Erstens: Tendenziell ausländerfeindliche Einstellungen sind weitaus stärker verbreitet als Merkmale nationalsozialistischer Gesinnung. Zweitens: Eine nicht-positive, möglicherweise ablehnende Haltung gegenüber dem Nationalsozialismus schützt keineswegs vor der Entwicklung einer ausländerfeindlichen Einstellung.

Die Befunde enthalten wichtige Hinweise für die politische Bildungsarbeit. So können wir schlussfolgern, dass die an allen Schulformen betriebene Aufklärung über Entstehungshintergründe, Ideologie und Folgen des Nationalsozialismus zwar sicherlich einen wichtigen Beitrag zum antifaschistischen Konsens in der Bundesrepublik leistet. Sie dient aber offensichtlich nicht in ausreichendem Maße dazu, Ressentiments gegenüber Minderheiten im Allgemeinen abzubauen. Das ist im Besonderen mit Blick auf die Agitationsweise populistischer Parteien problematisch. Deren Erfolg speist sich eben nicht aus ihrem extremistischen Programm, sondern nachgerade aus dessen Verbrämung. Das hängt vor allem damit zusammen, dass sich Parteien am rechten Rand des Spektrums in Deutschland ständig mit einem Faschismusverdacht konfrontiert sehen. Die im Laufe der Jahrzehnte etablierte politische Kultur des breiten antifaschistischen Konsens zwingt sie zur Bewegung in die Mitte.[22] Die aggressiv-kämpferische, rechtsextremistische NPD verdankte ihre Erfolge bei einigen Landtagswahlen in Ostdeutschland vor allem der Verbindung von Ausländerfeindlichkeit und sozialen Abstiegsängsten, ohne jedoch explizit ihre nazistische Orientierung nach außen zu tragen. Daraus lässt sich schließen, dass populistische Agitation nur dann entwaffnet werden kann, wenn es politischer Bildung gelingt, über ebendiese Mittel der Verschleierung ebenso

---

21 „Links": 4,7 %; „eher links": 8,4 %; „genau in der Mitte": 60,4 %; „eher rechts": 19,9 %; „rechts": 6,6 % bei N = 512. Vgl. S. Schönfelder: *Rechtspopulismus*, S. 110.

22 Vgl. F. Decker/F. Hartleb, *Populismus auf schwierigem Terrain. Die rechten und linken Herausfordererparteien in der Bundesrepublik*, in: F. Decker, *Populismus*, S. 201.

aufzuklären wie Fremdenfeindlichkeit offensiv zu bekämpfen. Studien zeigen, dass gerade letzteres auch zusammenhängt mit einer Restrukturierung des Bildungssystems selbst. Denn da sich soziale Deprivation und mangelnde Qualifizierung nicht trennen lassen, treffen Populisten gerade in diesem Bereich auf einen fruchtbaren Nährboden.

Was kann politische Bildung tun? In diesem Fall kann angenommen werden, dass hier in der Tat gewisse Überschneidungen mit antifaschistischer Bildungsarbeit im klassischen Sinne bestehen. Sie muss jedoch einen Ansatz wählen, der die Aufklärung über Rechtsextremismus durch Programme ergänzt, die entsprechendes Gedankengut nicht von seinen extremen Auswüchsen her definieren, sondern versuchen, direkt auf latente Einstellungsmerkmale abzustellen. Sie wird sonst jenem Umstand nicht gerecht, dass Populisten eben in der Regel keine offen rassistische Karte ausspielen, sondern entsprechende Ressentiments etwa durch Law-and-Order-Themen bedienen. Gerade dieser Umstand macht Aufklärungsarbeit jedoch zu einer besonderen Herausforderung. Eine Möglichkeit kann darin bestehen, den direkten Austausch und Kontakt von Gruppen unterschiedlicher Herkunft noch stärker zu fördern, als es bislang der Fall ist, um der Wahrnehmung dieser Gruppen als „Fremden" entgegen zu wirken. Freilich ist dies eine in der Breite kaum zu bewältigende Aufgabe. Hinzu kommt, dass hierzu wechselseitige Bereitschaft bestehen muss.

3. Populismus als Massenkommunikation

Den in der Einleitung des Bandes genannten und den oben angeführten Überlegungen soll ein weiterer Aspekt hinzugefügt werden. Dieser ist insbesondere dann bedeutsam, wenn wir uns mit der Frage beschäftigen, wie politische Bildung über Techniken des Populismus aufklären kann.

Wenn wir Populismus als Vereinfachung komplexer Sachverhalte und Reduktion politischer Probleme verstehen, so muss die Perspektive über die Ebene des Parteiensystems hinaus auf die Massenmedien erweitert werden. Aus diesem Blickwinkel betrachtet ist Populismus eine Form der Kommunikation *über* Politik, deren Gefahr in dreierlei Komponenten liegt: erstens in seiner tendenziell ablehnenden Haltung gegenüber der repräsentativen Demokratie (bzw. deren Vertretern und Parteien), zweitens in der Bedienung bestehender Ressentiments gegenüber kulturellen oder ethnischen Minderheiten sowie drittens in seinem Potenzial, ein relativ großes Publikum zu erreichen. Den Medien kommt hierbei eine Doppelrolle zu. Zum einen bieten ihre Funktionslogiken den politischen Akteuren eine Bühne, in denen bestimmte Formen der Wähleransprache präferiert werden. Vordergründig ist die Beherrschung der medialen Klaviatur aus Personalisierung, Komplexitätsreduzierung und Unterhaltungsorientierung Voraussetzung für die Präsenz in Presse und

Rundfunk.[23] Zum anderen gelten die Logiken von Nachrichtenauswahl und
-präsentation aber nicht nur für die politischen Akteure, sondern freilich auch
für die Berichterstattung der Massenmedien an sich. Die Massenmedien können also selbst Produzenten von Populismen sein. Eine besondere Gefahr kann
darin vermutet werden, dass ihnen seitens der Rezipienten häufig noch mehr
Objektivität und Wahrheitsgehalt zugesprochen werden als Politikern und Parteien. Dies dürfte im Übrigen auch für die Boulevardpresse gelten.

Das aus normativer Sicht Perfide besteht darin, dass es sich sowohl bei
den Parteien und Politikern als auch bei den Medien letztlich um ökonomisch
agierende Akteure handelt, die auf die Erfordernisse des Publikums reagieren.
Die Auswahl berichtenswerter Ereignisse lässt sich auf bestimmte Nachrichtenfaktoren zurückführen, durch die das Geschehen der realen Welt geeignet
ist, ein Massenpublikum anzusprechen und in Nachrichten umgewandelt zu
werden.

Tab. 2: Nachrichtenfaktoren[24]

Faktorendimension	Inhaltliche Bedeutung
Zeit	Kontinuität, möglichst kurze Dauer des Geschehens
Nähe	Räumliche, politische und kulturelle Relevanz für den Betrachter
Status	Regionale und nationale Zentralität, persönlicher Einfluss und Prominenz der dargestellten Akteure
Dynamik	Überraschungseffekt
Valenz	Negative Aspekte: Konflikt, Kriminalität, Schaden. Positive Aspekte: Herausragende, ungewöhnliche Leistungen, Erfolge, Fortschritt
Identifikation	Personalisierung, Personifizierung, Ethnozentrismus

Der Blick auf die Tabelle zeigt, dass sich die technischen und programmatischen Inhalte populistischer Argumentation in abstrahierter Form in Nachrichtenfaktoren wiederfinden. Die Konstruktion von ‚Sündenböcken‘, die
Reduktion komplexer Zusammenhänge auf ‚schuldige‘ Personengruppen, die
Konstruktion von *in-* und *outgroups* sowie die vereinfachende Polarisierung
sind demnach als Mittel zur Steigerung der Absatz- bzw. Zuschauerzahlen zu
verstehen. Sie stellen keine Willkür der medialen Akteure dar, sondern orientieren sich an den Erwartungshaltungen des Publikums. Eine normative, gar

23 Vgl. U. Jun, *Der Wandel von Parteien in der Mediendemokratie. SPD und Labour Party im Vergleich*, Frankfurt a. M. 2004, S. 44f.
24 Vgl. W. Schulz, *Die Konstruktion von Realität in den Nachrichtenmedien. Analyse der aktuellen Berichterstattung*, München 1990², S. 32ff.; T. Meyer, *Politik in der Mediendemokratie*, in: Friedrich-Ebert-Stiftung (Hrsg.), *Medien zwischen Politik und Populismus. Dokumentation der Tagung vom 17. Oktober*, Köln 2005, S. 83.

moralisch-politische Kritik dieses Verhältnisses wäre demnach wahrscheinlich nicht zielführend, da es sich letztlich um Phänomene handelt, die eher mit den Methoden der (Massen-)Psychologie als mit denen der Politischen Wissenschaft untersucht werden können. Aus der Sicht unserer Disziplin muss es jedoch als besonders problematisch gelten, dass vor allem auflagenstarke Zeitungen als Agenda-Setter fungieren, was sich auf dem Boulevard als Stimmungsjournalismus äußert. Werden politische Themen behandelt – etwa die unpopuläre Problematik von Diätenerhöhungen –, werden diese nicht rational und kritisch, sondern durch die Bedienung des Skandal- und Sensationsinteresses des Publikums beleuchtet. So werden komplexe Probleme auf einfache Zusammenhänge reduziert und Lösungen aus *common-sense*-Argumenten hergeleitet, die vermeintlich Schuldige benennen. Jüngst wurde in diesem Zusammenhang die Bild-Kampagne gegen die Freilassung von 157 Gefängnisinsassen diskutiert. Darin hatte die Zeitung eine Karte der Bundesrepublik abgedruckt und darin die Aufenthaltsorte der ehemaligen Strafgefangenen markiert. Zu Recht urteilte Hauke Friedrichs auf ZEIT ONLINE: „*Bild* stellt Männer an den Pranger, die ihre Strafe verbüßt haben. Der mediale Pranger hat keinen praktischen Nutzen. Dieses Bestrafungsinstrument ist eine Erfindung des Mittelalters, und dort gehört sie auch hin.“[25]

Ein direkter Einfluss auf die Wahl populistischer Parteien ist freilich nicht nachweisbar und sollte auch nicht vorschnell unterstellt werden. Plausibel ist es jedoch, einen gewissen Einfluss auf die Verbrämung des politischen System als solches zu unterstellen.

Hier kommt hinzu, dass sich Boulevardmedien häufig nicht als Informationsquellen, sondern, wie Bild-Chefredakteur Kai Diekmann betont, als „Sprachrohre des kleinen Mannes“[26] begreifen. In diesem Sinne bedienen sich insbesondere entsprechende Blätter, unter denen die Bild-Zeitung allein aufgrund ihrer immensen Auflagenstärke als Beispiel dienen kann, Kampagnenstrategien, die denen populistischer Akteure im parteipolitischen Raum gleichen.

---

25 H. FRIEDRICHS, *Am Pranger der Populisten*, in: ZEIT ONLINE, 12.8.2010, http://www.zeit.de/gesellschaft/2010-08/bild-zeitung-sicherheitsverwahrung [20.8.2010].

26 Bild-Chefredakteur Kai Diekmann, zit. nach H. LEYENDECKER, *Kampagnenführer Bild – Ein Rededuell*, in: FRIEDRICH-EBERT-STIFTUNG (Hrsg.), *Auf dem Boulevard in die Öffentlichkeit – Was kostet uns die Meinungsfreiheit?*, Mainz 2004, S. 33.

Abb. 1: Zusammensetzung der Leserschaft verschiedener Tageszeitungen nach
         formalem Bildungshintergrund[27]

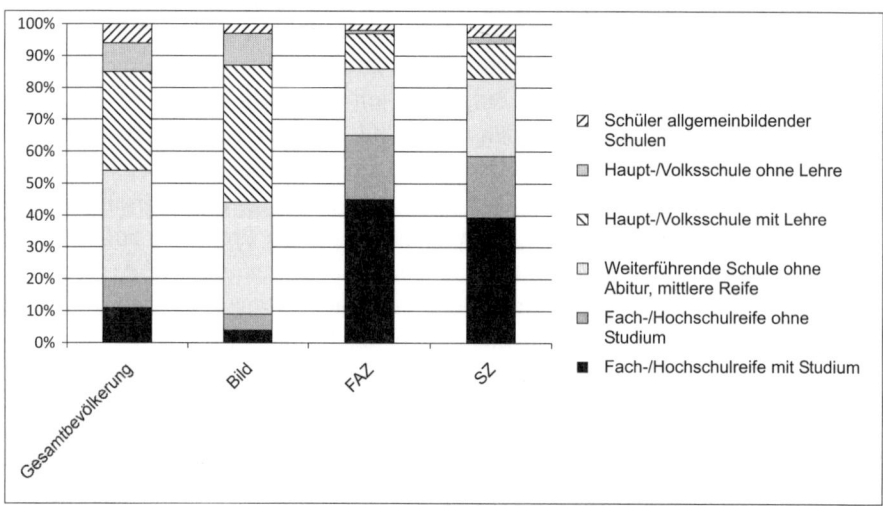

Auffällig ist, dass die Leserschaft der Bildzeitung im Vergleich zur Gesamtbevölkerung zu einem überproportional hohen Anteil aus Menschen mit Haupt-
oder Volksschulabschluss besteht. Dieser fällt bei den Abonnementzeitungen
FAZ und Süddeutsche Zeitung, die zum Vergleich herangezogen wurden, deutlich geringer aus. Sie rekrutieren ihr Publikum vor allem aus Schichten mit
formal höherer Bildung, wobei insbesondere Personen mit Fach- und Hoch-
schulreife mit Studium deutlich stärker repräsentiert sind als in der Leserschaft
der Bild-Zeitung sowie in der Gesamtbevölkerung.

Diekmanns Aussage ist vor diesem Hintergrund keine sonderlich kühne
Behauptung: Sein Blatt wird überdurchschnittlich von Personengruppen mit
formal niedrigerer Bildung gelesen. Im Gegensatz zu FAZ und SZ ähnelt die
Bildungsstruktur der Leserschaft auch weitaus stärker dem Bevölkerungs-
durchschnitt. Obwohl ein Datenvergleich mit der Wählerschaft populistischer
Parteien aufgrund der unterschiedlichen Erhebungen keine endgültigen Ergebnisse liefern kann, so lässt sich dennoch eine Tendenz konstatieren, nach der
ein ähnliches Zielpublikum auf vergleichbare Weise identifiziert und angesprochen wird.

Aus diesem Befund kann der Hinweis abgeleitet werden, dass die Affinität zu den Populismen des Boulevardjournalismus möglicherweise geringer
wird, je höher der formale Bildungsgrad einer Person ist. Damit wird deutlich,
dass die politische Bildung nicht lediglich über Populismus als extern gedach-
tes Parteienphänomen aufklären darf, sondern auch den Auftrag haben muss,

---

27 Quelle: ma 2010 PRESSEMEDIEN I, http://www.ma-reichweiten.de [20.10.2010].
   FAZ = Frankfurter Allgemeine Zeitung, SZ = Süddeutsche Zeitung.

Medien- und Demokratiekompetenz zu vermitteln. Sie muss ebenso verständlich über die Funktionsweise der Massenmedien aufklären als auch die komplizierten Zusammenhänge der demokratisch organisierten Politik erläutern. Dabei darf sie sich nicht in einem ‚Anti-Bild-Reflex' verlieren. Sie darf nicht verbieten wollen, sondern muss den Umgang mit Medienerzeugnissen lehren. Zugleich verbirgt sich hier ein Hinweis auf die Restrukturierung des Bildungssystems selbst. Gelingt es, das Bildungsniveau in der Breite zu erhöhen, so ist anzunehmen, dass die Affinität gegenüber den populistischen Verführungen des Boulevards abnimmt. Die medialen Akteure müssten ihre Strategie schon allein aus ökonomischen Gesichtspunkten abändern.

4. Wandel und Komplexität politischer Systeme: Gelegenheitsstrukturen des Populismus

Bis in die sechziger Jahre des zwanzigsten Jahrhunderts hinein konnten sich die Parteien noch relativ fester Wählermilieus gewiss sein.[28] Seither haben sich die strukturellen, kulturellen und ideologischen Voraussetzungen für den Parteienwettbewerb grundlegend geändert und sind noch immer in einem Änderungsprozess begriffen. Alle westlichen Demokratien befinden sich im Wandel von der Industrie- zur Dienstleistungsgesellschaft. Damit verbinden sich gleichzeitig eine Ausdifferenzierung der gesellschaftlichen Schichten und Milieus und ein Rückgang traditioneller Bindungen an Weltanschauungen, Parteien, Kirchen und Großverbände.[29] Die traditionellen Formen politischer Organisation haben für die Bildung des politischen Bewusstseins des Einzelnen signifikant an Bedeutung verloren. Der mit diesen Entwicklungen einhergehende Wandlungsprozess von materialistischen (etwa Wohlstand, physische Sicherheit) zu postmaterialistischen Werten (etwa Umweltschutz, Selbstverwirklichung, Geschlechtergerechtigkeit)[30] hat den Effekt, dass die Parteien möglichst viele Wähler mit unterschiedlichen, oft partei- und ideologieskeptischen und temporär wechselnden Haltungen für sich gewinnen müssen.

Hinzu kommen die Veränderungen in der Struktur des demokratischen Systems, die Fragen hinsichtlich der Legitimation politischer Entscheidungen aufwerfen. Die Handlungsräume des Politischen haben sich gleichzeitig erweitert und verengt. Regierungen stehen vor der Herausforderung, dass die Probleme, die unter dem Begriff der ‚Globalisierung' zusammengefasst werden, globaler politischer Regelungen bedürfen, die Spielräume für nationalstaatliches

---

28 Vgl. U. von Alemann, *Das Parteiensystem der Bundesrepublik Deutschland*, Bonn 2003, S. 101.

29 Vgl. J. W. van Deth, *Wertewandel im internationalen Vergleich. Ein deutscher Sonderweg?*, in: *Aus Politik und Zeitgeschichte* 29 (2001), S. 23f.

30 Vgl. R. Inglehart, *The Silent Revolution. Changing Values and Political Styles Among Western Publics*, Princeton 1977, S. 18f.

Handeln aber eingeengt sind. Zugleich vollzieht sich Politik zunehmend auf der Ebene transnationaler Organisationen (etwa der Europäischen Union). Ein großer Teil der Entscheidungen – auch und vor allem in Form von Gesetzgebungsmaßnahmen – wird in Europa immer mehr auf die supranationale Ebene verlagert und von der Europäischen Union wahrgenommen.[31]

Für Populisten eröffnen diese Entwicklungen in zweierlei Hinsicht Gelegenheitsfenster. Einerseits betrifft der Wertewandel, der zweifelsohne eine Liberalisierung der westlichen Industrienationen hervorgerufen hat, nicht alle gesellschaftlichen Milieus. Viele Gruppen hegen nach wie vor traditionelle Wertvorstellungen und empfinden Tendenzen gesellschaftlicher Lockerung – etwa im Bereich der Familien- und Sexualpolitik – eher als befremdlich oder gar bedrohlich. Gerade rechtspopulistische Vertreter inszenieren sich in der Regel als Hüter einer ‚sauberen' Gesellschaftsordnung, in der die ‚Auswüchse' der ‚Achtundsechziger' zurückgestutzt werden. Hierin besteht im Übrigen ein bedeutender Unterschied zwischen rechten und linken Populisten. Der Linkspopulismus gibt sich in Fragen der Gesellschaftspolitik meist geradezu libertär.

Zum zweiten zielen Populisten von links wie von rechts auf die Kritik des politischen Systems ab. Die Komplexität der Entscheidungsprozesse reduzieren sie auf die Benennung Schuldiger – etwa die EU, die Konzerne, die Regierung oder die Politiker im Allgemeinen –, was sich bis hin zum einem antiamerikanistischen Reflex steigern kann, den linke wie rechte Populisten oft teilen.[32] Die Kritik gegenüber ‚dem System' oder ‚denen da oben' speist sich aus dem spezifischen Demokratieverständnis des Populismus. Der Angriff auf die politische Klasse steht dabei zwar im Vordergrund, basiert aber auf einer grundlegenden Skepsis gegenüber den Institutionen und Strukturen des Repräsentativsystems. Er rekurriert auf das „demokratische Paradox", das Margaret Canovan wie folgt beschreibt: „[It] may be summed up as a contradiction between bringing the people into politics, that is, providing avenues and mechanisms to allow their concerns to be fed into the political process, and taking politics to the people, by allowing them to form an intelligible and persuasive mental picture of it."[33] Die moderne repräsentative Demokratie befindet sich damit in einem Dilemma: Das Maß der Partizipation als Einschluss aller gesellschaftlichen und supranational agierenden Gruppen ist so groß, dass die Legitimationskette zu lang wird, als dass die Ursachen und Wege von Ent-

---

31 Der Bestand gemeinschaftsrechtlicher Regelungen ist von 1983 (ca. 4500) bis 2001 (ca. 17.000) um das Vierfache angestiegen. Vgl. R. Bieber, Roland/A. Epiney/M. Haag/B. Bentler, *Die Europäische Union. Rechtsordnung und Politik*, Baden-Baden 2001[5], S. 383.

32 Vgl. Y. Papadopoulos, *Populism, the Democratic Question, and Contemporary Governance*, in: Y. Mény/Y. Surel (Hrsg.), *Democracies and the Populist Challenge*, Basingstoke/New York 2002, S. 55.

33 M. Canovan, *Taking Politics to the People: Populism as the Ideology of Democracy*, in: Mény/Surel (Hrsg.), *Democracies and the Populist Challenge*, S. 26.

scheidungen noch nachvollziehbar wären. Die populistische Lesart dieser Problematik geht einen einfachen Weg: Demnach besteht das Problem in den korrupten, vom ‚Volk' entfremdeten Politikern, die durch ein von vornherein mit Schwächen belastetes System befördert würden. Populisten beantworten ebendieses Dilemma durch das Bestehen auf den Dezisionismus einer vermeintlichen ‚Mehrheit des Volkes', was sich sowohl im Ruf nach Plebisziten als auch in der Formierung einer charismatischen Führungsfigur äußert, die ebenjenen Volkswillen verkörpern soll.

Es verwundert nicht, dass dieses Agitationsmuster verfängt. Politische Bildung kann dies nur beantworten, wenn sie sich nicht nur als Reaktion auf den Populismus versteht, sondern ihm von vornherein das Wasser abzugraben versucht: Sie muss Demokratie-Unterricht sein, der das Vertrauen in und den Umgang mit den demokratischen Institutionen und Strukturen vermittelt.

Schlussbetrachtung: Was kann politische Bildung leisten?

Aufgrund der Vielgestaltigkeit populistischer Erscheinungsformen ist es, wie eingangs angedeutet, mit Schwierigkeiten verbunden, politische Bildung ausschließlich konkret „gegen Populismus" auszurichten. Denn die Beschäftigung mit populistischen Parteien garantiert etwa nicht die Aversion der Rezipienten gegen die Verführungskünste einer neuen Gruppierung, die sich möglicherweise besonders perfider Techniken bedient.

Auch eine Integration des Themas in etwaige Lehrpläne zu Nationalsozialismus und Extremismus würde am Kern des Problems vorbei zielen. Die jüngeren Erfolge rechtsextremistischer Parteien waren nicht auf die Propagierung ihres neonazistischen Programms, sondern gerade auf die populistische Verbrämung zurückzuführen, das heißt auf eine Tarnung durch das Aufgreifen populistischer Agitationsmuster und auf der programmatischen Ebene durch die Übertünchung mittels sozialpopulistischen Protests.

Es ist aufgrund dieser Befunde schwer vorstellbar, dass eine ausschließlich kohärente Anti-Populismus-Arbeit erfolgversprechend wäre. Gleichwohl muss die Thematisierung dieses Phänomens Einzug in die politische Bildung finden. So hat der Autor dieses Textes gemeinsam mit Frank Decker im Auftrag der Landeszentrale für politische Bildung NRW eine Broschüre verfasst, die das Phänomen an Schulen ansprechen soll.[34] Ein solches Vorgehen ist im Sinne einer Sensibilisierung für das Thema sinnvoll und sollte von Schulen, Bildungswerken und Stiftungen auch weiter verfolgt werden. Die Politische Wissenschaft kann hier auf Grundlage eines normativen Selbstverständnissen aus dem viel beschworenen „Elfenbeinturm" heraus treten und ihren Beitrag zu politischer Aufklärung leisten.

---

34 F. DECKER/M. LEWANDOWSKY, *Populismus*, Bonn 2009.

Politische Bildungsarbeit gegen Populismus muss aber darüber hinaus als Querschnittsaufgabe verstanden werden. Ihr Idealziel muss darin bestehen, soweit Aufklärung zu betreiben, dass die Agitationsmuster populistischer Parteien gar nicht erst verfangen. Dabei muss sie versuchen, die politischen und kulturellen Abwehrhaltungen, auf die Populismus rekurriert, durch gesellschaftspolitische Toleranz und demokratisches Wissen und Bewusstsein zu ersetzen. Es ist daher notwendig, dass politische Bildung die Zusammenarbeit mit gesellschaftlichen, religiösen und kulturellen Interessengruppen sucht, um diese in ihre Arbeit vor Ort zu integrieren.

Sie muss weiterhin Demokratie-Bildung sein wollen. Ein Hauptmerkmal des Populismus besteht in seiner Abwehrhaltung gegenüber dem politischen System und in seiner Identifikation von Sündenböcken. Dem kann nur entgegen gewirkt werden, wenn bereits früh mit der Heranführung an die Prozesse und Grundwerte der Demokratie begonnen und diese Aufgabe im Sinne eines lebenslangen Lernens dort weitergeführt wird, wo es möglich ist. Freilich muss der Unterricht so gestaltet werden, dass dieses Angebot auch auf Interesse stößt und angenommen wird. Hierzu gehört im Übrigen auch die stärkere Vermittlung von Kompetenz im Umgang mit den Massenmedien. Zudem muss sie das Vertrauen und den bewussten Umgang mit den Institutionen der repräsentativen Demokratie schulen. Das betrifft nicht nur Wahlen und Parteien. Bereits an den allgemeinbildenden Schulen – aber auch darüber hinaus – muss stärker als bisher vermittelt werden, wie Demokratie auf nationaler, europäischer und internationaler Ebene funktioniert. Die populistische Verführung, die Komplexität des politischen Systems als Korruption einzelner Akteure oder als undemokratisch umzudeuten, darf gar nicht erst verfangen.

Ob er nun in Form politischer Agitation oder medialer Kampagnen auftaucht: Kern des Populismus ist die Logik von Schuld und Bestrafung. Diese kennt kein anderes Ergebnis als die Befriedigung niederer Instinkte. Sie ist somit destruktiv. Populismus wohnt eine anti-zivilisatorische Komponente inne. Dem entgegenzutreten, ist Aufgabe politischer Bildung und kann auch nur durch politische Bildung erreicht werden.

Diese Ausführungen können freilich nur erste Überlegungen hinsichtlich der politischen Bildungsarbeit sein. Sie stellen den Versuch dar, Eckpunkte zu formulieren, wie dem chamäleonartigen Phänomen des Populismus begegnet werden kann. Es wird Aufgabe unterschiedlichster Fachrichtungen sein, diese zu vertiefen und praktische pädagogisch-didaktische Konzepte zu entwickeln.

Kommentierte Bibliografie

U. Altermatt (Hrsg.), *Rechte und linke Fundamentalopposition. Studien zur Schweizer Politik 1965–1990,* Basel/Frankfurt a. M. 1994.
Der Zusammenhang zwischen einem Protest ‚von rechts' und ‚von links' wird nur selten gesehen, etwa vom Schweizer Historiker Urs Altermatt, für den die beiden Protestströmungen auf der rechten und linken Seite trotz ihrer unbestreitbaren ideologischen Unterschiede in einem gegenseitigen Zusammenhang stehen. Fundamentalismus, Populismus und Rassismus stellen ihm zufolge verschiedene Facetten des gleichen gesellschaftlichen Grundphänomens dar. Kennzeichen der Opposition auf dem linken wie auf dem rechten Spektrum, seien ihre anti-modernistische Stoßrichtung, ihr moralistischer Politikstil und ihre Emotionalität.

H.-G. Betz, *Radical Right-Wing Populism in Western Europe*, New York 1994.
Hans-Georg Betz betrachtet die meisten westeuropäischen Parteien am rechten Rand nicht als Gegner des (demokratischen) politischen Systems. Vielmehr erkennt er darin den Typus radikaler rechtspopulistischer Parteien, welche Verunsicherung und Parteienverdrossenheit gezielt ausnutzen, das politische Establishment kritisieren, individuelle Leistungen betonen und den Sozialstaat ablehnen, schließlich eine Ideologie der Ungleichheit sowie mit unterschiedlichen Akzentuierungen fremdenfeindliche Positionen vertreten. Betz zufolge firmieren Parteien als rechtspopulistisch, wenn sie ganz darauf abgestellt sind, in der Bevölkerung latent oder offen vorhandene Ressentiments aufzugreifen, zu mobilisieren und emotional aufzuheizen und daraus politisches Kapital zu schlagen.

M. Canovan, *Populism*, London 1981.
Die erste Monographie zum Populismus entwickelte – bezogen auf klassische populistische Phänomene – eine Differenzierung verschiedener Populismen. Zu den historischen Ausprägungen zählte die Autorin die Farmerbewegung der U.S. People's Party, die russischen Narodniki sowie die osteuropäischen bäuerlichen Bewegungen der Zwischenkriegszeit. Interessanterweise geht die Autorin auf den Populismus von Politikern ein, verstanden als manipulatives Element der Ansprache. Zudem macht Canovan erste Überlegungen zum Verhältnis zwischen Populismus und Demokratie, welche sie Jahre später wieder aufgegriffen hat.

R. Cuperus, *De wereldburger bestaat niet. Waarom de opstand der elites de samenleving ondermijnt*, Amsterdam 2009.
In diesem Buch wird analysiert, wie die europäischen Mittelklassegesellschaften unter dem Druck des ‚Globalisierungsaufstands' pseudo-kosmopolitischer Eliten stehen. Gefordert wird ein grundsätzlicher ‚reset' des festgefahrenen ökonomisch-gesellschaftlichen Systems durch eine weniger basisferne und selbstsüchtige Elite.

F. Decker, *Der neue Rechtspopulismus*, Opladen [2]2004.
Das Werk von Decker vermittelt eine breit angelegte und theoretisch unterfütterte Ergründung von Ursachen für den Erfolg von Rechtspopulisten. Dabei machte er einen neuen Rechtspopulismus als länderübergreifendes, parteiförmiges Phänomen aus. Überdies werden die rechtspopulistischen Spielarten in den einzelnen westlichen Demokratien eingehend dargestellt und typologisiert.

F. Decker (Hrsg.), *Populismus. Gefahr für die Demokratie oder nützliches Korrektiv?*, Wiesbaden 2006.
Der Band stellt eine umfassende Sammlung theoretischer Aufsätze und Fallstudien dar. Sowohl Überlegungen zur Wählerstruktur populistischer Parteien, zur Bedeutung des Erfolgs populistischer Parteien als auch die europäische Perspektive, d.h. der Vergleich unterschiedlicher Phänomene, finden hier Beachtung. Der Sammelband findet in zweierlei Hinsicht Verwendung in der politischen Bildungsarbeit: Er wird sowohl von der Landeszentrale für politische Bildung NRW als auch von der Bundeszentrale für politische Bildung vertrieben.

F. Decker/M. Lewandowsky, *Populismus*, Bonn 2008.
Ebenfalls online erschienen auf der Website der Bundeszentrale für politische Bildung als: *Populismus. Erscheinungsformen, Entstehungshintergründe und Folgen eines politischen Phänomens*, http://www.bpb.de/themen/85B6F3,0,0,Populismus.html. Die Publikation wurde in Zusammenarbeit der Universität Bonn und der Landeszentrale für politische Bildung NRW herausgegeben. Sie dient dazu, insbesondere junge Menschen für das Thema zu sensibilisieren. Neben den verschiedenen Facetten des Populismus wird auch auf die Erweiterung des Populismusbegriffs auf die politische Linke sowie auf die Abgrenzung zum Extremismus Wert gelegt.

M. Fennema, *Geert Wilders. Tovenaarsleerling*, Amsterdam 2010.
Diese Wilders-Biographie aus der Feder des bekannten Amsterdamer Professors der Politikwissenschaft ist lesenswert, auf der analytischen Ebene jedoch recht oberflächlich.

F. Hartleb, *Rechts- und Linkspopulismus. Eine Fallstudie anhand von Schill-Partei und PDS,* Wiesbaden 2004.
Der Autor weist die Mehrdimensionalität des Populismus nach und entwickelt erstmals einen strukturellen wie inhaltlich angelegten Kriterienkatalog für eine populistische Partei. Rechts- und linkspopulistische Formationen zeigen demnach diverse Gemeinsamkeiten mit Blick auf das Selbstverständnis, das Verhältnis zur Parteienkonkurrenz, das Streben nach institutionellen (Schein-) Reformen, die Themenwahl in nationalen und globalen Belangen. Am Ende plädoyiert Hartleb dafür, dem Populismus durch seine theoretische wie empirische Fruchtbarkeit nicht nur in der Parteienanalyse einen festen Platz in der Forschung zukommen zu lassen.

D. Houtman u.a., *Farewell to the Leftist Working Class,* New Brunswick/London 2008.
In diesem Buch wird Marx sozusagen für tot erklärt. Es gibt den Autoren zufolge keine linke Arbeiterbewegung mehr, die – konform der Klassentheorie – aufgrund ökonomischer Interessen links wählt. Arbeiter bzw. schlechter Ausgebildete mit relativ wenig ‚kulturellem Kapital‘ wählen zunehmend rechts, seitdem in den sechziger/siebziger Jahren postmaterialistische Werte stark in den Vordergrund traten. Interessant ist der Unterschied, den die Autoren zwischen zwei politischen Werte-Domänen machen: Egalitarismus/Konservatismus bzw. Autoritarismus/Libertinismus.

G. Ionescu/E. Gellner (Hrsg.), *Populism. Its Meanings and National Characteristics*, London 1969.
Der erste Sammelband über Populismus in den Vereinigten Staaten, Russland, Südamerika und Afrika hat sich zu einem Standardwerk entwickelt. Er entstand im Anschluss an eine internationale und interdisziplinär zusammengesetzte Tagung. Neben der ideologischen Qualität geht es um die sozialen Entstehungsbedingungen des Populismus im Kontext von Modernisierungsprozessen. Eine synthetische Schlussfolgerung fehlt.

M. Kazin, *The Populist Persuasion. An American History*, New York 1995.
In diesem Buch legt der Autor, ein renommierter amerikanischer Historiker, die Wurzeln des amerikanischen Populismus frei. Anders als in Europa wird der Populismus in Amerika als ein harmloser, sogar unvermeidlicher Bestandteil der amerikanischen politischen Kultur und Tradition betrachtet. Diese Tradition zeichnet sich seit den Founding Fathers durch eine Haltung aus, die stark gegen den Staat und gegen Washington gerichtet ist (Big Government, establishment). Es ist diese populistische Haltung der ‚gesellschaftlichen Mitte‘, die sowohl demokratische als auch republikanische Politiker in Wahlkämpfen zu mobilisieren versuchen.

H. Kriesi u.a., *West-European Politics in the Age of Globalization,*
Cambridge 2008.
Diese Untersuchung zeigt mit einer vergleichenden Länderstudie, dass der
Globalisierungsprozess („de-nationalisation') eine neue kulturpolitische Tren-
nungslinie (cleavage) in die westlichen Demokratien getrieben hat, eine Linie
zwischen ‚Integration und Demarkation'. Diese Konfliktlinie hängt mit den
ungleichen Folgen der Globalisierung zusammen. ‚Winners and losers of globalisation' werden miteinander konfrontiert. Kriesi und seine Mitautoren legen
dar, dass der neue Populismus diese neue gesellschaftliche Polarisation erfolgreich ausnutzt.

J. Kuitenbrouwer, *De woorden van Wilders en hoe ze werken,*
Amsterdam 2010.
Diese originelle Untersuchung zielt auf die Rhetorik Wilders', die im Laufe
der Jahre immer gröber geworden ist.

M. Lewandowsky, *Populismus der Mitte. Das Beispiel New Labour,*
Marburg 2010.
Die Monografie erweitert den Blick der Forschung von den Protest- auf die
Großparteien und fragt auf der Grundlage der ökonomischen Demokratiethe-
orie, inwieweit eine Übernahme populistischer Versatzstücke in Ideologie und
Kommunikationsstrategien zu verzeichnen ist. In einer Fallstudie wird die bri-
tische Labour Party in der Ära Tony Blairs herangezogen. Die theoretischen
Überlegungen erheben jedoch den Anspruch allgemeiner Anwendbarkeit.

D. Loch /W. Heitmeyer (Hrsg.), *Schattenseiten der Globalisierung. Rechts-
radikalismus, Rechtspopulismus und separatistischer Regionalismus in westlichen Demokratien,* Frankfurt a. M. 2001.
In dem Sammelband werden autoritäre Entwicklungen in einen Zusammenhang mit Globalisierungsentwicklungen gestellt. In dieser Hinsicht wird ein
weiter Bogen von kulturellen Identitäten und Differenzen, religiösem Fundamentalismus, neoliberalistischen Wirtschaftskonzepten, separatistischem Regionalismus bis hin zu politischen Fragmentierungsphänomenen geschlagen. Auf
diese Weise werden die unterschiedlichsten Herangehensweisen und Betrach-
tungswinkel in Sachen Rechtspopulismus zueinander in Beziehung gesetzt.

Y. Mény/Y. Surel (Hrsg.), *Democracies and the Populist Challenge,*
New York 2002.
In diesem Band werden maßgebliche Populismusanalysen vereinigt. Aner-
kannte Experten wie Margaret Canovan, Paul Taggart oder Herbert Kitschelt
äußern sich über die Charakteristika des Populismus und die historische und
geographische Variation des Phänomens. Das Buch ist interessant, weil die
Redakteure ‚the constitutive ambiguity of populism' in den Mittelpunkt stel-

len. Anders gesagt findet auch die akute Demokratiekritik, die sich hinter dem Aufstieg des Populismus versteckt, Beachtung. Die Herausgeber legen nahe, wie das komplizierte Verhältnis zwischen Demokratie und Populismus zu verstehen ist.

C. Mudde, *Populist Radical Right Parties in Europe*, Cambridge 2007.
Vergleichende, theoretisch begründete Analyse von populistischen Parteien in West- und Ost-Europa, geordnet nicht nach Ländern, sondern nach Themen wie Wirtschaftspolitik, Demokratie, Europapolitik, Mann versus Frau. Durch den empirisch breiten Versuch zur Erklärung der populistischen Wahlerfolge kann dieses Werk derzeit als die beste thematische Übersicht angesehen werden.

D. Pels, *De geest van Pim. Het gedachtegoed van een politieke dandy*,
Amsterdam 2003.
Pels beleuchtet in seinem Buch die innere Verfasstheit von Pim Fortuyn. Dabei geht es ihm um eine Nachzeichnung seiner geistig-politischen Entwicklung. Diese war keineswegs eine durchgehend geradlinige Entwicklung, sondern wies Brüche und Umbrüche im Denken auf, was Pels in analytisch durchdringender Weise behandelt.

K. Priester, *Populismus. Historische und aktuelle Erscheinungsformen*,
Frankfurt a. M./New York 2007.
Die Soziologin unterscheidet sich von den meisten Autoren durch ihre Deutung von Populismus als ‚fluiden Volkskonservatismus‘. Sie versucht, diese durch historische Analysen von populistischen Bewegungen in den Vereinigten Staaten, Frankreich (Poujade, Tapie), Italien (Lega Nord und Berlusconi) und in den Niederlanden (Fortuyn) zu belegen.

G. Reuter, *Rechtspopulismus in Belgien und den Niederlanden.*
Unterschiede im niederländischsprachigen Raum, Wiesbaden 2009.
In dem breit angelegten Vergleich geht der Autor den Ursachen für die fulminanten Wahlerfolge der Rechtspopulisten in Belgien und den Niederlanden nach. Dazu analysiert er das politische System und die politische Kultur des jeweiligen Landes und wertet Medienerzeugnisse, Parteiprogramme, Umfragedaten, Wahl-, Wirtschafts- und Sozialstatistiken vergleichend aus. Auf diese Weise werden die sozioökonomischen und soziokulturellen Rahmenbedingungen einschließlich der historischen Entwicklungen und des Wertewandels in die Untersuchung einbezogen. Darüber hinaus sind die rechtspopulistischen Akteure, ihr politisches Management und die Auswirkungen auf die etablierten Parteien Gegenstand des Buches.

P. Taggart, *Populism*, Buckingham u. a. 2000.
Dies ist ein schon fast klassischer Text über das rätselhafte Phänomen Populismus. In seiner Charakterisierung des ‚New Populism' ist Taggart immer noch unübertroffen. So spricht er – sehr schön – von ‚the politics of the heartland' und demonstriert gekonnt den antiinstitutionellen Reflex des Populismus und das Spannungsverhältnis zur Idee der Repräsentanz.

P.-A. Taguieff, *L'illusion populiste*, Paris 2002.
Der Autor stellt einen ‚Nationalpopulismus' in den Mittelpunkt seiner fundierten und breit angelegten Konzeption und sieht eine ‚rechte' und ‚linke' Dimension des Populismus. Rhetorisch seien jeweils ‚Anti-Parteien-Ressentiments' und Polemik, inhaltlich antikapitalistische oder populär-kapitalistische Haltungen im Spiel.

Politische-Bildung.de, *Rechtsextremismus – Rechtspopulismus in Europa*,
http://www.politische-bildung.de/rechtsextremismus.html, 2010.
Das gemeinsame Internetportal der Bundes- sowie der Landeszentralen für politische Bildung bietet eine umfassende Auflistung verschiedener Online-Publikationen. Der Schwerpunkt der Zusammenstellung liegt hierbei eindeutig auf dem Rechtsextremismus; der Rechtspopulismus wird dem faktisch beigeordnet.

F. Walter, *Im Herbst der Volksparteien? Eine kleine Geschichte von Aufstieg und Rückgang politischer Massenintegration*, Bielefeld 2009.
Der Politikwissenschaftler Franz Walter, bekannt durch seine widerborstigen Analysen besonders der SPD auf *Spiegel.online*, betreibt in diesem Buch Parteiensoziologie erster Güte. Dieser Parteienforscher analysiert messerscharf, wie den klassischen Volksparteien der historische und soziologische Nährboden zunehmend abhanden gekommen ist. Sie werden zu Massenparteien ohne Masse.

H. Wansink, *De Erfenis van Fortuyn. De Nederlandse democratie na de opstand van de kiezers*, Amsterdam 2004.
In dieser Dissertation analysiert der Journalist und Historiker Wansink den Aufstieg der Fortuyn-Bewegung in den Niederlanden und gibt einen Überblick über deren bleibende Folgen. Das Buch ist in seinem großen Interesse für die breitere ‚Leefbaarheidsbeweging', aus der Pim Fortuyn hervorgegangen ist, originell und schenkt der Wechselwirkung zwischen Medien, Politik und dem ‚entmündigten' Bürger viel Aufmerksamkeit.

Autorenverzeichnis

René Cuperus (geb. 1960) ist Kulturhistoriker und studierte an den Universitäten Groningen und Lissabon. Als Direktor für Internationale Beziehungen ist er an der *Wiardi Beckman Stichting* tätig, dem Wissenschaftsinstitut der niederländischen sozialdemokratischen Partei (PvdA). Er ist Mitbegründer des *Forum Scholars for European Social Democracy*, einem europäischen Netzwerk aus Thinktanks der linken Mitte. Er publiziert regelmäßig über aktuelle innenpolitische Themen und die Europäische Zusammenarbeit. 2009 erschien aus seiner Feder *De wereldburger bestaat niet. Waarom de opstand der elites de samenleving ondermijnt* (Amsterdam).
E-Mail: rcuperus@wbs.nl

Prof. Dr. Frank Decker (geb. 1964) studierte Politikwissenschaft, Volkswirtschaftslehre, Publizistik und Öffentliches Recht in Mainz und in Hamburg. Von 1989 bis 2001 war er Wissenschaftlicher Mitarbeiter, Assistent und Oberassistent an der Hamburger Helmut-Schmidt-Universität. Seit 2001 ist er Professor für Politische Wissenschaft an der Rheinischen Friedrich-Wilhelms-Universität Bonn. Zu seinen wichtigsten Veröffentlichungen zählen das 2004 in zweiter Auflage erschienene Buch *Der neue Rechtspopulismus* (Opladen) und das 2007 zusammen mit Viola Neu herausgegebene *Handbuch der deutschen Parteien* (Wiesbaden). Soeben erschienen ist *Regieren im „Parteienbundesstaat"* – eine aktuelle Bestandsaufnahme des deutschen Regierungssystems (Wiesbaden 2011). Eine weitere monografische Arbeit über *Parteien und Parteiensystem in der Bundesrepublik* ist in Vorbereitung.
E-Mail: frank.decker@uni-bonn.de

Dr. Harald Fühner (geb. 1972) studierte Geschichte, Mathematik und Niederländisch in Kiel, Groningen und Göttingen. Anschließend promovierte er am Zentrum für Niederlande-Studien in Münster im Fach Geschichte und veröffentlichte *Nachspiel. Die niederländische Politik und die Verfolgung von Kollaborateuren und NS-Verbrechern, 1945-1989* (Münster 2005). Er arbeitet als Gymnasiallehrer in Emden.
E-Mail: Harald.Fuehner@web.de

Dr. Florian Hartleb (geb. 1979) hat zwischen 1999 und 2003 Politikwissenschaft, Jura und Psychologie an der *Eastern Illinois University* (USA) und an der Universität Passau studiert. 2004 hat er an der TU Chemnitz promoviert. Anschließend arbeitete er als Referent im Deutschen Bundestag und als wissenschaftlicher Mitarbeiter an der TU Chemnitz, zudem als Schulbuchautor für Sozialkunde. 2010 wurde er zum Professor für Politikmanagement an der Internationalen Hochschule für Exekutives Management Berlin berufen. Seit Oktober 2010 ist er Vertretungsprofessor für das Lehrgebiet Politische Kommunikation und Politikmanagement an der BSP Business School Potsdam. Er forscht zu den Themen Populismus, Extremismus, Parteien und politische Führung auf nationaler und europäischer Ebene und veröffentlichte u.a. *Rechts- und Linkspopulismus* (Wiesbaden 2004). E-Mail: florian_hartleb@web.de

Marcel Lewandowsky M.A. (geb. 1982) studierte Politische Wissenschaft, Neuere Geschichte und Öffentliches Recht an der Universität Bonn und der *University of Birmingham* (Vereinigtes Königreich). Seit 2004 ist er Dozent am Institut für Politische Wissenschaft und Soziologie der Universität Bonn. Zuletzt veröffentlichte er seine Monographie *Populismus der Mitte. Das Beispiel New Labour* (Marburg 2010). Derzeit promoviert er bei Prof. Dr. Frank Decker über die Bedeutung der Bundespolitik in Landtagswahlkämpfen. E-Mail: marcel.lewandowsky@uni-bonn.de

Dr. Paul Lucardie (geb. 1946) studierte Soziologie an der *Rijksuniversiteit Groningen* und an der Johann-Wolfgang Goethe Universität in Frankfurt am Main. Er promovierte im Fach Politikwissenschaft an der *Queen's University* in Kingston (Kanada). Seit 1979 arbeitet er am Dokumentationszentrum für die politischen Parteien der Niederlande an der *Rijksuniversiteit Groningen*. In deutscher Sprache veröffentlichte er u.a.: „Zur Typologie der politischen Parteien", in: Frank Decker & Viola Neu (Hrsg.), *Handbuch der deutschen Parteien* (Wiesbaden 2007); „Das Parteiensystem der Niederlande", in: Oskar Niedermayer, Richard Stöss & Melanie Haas (Hrsg.), *Die Parteiensysteme Westeuropas* (Wiesbaden 2006); „Populismus im Polder: von der Bauernpartei bis zur Liste Pim Fortuyn", in: Nikolaus Werz (Hrsg.), *Populismus. Populisten in Übersee und Europa* (Opladen 2003). E-Mail: A.P.M.Lucardie@rug.nl

Dr. Gerd Reuter Ass. iur. (geb. 1972) promovierte nach dem Studium der Rechtswissenschaften und dem Referendariat (beides in Münster) bei Prof. Dr. Ralf Kleinfeld am Lehrstuhl für Vergleichende Politikwissenschaft der Universität Osnabrück. Die Dissertation verglich den Rechtspopulismus in Belgien und den Niederlanden und wurde im Jahre 2009 unter dem gleichnamigen Titel im VS Verlag veröffentlicht. Seit 2009 ist er bei der EUREGIO – einem Kommunalverband von rund 130 deutschen und niederländischen Städten, Gemeinden und (Land-)Kreisen mit Sitz in Gronau – tätig. E-Mail: g.reuter@euregio.de

Dr. Gerrit Voerman (geb. 1957) studierte Geschichte an der *Rijksuniversiteit Groningen* und ist an dieser Universität seit 1989 Direktor des *Documentatiecentrum Nederlandse Politieke Partijen* (DNPP) (Dokumentationszentrum für die politischen Parteien der Niederlande). Er ist Redakteur des Jahrbuchs des

DNPP und schrieb bzw. redigierte viele Bücher über politische Parteien der Niederlande, u.a. *De meridiaan van Moskou. De CPN en de Communistische Internationale (1919–1930)* (Amsterdam 2001), *De ChristenUnie 2000–2010* (mit Joop Hippe) (Amsterdam 2010), *Zestig Jaar VVD* (mit Patrick van Schie, Amsterdam 2008), *Het Christen-Democratisch Appèl 1980-2010* (Amsterdam 2010), *Van de straat naar de staat? GroenLinks 1990-2010* (mit Paul Lucardie, Amsterdam 2010).
E-Mail: g.voerman@rug.nl

Dr. Koen Vossen (geb. 1971) studierte Geschichte in Utrecht und in Köln. 2003 promovierte er an der *Universiteit van Amsterdam* mit einer Dissertation über kleine politische Parteien in den Niederlanden (*Vrij vissen in het Vondelpark. Kleine politieke partijen in Nederland 1918–1940*). Von 2002 bis 2007 war er als Dozent für politische Geschichte an der Radboud Universität Nimwegen tätig. Seit 2007 ist er Universitätsdozent für niederländische Politik am Institut für Politikwissenschaft der Universität Leiden. Seine Forschungen befassen sich in erster Linie mit dem Populismus in den Niederlanden in Vergangenheit und Gegenwart.
E-Mail: kvossen@fsw.leidenuniv.nl

Dr. Markus Wilp (geb. 1977) studierte an der Westfälischen Wilhelms-Universität Münster die Fächer Politikwissenschaft, Neuere und Neueste Geschichte und Soziologie. Seit 2005 arbeitet er als Wissenschaftlicher Mitarbeiter am Zentrum für Niederlande-Studien der Universität Münster. Sein Forschungsschwerpunkt besteht in der Analyse der aktuellen niederländischen und deutschen Politik, zudem beschäftigt er sich mit Fragen der Migration und Integration. Zu diesen Themen hat er in den letzten Jahren zahlreiche Texte publiziert, unter anderem: *Die Arbeitsmarktintegration von Zuwanderern in Deutschland und den Niederlanden. Hintergründe, aktuelle Entwicklungen und politische Maßnahmen* (Münster 2007), *Nachbar Niederlande. Eine landeskundliche Einführung* (Münster 2007, hrsg. zus. mit Friso Wielenga). Aktuell schreibt er an einem Buch über das politische System der Niederlande, das im Frühjahr 2011 erscheinen wird.
E-Mail: mwilp@uni-muenster.de

Prof. Dr. Friso Wielenga (geb. 1956) studierte Geschichte an der *Vrije Universiteit* in Amsterdam und an der Rheinischen Friedrich-Wilhelms-Universität in Bonn. Von 1989 bis 1999 lehrte er an der *Rijksuniversiteit Groningen* und an der *Universiteit Utrecht* und war u.a. außerordentlicher Professor für deutsche Zeitgeschichte und niederländisch-deutsche Beziehungen. Seit 1999 ist er Direktor des Zentrums für Niederlande-Studien an der Westfälischen Wilhelms-Universität Münster. In deutscher Sprache veröffentlichte er u.a. *Vom Feind zum Partner. Die Niederlande und Deutschland seit 1945* (Münster 2000) und *Die Niederlande. Politik und politische Kultur im 20. Jahrhundert* (Münster 2008), eine Gesamtdarstellung der niederländischen Geschichte vom Ende des 19. Jahrhunderts bis zur Gegenwart. Momentan schreibt er die *Kleine Geschichte der Niederlande*, die in der entsprechenden Reihe des Reclam Verlags erscheinen wird.

E-Mail: wielenga@uni-muenster.de